RESEARCH ON THE REFORM AND DEVELOPMENT OF CENTRAL ENTERPRISES

中央企业改革发展研究 II

中央企业智库联盟重点课题研究成果集

国务院国资委研究中心
中央企业智库联盟 ◎编
中国五矿集团中国金属矿业经济研究院

中国经济出版社
CHINA ECONOMIC PUBLISHING HOUSE
北 京

图书在版编目（CIP）数据

中央企业改革发展研究：中央企业智库联盟重点课题研究成果集．Ⅱ / 中央企业智库联盟编．--北京：中国经济出版社，2022.12

ISBN 978-7-5136-7176-7

Ⅰ.①中… Ⅱ.①中… Ⅲ.①国有企业-企业改革-研究-中国②国有企业-企业发展-研究-中国 Ⅳ.①F279.241

中国版本图书馆 CIP 数据核字（2022）第 230537 号

策划编辑　赵静宜
责任编辑　丁　楠
责任印制　马小宾
封面设计　久品轩

出版发行　中国经济出版社
印 刷 者　北京富泰印刷有限责任公司
经 销 者　各地新华书店
开　　本　710mm×1000mm　1/16
印　　张　26
字　　数　415 千字
版　　次　2022 年 12 月第 1 版
印　　次　2022 年 12 月第 1 次
定　　价　128.00 元
广告经营许可证　京西工商广字第 8179 号

中国经济出版社 **网址** www.economyph.com **社址** 北京市东城区安定门外大街 58 号 **邮编** 100011
本版图书如存在印装质量问题，请与本社销售中心联系调换（联系电话：010-57512564）

前 言

2022年是我国踏上全面建设社会主义现代化国家、向第二个百年奋斗目标进军新征程的重要一年。党的二十大报告指出，科学社会主义在21世纪的中国焕发出新的蓬勃生机，中国式现代化为人类实现现代化提供了新的选择，中国共产党和中国人民为解决人类面临的共同问题提供更多更好的中国智慧、中国方案、中国力量，为人类和平与发展崇高事业作出新的更大的贡献。

国有企业是中国特色社会主义的重要物质基础和政治基础，是党执政兴国的重要支柱和依靠力量。党的十八大以来，在以习近平同志为核心的党中央坚强领导下，国企改革全面发力，特别是国企改革三年行动的深入实施，有力破解了一批体制机制障碍，有效解决了一批长期想解决而没有解决的问题，在许多重要领域和关键环节实现系统性重塑、整体性重构，涌现出一批活力竞相迸发、动力更加充沛的现代新国企，积累了丰富的企业改革创新与高质量发展的实践经验，并在形成更加成熟更加定型的中国特色现代企业制度和国资监管体制、推动国有经济布局优化和结构调整、提高国有企业活力效率等方面取得了明显成效。

作为国民经济的重要支柱，国有企业特别是中央企业在持续深化改革的过程中，不断加强国资国企改革发展理论与实践研究，已逐渐成为服务党和国家重大战略、支撑国资国企发展改革、引领行业产业发展、推动企业科学决策的重要力量，是提供更多更好的中国智慧、中国方案、中国力量的重要主体。

中央企业智库联盟作为国务院国资委与中央企业上下联动的重要窗口和中央企业之间横向合作的重要平台，在纵深推进国资国企改革发展、加快建设世界一流企业等领域发挥了积极作用。本届理事会高度重视课题研究工作，各成员单位积极参与，取得课题研究质和量的双丰收。为广泛分享国资国企改革的理论研究和实践经验，进一步增强联盟优秀课题成果的转化应用和社会影响力，我们遴选了28个中央企业智库联盟2019—2021

年度重点课题优秀研究成果，汇编成本书出版，与社会各界交流。

本书汇集了40余家中央企业智库联盟成员单位承担或参与的课题研究成果，课题内容主要包括完善中国特色现代企业制度和国资监管体制、推动国有经济布局优化和结构调整、提高国有企业活力效率、强化科技创新引领、培育世界一流企业，以及助力乡村振兴、碳达峰碳中和重大战略落实等国资国企改革发展过程中的重点、难点和焦点问题。各课题组在研究过程中，采用了多种研究方法，通过理论阐述、实证研究、数据分析、案例支撑等方式，总结国资国企改革发展中的实践经验，深度剖析面临的实际问题，提出研究建议，为国资国企高质量发展答疑解惑、建言献策。

世界一流的企业建设离不开世界一流的智力支撑。通过汇编出版中央企业智库联盟重点课题研究成果，为国资国企落实国家重大战略、实现高质量发展等方向的研究抛出引玉砖。让我们汇集众智，为加快世界一流企业建设、推进国有资本做强做优做大作出更大智力贡献。

目　录

中央企业培育具有全球竞争力的世界一流企业路径研究

中国石油集团经济技术研究院　国网能源研究院有限公司

中央企业在关系国家安全和国民经济命脉的主要行业和关键领域占据支配地位，是国民经济的重要支柱，既要在培育具有全球竞争力的世界一流企业中发挥骨干带头作用，也具有坚实的发展基础和有利的培育条件。近年来，中央企业纷纷组织研究制定自己的世界一流培育方案，特别是2019年初国资委选定了航天科技、中国石油、国家电网、中国三峡集团、国家能源集团、中国移动、中航集团、中国建筑、中国中车、中广核等10家企业，作为创建世界一流示范企业，纳入试点的企业都研究制定了具体的创建目标和行动方案。由于中央企业之间存在着产业、规模、技术、市场等方面的差异，各自的战略思路、实现路径设计不尽相同，有必要从特殊性中提炼普遍性，形成具有指导意义的战略框架和意见建议。

一、对标分析

（一）构建具有全球竞争力的世界一流企业评价指标体系

引导中央企业做强做优做大国有资本，激励中央企业不断增强活力和全球影响力，推动传统产业改造升级，是对具有全球竞争力的世界一流企业评价的重要目的。结合评价目的，课题组确定维度选择的原则：一是引导中央企业聚焦主业，做强国有资本。二是引导中央企业释放活力，提升效率效益，做优国有资本。三是引导国有企业合理重组整合，做大国有资本。

课题组对一流企业评价的主要评估内容和常用指标进行梳理归纳，形成企业竞争力评价常用指标库。其中，评估企业规模、财务绩效、生产运营、成长能力和技术创新等内容的指标多为定量指标，反映企业软实力的指标多为综合性合成型指标，支撑保障方面则多由定性描述类指标构成。

具体指标库如表1所示。

表1　企业竞争力评价通用指标库

序号	评价维度	主要指标名称	指标性质与意义
1	企业规模	营业收入/资产总额/净资产/利润总额/市值/员工人数/年现金净流量/利税总额	企业资产、收入、利润、员工等规模
2	财务绩效	经济增加值/总资产贡献率/营业利润率/权益收益率/成本费用利润率	企业收益利润水平
3	生产运营	市场占有率/全员劳动生产率/流动资产周转率/总资产周转率/成本费用率/总资产贡献率/万元资产综合能耗/产销率/利用外资情况/资产负债率/已获利息倍数/流动比率/速动比率/净资产利润率/自有资本构成比率/企业融资率	企业生产、市场、融资、安全、负债、资本运营等情况
4	成长能力	资产保值增值率/总资产增长率/固定资产投资增长率/营业收入增长率/利润总额增长率/出口增长率/投资收益率/折旧率	企业规模扩张、利润增长等成长性
5	技术创新	技术投入比率/研究开发人员比重/科研成果转化率/技术标准数量/拥有专利数/专利申请数/国际科技人员开放度/培训费用比重/设备新旧度/技术改造收益率/二次技术开发比重/技术转让总值/设备转让总值/新产品销售比重/	企业技术竞争力、技术密集程度
6	软实力	企业资信度/信用评级/公众评价/人气指数/品牌价值/跨国化指数/国际任职/出口收入占比/出口创汇情况/国际认证产品比率	企业品牌、文化、资信、国际化等影响力
7	支撑保障	企业制度/战略管理/产权制度/组织机构/决策层/决策系统/决策支持系统/市场策略/企业职称结构/职工学历结构/激励技术/激励的组织管理/奖惩制度及执行情况/管理创新/制度创新/企业文化适应性	企业制度、决策、激励、管理、资源等支撑保障

注：指标来源于“世界500强”、最具价值100企业、中企联/民企联/国家统计局企业竞争力评价体系、国务院国资委《中央企业综合绩效评价管理暂行办法》等企业竞争力评价方法。

（二）评价方法与试算结果

利用本课题构建的指标体系，对中央企业及国际同行开展评价试算。

但由于数据尚不完整，目前测评只覆盖了约50%的指标，所以评价结果仅供参考。

1. 对标评价核心指标

基于对世界一流企业“五个一流”特征的认识，借鉴国内外评价实践，从资本回报、规模实力、发展潜力、行业引领、经营管理五个方面构建世界一流企业的评价指标体系（见表2），作为评价的一级维度，并梳理相关维度评价指标库，对每个维度的指标进行筛选。

表2 世界一流企业评价指标体系

一级维度	具体指标权重
资本回报（30%）	净利润（10%）
	净资产收益率（10%）
	总资产报酬率（10%）
规模实力（15%）	营业收入（5%）
	资产总额（5%）
	市值（5%）
发展潜力（15%）	营业收入增长率（5%）
	技术投入比率（5%）
	海外收入（5%）
行业引领（25%）	根据行业特点设置多个指标（25%）
经营管理（15%）	品牌形象（5%）
	资源配置（5%）
	风险控制（5%）
	社会责任（加减分项）

2. 对标评价方法

（1）样本选择与数据收集。

评价样本范围限定为进入当年《财富》世界500强排名的企业。相关数据来自《财富》杂志世界500强网站，具体包括企业收入、利润、资产、股东权益等指标及其增长率数据。

（2）评价方法设计及对标试算。

在确定样本选择与数据获取来源的基础上，课题组研究明确了对标评价所涉及的行业分类、标杆设置、指标评分、权重设置、综合评价等具体方法和标准，限于文章篇幅，不做一一展开。

在课题组构建的世界一流企业评价体系中，由于部分数据资源不足，试算结果未能将经营管理能力和行业引领力纳入考虑，净资产收益率、市值、技术投入比率等核心指标的缺失也带来资本回报、规模实力、发展潜力维度测评结果的缺陷。因此，世界一流企业试算结果可能存在一定误差。未来将通过财务报表数据收集、专家调研访谈等方式弥补数据的不足，进一步完善试算结果。总体来看，在电信、电力、油气与化工等领域，中央企业的规模实力、行业引领和发展潜力等相对较强，但总体国际化水平还相对较低；装备制造、个人消费及服务行业等领域，中央企业全球竞争力排名相对靠后，主要反映为市场竞争激烈，投资回报较弱，海外收入占比与行业领先企业还有一定差距。

（三）中央企业主要差距及原因分析

1. 主要差距

（1）科技创新能力与规模体量不适应。

我国部分关键和核心技术装备严重依赖进口，高端技术人才缺乏。2017年，国有工业企业每投入1元创新费用带来的新产品销售收入为9.9元，高于内资企业平均水平（8.9元），但低于港澳台资企业（15.3元）和外资企业（12.7元）。中央企业的总体情况要比全国国有工业企业好得多，但与其规模实力、战略使命相比，同样需要进一步提升创新能力和效率。

（2）国际化水平整体偏低。

近年来，中央企业国际化经营工作快速推进，境外经济规模显著扩大，对外投资合作快速发展，资源保障能力持续增强，业务模式和区域领域逐步拓展，一批中央企业的国际化经营基础管理水平和抵御风险能力明显提高。但整体来看，中央企业国际化程度与国际同行相比仍具有较大差距，海外资产、收入、利润和员工占比相对较低，全球资源配置能力有待进一步提升，部分海外资产运营效率不够理想。

（3）部分行业经营效率相对不够高。

相对于中央企业在营业收入、资产规模等总量指标的世界排名较靠前的情况，中央企业资产报酬率等经营业绩指标的排名较靠后，尤其是在基础设施行业，差距较为明显。大部分中央企业员工队伍庞大，按照人均指标计算，大部分指标排名相对靠后，劳动生产率整体不高。

2. 原因分析

(1) 影响科技创新能力的原因分析。

创新动力方面，企业不愿意投入大量资源从事投入多、风险高、周期长、难度大的创新活动，“有能力缺动力”现象比较突出。企业研发人员受工资总额限制等因素影响，创新激励机制有待进一步完善。创新能力方面，国有企业技术创新活动一定程度上还缺乏持续筹资能力、基础研究能力、创新资源的系统整合能力和高端创新人才的集聚能力等一系列创新要素的组合能力。产学研结合不够紧密，企业与大学、科研机构的联系比较松散，稳定的长效合作机制有待健全。创新环境方面，大型国有企业自主创新活动的有效竞争环境、成果转化环境和政府管理环境，制约着企业的自主创新能力提升和创新绩效。长期以来我国科技成果的平均转化率仅为20%，远远低于发达国家60%的水平，一大批科研成果只是在大学和研究机构的教室和实验室里循环，沦为评职称和获取经费的工具。

(2) 国际化水平差距原因分析。

国际化经营战略规划的引领作用没有得到充分发挥。部分企业对国际化经营缺乏总体的和长远的谋划，没有明确的发展战略和规划，导致国际化经营发展具有较大的盲目性和随机性。国际业务布局、拓展方式有待进一步优化和完善。目前，中央企业国际化经营区域布局仍需持续优化，一些企业对国际市场还缺乏深入的认知和全面把握，对国际惯例、通行规则还不熟悉，业务拓展方式相对单一，在国际竞争中处于产业链的中低端环节，难以获得较好的经济效益。国际化经营基础管理薄弱的问题仍然存在，风险防范问题尤为突出。一些企业国际化经营的管理制度尚不健全，境外经营风险意识不强，缺乏有效的风险管控措施，对国际化经营缺少整体的协调配合机制和必要的后台支撑，个别企业境外项目决策管理的科学性和规范性不够。全球资源配置能力亟待提高，人才、资本、研发等资源已成为制约中央企业开展国际化经营的主要瓶颈。中央企业普遍在培养、使用、吸引和留住国际化经营人才特别是高端人才方面缺乏经验和必要的措施。企业间无序竞争的问题一定程度上依然存在。部分企业的合作意识不足，恶性竞标等现象仍时有发生，中央企业“抱团”“走出去”的协同效应未得到有效发挥。从政策角度来看，相关部委在审批、指导、考核方面的制度体系建设有待进一步完善。国际业务项目审批流程较为繁琐，影响境外项目运作的时效性。政府层面对中央企业国际化经营的综合支持力度有待强化，需要建立健全对海外业务考核的容错机制，进一步提升企业拓展国际业务的积极性。

（3）部分行业经营效率差距原因分析。

体制机制不够灵活，弱化企业对外部环境变化的响应速度。一些中央企业的管理理念与体制机制还不够灵活，对高度不确定的外部环境的适应能力存在挑战，制约了企业经营效益的提升。部分中央企业内部层级较多且壁垒明显，各机构体系间有效信息沟通面临一定困难，组织决策效率受到限制。信息化建设亟待建立整体架构，促进数据共享。部分中央企业内部信息化建设系统性和整体性不足，信息化建设过程中各职能部门之间统一的协调配合不足，导致不同业务管理系统之间的兼容性存在一定缺陷，“信息孤岛”现象仍然存在。部分企业历史遗留问题较多，负担过重。中央企业作为市场主体之一，多年形成的社会负担和历史包袱逐渐转变为制约发展的体制性障碍，一定程度上影响了企业市场活力和竞争力的提高。

二、战略思路与路径选择

按照中央关于深化国资国企改革的总体部署，紧密结合国企改革三年行动方案，以创建世界一流示范企业为抓手，突出“三个领军”“三个领先”“三个典范”的目标要求，突出增强规模实力、行业引领力、可持续发展能力、企业品牌力、资本回报能力等“五大影响力”，并以此构筑相应的实现路径，力争“十四五”期间迈出实质性步伐。中央企业建设世界一流的战略框架与实现路径见图 1。

（一）以规模实力为基础，发挥资源重组整合优势，打造“既大又强”的世界一流企业

坚持以市场为导向，以企业战略规划为引领，围绕优质业务、核心业务和战略性业务，推进重组整合，优化资源配置，提升国有资本整体功能和运营效率。通过进行系统的体制和机制创新，中央企业构建纵向整合与横向兼并两条主渠道，实现业务协同和优势互补，“物理反应”完成后产生“化学反应”，实现“1+1>2”的协同效应，集中力量打造“既大又强”的世界一流企业。

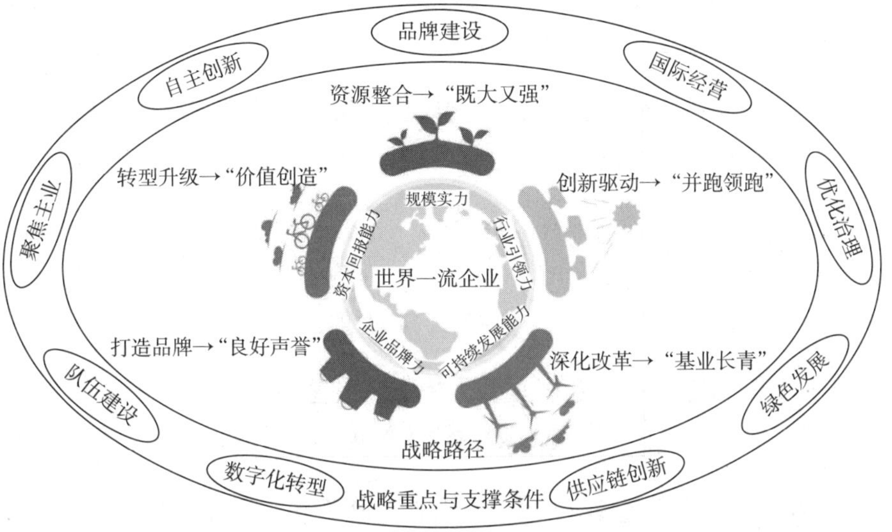

图1　中央企业建设世界一流的战略框架与实现路径

（二）以创新驱动战略为核心，发挥技术攻关的新型“举国体制”优势，打造“并跑、领跑”的世界一流企业

中央企业要大力实施创新驱动发展战略，把科技创新摆在企业发展全局的核心位置，推动制造业向数字化、网络化、智能化转型，加快迈向全球价值链中高端，占领未来产业发展的制高点，成为引领全球行业技术发展的标杆企业。围绕国家战略发展需要，布局一批基础性、战略性和前瞻性的重大科技项目，力争取得革命性的重大技术突破。发挥社会主义新型“举国体制”优势，集中力量突破瓶颈制约，专注攻克“卡脖子”难点，在重要领域的关键核心技术上实现突破，打造能够在全球实现技术“并跑、领跑”的世界一流企业。

（三）以提升产品、服务质量为重点，大力实施优质品牌战略，打造拥有知名品牌和良好声誉的世界一流企业

把质量作为企业发展的核心价值导向和经营底线，贯穿于产品全生命周期、经营管理全过程和企业全体员工。提高产品和服务质量，主动对标达标国际先进水平，优化调整产品结构，使资源向优质产品集中，切实提高产品和服务的质量层次。大力实施品牌战略，并围绕品牌战略，优化资

源配置，促进品牌建设与业务发展的协同，打造拥有全球知名品牌和美誉度的世界一流企业。

（四）以深化国资国企改革为突破口，增强企业发展动力和活力，打造“基业长青”的世界一流企业

中央企业要加快推进国资国企改革，完善国资监管体制，大力推进国资国企治理体系和治理能力现代化。进一步完善市场化经营机制，深化“三项制度”改革。妥善解决历史遗留问题，加快“两非”“两资”剥离。

（五）以改善和提高经营业绩为根本，加强企业管理，促进转型升级，打造价值创造、效益优先的世界一流企业

培育具有全球竞争力的世界一流企业，要依靠科学的管理，推进“两化”深度融合，使企业的经营管路、产品研发、生产方式、供应链管理、战略联盟等实现转型升级。要将绿色发展理念融入企业生产经营管理的各个层面，积极开展低碳化、集约化、高效化改造，实现能源资源的高效循环利用。要加强风险管理，建立全面风险管控体系和工作机制，完善高风险领域的内控制度和工作流程，健全重大风险监控机制，切实增强风险管控能力。

三、战略重点

（一）优化业务结构，聚焦主业实业，增强核心竞争力

1. 加强战略规划，聚焦主业

进一步明确企业的发展目标和战略定位，加强战略规划管理，强化投资管控，推动各类要素向实业集中、向主业集中，把资源和力量向关键领域和前瞻性、战略性新兴产业集中，向产业链价值链的中高端集中，服务国家战略，增强核心竞争力，做强国有资本，成为行业的领军企业。要严控非主业投资比例，集中力量做强做优做精实业主业，促进中央企业“回归主业”，不断提升核心竞争力和盈利能力。

2. 推进重组整合

在做大做强主业，严控非主业投资的同时，加快剥离非主营业务。对

主业经营效益不佳、产融结合效果不明显、风险隐患较大的存量业务，及时进行清理整顿。如果每个中央企业都有他者不可取代的主业，都有其核心竞争力，同质化现象自然烟消云散。

3. 完善考核机制

进一步完善《中央企业负责人经营业绩考核办法》，对于考核突出的四个方面，即效率效益、创新驱动、实业主业和服务保障，应当采取“一企一策”确定企业负债率的考核，引导企业严控非主业投资和经营业务，推动资金、技术、人才等各类资源向主业集中。通过多管齐下的举措督促央企聚焦实业做强主业，为创建“世界一流”奠定坚实基础。

（二）强化自主创新能力建设，抢占未来技术制高点

1. 完善中央企业技术创新组织体系

以支撑集团整体发展战略为中心，重组整合创新资源，优化创新主体功能定位，明确不同层级、不同类型主体之间的分工界面，建设定位科学、分工合理、层次清晰的企业技术创新组织体系。优化创新主体布局，明确功能定位，整合利用外部创新资源，增强体系的开放性，加强与高校、科研机构等开展产学研用合作，努力消除科技创新中的“孤岛现象”。加强中央企业之间、与其他企业之间的协作，强化优势资源互补。

2. 建立健全企业技术创新机制

健全企业技术创新决策机制，重点解决企业技术创新决策信息支撑能力不足、科技创新缺乏战略导向不足、创新方向与重点把握不准以及创新决策短期化倾向等问题。完善企业技术创新投入机制，重点解决企业研发资金配置体系和资金投入方向不合理、研发资金的管理机制僵化等问题。健全研发项目管理机制，重点解决缺乏有效的客户需求管理和前瞻的研发规划的问题，以及研发流程管理与项目关键节点决策评审机制缺乏的问题。完善科技成果转化、考核评价与激励机制，解决企业职业发展通道不健全、人才激励总体偏弱、考核评价体系不够科学合理等问题。

3. 明确方向聚焦重点，加强应用基础研究和行业共性技术研究

面向国家战略导向、产业发展前沿和产业共性技术，加强源头创新和应用基础研究，力争取得革命性的重大技术突破，抢占国际科技前沿制高点，依靠原创性技术和产品推动企业和行业发展，带动行业自主创新能力的全面提升。加强人工智能、大数据等新兴技术与传统技术的融合，推动

传统产业转型升级。针对核心元器件、关键基础零部件、特种材料、高端装备、高精度设备仪器等产业链高端环节的技术和产品，集中力量开展自主研发，着力攻克关键核心技术，尽快突破“卡脖子”技术。积极牵头承担国家科技重大专项、重点研发计划重点专项，带动产业链相关企业联合开展工程科技攻关。

4. 加强开放式创新，着力培养产业创新生态

以价值创造为导向优化科技资源配置，整合利用外部创新资源，构建更加有效的产业技术创新组织、研发、推广、支撑体系，营造互补多元、效应协同、共生竞合、可持续发展的创新生态环境。在应用基础研究，以及战略性、前瞻性技术领域，加强与高校、科研机构的产学研深度融合，建立合作的长效机制。在企业核心技术领域，积极承建国家重点（工程）实验室、工程技术中心等，加强行业共性技术问题的应用研究，同时向各类创新主体开放共享科研设施与仪器设备等创新资源，发挥行业引领示范作用。吸纳利用全球创新资源，构建开放式创新平台，在更大范围、更广领域、更高层次参与国际科技合作，融入全球创新网络，提升公司科技创新国际化程度。

5. 优化科技管理体制机制，提升研发效率

健全科研任务凝练机制，完善“自下而上”与“自上而下”相结合的科研项目选题和任务征集机制，并根据实际对科研项目进行动态调整。优化研发投入结构，合理布局研发经费投入方向，提升应用基础研究的投入比例。针对前瞻性、应用基础性项目和技术攻关与产品开发项目，建立科研项目的分类管理考核机制。将标准化作为培育世界一流的突破口，通过制定国际标准抢占技术制高点。

（三）讲好中央企业故事，提高品牌国际影响力和美誉度

1. 增强品牌建设意识，将品牌建设融入企业发展战略

要将品牌建设融入企业发展战略，做好总体谋划与顶层设计，明确品牌建设的方向和目标。在强化品牌建设意识的同时，始终坚持自主创新，推动创新成果转化成品牌影响力，培育有利于打造卓越品牌的企业文化，树立良好的企业形象。要充分认识到品牌建设是内强素质、外树形象的系统性工程，要把品牌建设作为“一把手”工程来抓，成立由主要负责人挂帅的品牌管理委员会，自上而下地推进品牌建设工作。要落实品牌建设组

织机构，设置品牌建设工作部门，明确各部门的工作职责，配备品牌管理专业团队或专职人员，有条件的企业要建立品牌建设工作委员会。

2. 科学组织品牌管理，完善制度体系

要聚焦企业战略和客户价值，在充分了解市场需求和研究比较优势的基础上，根据行业特点、企业实际和产品特性，科学确立品牌定位。要把高品质作为品牌的基石，坚持客户至上，重视客户感知，把不断提升产品和服务的质量作为最高追求，以更高的品质使客户感到物超所值。要通过设立企业内部品牌建设的预期目标、指导思想、工作要求、实现流程及绩效评价指标体系，真正实现企业品牌管理工作有的放矢、有章可循。

3. 加强央企贡献宣传，提升企业品牌美誉度

要拓展品牌营销传播渠道，充分利用各种媒体媒介，特别是有效运用新媒体，做好形象公关，讲好自己的故事，广泛传播品牌形象，传递品牌价值。要紧跟市场变化，增强品牌传播的及时性、有效性，凝聚品牌传播的正能量。在加强品牌本土培育和推广的同时，要根据国外文化习俗、市场竞争状态、消费者习惯及法律法规等特点，开展品牌国际化工作，要自觉遵守当地法律法规，善于融入当地社会，承担相应社会责任。

4. 加强合作交流，共同打造精品品牌

要加强与世界一流企业的交流，有针对性地学习借鉴先进的品牌理念和品牌建设方法。要高度重视智力引进工作，积极开展与国内外品牌设计、咨询、管理机构的合作。要加强中央企业之间的合作，充分发挥协同效应，共同讲好中国故事，打造好“中央企业”这一大品牌。要通过建立品牌联盟、借助国际媒体资源和主动参与具有全球影响力的活动，提升品牌全球知名度。

（四）积极投身“一带一路”国际合作，大幅度提升国际化经营水平

1. 发挥“一带一路”国际合作主力军作用，提升国际话语权和影响力

要积极谋划全球市场布局，推动优势产业“走出去”，带动中国装备制造、技术、标准和服务走向世界，做到出口产品从中低端到中高端，出口市场从亚非拉市场到欧美澳市场，出口形式从产品出口到产品、资本、技术、服务、管理等多种形式组合出口，出口理念从产品“走出去”到产能“走进去”、品牌“走上去”的“四大转变”，成为中央企业“走出去”

的“国家名片”。要全面加强基础设施、贸易、投融资筹融资、跨文化交流和人心的互联互通，总结形成中央企业跨国经营“范式”。

2. 重点提升全球资源整合和风险防控能力

提升全球资源配置能力，依托我国在基础设施、装备制造、投融资等方面的产业链优势，坚持做“价值创造者”“机会创造者”，形成全球化运作架构和全球化经营布局，促进企业与东道国共同发展。提升国际业务风险管控能力，建立健全国际业务的风险管理组织体系，加强专业化风控团队建设工作，建立风险辨识和评估标准以及风险数据库，完善风险预案，提高企业辨识、评估及应对风险能力。提升输出标准规范能力，强化标准输出、标准互认、标准共建等核心内容，努力将中国技术标准纳入东道国标准体系。

3. 提升产业链协同、资本运作能力

坚持国家整体利益最大化，遵循“比较优势突出、差异化显著、专业分工与区域分工相结合”的原则，形成管理协调、整体联动、运行高效的产业“走出去”协同格局。发挥国家市场统筹与资源集聚功能，发挥各中央企业在各自领域完备产业链优势，凝聚合力做强做优做大海外业务，提升发展的质量和效益。把握“价值共享”商业文明的深刻内涵，推进产业链、能力链转化成价值链，形成流程无缝隙、服务集成化、价值一体化、整体利益最大化，实现利益相关方价值的共同增长。加大境外资源和产业投资等项目布局，提升国际融资和资本运作能力。建立健全海外资产优化处置工作机制，推进资产结构优化工作，打造专业高效、流程清晰、依法合规的资本运营体系。

4. 强化本地化建设，提升本地化经营能力

针对已进入市场，加强本地化融合，妥善处理好与当地资源、市场、政府、民众的关系。同时，在进一步加强海外市场研究的同时，与当地机构和社会研究机构联合，深入分析海外市场，提升环境评估能力。此外，延伸服务价值链，逐步形成集当地研发、制造、运营、服务等相对完整的产品链和价值链体系。

（五）以“国企改革三年行动方案”为契机，形成充满生机和活力的体制机制

1. 进一步完善现代企业制度，推进治理体系的建设

严格依据《公司法》《企业国有资产法》等法律法规，坚持依法治企，

履行股东的职权，明确董事会与经理层的职责定位。进一步完善董事激励与约束机制，物质激励与精神激励相结合，根据企业实际制定全面而合理的评估业绩指标，并设计出动态变化的科学体系。完善内部监督机制，理清监事会的职责定位，以公司管理制度的形式将监事会的监督程序、监督内容、监督效果等进行明确，保障监事职权行使。

2. 实施重组、混改战略，提升资本运营能力

减少行政权力对并购重组的过度干预，放松实质性审核，减少并购重组的跨所有制、跨行业、跨区域壁垒，降低并购重组的交易成本。在监管层面适当降低混改中民营企业准入门槛，审慎决定民营资本进入行业的负面清单，鼓励民营企业积极参与国企并购重组。推动旨在服务中小微企业的多层次资本市场的构建，大力发展新三板市场，推进市场内部分层，明确区域性股权交易市场的法律地位，培育私募股权投资等股权投资基金。

3. 深化体制机制改革

持续完善层级明确、界面清晰、运转高效的管理架构。按照对不同类型业务实施差异化管控要求，进一步扩大授权范围，加大授权力度，完善分级授权管理体系。大力构建涵盖财务、人力资源、生产运行等在内的综合型共享服务体系。优化完善市场化运行机制、价格机制、差异化考核机制和精细化绩效管理机制，建立完善区域协调机制，强化各业务之间横向协同。构建适应中央企业特点的组织架构，推进业务结构优化，深化企业内部主辅分离、专业化重组整合，建立内部市场化运行机制，提高生产效率和队伍活力。

四、支撑条件

（一）大力实施人才强企战略，加快推进职业经理人制度建设，培养造就世界一流的管理和技术队伍

世界一流企业的建设需要有世界一流的人才队伍，习近平总书记指出，人才是实现民族振兴、赢得国际竞争主动的战略资源，必须加快实施人才强国战略，确立人才引领发展的战略地位。目前，中央企业普遍面临着人才结构失衡、层次偏低、激励机制缺乏、企业家精神缺失等问题。为

此，中央企业应以职业经理人制度建设、高素质人才培养、选用去留标准及多元化激励机制为突破口，加快部署实施人才强企工程，为建设具有国际竞争力的世界一流企业提供强力“核引擎”。

（二）顺应新一轮技术革命潮流，推进“两化”深度融合，加快向数字化、智能化转型

进一步强化“两化”融合发展的组织领导，加强顶层设计，凝聚上下共识，明确数字化转型时间表和路线图。树立创新开放共享理念，把创新摆在“两化”融合发展全局的核心位置，并贯穿于“两化”融合发展的一切工作之中，促进数字信息资产价值最大化。持续深化技术和管理协同变革，破解阻碍“两化”深度融合发展的管理问题。加速培育包括协同研发设计、大规模个性化定制生产管控、供应链协同管控、制造业服务化转型、网络化经营管控、财务管控互联网化等新型竞争能力，激发“两化”深度融合新动能。加大技术攻关，掌握核心技术，夯实“两化”深度融合的物质基础。

（三）推进供应链创新，构建中央企业全球供应链体系，增强国际资源配置能力

供应链是引领全球化提升竞争力的重要载体，是企业不可模仿的竞争优势，也是打造区域竞争力、国家竞争力的关键所在。全球供应链的本质是拓展供应端和需求端时间和空间的范围，在全球市场为客户创造价值。中央企业应积极开展全球供应链布局，参与全球供应链规则制定，融入全球供应链网络，树立全球新型合作竞争经营的新理念，加强面向全球消费市场驱动的供应链运作。

（四）践行绿色发展理念，认真履行社会责任，打造行业典范企业

培育具有全球竞争力的世界一流企业，中央企业必须践行绿色发展理念，保持加强生态文明建设的战略定力，探索生态优先、绿色发展为导向的高质量发展之路，在创造社会价值的同时，不忘履行社会责任保障民生，努力塑造行业典范。

五、政策建议

（一）营造创新生态，支持和引导中央企业科技创新

鼓励和支持中央企业参与国家重大科技项目。在集中度较高、中央企业具有明显优势的产业领域，将中央企业的重大创新需求纳入相关科技计划项目指南，支持中央企业牵头承担国家科技重大专项、重点研发计划重点专项，结合项目特点，可按照“一企一策”原则制定管理、投入和知识产权分享机制，优化管理流程，提高实施效率，一体化推进基础研究、共性技术研发、应用示范和成果转化。

鼓励中央企业增加研发投入。深化科技体制改革和国企改革，健全中央企业技术创新经营业绩考核制度，将技术进步要求高的中央企业研发投入占销售收入的比例纳入经营业绩考核。引导和鼓励中央企业加大对基础研究和应用基础研究的投入。加强对中央企业高新技术企业认定工作的指导，协调相关部门完善研发费用加计扣除等创新激励政策，促进相关政策落实落地。推动中央企业实施国有科技型企业股权和分红激励，发挥好股权和分红激励政策的带动作用。

支持中央企业发挥创新主体作用。支持中央企业参与编制国家科技创新规划和相关技术领域发展专项实施方案，在科技专家数据库中增加中央企业技术专家数量和比重，更多吸收来自中央企业的专家参与国家科技计划项目评审和验收。在中央企业推广应用创新方法，提高研发和生产效能。采取多种方式推动建立中央企业技术交易平台，提高知识产权创造、应用、管理和保护能力。

支持中央企业打造协同创新平台。支持中央企业设立或联合组建研究院所、实验室、新型研发机构、技术创新联盟等各类研发机构和组织，加强跨领域创新合作，打造产业技术协同创新平台。加强对在中央企业中建立国家各类创新基地和平台的统筹规划和系统布局，支持中央企业承建更多的技术创新中心、重点实验室等国家科技创新基地，对外开放和共享创新资源，加强行业共性技术问题的应用研究，发挥行业引领示范作用。鼓励中央企业建设完善军民两用技术创新平台。将中央企业符合条件的科研设施与仪器设备，纳入国家科技资源共享服务平台，进一步向各类创新主体开放共享。

支持中央企业开展国际科技合作。以“一带一路”建设为重点，加强中央企业创新能力开放合作，支持中央企业参与实施“一带一路”科技创新行动计划，与“一带一路”沿线国家企业、科研机构和高校开展高层次、多形式、宽领域的科技合作。支持中央企业主动布局全球创新网络、并购重组海外高技术企业或研发机构，建立海外研发中心或联合实验室，促进顶尖人才、先进技术及成果的引进和对外合作，实现优势产业、产品的“走出去”，提高全球创新资源配置能力。

（二）为国际化发展创造更加有利的政策环境

优化国际业务相关考核制度，以考核激励企业拓展国际业务。一是建立容错机制，针对不可控风险因素导致的投资失利建立豁免机制，对承担国家战略任务时发生的亏损在考核时予以考虑。二是在考核过程中引入国际对标，海外业务业绩水平高于国际同行的中央企业，即便个别海外项目处于亏损状态也视为业绩合格。三是拉长考核周期，鼓励中央企业对海外战略资产进行长期投资。将年度考核、任期考核和长期考核相结合，综合考虑项目的当期收益和战略价值。

进一步优化审批流程，提升中央企业拓展海外业务的灵活性。一是适当放松境外非主业投资限制，发挥协同优势。海外投资项目以主业为主体、同时存在部分与主业具有协同效应的非主业时，参照主业项目管理，适当降低审批要求、减少审批流程。支持中央企业发挥综合优势，为海外客户提供建设运营一体化等整体解决方案。二是进一步简化审批要求，缩短审批流程。建议相关部门统一海外项目审批材料报送要求和资料格式，减少中央企业海外项目审批资料准备工作量，缩短审批流程。

加大力度协调中央企业海外业务内部竞争，提升协同效应。一是构建国家层面的中国企业海外竞争协调中心和协调政策。探讨设立中国企业海外竞争协调中心，负责中国企业海外竞争政策和协调规则的制定、督导和评价，通过外汇、税收、融资、考核等手段限制恶性竞争倾向明显的企业参与海外业务。二是稳步推进同业竞争严重的中央企业之间的重组整合。对于国内业务和国际业务均存在严重竞争的中央企业，进行母公司层面的整体整合；对于国内市场需要一定程度的内部竞争而国际市场需要一致对外的行业，进行中央企业子公司层面整合，形成统一的国际业务子品牌。

支持企业拓展海外融资渠道，降低海外业务融资成本。一是探索建立中央企业海外重点项目专项投融资渠道。成立专项基金，将部分外汇储备转化为海外投资基金，为中央企业投资海外重大项目提供低成本资金。二是扩大海外政策性贷款的规模以及适用国家、适用项目。进一步扩大中国援外优惠贷款和优惠出口卖方信贷的规模，简化申请流程。适当减少政策性贷款的使用限制。三是降低海外项目融资成本和保险费率。放宽对中央企业在海外开展债权融资、股权融资等直接融资的限制，简化资金汇入和汇出流程。推动国内政策性银行针对海外重大基础设施项目尤其是“一带一路”沿线项目推出低利率贷款。支持商业保险机构参与海外业务相关保险，拓展中央企业海外项目投保渠道。

推动海外营商环境改善。积极推动完善双边投资保护协定，在双边投资保护协定中加入国民待遇条款和方便劳务、商务人员入境条款，为企业海外投资提供便利。明确间接征收定义及争议解决机制，有利于中央企业遭受间接征收后得到合理补偿。推动完善仲裁条款及仲裁立法，扩大可提请仲裁争议范围，加入国际投资争端解决中心（ICSID）管辖，并对我国《仲裁法》加以完善，积极打造“一带一路”商事仲裁品牌，提升国内仲裁机构解决国际民商事争议的整体竞争优势。

（三）完善产业发展政策，加快供给侧结构性改革

优化国资国企布局。扎实推进战略性重组整合，坚持“横向合并”强化规模效应、“纵向联合”实现优势互补、“专业化整合”优化资源配置，推动同业或产业链上下游的企业集团内部子公司之间、不同企业集团之间的重组整合。进一步突出中央企业主业和主攻方向，放大存量、引进增量、整合资源，不断增强核心业务的营利能力和市场竞争力。

扎实推进化解过剩产能。以市场化手段推进低质无效供给的市场出清，加快向产业链价值链中高端转移。依据行政许可法、土地管理法、环境保护法等法律法规，以及产业结构调整指导目录、行业规范和准入条件、环保标准等要求，对产能严重过剩行业建成违规项目进行全面清理。对工艺装备落后、产品质量不合格、能耗及排放不达标的项目，列入淘汰落后年度任务的加快淘汰。

（四）减轻中央企业负担，化解债务风险

加快出台支持中央企业发展的财税政策。充分考虑行业生产力水平和

全国工业行业平均税费水平，统筹考虑改革税收制度和行政性收费制度，合理确定央企税费负担总水平。比如对石油企业来讲，应尽快取消石油特别收益金，自2006年执行石油特别收益金政策以来，调控效果基本实现，随着征收环境的变化，继续征收的基础条件已不具有，建议国家尽快取消石油特别收益金政策。

完善降杠杆支持政策，防范和化解企业债务风险。对有竞争力、有市场、有效益但遇到暂时困难的优质企业，继续给予资金支持，解决企业融资难、融资贵难题，依法依规开展市场化债转股，有效降低企业杠杆率。严格审批借债，对杠杆率高、利息备付率低的“僵尸企业”依法依规实施企业破产，市场化淘汰一部分高杠杆的企业。建立健全企业债务风险评估预警和应急处置机制，编制流动资产负债表，实施动态管理，严格控制企业融资规模，建立健全项目决策机制，加强资金管理，降低融资成本，提高资金使用效益。

鼓励建立市场化的企业资本金补充机制。在企业自身盈利能力下降时，使企业能通过权益融资、股权转让等多种方式补充资本金，逐步将债务融资转化为权益融资，达到降低企业杠杆率的效果。同时加大商贷力度，扩大资金渠道。制定政策，加快处置无效、低效资产，布局优势资源，提高资产的整体运营效率。

（五）完善人才政策，吸引留住人才

进一步完善央企企业经营管理人才、专业技术人才交流制度，打破人才身份、单位、部门和所有制限制，营造开放的用人环境。扩大中央企业领导人员跨地区跨部门交流任职范围。拓宽党政人才来源渠道，完善市场化选拔人才制度。

实施更加开放的人才政策，大力吸引海外高层次人才进入中央企业，建立完善海外高层次人才特聘专家制度。鼓励海外留学人员回中央企业工作。建立政府指导下以企业为主体、市场为导向、多种形式的产学研战略联盟，通过共建科技创新平台、开展合作教育、共同实施重大项目等方式，培养高层次人才和创新团队。建立高等学校、科研院所、企业高层次人才双向交流制度。

课题参与单位： 中核战略规划研究总院
北京航天情报与信息研究所
中国兵器工业集团人才研究中心
中国石化集团经济技术研究院有限公司
南方电网能源发展研究院有限责任公司
中国电信股份有限公司研究院
中国联合网络通信有限公司研究院
中国移动通信有限公司研究院
中国铝业集团有限公司经济研究院
中国中化集团经济技术研究中心
中国化工信息中心有限公司
华润宏观经济与政策研究院
中国中车集团有限公司
中国交通建设集团有限公司
中国物流集团有限公司
中信改革发展研究基金会
中节能生态产品发展研究中心

课题组核心成员： 吕建中　柴高峰　杨　虹　马　莉　闫　勇
张卫忠　殷冬青　张笑峰　邱茂鑫　李　哲
李晓冬　霍中和　张　明　孔德泰　刘成云
周　丰　李鹏飞　鲍玉芳　马　骁　张　彤
叶　瑛　高　山　张增勇　田　钢　臧雪静
王庆国　鲁　瑛　肖甲宏　邱　晓　丁红丹
夏　超　张　雪　陈仕俊　吴天慧　郭学敏
彭玮麟　朱虹波　徐莲子　胡　梅　刘　强
赵　雯　方　领　夏淑貌

编辑： 李　兴　罗　娅

央企小镇助力乡村振兴研究

华润宏观经济与政策研究院

乡村振兴战略是以习近平总书记为核心的党中央着眼党和国家事业全局、顺应亿万农民对美好生活向往的重大决策部署，是决胜全面建成小康社会、全面建设社会主义现代化国家的重大历史任务，是新时代做好“三农”工作的总抓手。实施乡村振兴战略、实现城乡融合发展，关键就是走中国特色社会主义乡村振兴道路。因地制宜发展特色鲜明、产镇融合的特色小镇，以镇带村、以村促镇，推动城镇村资源联动、一二三产业融合的特色产业小镇建设是重要的突破口和着力点。作为中国特色社会主义的重要物质基础和政治基础，中央企业坚决服从服务、贯彻落实党和国家乡村振兴战略，这不仅是政治责任使然，更是巨大市场机遇。

一、重要意义

习近平总书记指出，抓特色小镇、小城镇建设大有可为，对经济转型升级、新型城镇化建设，都具有重要意义。中央企业通过特色产业小镇参与乡村振兴工作，是使命要求，是新探索和新尝试。

（一）这是新时期中央企业服务国家“三农”工作、建设现代化强国的必然要求

从党的十九大到二十大，是“两个一百年”奋斗目标的历史交汇期，我们既要全面建成小康社会、实现第一个百年奋斗目标，又要乘势而上开启全面建设社会主义现代化国家新征程，向第二个百年奋斗目标进军。当前，我国发展不平衡不充分问题在乡村最为突出。习近平总书记强调，全面建成小康社会和全面建设社会主义现代化强国，最艰巨最繁重的任务在农村，最广泛最深厚的基础在农村，最大的潜力和后劲也在农村。农业农村农民问题是关系国计民生的根本性问题。没有农业农村的现代化，就没

有国家的现代化。作为党和国家重要依靠力量，中央企业通过特色产业小镇参与乡村振兴，是新时期服从服务国家“三农”工作的具体要求，有助补齐农村农业短板，实现城乡协调发展；社会主义的本质是解放生产力、发展生产力、实现共同富裕，推进央企小镇建设是为建设现代化强国、实现第二个百年目标作出新贡献的重要任务；通过央企小镇带动“三农”发展，有助挖掘农村市场的巨大潜力，提高农业生产效率和促进农民增收，也是中央企业实现自身发展的巨大机遇。

（二）这有助于中央企业做好脱贫攻坚和乡村振兴的有效衔接

2019年是脱贫攻坚的决战之年，中央企业通过帮扶资金、产业帮扶、消费扶贫、技能帮扶、引进企业等方式，帮助和带动贫困地区脱贫摘帽，取得实实在在的成效。如何巩固和扩大扶贫成果成为当前中央企业面临的新课题。脱贫攻坚和乡村振兴都是党和国家针对“三农”工作的重大战略部署，两者有内在的逻辑关系和内容一致性。乡村振兴以脱贫攻坚成果为基础，同时是稳定脱贫攻坚成果的有效保障，乡村振兴提出的20字总要求与脱贫攻坚有关产业扶贫、就业扶贫、异地搬迁等有很多交集，是更高形式的体现。中央企业通过特色产业小镇参与乡村振兴工作，不仅有助于总结和发挥中央企业精准脱贫、精准扶贫的工作经验，也有助于在更高层次上提高各类资源的使用效率，减少不必要的浪费，巩固和扩大前期扶贫成果，实现“开发性扶贫和保障性扶贫并重”，实现脱贫攻坚和乡村振兴两大战略的有效衔接，持续有效推进农业和农村的现代化进程。

（三）这是立足“三农”现状，利用市场机制参与乡村振兴的新探索和新尝试

党的十八大以来，我国农业农村发展取得了突出成就，但农村目前仍存在较突出的短板：生产生活基础设施较薄弱、脱贫攻坚新问题需高度关注、资金人才技术等要素支撑不足、基层组织建设和带动力偏弱、重点领域融合发展不够等。其一大原因，就是资金、技术、人才等要素城乡双向流动不顺畅，影响城乡融合发展的体制机制障碍尚未根本消除。《中共中央国务院关于实施乡村振兴战略的意见》《乡村振兴战略规划（2018—2022年）》将特色小镇建设作为完善城乡布局结构、构建农村产业融合发展体系的新载体新模式，以特色小镇建设来推动乡村振兴战略实施，协调

城乡融合进程。中央企业通过借鉴特色小镇典型做法，推进央企小镇建设，接城连村，推动镇村联动发展，有助于发挥央企点多线长面广的特点，有助市场机制和农村资源对接，有助补齐农村公共配套，提高农村治理有效性和乡风文明，也能保障党对“三农”工作的全面领导，落实政府各项制度措施。这是中央企业参与乡村振兴战略和新型城镇化战略的一种新举措和新尝试，也易于培育可推广的经验模式，在全国形成示范带动作用，让更多的社会资本参与乡村振兴事业。

二、总体思路

乡村振兴战略明确了乡村发展总体思路，也为推进央企小镇建设提供了根本遵循，指明了发展方向。

（一）内涵界定

央企小镇或中央企业特色产业小镇，是中央企业新时期参与乡村振兴的一种探索，其立足企业产业优势和乡村资源区位优势，着眼于城市群、大都市圈周围或者资源禀赋明显的地区，以某一特色产业为依托，吸引若干企业共同加入，通过政府、村民、企业等多方参与建设，集聚特色产业、生产、生活、生态空间相融合的创新开发平台，打造产业特而强、功能聚而合、形态小而美、机制新而活，汇聚各种城乡发展要素的乡村振兴新模式。

（二）基本原则

1. 坚持以人民为中心和新发展理念为原则

推进央企小镇建设，要坚持以人民为中心的发展思想，摆脱“大包大揽”建设园区等粗放型发展方式，以新发展理念引领探索央企小镇有效路径。在建设过程中，要坚持人与自然和谐共生的理念，走绿色发展之路。要保持开放心态，吸取国内外开发运营经验，在开放竞争中吸引更多受众。要充分尊重农民意愿，切实发挥农民在乡村振兴中的主体作用，调动农民的积极性、主动性、创造性，把维护农民群众根本利益、促进农民共同富裕作为出发点和落脚点，促进农民持续增收，不断提升农民的获得感、幸福感和安全感。

2. 坚持因地制宜、因企制宜原则

央企小镇建设必须有“特色”可寻，要在遵循共通规律基础上，注重发掘和塑造特色，在满足不同的需求方面下功夫。要因地制宜，综合所在地区地理分布、地域风情、资源禀赋、产业状况、文化特色等具体条件，核心是从资源产品和精神形态上制造差异性，实现“人无我有、人有我优、人优我特”。同时，要因企制宜，立足中央企业的主业主责，以市场和商业决策为依据，防止出现一哄而上、大拆大建的情况，避免“千镇一面”、简单复制、发展模式单一化或同质化竞争，要充分发挥比较优势，赋予特色小镇可持续性，让乡村建设融合于中央企业的产业链和治理框架，形成良性互动和互惠互利。

3. 坚持多方参与原则

推进央企小镇建设是一项系统性、科学性工程，要充分发挥多方主体作用，使得政府、企业、社会等多方参与规划建设。要明晰央企小镇建设的责任主体、组织主体、参与主体，构建“政府—社会—市场”三元主体格局。政府要为特色小镇建设提供良好的公共政策供给与服务，完善特色小镇管理体制。要“筑巢引凤”，注重发掘企业家能人，适时引入社会资本。要培育央企小镇新动能，提升空间与要素聚集动力，通过建立健全城乡互动机制、资源共享机制、多元投入机制、市场推进机制等机制，激发乡村振兴新活力。

（三）战略定位

央企参与乡村振兴的新抓手。在完成脱贫攻坚前提下，把央企小镇建设作为新时期中央企业参与“三农”工作的新抓手，以此形成平台，完成国家乡村振兴战略的政治任务。

国家强农惠农富农的新典范。通过资本、人才、技术、管理等要素资源向乡村不断注入和增值，增强“三农”发展的内生动力，提高农业技术、发挥产业带动能力、拓宽农民增收渠道、助推美丽乡村建设。

央企开拓市场的新渠道。发挥“三农”的巨大潜力，撬动巨大的农村市场容量、人才和资源储备及基础设施建设需求，在经济下行期为中央企业开拓市场提供新渠道。

提高现代化治理的新探索。以央企小镇为平台，利用央企产业链长、规模大等优势，发挥央企与不同所有制企业、社会组织以及基层政府、农民的协作效应，加强党的领导和党的建设，提高我国现代化治理能力。

（四）建设目标

到2025年，央企小镇建设取得实质性进展。在从脱贫攻坚到乡村振兴工作转换基础上，形成央企小镇推进、协作和考核机制，丰富央企小镇的内涵和建设思路，每家中央企业在现有定点扶贫或新的区域形成1~2家央企小镇。

到2035年，央企小镇建设取得明显成效。央企小镇助力乡村振兴的平台价值逐渐发挥，央企小镇工作机制成熟定型，在内部建设上更加适应经济社会的发展水平和百姓对美好生活的需求，成为我国融合城乡发展、协调区域发展以及建设现代化强国的有机组成部分。

三、运营模式

推进央企小镇建设，要探索体制机制创新，激活主体、激活要素、激活市场，发挥智力、技术、管理等各方力量，调试政府、市场和农村社会职能，以产业筛选、资金筹措、环境治理以及参与基层治理为重点工作，实现优势互补、多方协同共治。央企小镇运营示意图见图1。

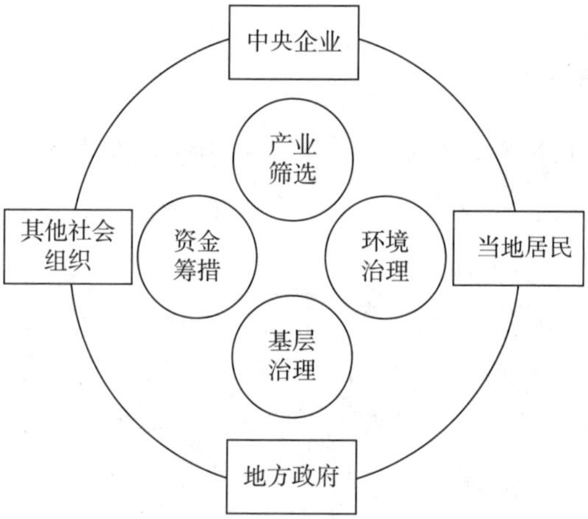

图1　央企小镇运营示意图

（一）实施主体

参与央企小镇建设的主体，可概括为中央企业、政府、当地居民、民营企业及其他社会组织，各主体在央企小镇建设过程中的定位不同，发挥的作用也具有差异。

中央企业是产业决策，提供资金、生产和服务的主体。一方面，发挥经济作用，央企小镇要依靠市场化的机制，提升帮扶产业的组织化、专业化水平，更好满足市场需求。中央企业除了选择产业外，还要发挥其资源整合的优势，在实际项目中并非都需要亲力亲为，可以委托第三方运营，通过吸引更多的企业主体参与建设，成为利益共同体，共同做大市场。另一方面，发挥公益作用，央企小镇的打造并非单纯地追求经济效益，而应是企业社会责任的一部分，企业要承担资金帮扶的责任，不能过多地追求投资回报率，尤其是短期回报率。

政府是全面统筹的主体，其主要职责是做好政策与产业发展的衔接，通过组合要素，调动积极性，发挥平台作用。

当地居民是参与产业发展的主体。央企小镇一定要得到当地居民的认可，发挥他们的能动性，让他们主动参与到帮扶产业中。

发挥民营企业/NGO等其他社会组织具体运营、协调沟通各主体的作用。央企小镇建设需要大量的资金和人力资源，民营企业等其他社会组织可以为产业帮扶提供资金支持、高层次人力资源支持以及社会帮扶等，协助解决产业帮扶和小镇建设中的资金、人才等瓶颈问题。

（二）产业筛选

推进央企小镇建设，产业兴旺是重点。根据乡村振兴战略总体要求，央企小镇产业选择要做到与自身专长结合、与区域特点结合、与市场规律结合。

1. 产业项目筛选标准

影响产业帮扶项目选择的关键要素包括：基本条件（自然条件、基础设施、经济水平）；周边区域的生产能力及消费水平；企业与帮扶产业的关联程度；动态比较优势。选择帮扶产业是一个多方参与、反复论证的过程，首先要明确产业的主体，在项目选择时，充分考虑各主体的作用；其次要建立评估的体系，通过定性和定量方式评估项目的可行性；最后要制定项目筛选的步骤，研究具体的运作策略。评估体系可从资源禀赋、经济基础、产业的价值创造能力、产业的发展潜力四个维度进行。

2. 产业帮扶项目运作

央企小镇要在产业引入基础上，延长产业链、提升价值链、完善利益链，通过保底分红、股份合作、利润返还等多种形式，让农民合理分享全产业链增值收益。

产业的参与主体与利益共享主体之间既有联系也有区别。产业的参与主体决定了利益主体的范围，各个环节的参与主体都具有参与利益分配的权利。但参与主体是从不同主体的定位和分工进行划分，而利益共享主体是从更公平、有效地分配利益的角度对主体进行区分，重点关注利益共享的普遍性和长期性。相关主体包括：直接参与的农民，未直接参与的农民、企业、其他社会组织。

利益共享机制是影响产业项目最重要的因素之一，直接影响参与主体积极性和产业发展的可持续性，应遵循以下基本原则：一是明晰产权，建立资源产权分解制度，确保利益共享的清晰度和时效性；二是扩大利益共享面，调动广大群众的积极性，确保利益共享的广泛性和合理性；三是平衡各方利益，共享未来发展机会，确保利益共享的长期性。

3. 产业帮扶项目可持续发展

保持产业帮扶项目的可持续发展是央企小镇健康稳定发展的保证和前提，产业项目与以下四方面因素密切相关：突出特色和差异性，建立核心竞争力；融合发展，优化产业结构，建立产业生态；建立市场运作机制，共享利益；坚持绿色发展，多方共赢。因此，央企小镇需要设计产业帮扶项目可持续发展的路径：一要加强顶层设计，做好产业帮扶的规划和项目评估；二要因地制宜，发展差异化产业，提高项目的市场适应度和竞争力；三要协调各方关系，建立高效的组织运行机制；四要创新产业发展模式，强化示范引领。

（三）资金筹措

推进央企小镇建设，必须解决钱从哪里来的问题。央企小镇建设具有投资大、周期长的特点，单纯依靠一方资金进行运作的难度较大，只有打通财政资金、金融机构和社会资本三方融资渠道，吸引多元化投资主体，充分发挥各自优势，才能破解央企小镇建设的“融资难”问题。

1. 资金筹措的原则

央企小镇的融资模式需要打通政府、央企等社会资本和金融机构三方渠道，特色小镇投融资应以项目为主体，以项目未来收益和项目资产作为融资收益的来源和保障，融资安排和融资成本直接由小镇项目未来的现金流和资产价值决定。可用的融资方式包括向银行（银团）贷款、发行债券、发行信托计划、融资租赁、证券资管、基金管理、PPP 等。

2. 资金筹措立足于资源需求分析

央企小镇的开发是一个复杂的巨系统，需从系统工程的角度出发整体考虑其融资需求。主要涉及土地一级开发、基础设施建设、公益性项目建设、招商引资以及商业项目建设等。央企小镇建设周期一般都比较长，各个建设阶段建设内容各不相同，资金需求以及相对应的融资方式也各不相同。在不同的建设周期，针对不同的资金需求，设立合理的融资平台以及选择合适的融资方式是央企小镇融资成功的关键。

3. 优化资金筹措的方式

央企小镇融资难题的破解，需要在充分分析现有特色小镇融资主要模式和限制、央企小镇融资所遇瓶颈基础上，综合考虑央企小镇建设周期与资金需求、融资限制等因素，统筹设计和优化现有融资方式：一是统筹安排全周期资金措施，在不同的项目阶段制定相应的融资策略；二是针对不同筹措平台利弊，根据不同资金需求，搭建高效的资金筹措平台；三是根据政策环境、融资渠道等，设计多元化的融资模式；四是加强对事前、事中及事后的监控，评估投融资项目审计力度，构建完善的资金使用管理机制。

（四）环境治理

推进央企小镇建设，生态宜居是关键。改善农村人居环境，建设美丽宜居乡村，是打造央企小镇的一项重要任务，也是当前全面建成小康社会的基本要求，事关广大农民根本福祉，事关农村社会文明和谐。

1. 环境治理的原则

在乡村环境和民居建设的过程中，中央企业要充分尊重当地文化和农民意愿，做好沟通和宣传工作，尽可能让百姓满意；要坚持适度原则，既不超前规划设计，超出财力承受能力，也不墨守成规，改造效果不明显没感知或以损害环境为代价，还要综合考虑生活生产以及未来人口留存等情况，点线面相结合、分阶段分步骤、有重点地开展实施。

2. 环境治理的模式

按照企业的参与程度，可分为支援支持型和牵头负责型，前者以财力支持为主，后者需要全权负责；按照开发强度来说，可分为在原址原貌基础上的改造升级和另辟新址重新规划设计，合村并村等。不同的模式，具有不同理念、财力、推进和资源支撑。如果以央企小镇参与的话，可综合考虑小镇所在区域，在产业设施和现有居住设施基础上，集中改造完善，以更完善的环境和公共服务配套，吸引更多人口聚集，资源配置效率更高，生产生活也更有活力。

3. 环境治理的思路

项目立项。要做好团队组建、需求调查、财务预算、方案设计等工作，团队组建可以以企业为主，同时联合地方政府、基层组织带头人、农民代表等，最大化发动各相关方的智力和人力；需求调查，就是要立足农民群众的最迫切最直接的痛点问题，做好入户调查和访谈，同时广泛听取行业专家意见、地方政府的诉求等；财务预算，根据企业预期投入、需求调查来评估项目实施的费用收支情况，进而扩大或缩减资金；方案设计，要根据前期需求调查和财务预算，由专业团队绘制项目规划和实施方案，作为项目的“蓝图”。

项目实施。要根据项目方案，按计划、分步骤开展，为顺利推进项目，可充分调动地方资源，让区域百姓参与共建，既满足人力支持，也有助项目更加顺畅，另外就是要选择专业的施工单位，以保障项目的质量和进度。

项目管护。乡村环境和民居改造完成后，一定要根据前期的谈判，确认哪些项目属于“一次性”交付，哪些属于后期仍继续运维，以合理安排管护人员、管护经费和设备等。综合来看，民居改造等私域类项目全部移交，公共设施类按照一定原则给予经费支持，或者成立专业的“物业公司”进行管理，经费可以根据收益所得、企业赞助、百姓缴纳等方式综合筹集。

（五）参与基层治理

中央企业通过特色小镇参与乡村振兴，必须依靠党的领导，发挥基层党组织的力量和战斗堡垒作用，提升组织力和带动力，助力建立健全现代乡村社会治理机制，这是中国特色社会主义乡村振兴道路的应有之义。在充分尊重村民自治的基础上，央企小镇可以通过支部共建、人才支持、资源共享等方式提升乡村基层治理的有效性。具体来看：一是积极探索党组织的设置，将党支部在央企小镇（公司）、合作组织、产业链上扩展和渗透，实现了党组织建设与央企小镇建设的相互促进，为央企小镇发展注入巨大的活力；二是通过支部共建或选派第一书记，完善村基层组织的议事规则和决策程序，提升决策能力，保障党组织的领导核心地位；三是通过资源共享、教育培训、活动联谊和“互联网+党建”等，促进基层组织的理论学习、党员教育和技能提升，补齐基层组织人才和财力不足的问题，丰富活动的内涵；四是通过加强党的建设和企业管理的有机统一，发挥业务骨干和优秀党员的模范带动作用，形成基层组织助推乡村振兴的工作合力。

四、协同机制

央企小镇建设的主要利益相关者包括当地政府、核心企业以及本地居民等，地方政府是特色城镇化和美丽乡村建设发展的主要推动者，中央企业、上市公司、大型民营企业等企业、开发商作为特色城镇化和美丽乡村建设的建设主体，负责小镇建设、运营、管理的各个阶段。投资主体将主要为特色小镇的基础设施、公共服务实施以及居住商业等的建设注入资金，共享发展收益，也是利益相关者之一。本地居民是核心利益相关者之一，也是直接影响人和受益人。

乡村振兴是一项复杂的工程，目前特色小镇建设面临着行政干预过当、政府观念尚待转变、投融资渠道单一、资本支撑后劲不足等问题。因此，中央企业参与特色小镇的建设，需要建立央企、社会组织和个人协同机制。首先，要构建央企小镇多方参与、合作共赢的协同模式及组织形式，充分发挥中央企业战略引领、激发更大价值的作用。其次，寻找政府和企业合作的最佳平衡点，构建可持续发展的协作机制。各方在央企小镇前期筹备及土地整理阶段、建设阶段、后期运营等不同阶段要取长补短、通力合作。最后，中央企业应严格管控企业操作运营流程，提高央企小镇建设的效率和效益。

中央企业在央企小镇建设过程中发挥着战略引领作用，而就各中央企业而言，主营业务聚焦范围有限，各自擅长的领域也存在差异，因此，还应构建完善各央企间的协同机制，可以基金作平台、产业为载体、帮扶为支撑、振兴为目标，充分发挥各家央企优势，实现央企小镇高效运转。首先，在明确各央企在项目中的职能分工的基础上，建立合理的央企小镇项目组织形式及平台。资金筹措平台可以说是央企与政府、央企之间、央企与社会资本、央企与本地居民之间利益协调的重要平台，通过遴选专业的并符合行业监管资质的小镇项目运营管理主体或央企联合体共同发起设立政府引导基金，解决项目资金需求。在项目运营阶段，通过联合行业龙头企业、地方优秀产业企业及其他多元社会化资本共同组建产业基金，进行项目孵化、培育及投资，推动当地产业的转型升级以及价值再创造。其次，要形成完善的项目运行方案，明确项目决策、实施、监控、评价、奖惩各环节的运行规范。最后，要制定科学的利益分配机制，统筹协调权责、利益与风险的分担机制。

五、政策建议

综上所述，建设央企小镇具有重要意义，在推进过程中也会有“成长的烦恼”。今后，中央企业应认真学习贯彻习近平新时代中国特色社会主义思想和习近平总书记关于“三农”“乡村振兴”的重要论述，落实中央有关政策精神，回归特色产业小镇的基本价值，正确处理政府和市场主体的关系，发挥农民的主体性和自觉性，建立有效的约束和激励机制，为特色小镇建设提供系统性保障。

（一）出台脱贫攻坚后续指导意见

2020 年脱贫攻坚任务就要完成，按照中央“摘帽不摘责任、摘帽不摘政策、摘帽不摘帮扶、摘帽不摘监管”的有关要求，建议国务院扶贫办、国资委等出台继续巩固和完善脱贫攻坚成果的指导意见，给中央企业清晰地方向性的指导，尤其是在经济下行企业经营承压的情况下，保证对脱贫攻坚的持续投入，也为央企小镇建设提供衔接政策支持。

（二）出台推进央企小镇建设的政策性意见

2020 年是“十三五”的收官之年，也是“十四五”的谋划之年，建议国家发展改革委、国务院国资委等有关部门结合近年来特色产业小镇的经验和不足，出台进一步建设特色小镇的政策性文件，让中央企业在特色产业小镇上没有后顾之忧，甚至可参考脱贫攻坚的指标性考核模式，对央企小镇建设设立单独考核性指标，以区别于主业性指标。另外，目前特色小镇在全国取得很大成效，但也面临很多争议，尤其是“房地产化”倾向，出台政策性文件既有利于纠偏，防止今后央企小镇的“房地产化”，同时也不能把房地产“妖魔化”，因为要客观地看到我国乡村基础设施和基本住房的“不均衡”，央企小镇也需要在这方面进行建设。

（三）加快推进健全城乡融合发展体制机制和政策体系改革

城乡要素流动不顺畅、公共资源配置不合理等问题不仅影响城乡融合发展，也影响央企小镇的推进建设。为此，2019 年 4 月中共中央、国务院发布《关于建立健全城乡融合发展体制机制和政策体系的意见》，构建促进城乡规划布局、要素配置、产业发展、基础设施、公共服务、生态保护等相互融合和协同发展的体制机制。客观地讲，土地、户籍、金融等都是我国根本性制度，很难在全国范围、一次性解决，因此某些政策可以以央企小镇、特色小镇为试点，进行小范围突破，既保证因地制宜、循序渐进，又能坚守底线、防止系统性风险。如果可行，就大范围推广；如果不行，就改进或者收缩。必须给央企小镇必要的先行先试和容错的空间，以营造良好的政策环境，保证中央企业等社会资本放心投入、创新推进。

（四）积极争取国家政策、资金和人才支持

由于央企小镇建设的资金筹措机制不健全，相关配套政策不能及时出台，部分省（区）缺乏足够资金来建设央企小镇，特别是西北、东北等经济欠发达地区，没有好的产业，人才匮乏，经济增长缓慢，央企小镇发展面临着较大压力。建议国家在财政投入、贷款、税收等方面对央企小镇的发展加大支持力度，如将农网改造升级工程项目全部纳入企业所得税优惠目录，加大电网建设投资中中央资本金的比例；对乡村产业投资实行长期低息贷款或政府贴息等。建议政府加强人才政策创新，着力解决乡村人才层次不高、结构不合理、才能转化不够、培养途径简单、人才示范效益不明显等问题，出台本土人才成长、激励、流动政策，给予政策、奖金及技术倾斜和扶持，重塑乡村人才竞争力，增强人才吸引力，引导和支持各类人才投向乡村振兴事业，让他们在乡村创业顺心、工作安心、生活舒心。

（五）在央企小镇建设过程中，中央企业应进一步提高政治站位和培育市场意识

既要把脱贫攻坚任务保质保量完成，又要积极探索下一步服务国家“三农”工作的新思路新抓手，把推进央企小镇参与乡村振兴战略当作是当前和今后一定时期的重大任务来抓。同时，要立足企业主责主业，认真梳理和研究产业链和价值链，找到主责主业与乡村振兴的结合点，联合合作方，制定央企小镇建设的商业实施计划，推进小镇建设。

六、案例分享：华润希望小镇，十年十二镇

2008年，时值华润成立70周年，基于感恩和回报社会的价值观，华润集团提出华润企业和员工捐款，响应中央“以工促农”“以城哺乡”的号召，到贫困地区和革命老区建设希望小镇的创想。创建华润希望小镇，是华润集团利用企业资源解决“三农”问题，积极参与社会主义新农村建设和城镇化建设的一次有益探索和尝试。自2008年起，华润陆续在革命老区和贫困地区选址建设希望小镇。通过统一规划，就地改造、重建，彻底改变农民的居住环境，同时利用集团自身的产业和资源优势，帮助农民成立专业合作社，发展新型农村集体经济，把华润希望小镇建设成为生态、有机、绿色，和当地自然环境和谐一致，具有农业发展活力、鲜明地方和民族特色的社会主义新村镇。

经过持续十余年的努力，华润集团通过华润慈善基金会投入公益资金超过6.8亿元，在全国建成了广西百色、河北西柏坡、湖南韶山、福建古田、贵州遵义、安徽金寨、江西井冈山、宁夏海原8座华润希望小镇；贵州剑河、湖北红安、陕西延安、四川南江4座华润希望小镇也正在规划建设中。

华润希望小镇的建设分为四个方面，一是环境改造，通过统一规划，就地改造、重建，彻底改变农民的居住环境。二是产业帮扶，主要通过建立“企业+合作社+农户”的基本模式，利用企业自身资源优势，帮助希望小镇农民成立润农农民专业合作社，并以合作社为平台开展土地流转，充分发掘每个小镇的资源禀赋，因地制宜地发展现代特色农业和特色乡村旅

游业。三是组织重构，华润通过社区党支部、社区居委会、农民专业合作社交叉任职的方式，重塑农村党、政、企三位一体的新型管理模式。四是精神重塑，通过修祠堂、树乡贤、整乡风、塑乡情，对传统农耕文化进行保护与传承；同时利用“乡村+互联网”为村民创建积极向上的虚拟生活空间，把希望小镇建设成为充满活力、乡风淳朴的美丽乡村。最终通过希望小镇的建设达到振兴乡村的目标。

以百色华润希望小镇为例，百色市位于广西西部，是广西壮族自治区面积最大的地级市，是“中国优秀旅游城市”“国家园林城市”，同时也是集革命老区、少数民族地区、边境地区、大石山区、贫困地区、水库移民区“六位一体”的特殊区域，是全国 14 个连片贫困地区之一，贫困人口多，贫困面大。自 2009 年小镇竣工落成后，华润通过润农农民专业合作社进行了土地流转，在百色建成了第一个希望小镇现代农业产业基地。经过近 10 年的探索，百色基地现已流转土地 9115. 41 亩，至 2018 年底，已建成了优质葡萄基地、优质小番茄基地和优质大米基地三大现代化农业产业基地。在养殖业方面，华润帮扶村民采取“林下养鸡”生态放养模式，大力发展林下鸡养殖特色产业。经过几年的运营发展，通过“公司+基地+农户”的合作模式，进一步解决了当地剩余劳动力的就业问题，从根本上促进农民增收，实现精准扶贫到户，林下养鸡产业已成为百色右江区发展农村经济、促进农民增收的一条好路子。百色希望小镇人均收入从 2007 年的 2360 元增加到 2018 年的 19632 元，居民生活水平大幅度提高，社会主义新农村和新型农村城镇化理念的深刻内涵开始逐渐在小镇体现。

华润希望小镇探索出一条企业整体帮扶的有效路径，也符合国家乡村振兴的 20 字总要求。以环境改造为基础，实现希望小镇生态宜居。以产业帮扶为关键，实现希望小镇产业兴旺、生活富裕。以组织重构为依托，实现希望小镇有效治理。以精神重塑为目标，实现希望小镇乡风文明。最终，华润通过帮扶，挖掘农村社区的自然生长力，既保存了民风民俗和乡村风貌，也推动了农村农业的现代化发展。

课题参与单位： 中核战略规划研究总院有限公司
国网能源研究院有限公司
中国中化集团经济技术研究中心
中国旅游集团有限公司研究院

中能化信息与发展战略研究中心
水电水利规划设计总院
中信改革发展研究基金会
课题组核心成员： 蓝　屹　朱虹波　翟利峰　张　明　何　昉
马　莉　胡　源　戚建强　晁逢春　雷海粟
朱舜楠　张　宏　李　培　龚和平　刘玉颖
胡　丽　王海侠
编辑： 赵超凡　罗　娅

“新基建”发展的路径选择及应对策略研究

中国化学工程集团有限公司

一、绪论

2020年6—8月，国务院国资委相继印发《关于开展对标世界一流管理提升行动的通知》《关于加快推进国有企业数字化转型工作的通知》，就推动国有企业数字化转型、国有重点企业开展对标提升行动做出全面部署，系统明确国有企业数字化转型的基础、方向、重点和举措，其中新基建作为国有企业数字化转型的重点方向被明确提出。国有企业紧抓“新基建”带来的发展机遇，具有重要意义。

（一）新基建概念内涵

“新型基础设施”是相对传统的、成熟的、外部性减弱的基础设施而言的，“新型”是动态的、持续发展的。新一代信息技术是本轮科技革命和产业变革的代表性技术，是各领域技术进步的重要驱动力。自2018年12月中央经济工作会议以来，中央多频次提出发展新型基础设施，并明确指出5G、人工智能、工业互联网、物联网、信息网络、数据中心等多个领域。

2020年4月20日，国家发展改革委首先界定了新型基础设施的范围，即新型基础设施是以新发展理念为引领，以技术创新为驱动，以信息网络为基础，面向高质量发展需要，提供数字转型、智能升级、融合创新等服务的基础设施体系。新型基础设施可分为三类，伴随着技术革命和产业变革，新型基础设施的内涵和外延在不断演进、丰富。

（二）新基建政策体系

1. 国家政策体系

党中央、国务院高度重视建设新型基础设施。2018年12月，中央经济工作会议提出，加快5G商用步伐，加强人工智能、工业互联网、物联网等新型基础设施建设。2019年7月，中央政治局会议和中央经济工作会议再次指出，加快推进信息网络等新型基础设施建设。2020年2月，中央政治局会议强调要推动5G网络、工业互联网等的发展。2020年3月，政治局常务委员会会议进一步强调，要加快5G网络、数据中心等新型基础设施建设进度。2021年10月18日，中共中央政治局就推动我国数字经济健康发展进行第三十四次集体学习时，习近平总书记再次强调，要加快新型基础设施建设，加强战略布局，加快建设高速泛在、天地一体、云网融合、智能敏捷、绿色低碳、安全可控的智能化综合性数字信息基础设施，打通经济社会发展的信息“大动脉”。

2. 地方政策体系

2020年以来，各地纷纷布局新型基础设施建设，多个省市出台了新型基础设施建设行动方案，抢占新型基础设施发展先机。典型的有：北京市出台了《北京市加快新型基础设施建设行动方案（2020—2022年）》，聚焦6大方向，实施30个重点任务；上海市出台《上海市推进新型基础设施建设行动方案（2020—2022年）》，基于上海自身发展优势，梳理摸排新基建领域重大项目和工程；山东省印发《山东省数字基础设施建设指导意见》，明确了推进新基建和传统基建数字化升级的时间表和路线图；重庆近年来大力实施以大数据智能化为引领的创新驱动发展战略行动计划，为传统产业植入“智能因子”、瞄准智能产业“风口”打造新的增长点，加快了新基建相关领域的布局和建设，并在5G基站、工业互联网标识解析顶级节点（重庆）以及融合应用方面取得了显著成效。

二、交建类央企新基建发展战略路径选择

（一）新基建发展思路

积极响应国家新基建的战略部署，聚焦“传统基建”和“新基建”链接本质，坚持提前谋划、统筹布局、特色试点、全面赋能的发展路径，围绕“三化”发展核心，即传统业务数字化、数字产品业务化、业务发展生态化，强化组织保障和要素支撑，坚持投资驱动和硬核科技领跑“新基建”，努力做好“新基建”产业链的投资者、研发者和建设者，加强产业

链生态多方沟通合作，共同推动传统业务领域上下游的数字技术研发和技术升级，逐步培育和发展新基建生态产业链，打造集团公司“1+N”新基建业务品牌体系布局，形成以智慧化工园区为引领，以数字交建、数字林业等为特色的新基建发展体系，打造融合新基建综合解决方案服务商，用实际行动支撑国家新基建战略的部署在中国化学工程集团的落地。

（二）新基建业务体系建议

依托物联网/感知基础设施和网络基础设施，聚焦 5G、工业互联网、云计算设施、新型技术（人工智能、区块链等）等核心技术，围绕产业园区、交通建设、森林康养等既有优势业务领域，提供新基建规划咨询—新基建建设—应用示范等全过程数字化服务。以中化交建集团为例，可以强化数字化赋能和智能化升级，全面提高化工园区、产城融合园区、交通建设和林业等领域数字化整合服务能力，培育产业大生态，构建“1+N”新基建业务品牌体系布局，形成以智慧化工园区为引领，以数字交建、数字林业等为特色的新基建发展体系，打造融合新基建综合解决方案服务商，助推企业数字化转型升级。

（三）新基建业务发展路径

“新基建”相关技术、模式及业态均处于探索发展阶段。为促进交建类央企“新基建”健康有序发展，分为近、中、远期三个阶段分步推进。近期，主要开展持续的创新积累，建立新型基础设施雏形，在重点领域开展试点先行；中期，持续完善功能和“性能”，逐步推广，扩大新基建覆盖范围，由试点到园区、城区，再推广到城市、区域，并向全国推广；最终，在传统基础设施业务领域实现物理层面网络信息基础设施与传统基础设施的深度融合，创新产业生态体系建设，提升传统基础设施信息化、数字化和智能化发展水平，实现由设施向产品和服务转型。

三、智慧园区发展策略

智慧园区是新基建的重要方向，可以作为央企“新基建”转型发展的一个重要方向。

（一）智慧园区发展概况

国资平台作为区域核心园区的主要运营者，在行业中起到关键的标杆示范作用，是引领地区各类园区智慧化转型的关键角色。近年来，产业园区成为“兵家必争之地”，园区与智能经济、平台经济、共享经济等新技术、新模式的结合也在加速，新基建、互联网、新能源等新经济形态正依托园区蓬勃发展。但发展至今，大部分园区仍未能形成独特的竞争优势，在数字时代特征下，如何构建园区核心竞争力？关键在于聚焦可持续升级迭代的全场景智慧化建设。

（二）智慧园区新基建策略

推进以5G、区块链、大数据、人工智能为重点的新一代信息技术在交通建设领域的应用，以“智慧地建设园区”和“建设智慧的园区”为导向，建立“园区建设过程数字化和园区建设内容数字化”的园区新基建业务体系。

智慧地建设园区。打造智慧园区新服务商的战略定位，夯实优势业务深耕发展，推动产业园区数字化转型升级。大力推进智能化工厂和智慧园区建设，提升数字化交付水平，提供更优秀的行业解决方案。以数据驱动、平台赋能为应用着力点，运用5G、大数据、人工智能和工业互联网、数字孪生和智能装备等新一代信息技术，推动核心业务与信息技术的深度融合，提升行业数字化、智能化应用水平。加快推进工程设计集成、三维工厂设计、数字化交付和智能化工厂建设。依托信息化技术、云平台和大数据辅助工程项目管理，实现项目集成化和全流程精益管理，提升核心竞争力。

建设智慧的园区。聚焦园区，构建基于城市信息模型（CIM）的智慧园区新基建，在试点的基础上，将智慧园区的管理职能融入智慧城市的管理体系建设中去，实现智慧园区管理与城市管理的高度融合，拓展园区新基建覆盖范围，成为城市新基建的重要组成部分。

1. 智慧园区新基建建设模式

（1）建设模式。

相比其他基建，智慧园区新基建项目的资金投入规模相对更大、基础性更强、融合应用覆盖面更广，建设运营模式有所区别。

产城融合类园区，建议公司在园区管委会支持下组建第三方公司推动“智慧园区”建设。在园区管委会支持下组建第三方公司推动的“智慧园区”建设的商业模式的最大特点就是第三方公司具有自主权，受到制约的因素较少，投资建设都较灵活，能够针对需求的变化快速做出响应和调整。

智慧园区，建议通过引入优势厂商打造化工园区工业互联网平台等专业性赋能平台的方式进行建设。一方面可以构建化工领域新基建的专业性赋能平台，提升化工企业服务的专业性；另一方面通过和专业优势厂商的深度合作，开展化工领域融合新基建的深度探索。

（2）融资模式。

重资产的项目类型：产城融合类园区“新基建”业务本质上是智慧城市建设的一部分，该类型新型基础设施建设项目原则上采用的投融资方式与整个大项目一致，可采用传统基建的 BOT 和 PPP 模式。

低投入的项目类型：比如化工园区的工业互联网平台建设，建设投资额度相对较少，在数字交建项目中基本上均有应用，未来孵化成可复制推广的“新基建”产业可能性较大，这种项目类型的投融资方式建议采用集团公司自有资金自建模式。

2. 智慧园区新基建切入试点项目建议

智慧园区建设方面，集团公司可依托当前在建的安庆产城融合项目，在局部领域、局部平台作为切入试点，培养人才、提升能力、探索模式、积累经验，通过试点逐步探索新基建的发力点。

四、数字交建发展策略

（一）数字交建发展概况

从当前我国涉及的数字交通（建设）文件内容来看，各文件指向基本一致，内容涉及较广、较为宏观，可以大致概括为以下几个重点方向。一是打造融合高效的智慧交通基础设施，以智慧公路、智能铁路、智慧航道、智慧港口、智慧民航、智慧邮政、智慧枢纽，以及新材料新能源应用为载体，体现先进信息技术对行业的全方位赋能。二是助力信息基础设施建设，主要是配合相关部门推进先进技术的行业应用，包括 5G、北斗系统和遥感卫星、网络安全、数据中心、人工智能（如自动驾驶等）等。三是推进交通装备先进适用、完备可控。四是运输服务便捷舒适、经济高效，强调交通与物流、交通与其他领域的智慧化融合发展。五是完善行业创新基础设施，主要是科技研发支撑能力建设，如实验室、基础设施长期性能监测网等。六是推进交通的信息化基础设施建设，比如交通大数据中心、交通的信息化管理平台等。数字交建新基建建设运营模式有以下三种。

1. 智慧工地建设运营模式

投融资：交通基础设施建设方为投资建设主体，主要用于工地建设过程智慧化管理。其建设运营方式核心是前期以信息网络设施、智能设施、平台设施一次性投入为主，后期通过提高效率、减少人员成本、提高安全保障能力等方式获得收益。

建设运营：推动5G、区块链、人工智能、大数据等新一代信息技术与交通建设融合发展，推进无人/少人工地、设备远程操控、远程管理、在线管理、无人驾驶、在线监控等建设运营方式。

2. 交通数字化运维的模式

参照传统交通基建的运维方式，可采用BOT、PPP以及相关衍生投融资与建设运营方式。

3. 车联网建设运营模式

投融资：初期以政府投资为主（特别是市内，含有城市管理职能和试点意义）；对于高速公路领域货车推进编队行驶，可探索高速公路建设方、运营方投资运营方式，也可以联合主要货运相关企业共同建设运营。

（二）数字交建新基建策略

1. 数字交建发展定位

推进以5G、区块链、大数据、人工智能为重点的新一代信息技术在交通建设领域的应用，以“智慧地修路”和“修智慧的路”为导向，建立建设过程数字化、交通运维数字化、建设内容数字化的“三化”数字交建业务体系，推动中交建领域的数字化转型和业务升级，促进集团业务“提质”“增效”“降本”“拓疆”，探索“传统交建类”央企/国有企业交建业务数字化转型模式。

（1）两大业务基础。

数字交建的本质是新一代信息技术赋能传统交通建设的过程，因此数字交建业务基础是新一代信息技术能力和传统交通建设技术能力。建议加大两大业务基础能力建设，特别是两大业务基础能力的融合创新，建立对数字交建的整体支撑能力。

（2）“三化”业务体系。

以建设过程数字化和交通运维数字化为主线，推进交建业务数字化转型，实现智慧修路。通过建设内容数字化，推进交建业务升级，实现向修智慧的路“拓疆”。

建设过程数字化。建设过程数字化的核心是智慧工地建设，重点包括智慧工地建设的网络条件铺设、智能终端配置、智慧工地相关平台以及数字化设计（模拟）、工人管理、物料管理、无人作业、安全预警监控、环境监控等数字交建建设中的各种智慧应用。

交通运维数字化。交通运维数字化即交通的智慧运维，重点包括智慧出行、交通诱导、交通管理、高速公路收费、道路维保、智慧救援、交通监管、交通大数据中心建设、智慧服务区建设等。在数字化浪潮下，相比传统交通运维，数据将发挥纽带的作用，传统交通运维服务与物流、交通监管、交通应急、交通安全、公众出行等交通相关领域业务融合发展，交通运维数字化的内涵也将逐步扩大，集团业务领域也可随之增加。

建设内容数字化。建设内容数字化主要是顺应当前智慧交通（智慧公路）发展需求，在建设阶段加入智慧化设施或者对传统基础设施开展智能化升级改造，也就是道路的智慧设施建设。通常情况下，道路智慧设施主要包括交通信息网络、ETC、智慧停车场以及智慧公路的平台设施、终端设施、车联网设施等。

2. 数字交建建设模式

相比其他基建，数字交建项目的资金投入规模相对更大、基础性更强、融合应用覆盖面更广，建设运营模式有所区别。

（1）投融资模式。

资金来源对数字交建的建设模式起着至关重要的作用。从资金渠道看，数字交建资金来源主要包括自有资金、政府建设资金、政府创新资金、财政补贴（地方和中央）、社会资金等。对不同类型的项目，应当（或者建议）采用不同的投融资方式：

重资产的项目类型：比如智慧公路建设，“新基建”业务基本上是整个公路建设的一部分，该类型新型基础设施建设项目原则上采用的投融资方式与整个大项目一致，可采用传统基建的 BOT 和 PPP 模式。

数字化运维的项目类型：比如 ETC 收费、智慧停车场、车联网等，项目一般具有可靠的变现能力，建议投资较大的项目可积极联合社会资本，公益性较强的项目可以积极争取政府建设资金支持。

低投入的项目类型：比如智慧交建工业互联网平台建设，建设投资额度相对较少，基本上在数字交建项目中均有应用，未来孵化成可复制推广的“新基建”产业可能性较大，这种项目类型的投融资方式建议采用自有资金由中化学交建集团自建模式。

创新积累的项目类型：鉴于创新投入不确定性较高，对人才、技术积累等要求也比较高、各级政府对创新也有较大支持，投融资该类项目建议以联合创新模式、购买服务模式为主，应积极争取政府创新资金、中央和地方各级财政资金的支持。

（2）商业模式（含运营模式）。

数字交建的类型以及投融资模式往往决定了新型基础设施所采用的商业模式。投融资方式对新基建商业模式的影响与传统基建基本一致，本报告重点从数字交建类型角度对开展相关业务提供发展模式参考建议。

创新能力建设的商业模式。创新能力建设运作实体可以以企业研发中心、创新机构或者联合实验室等形态存在。其主要处于数字交建发展的创新积累阶段，企业和政府支持为主要投资方式，收益变现主要是通过为中化学交建集团开发新基建产品或者智慧化服务提供持续创新支持。

数字交建平台类建设的商业模式。平台类新基建产品在数字交建领域相对占比较低，投资以自有资金为主。该类项目商业模式同软件产品商业模式方式基本一致，可以由央企负责投资建设推广，在产品持续优化后为其他交建企业，乃至其他行业领域企业提供平台服务。另外，数据资产是平台类新基建的核心资产，随着平台型新基建的运营和数据资源的积累，对物流、监管、出行等领域提供数据服务有可能成为一种重要的商业模式。

数字交建业务运维的商业模式。数字交建业务运维涉及的领域较多，商业模式也相对较为复杂。对于满足公司自身需要的，比如智慧工地业务，讨论商业模式意义不大，这里不再讨论。对于满足对外经营需要的，比如 ETC、智慧停车场等收费模式较为明确的，商业模式可以先建后收费，或者采用传统基建的 BOT 和 PPP 模式。建议新基建类央企在时机成熟时，积极拓展融合类的业务运营，推进车联网、智慧出行服务、交通管理、交通疏导、交通应急服务等与传统交通运维业务一体化发展，在商业模式上可与各环节产业链条龙头企业合作，发挥各自所长，如在车联网领域与通信企业、汽车企业、物流企业等合作，共享资源、共同运营。

五、数字林业发展策略

（一）数字林业发展概况

十九大以来，习近平总书记多次强调高质量发展，提出一系列具体要求。习近平总书记明确强调，在高质量发展过程中，要加强生态文明建设，坚定不移走以生态优先、绿色发展为导向的高质量发展新路子。林业是生态文明建设的主体，既是一项重要的公益事业，又是一项重要的基础产业，担负着生产生态产品、维护生态安全的重要职责。全面推进高质量森林建设，加强林业资源保护与生态系统修复，大力发展富民产业，提供更多的优质生态产品，是新时期对林业改革发展的新要求。当前，林业建设已经转向高质量发展新阶段，对于生态环境的支撑作用越来越明显和重要。现代林业是深入践行“两山”理念，实现生态保护的典范，在生态资源全面、高效保护的基础上，实现人与自然的高度和谐，形成人与自然和谐共生新格局。同时现代林业在生态保护的基础上，加快形成绿色发展方式，通过调整经济结构和产业结构，优化国土空间开发布局，努力打造建设“绿水青山就是金山银山”转化路径，在人与自然和谐共生基础上，建设高品质游憩、教育、康养的理想胜地，以生态促进产业、文化、经济多元化发展。

（二）数字林业新基建策略

1. 数字林业发展定位

围绕构建数字林业设施能力和“数字林业服务生态”能力两大核心，加快推进人工智能、遥感、物联网、大数据、虚拟现实等前沿技术的应用和生态的构建，积极打造数字林业设施能力底座和数字林业服务生态能力平台，在推进林业生态保护的基础上，加快形成绿色发展方式，努力打造“绿水青山就是金山银山”转化路径的实践典范。

（1）数字林业设施能力底座。

建设高时空一体化数字林业服务体系，按照高时空立体监测体系、大数据云服务平台、多业务系统三个部分实现数字林业全场景服务。

高时空立体监测体系。利用天基、空基遥感、地基物联网技术以及人工调查，建设天地人一体化森林资源信息获取技术，实现森林资源信息的智能感知、形成山水林田湖草一体化全覆盖监管服务。

大数据云服务平台。采用高效、稳定的大数据和云计算技术，建设服务于全场景森林草原资源智慧监管平台基础云数据中心，为数据存储、管理、大数据挖掘和分析以及智能决策提供基础支撑平台，实现信息管理、统一用户管理、分级授权、智能决策分析以及数据共享信息服务一体化的全场景森林草原资源智慧监测综合管理服务平台。

多业务系统。基于大数据云服务平台，结合地理信息技术、信息处理、森林规范、科学经验知识库等技术与信息服务集成，建立智慧林业全场景服务的多业务应用系统。具体包括：森林资源监管服务系统、营造林服务系统、智慧防火服务系统、野生动植物监管服务系统、有害生物监测预警与防治服务系统、古树名木监管系统、林长制统计分析与决策支持系统、可视化展示与科普宣教服务系统等。

同时，该设施能力底座可根据国家级和城市级平台的特点接入上一层级系统，实现上下联动，为林业提供模式创新平台，融入城市治理需要，推动传统森林资源管理的转型升级和生态林业与城市生态的融合。

（2）“数字林业服务生态”能力底座。

重点围绕森林康养场景、科普教育场景、旅游服务场景、林场人文历史场景、零碳场景等重点体验服务和应用等领域，引入生态伙伴，共建集数据采集存储、智慧管控、智能交互、体验互动及应用全方位的底层基础设施能力平台。

2. 数字林业建设模式

相比其他基建，数字林业项目由于系统的相对封闭性和应用范围主要服务于林业治理需要，资金投入规模相对较低、基础性更强、融合应用覆盖面相对较低，建设运营模式相对简单，可采用企业自筹资金建设的方式进行推进。数字林业生态服务设施具有技术产品更新换代较快、投资回收期相对较短、投资收益见效快等特点，可以采用引导社会投资共建的方式进行建设实施。

(1) 投融资模式。

从资金渠道看，数字林业资金投入主要包括自有资金、政府建设资金、财政补贴（地方和中央）、社会资金等。对不同类型的项目，应当（或者建议）采用不同的投融资方式。

自有资金投入的项目类型：比如智慧林业大数据平台建设，建设投资额度相对较少，在数字林业项目中基本上均有应用，未来纳入政府智慧林业系统的可能性较大，且其积累的林业大数据未来可通过共享创新等衍生出新业态新模式，这类项目投融资方式建议采用自有资金由集团公司自建模式。

自有资金+政府补贴资金类项目：如林区物联网感知终端、多功能智慧照明系统设施、智慧消防设施、智慧病虫害监测设施等终端类设施，由于投资收益性较低，以企业自有资金投入为主，同时该类设施可通过将部分终端设施数据纳入城市治理数据，通过和政府相关部门的数据互通共享的方式争取申请政府补贴类资金投入。

社会资金投入的项目类型：如智慧森林康养场景、科普教育场景、旅游服务场景、林场人文历史场景项目一般具有可靠的变现能力，建议投资较大的项目可积极联合社会资本，公益性较强的项目可以积极争取政府建设资金支持。

(2) 商业模式（含运营模式）。

数字林业设施的类型以及投融资模式往往决定了新型基础设施所采用的商业模式。

数字林业平台类建设的商业模式。平台类新基建产品在数字林业领域相对占比较低，投资以自有资金为主。该类项目商业模式同软件产品商业模式方式基本一致，由集团公司负责投资建设推广，在产品持续优化后为其他林业经营企业提供平台服务。另外，数据资产是平台类新基建的核心资产，随着平台型新基建的运营和数据资源的积累，对林业业务创新、模式创新、业态创新等提供价值输出，可实现数据变现。

数字林业终端设施类建设的商业模式。如林区物联网感知终端、多功能智慧照明系统设施、智慧消防设施、智慧病虫害监测设施等采用“企业自建+政府资金支持”的方式建设，在商业模式方面，可引入专业运维团队，通过商业模式创新和应用场景创新等方式逐渐实现终端投入的收支平衡。

林业服务生态类的商业模式。对于对外经营需要的，比如森林康养、科普教育场景、旅游服务场景、林场人文历史场景等收费模式较为明确的，在商业模式上可与各环节产业链条龙头企业共同合作，各自发挥所长，集团公司提供底层数据设施支撑，社会资本提供体验服务和场景交互等支撑，通过场景共建、收益共享的模式实现商业化。后期时机成熟，可以利用基础数据进行场景赋能和生态伙伴赋能，实现价值创新。

六、研究结论及发展建议

每一次行业的重大变革都是对企业的一次大考。新基建业务对传统基建企业带来了巨大的挑战，当然同时也是传统基建企业的重要机遇，如果能够适应新基建业务发展需要，尽快转型升级，就能够开辟新的市场份额，打造新的竞争优势。

更新观念，调整战略，迅速占领新基建市场。当前，很多交建类企业正面临数字化转型升级和新基建市场重新洗牌的关键阶段，向什么方面发展，如何开辟新的业务领域、打造新的经济增长点，是企业面临的重大抉择。企业要在新基建业务发展的初期就迅速更新观念，调整战略，才有可能占得先机，尽快实现转型升级，迅速占领新基建市场，并带动企业传统业务的发展。

练好内功，夯实基础，快速打造新技术能力。传统交建类企业无论从企业结构、人才结构和公司管理制度等方面都不适应新基建的需要。企业如果决定在新基建业务领域开疆拓土，就必须下决心进行各方面的改革，包括机构改革、管理体系改革等，同时吸引优秀的科技人才和管理人才，以便尽快开展新基建业务。

统筹规划，加强设计，科学有序推进业务布局。一是制定新基建发展中长期战略规划和短期行动计划，企业应以超前意识谋划新基建相关领域发展机遇，在把握和衔接相关领域发展趋势、需求和自身业务模式基础上，制定发展目标和发展路线图，并积极纳入区域、城市和行业的经济发展规划工作中。二是谋划好各类新基建投融资模式和相关参与主体，最大限度发挥投资的带动作用。企业应探索与地方政府共建新模式，通过PPP、BOT、BT、特许经营权等多种合作方式，聚力打造算力基础设施、园区CIM平台、化工产业互联网平台等新型基础设施，形成一批政府与企业合作共建的可复制、可推广的实践案例。

创新发展，合作共赢，灵活切入新基建市场。企业可以通过不同行业的企业之间的横向并购和联合，如并购和交叉持股等方式，尽早取得相应的资质、人才和资源，可以实现快速新基建相关领域的发展和渗透。在保持目前企业结构和经营管理基本不变的情况下，可以采取与科技企业、制造企业和运营企业组成联合体的方式，开拓新基建业务。在新基建业务的实施过程中逐步实现企业的转型和升级。

试点先行，逐步推进，打造特色品牌业务体系。“新基建”采用试点先行、逐步推广的模式，因地制宜、因城施策、合理布局。要依托传统重点业务领域，根据不同园区、城市、区域进行合理布局，根据当地的资源种类、技术基础制定新基建的目标、方案和配套政策。并聚焦新基建涉及重点领域需求，积极申报国家、省级应用试点，形成一批性能优秀、应用效果好的基于5G、人工智能、工业互联网的应用案例和行业解决方案，拓展新模式、新服务。

课题组核心成员： 王庚柱　沈　周　张治国　欧阳力胜　郑洪涛
李立委　段利秋　滕　霖　蒋　峰　王新华

编辑： 罗靓艺　罗　娅

“十四五”宏观经济形势预测研究

华润宏观经济与政策研究院

“十四五”时期（2021—2025年）是我国全面建成小康社会、实现第一个百年奋斗目标后，开启全面建设社会主义现代化国家新征程的第一阶段，是迈向高质量发展、建设现代化经济体系的起步期，同时也是华润集团发展的一个新的重要阶段。在新发展阶段，需要深入研究国内外宏观形势和国家战略的长期趋势，紧扣国家“十四五”规划动态，重点围绕新时代高质量发展及产业转型升级形势，兼顾华润的企业发展战略与产业布局，站在宏观全局看清微观变局，立足微观要素解析宏观趋势，最终实现辅助华润战略决策的目标。

一、“十四五”背景：三个百年，勇挑重担

“十四五”时期对于华润集团发展是一个重要阶段，所面临的形势可以用“三个百年”来概括：

一是百年未有之大变局。“十四五”是国际政治经济发展不平衡性规律作用增强、全球经济格局深刻调整、国际形势风云变幻的百年时刻，是持续了三百多年的西方文明受到挑战、全球经济体制和治理体系加速重构的重要时期。

二是百年目标奋斗新征程。“十四五”是我国朝着社会主义现代化新征程迈进的百年之始，发展路径的探索将全面开启。这一时期，任务更加艰巨，风险进一步增大，技术创新更加活跃，重大活动更为密集。

三是百年基业长青新转型。华润集团作为中央特大型企业，“十四五”是其在全面履行国企使命、贯彻新发展理念、落实国家重大战略、全面深化改革、促进经济社会发展、保障和改善民生等各方面谋篇布局、统筹规划的关键期，是其自身奠定百年基业、优化战略布局的重要阶段。

二、"十四五"全球：格局调整，秩序重构

从全球看，目前我们正在经历一场国际政治经济格局大调整、大变革，不同于以往，本次调整是人类历史上首次以和平方式推进的，原因在于军事上相互制衡增强、经济上的相互依赖加深，以及世界范围内在文化上的反战争共识。基于此，我们认为，本轮格局调整阻力更大、领域更广、周期更长、形式更多。具体而言：

一是全球增速将继续放缓至3%左右，发达经济体复苏乏力，新兴经济体分化加剧；二是中国将日益成为全球经济增长的引擎和全球购买力的次中心；三是全球贸易冲突之后将会秩序回流，全球贸易及分工格局短期很难发生根本调整；四是全球风险加大，社会矛盾加深，隐藏于高增长和历史秩序背后的老龄化、种族民族、民粹主义矛盾开始暴露；五是全球治理体系将加速重构，西方国家主导世界的意愿正受到其能力的牵绊，中国等新兴力量将从主客观两个方面发挥更加重要的作用；六是技术变革将加速全球产业更替和经济地理重塑，数字技术的领域渗透更加全面深入，颠覆性技术及其创新出现频率增加，技术迭代和创新加速。

（一）"十四五"经济周期处于什么阶段以及爆发危机的可能性

"十四五"期间，全球经济周期向下，经济面临较大压力，几大经济周期整体向下：库存周期反弹力度有限，产能周期向下，创新周期在2023年前后自衰退期进入回升初期。

库存周期：库存周期作为判断经济短期运行状态的一个关键变量，可进一步划分为被动去库存、主动补库存、被动补库存和主动去库存四个阶段，完整周期通常为3~4年。"十四五"期间全球将经历近两轮库存周期，但由于金融周期下半场和全球贸易摩擦的压制，预计库存周期在"十四五"期间对经济的促进作用有限。

产能周期：产能周期是经济波动中的主周期，长度6~11年，主要内容是设备投资和就业雇佣的周期性调整。本轮全球产能周期自2016年底开始，并于2018年初见顶回落，预计"十四五"期间将持续保持下行趋势。

创新周期：是指50~60年的经济长波周期，通常以名义GDP增速为判断指标。"十四五"期间，世界经济将从创新周期的萧条期过渡到回升

期，新的底层技术革新将带动全球经济复苏。

我们认为，“十四五”时期，爆发更大破坏力的全球危机是小概率事件，更大概率发生的是筑底和“十四五”后期温和回升：一是经济向下的压力不会进一步增大；二是最近几年的突变对人们悲观预期的影响基本抹平；三是经济刺激政策力度都在加大；四是中印等新兴经济体发展保持了一定增速；五是技术创新孕育的力量开始释放并将在“十四五”后期增强。

（二）中美贸易战是否会达到新的平衡

中美贸易战演变到今天，角逐领域已经从狭义的贸易领域向科技创新、政府政策、产业开放、金融开放、国际政治乃至意识形态等方面全面扩散。“十四五”期间甚至更长时期内，以贸易战为代表的大国博弈与全球秩序重构不会停止，暂时的妥协无法阻止长期格局调整的必然要求，更大概率发生的是以国内政治需求为重要影响因素“打打停停”：相互试探底线、相互妥协、再斗争、再妥协。

对于中美贸易战影响，从定量方面来看，我们可通过一般均衡模型，定量评估现阶段已确定并产生实际影响的关税加征方案（针对我国价值2500亿美元出口商品加征25%关税）对我国“十四五”时期经济发展的冲击效果，结果显示：

“关税次年取消”情景下，加税当年GDP增速下滑0.59个百分点，随后冲击效果显著弱化，“十四五”时期负面冲击幅度仅为0.014~0.016个百分点；“关税持续存在”情景下，负面冲击的影响程度较单年份冲击出现明显提升，除加税当年下拉GDP增速0.59个百分点外，“十四五”时期负面冲击幅度始终保持在0.162~0.175个百分点的较高水平。

从这一评估结果来分析，短期来看，贸易战对我国经济发展的影响接近了GDP增速的10%。但是，应该客观看待这一结果，因为它是在假定经济结构不变的背景下做出的分析。在汇率调整、税费减免的背景下，贸易战的负面影响力将会被部分吸收。

实际上，我们正在推进的高质量发展和现代化经济体系建设都是以产业结构和产品体系调整为核心。贸易战将倒逼我们的产业加速转型，有可能出现否极泰来、祸福转化的效果。

从未来十年及以上的长周期来看，其他方面的调整能够减缓贸易战对中国国家利益的损害。例如，科技创新与高质量发展转型，将带来中国国际竞争力的提升。又如，中国资本主导的产能向海外转移虽然会损害就业、税收等方面利益，但并不会削弱这些产能的控制力，并且会为新产业导入腾挪出空间。

（三）中国低端制造业向周边国家转移是否成发展大局

我们认为，中国的中低端制造业转型将按照三个方向推进：一是就地转型升级；二是向中西部转移；三是向周边国家转移。

影响产业转移的因素很多，核心因素包括：要素成本、产业生态、营商环境、贸易政策。从要素成本来看，中国的确比越南等东南亚国家高一倍以上，但中国的产业生态是很多东南亚国家无法比拟的，并且中国的营商环境改善步伐也在不断加快（当然，其他一些新兴市场国家也在优化）。

在一些高度依赖出口的产业领域，随着贸易战的加剧，一些外资产能和本国产能将被迫向海外转移，尤其是文化依存度不高的外资。但是，东南亚市场的成本也在逐步提升，尚不健全的物流体系、劳动力素质等因素也制约着中低端产业的转移进程。初步判断，中国的产能转移不会成为绝对主流。

三、“十四五”中国：高质发展，蜕变涅槃

“十四五”时期，中国经济已逐渐进入“新常态”，经济发展趋势迈向“5”时代，经济发展由高速增长向中高速增长转变，中国经济的实际增长率为5%~5.5%。

一是中国作为追赶型经济体增速换挡的客观规律。历史经验证明，经济起飞较晚但后续高速追赶的经济体，在经过高速增长期后会进行增速换挡，收敛至中速增长，最后收敛至低速增长，德国、日本、韩国、中国台湾均经历过经济增速平台的切换。

二是中国人口数量红利消失，人力资本红利仍待培育。从劳动力数量看，中国15~64岁劳动年龄人口比例及规模分别在2010年、2013年见顶，人口数量红利消逝。从劳动力质量看，2017年中国25岁及以上人口平均受教育年限仅7.8年，而美国、德国、日本分别为13.4年、14.1年、12.8年，中国有较大提升空间。随着生育率持续低迷，中国人口峰值将在

“十四五”时期出现。

三是新旧动能转换、新的经济增长点培育仍需时间。传统基建和房地产对增长贡献减弱。房地产方面，人口结构的变化带来主力购房人群的减少，房地产市场需求中枢将逐渐下移；前期货币放水带来房价高企、居民杠杆率攀升，政策整体偏紧，房住不炒成调控主基调。基建方面，房地产增长减弱带动土地财政收入增长下滑，举债终身追责导致基建资金来源受限。

（一）党的十八大以来企业运行成本居高不下能否有所改善

“十四五”时期，受国内外宏观形势的影响，企业运行的成本仍居高不下，但随着政府治理体系的优化以及营商环境改善，各种隐形成本将会有一定降低。

第一，对房价来说，虽会稳中有降，但难以大幅深调。房价大幅上涨已经没有可能，原因在于“房住不炒”的定调、需求峰值已过（20~50 岁主力置业人群规模于 2013 年见顶）、城镇住房存量套户比达 1.1 左右。但是，考虑到中国所处城镇化发展阶段、居民改善需求、本轮国土空间规划对建设用地（尤其是东部沿海）管控加强或减量化以及房价大幅波动的巨大影响，我们认为房价将会在“十四五”时期保持在温和波动区间。

第二，劳动力工资成本将持续上升。随着劳动年龄人口总量下滑以及劳动参与率下降，未来中国劳动力供给继续呈下降趋势。在劳动年龄人口方面，由于人口年龄结构差异，“十四五”时期将累计减少不到 300 万，远小于“十三五”时期的超过 1400 万；未来随着收入上升、社保完善、城镇化推进等，劳动参与率将继续下滑。在新成长劳动力方面，预计“十四五”时期年均新成长劳动力规模为 1513 万，培养成本、生活成本、制度成本上升等将带动劳动力成本持续上行。

第三，资金成本将稳中趋降。我们的初步判断是，在“十四五”期间，投资率的下降大概率将快于储蓄率的下降，储蓄资源大于投资需求仍将是“十四五”期间宏观层面资金供求的基本格局。但是，各种“歧视性”金融、“差别化”金融仍将继续存在，现有的激励机制仍然是逃避责任和规避风险型，因而难以根本将金融资源导流到中小企业和民营企业。

第四，生态环保约束将提升资源环境成本。“十四五”时期，以牺牲生态环境为代价、企业个体成本严重低于社会成本的模式将无法延续，随着环境保护力度的加大以及资源开发过程中生态修复成本的提升，我国的基础性成本都将提升。

第五，我国的土地综合成本仍处于上升通道之中。原因在于：一是作为经济中心的核心城市仍处于人口与产业聚集阶段；二是大中城市可开发空间（特别是主城区）逐渐减少；三是集体建设用地入市不能用于住宅领域；四是囿于土地财政压力国家会控制各类建设用地入市规模。

第六，营商环境改善将在一定程度抵消成本上升压力。“十四五”期间，我们虽然初步迈入了高收入国家行列，但发展仍然是主线，各项改革最终会以营商环境改善为重要着力点，营商环境质量将会有整体提升。

（二）国家经济发展区域未来的发展走势

“十四五”期间，长三角区域与粤港澳大湾区将在转向高质量发展上发挥引领示范作用；以河南、湖北、湖南、重庆、四川为核心的中西部地区将成为吸纳投资、支撑全国经济增长的中坚力量，其中成渝城市群有望定位打造中国第四增长极；环渤海湾将成为国家推动南北方均衡发展的重要政策施力空间；中心城市在全国全省经济发展中的地位将进一步得到夯实；以都市圈、城市群为载体的空间形态将会更加具有多元多样性特征，都市圈或城市群一体化的关键节点地区和功能对接地区将成为区域政策关注的重点。

四、“十四五”消费：结构深刻变化，业态融合创新

“十四五”期间，我国消费升级将呈现多层次、多维度发展态势，五大方面特征将日趋凸显：

一是消费人群细分程度进一步加深，“银发经济”发展迅猛，中年主流消费群体物质基础、消费理念兼备，新生代消费快速崛起，超前性、多元化渐成主流；二是线上线下融合程度日益紧密，二者之间取长补短推动消费体验持续改善；三是女性群体已成为消费主力，家庭日常用品、服装鞋帽、教育培训等多个领域掌握重要决策权；四是价值消费、理性消费等逐步回归，能较好满足各类用户个性化需求的新锐品牌持续涌现；五是“八小时”外消费快速发展，以教育文化、休闲娱乐、旅游出行等为代表

的提升类、享受型、体验式消费增长迅猛。

在消费升级和技术创新的背景下，“十四五”时期，融合创新的步伐将会进一步加快，由此带来一批新业态、新模式的出现。

中国人均收入进入高收入阶段，可借鉴发达国家的经验催生哪些消费业态？是否存在有大的颠覆性的市场容量（最好是10万亿级当量的市场规模）的产业？给华润带来哪些机会？

当前，我国整体消费水平与日本20世纪七八十年代基本相当，二者在经济增长、人口结构、政策环境等方面均具有一定相似性。日本消费升级的历程显示，随着人均收入水平的不断提高，生存类消费占比不断下降，发展类消费占比日渐提升，私人汽车、保健康养、教育培训、休闲娱乐等领域均获得较快发展。

综合考虑历史发展、技术进步、中国国情等因素，我们认为以下消费市场仍将保持快速增长或者步入快速增长期：

一是大健康产业：“十四五”期间，大健康产业将加快发展，利好政策不断，市场需求进一步释放，与其他产业的融合发展将带来新机遇，再加上作为重要群体之一的老年群体人数和购买力的增加，产业规模还将进一步扩大，预计到2025年，达到超过16万亿元的产值。

二是教育培训产业：随着人工智能在教育场景的广泛应用，“内容+师资+技术”逐渐成为教育培训行业未来竞争的着力点，预计到2025年，教育培训市场的规模能超过4万亿元。

三是文化旅游产业：2018年，我国文化产业实现增加值3.87万亿元，全国旅游业对GDP的综合贡献为9.94万亿元。伴随着居民收入水平的提升，文化产业与旅游产业的深度融合，未来文旅产业的发展将呈现几何级数增长的态势。

四是体育消费产业：我国体育消费新型业态发展迅猛，场馆服务、体育培训、体育赛事总体规模不断扩大，“十四五”期间，随着中国居民人均体育消费支出的不断增加，体育消费将进入爆发期，市场将有更大增长空间，预计到2025年将带动体育产业规模超7万亿元。

五、“十四五”创新：整体稳步提升，局部重点突破

我国科技创新总体水平距离发达国家的差距还比较大，高技术产业发

展虽然在某些领域取得一定领先，但基础科学和底层技术支撑仍显薄弱。“十四五”时期，我国科技发展将会加快，数字经济、智能经济、生物经济、海洋经济和绿色经济等五大新经济形态将成为引领“十四五”产业发展的核心力量。预计到2025年，五大新经济占GDP的比重有望超过50%，对经济增长的贡献率超过80%。

数字经济对经济发展的推动作用进一步拓展。我国数字经济规模仅次于美国，2017年已达27.2万亿元，占GDP比重为32.9%。数字经济对GDP增长的贡献率达55%，已经成为引领产业发展和传统产业转型升级的重要力量。预计到“十四五”末，我国数字经济规模约为40万亿~45万亿元，占GDP比重超过35%。

智能经济成为推动实体经济转型升级的重要力量。目前，我国人工智能及高端装备制造产业规模接近4万亿元。未来5~10年，随着人工智能在多个领域的应用不断拓展，我国人工智能及高端装备制造产业有望保持年均10%以上的增长，到“十四五”末，产业规模有望突破7万亿~8万亿元，占GDP比重约为3%。

生物经济将快速推进产业化进程。2018年我国生物经济产业规模接近5万亿元，近年来保持年均12%以上的增速快速推进，并带动生物医药、生物农业、生物制造等生物产业快速发展，预计到2025年产值规模有望突破10万亿元，占GDP比重有望超过3%。

海洋经济逐步成为经济增长的重要引擎。我国2017年海洋经济生产总值达到7.76万亿元，占当年国内生产总值的9.4%，未来将加快转型升级，大力发展海水淡化与综合利用、海洋可再生能源、海洋药物与生物制品等海洋新兴产业，预计到2025年，海洋生产总值有望超过14万亿元，占GDP比重达到10%左右。

绿色经济有望持续快速发展。近年来，我国绿色经济发展迅猛，2018年总体规模约6万亿元。“十四五”期间，我国绿色经济有望持续快速发展，按照年均10%的增速测算，到2025年绿色经济总产值有望超过12万亿元，占GDP比重超过3%。

“十四五”期间，5G将开始商用，将直接和间接带动上万亿元级别市场空间。将把人和人、人和物、物与物有机联系起来，让万物互联成为可能，实现信息交换、资源共享。物联网、无人驾驶、智能交通、智慧城市、VR/AR等领域，都将因5G超强连接和传输能力变得更加智能化，给产业的发展带来了重大机遇。

生产端，5G 的应用将加快工业物联网的成形与发展，工业生产的流程将重构，无人化、智能化、定制化将成为趋势，企业用人需求将产生巨大变化（技术、设计及计算机类将获青睐），这将推动职业培训的进一步发展。

消费端，5G 将重构电商生态，电商商业模式将发生改变，AR、VR 技术将更快应用于电商中，购物体验将得到加强（场景、互动、响应速度），可穿戴设备（眼镜、手表等）将得到普及，传感器将有更大的空间；5G 将改变人们的出行状态，自动驾驶开始推广，这将掀起新一轮的 5G 基建高潮；智能家居更普遍，家用机器人、智能家居将进入普通城市居民的生活；健康医疗科技方面，人机一体化技术得到推广，人工骨骼等将有很大市场；量子计算机将初步应用，纳米技术将重启，柔性材料技术将应用及推广。

在产业空间上，5G 与产业的融合将会带来巨大的市场机遇，根据中国信通院《5G 经济社会发展影响白皮书》的预测，2020 年 5G 将带动直接产出 4840 亿元、间接产出 1.2 万亿元。预计在 2030 年 5G 带动直接产出、经济增加值、就业机会分别为 6.3 万亿元、2.9 万亿元和 800 万个；间接产出贡献方面将分别达到 10.6 万亿元、3.6 万亿元和 1150 万个。具体数据见图 1。

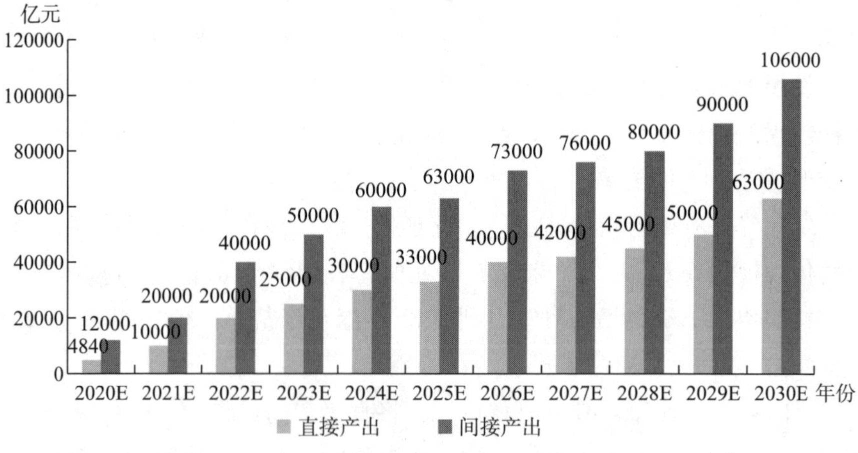

图 1　2020—2030 年中国 5G 直接和间接产出

资料来源：中国信通院、前瞻产业研究院整理。

在应用方面，5G 凭借高速、高容量、低延时性能，可能会引爆车联网、移动医疗、教育等垂直行业的应用。

在发展机遇方面，首先 5G 会在设备投资领域带来亿万级投资，根据第三方咨询机构预测，三大运营商 5 年时间用于 5G 的投资大约在 1.2 万亿~1.5 万亿元。其次，5G 将通过云计算、大数据、人工智能、虚拟现实等技术的融合，为用户提供超高清视频、社交网络等，加强虚拟现实（VR）的业务体验，促进人类交互方式的升级，由此催生出巨大的市场。最后，在场景应用领域，5G 给物联网、智慧城市、智能家居、智慧农业、无人驾驶、VR、视频等行业带来巨大机遇。

六、“十四五”国企：统筹逐步强化，监管渐趋灵活

国有资产、国有企业是中国特色社会主义的重要物质基础和政治基础。“十四五”时期，国有企业改革将进入深化期。我们预期在以下几方面有重要变化：

一是在“不忘初心，牢记使命”的指导下，国有企业发展的政治导向性将会持续增强，党委领导与现代公司治理原则的融合仍将是需要破解的问题，从趋势上可能会做出某些协调以提高效率和增强灵活性；二是在经历了前几年的国有企业政治思想建设后，国有资产战略性重组步伐未来几年将会逐步加快，向基础产业、民生公益、大国重器、关键技术等领域的战略性转移是大势所趋；三是国有企业全球布局将会遭遇更多意识形态壁垒，因此将会通过更多灵活方式开展国际化业务；四是随着 2019 年 6 月《改革国有资本授权经营体制方案》出台，混合所有制改革将加快推进，集团母公司层面的混合所有制改革将成为下一步的力推重点；五是对国有企业的考核将会更加多元化、差别化，而不再只是经济指标。

“十四五”期间，国家对国有企业的监管形势判断，是监管更严格，还是要松绑？

总体判断，国家对国有企业的监管形势有所松动，侧重点有所转变，监管重点逐步转向关注国有资本的布局，国资监管机构通过股权运作、基金投资、培育孵化、价值管理等方式优化国有资本的运营，重点监控资本的运作，监管方式转向市场化、法制化和信息化上，监管机制要转到事前制度规范、事中监管、事后问责的机制上，监管的模式要在内部将监管流

程、管理和监督打通。但受制于国有企业改革决策主体职能定位不清、企业治理与决策体系较为混乱等因素的影响，国务院国资委与国有资本投资运营公司之间的行为边界尚未厘清，前者对后者的监管方式和调控范围的具体明确，是推进国有资产监管体制进一步完善的关键。

“十四五”时期，国家对国有企业的监管松动主要体现在以下两点：

在主业管理、产业进退、资本运作、中长期激励机制建设等一系列改革发展的重点难点问题上，为中央企业进一步“松绑”。2019 年 6 月出台的《改革国有资本授权经营体制方案》，作为落实这一重磅文件的举措，聚焦企业关切，放权力度很大，无疑将对企业未来发展发挥促进作用，同时也将授权放权落实到各级子企业或管理主体上。

以改革国有资本授权经营体制为中心，改组国有资本投资、运营公司，进一步放权、授权，使所有权与经营权进一步分开，让企业充分走向市场。国务院国资委印发了《国务院国资委授权放权清单（2019 年版）》，重点选取了 5 大类、35 项授权放权事项列入清单，分别针对各中央企业、综合改革试点企业、国有资本投资、运营公司试点企业以及特定企业明确了授权放权事项。

七、“十四五”香港：发展新定位，一国新两制

香港既是国际金融中心和人民币离岸结算中心，也是中国与外部世界进行对接的重要平台，在中国的地位和价值特殊。我们认为，后危机时代，香港的特殊地位仍要继续维持和发挥，短期内很难找到一个地区顶替香港的特殊价值。

但是，香港的发展不会再是以前的管制模式，而是在一国两制框架下，强化一国的实际影响，优化两制的关系。“十四五”将是香港寻找新定位、一国两制进行优化的起步期。在这个阶段，各方暗战角逐将会空前激烈。

后危机时代，香港的价值是否能够继续发挥？国家是否继续维护香港独特价值地位？还是放弃香港的价值？

香港问题对我国外汇储备、外汇供给形成了很大的冲击，如果外汇供给稳定，资金供给就不会出太大的问题。中国外汇储备的来源主要由三部分组成：一是通过贸易顺差，即出口收入大于进口收入；二是外商直接投

资（Foreign Direct Investment），因为长期以来实施针对FDI流入的优惠政策，所以导致FDI大量流入，FDI流入之后转换成人民币的过程会形成外汇储备；三是贸易顺差、FDI之外通过合格的境外机构投资者（QFII）借来的资本。

香港问题影响到上述后两个部分的外汇供给，其中外商直接投资有70%是通过香港进来的，而借钱和各种资本运作都离不开香港这个人民币的海外结算中心。这两个因素影响到了中央的外汇供给，一旦出现更大的冲击，外汇供给会出问题，导致外汇供求关系出问题，如果汇率稳不住，整个资金供给就会出问题。因此，在短期内，为了外汇供给的稳定性，香港的特殊地位仍需要继续维持。

八、“十四五”战略：战略调整，布局优化

“十四五”是华润集团梳理新时代发展战略、集中优势资源、聚焦关键领域、实现创新发展的关键期。在战略布局调整方面，提出以下建议：

一是更加注重融入国家战略。以国务院国资委制定全国的国资规划为标志，“十四五”时期国家将更加注重运用国有资本加强战略控制、发挥国有企业主体作用实现战略目标。华润应充分利用自身灵活机制和创新优势，在践行国家战略方面主动作为、大胆探索，特别是针对每项重大国家战略制定行动路线图和时间表，主动与相关主管部门沟通对接，成为新时代贯彻国家战略的排头兵。

二是继续保持华润竞争优势。以八十年华润所积累起来的强大综合实力、丰富战略资源、包容文化内涵、灵活市场机制、高素质运营团队等为依托，结合新时代国家发展要求再出发。要努力维护华润运营体系的核心特质，积极争取发展的空间和灵活度，确保在贯彻落实中央要求和保持自身特色方面达成平衡，增强企业的包容性，保证企业的整合力。

三是加强对自身资源统筹调动。充分发挥华润多元化的综合优势，以城市运营等实体平台建设为载体，加强相关产业板块、技术来源、人力资源、市场渠道、金融服务等方面的资源整合，通过凝聚综合竞争实力提高华润与地方政府、国际机构及其他商业合作伙伴的议价能力，以便最大程度降低成本和防范风险。

四是研究推进华润产业进出策略。按照国务院国资委国有投资运营平

台试点的要求，理顺华润集团内部战略决策、组织架构、授权体系、监督考核等方面的关系。按照新时代高质量发展的要求确定现有业务的调整方向，明确新产业布局重点。

课题组核心成员： 朱虹波　银温泉　陈　伟　徐莲子

编辑： 杨于驰　罗　娅

国有经济竞争力、创新力、控制力、影响力、抗风险能力指数构建与应用研究

国网能源研究院有限公司

党的十九届四中全会作出的《中共中央关于坚持和完善中国特色社会主义制度推进国家治理体系和治理能力现代化若干重大问题的决定》中强调，要“增强国有经济竞争力、创新力、控制力、影响力、抗风险能力”（以下简称“五力”），进一步将国有经济发展要求从“四力”（增强活力、控制力、影响力、抗风险能力）发展为“五力”，对我国新时期国有经济发展、国资国企改革的目标和主基调做出明确要求。能源领域是我国国有经济布局的重要领域，能源电力行业国有经济发展质量对行业发展水平起到了决定性作用，客观评价能源电力国有经济的运行状态，对于辅助国资国企改革以及行业改革决策具有支撑价值。

一、国有经济“五力”基本内涵

改革开放以来，国有经济在我国经济社会中的地位和作用发生了深刻变革，国有经济发展的目标和要求也在逐步调整，从早期强调增强国有经济的“控制力”，到重视发挥国有经济的“带动力”和“影响力”，到激发国有经济的“活力”，提升国有经济的“抗风险能力”，再进一步要求提升“竞争力”“创新力”，“五力”的内涵也在不断丰富。在综合考察国有经济“五力”政策发展脉络和理论研究进展的基础上，根据本项目主要研究目的，笔者对国有经济“五力”的基本内涵进行归纳和概括。

（一）国有经济竞争力

竞争力是一国经济发展、参与国际竞争中赢得主动的根基。对国有经

济竞争力的认识主要从经济发展与参与国际竞争两个角度展开。从功能作用看，国有经济竞争力是经济实现高质量发展的根本动能。从本质特征看，国有经济竞争力是国有经济发展效率的集中反映。从全球视角看，国有经济竞争力还体现在国有企业国际化发展所展现的综合实力。

综合考虑企业竞争力的内涵和国有经济的功能定位，对国有经济竞争力的内涵界定为：国有经济“竞争力”核心是指通过高效的吸引、配置和利用资本、人才、技术等关键要素，提高经济活动的要素投入产出比，实现有效地向市场提供产品和服务并转换为经济发展动力，在国内市场竞争和参与全球化市场竞争中获得盈利和声望。主要由两个部分构成，一是国有经济内在要素活力，体现为企业资源利用效率，是国有企业在市场中生存发展壮大的根本保障；二是外在的国际竞争实力，体现为国有企业在参与全球化市场竞争中具备的综合实力，是国有企业国际竞争力的结果体现。

（二）国有经济创新力

当前，新一轮科技革命与产业变革加速推进，技术创新能力在全球竞争中的地位作用越发凸显，在这个关键时间节点，“创新力”对国有企业具有比以往任何时刻都更重要的特殊意义。

本项目主要从科技创新的视角界定国有经济“创新力”，其核心是指：国有经济主体通过有效实施创新投入、开展创新活动，实现创新驱动发展的能力，包括技术进步、知识增长、人力资本提升等。从投入产出来看，主要由两个部分构成：一是创新投入，是企业科技创新需求的保障条件，主要反映在科技研发资金投入、研发人才投入、科技创新管理人才资源上；二是创新绩效，是企业科技创新全过程实施最终产生的结果，表现为企业科技创新带来的技术进步和产生的经济效益。

（三）国有经济控制力

对国有经济控制力的认识需要从多个维度全面理解。从基本经济制度来看，国有经济要控制有度，要有利于促进多种经济形式共同发展。从控制的层次上看，国有经济控制力既体现在宏观层次，也体现在微观层次，二者相辅相成。从控制的形态来看，国有经济控制力包括对物的控制和对价值的控制，尤其要注重对价值的控制。从控制的状态来看，国有经济的控制力既有静态，也有动态，尤其注重对控制力变化的动态把握。从控制力的表现形式看，国有经济控制力既表现在数量上，也表现在质量上，更应关注质量控制。

本项目界定国有经济控制力的内涵为：国有经济“控制力”的核心是指通过掌握和利用资产、资本、技术、人力等资源要素，在关系国家安全和国民经济命脉的重要行业和关键领域、支柱产业和新兴产业以及社会公共部门发挥主导作用，协调其他所有制经济共同发展，从而保障国家安全、维护社会稳定、引领经济高质量发展，体现为以要素控制为基础的、以数量控制和质量控制为表现形式的实力与能力。

（四）国有经济影响力

国有经济发挥影响力，主要是要国有企业通过自身做强做优做大，在经济、社会、生态等方面发挥引领和带动作用，在促进经济发展、体现社会责任、落实绿色发展理念等方面发挥积极作用。

本项目对国有经济影响力的内涵界定为：有经济“影响力”的核心是指国有经济通过强化自身发展，实现对产业链上下游的带动作用，实现对国民经济增长的促进、对社会福祉的贡献、对可持续发展的促进以及国际竞争力的贡献。增强国有经济影响力，就是要求国有企业在促进经济发展、彰显社会责任、落实绿色可持续发展等方面发挥重要作用。

（五）国有经济抗风险能力

国有经济抗风险能力依赖于国有企业对于风险的驾驭和防范能力，对其内涵的认识，一方面要厘清抗风险能力的本质，同时也要从企业经营发展的表现上进行审视。抗风险能力的本质是应对内外部环境的不确定性。抗风险能力的核心是防范和抵御风险的能力，基础是国有经济的健康程度和可持续发展能力。抗风险能力的外在表现为抗市场风险能力、抗经营风险能力、抗财务风险能力。

本项目对国有经济抗风险能力的内涵界定为：国有经济“抗风险能力”的核心是指国有经济抵抗内外部环境变化带来损失的不确定性的能力，即国有经济对国际国内市场变化的应对能力、对国有经济内部经营决策风险的防范能力、对于财务风险的抵御能力，表现为应对市场风险、防范经营风险和抵御财务风险三位一体的能力。

二、国有经济“五力”指数构建与评价模型研究

（一）国有经济“五力”评价框架设计

国有经济竞争力从“内生”的要素活力和“外在”的竞争实力两个维度评价。内在要素活力体现为企业资源利用效率，外在竞争实力体现为国有企业在参与全球化市场竞争中具备的综合实力。评价框架如图 1 所示。

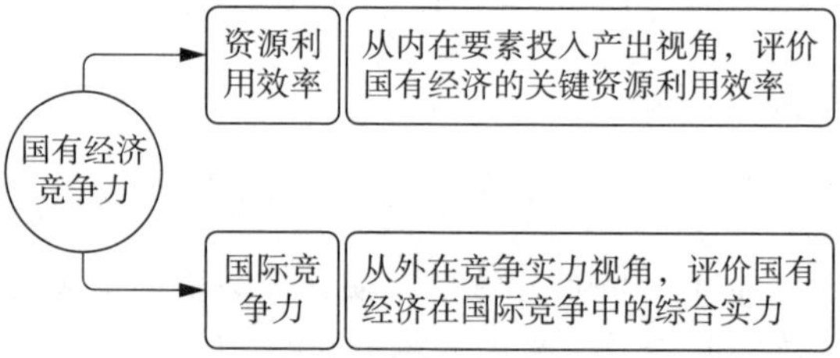

图 1　国有经济竞争力评价框架

国有经济创新力具体包括创新投入和创新产出两个方面：创新投入，主要反映央企在创新方面的资源承诺和投入情况，其背后的导向是加强创新投入，将创新视为企业竞争制胜、长远发展的关键。创新产出，主要反映央企创新成果的影响力、实用性和贡献度，以创新成效来体现创新能力。评价框架如图 2 所示。

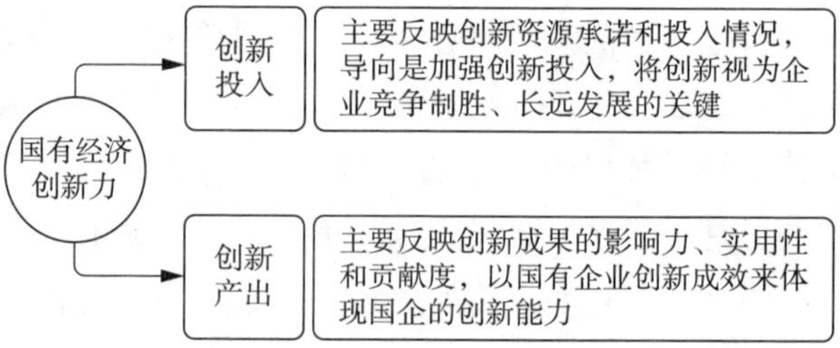

图 2　国有经济创新力（投入和产出层面）评价框架

国有经济控制力主要从资产、资本、人力资本、技术资源四类要素出发，从数量控制、质量控制两种维度，来评估国有经济创造主体对价值创造要素的有效掌控能力。评价框架如图 3 所示。

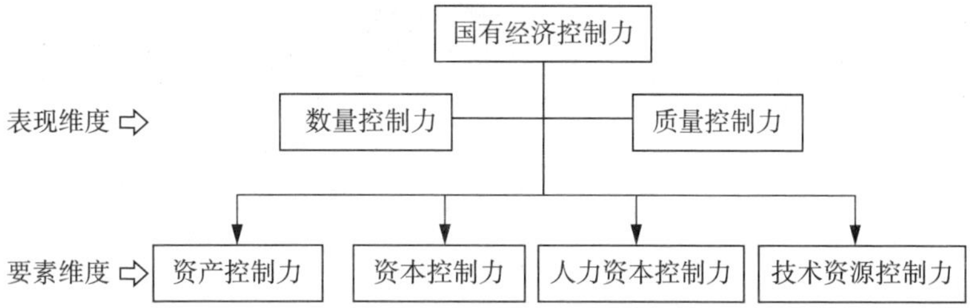

图 3　国有经济控制力评价框架示意图

国有经济影响力，主要从经济发展、社会发展、生态可持续发展三个方面进行评价。其中，经济发展体现在对经济增长的带动力和对工业产值、利税等要素的贡献方面；社会发展包括产业本身的就业功能和对其他产业的就业带动方面；生态可持续发展强调在推进节约增效和绿色发展等方面发挥的作用。评价框架如图 4 所示。

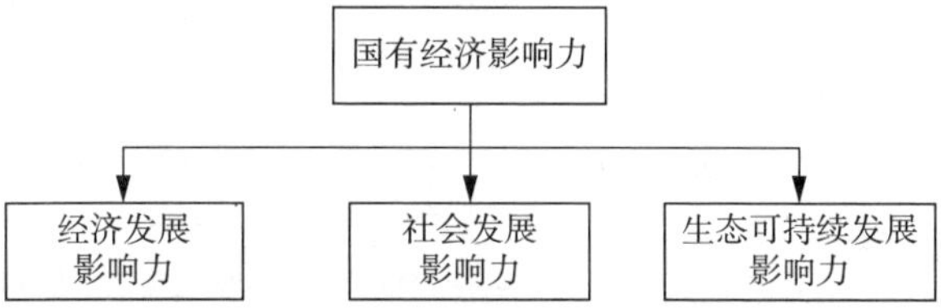

图 4　国有经济影响力评价框架

国有经济抗风险能力综合考虑国有经济和国有企业在当前发展阶段面临的核心问题和关键风险因素，基于国有经济产业结构单一、产能过剩严重、利润大幅下滑、债务高杠杆等严峻问题，从抗市场风险能力、抗财务风险能力和抗经营风险能力三个维度评价。评价框架如图 5 所示。

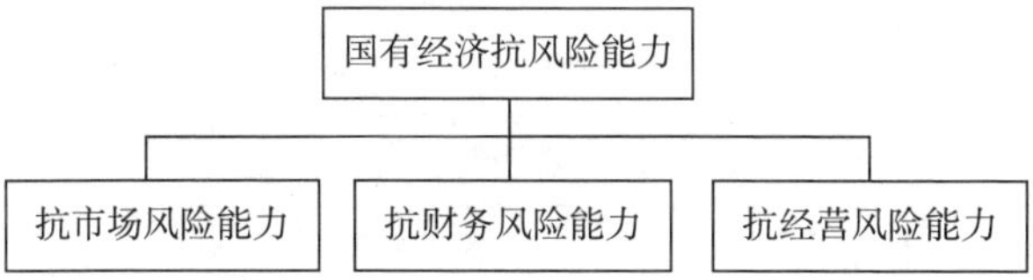

图 5　国有经济抗风险能力评价框架

（二）国有经济“五力”指数指标体系

国有经济“五力”指数指标体系情况见表 1。

表1　国有经济“五力”指数指标体系情况

一级指标	二级指标	三级指标
国有经济竞争力	资源利用效率	总资产周转率
		营业收入增长率
		净资产收益率
		人均利润率
	国际竞争力	行业财富世界500强国有企业数
		行业品牌500强国有企业数
		行业海外资产占比
国有经济创新力	创新投入	研发投入强度
	创新产出	国家科技进步奖数量
		行业标准数量
国有经济控制力	资产控制力	国有企业资产总额占比×资产集中度×产业链控制力
	资本控制力	国有企业资本总额占比×资本集中度×产业链控制力
	人力资本控制力	国有企业人力资本总量占比×人力资本集中度×产业链控制力
	技术资源控制力	行业国有企业发明专利数占比×技术资源集中度×产业链控制力
国有经济影响力	经济发展影响力	行业收入贡献率
		行业税收贡献率
		行业发展带动力
	社会发展影响力	行业就业吸纳率
		社会公益投入收益占比
	生态可持续发展影响力	新能源占比
国有经济抗风险能力	抗市场风险能力	营收第一构成比
	抗财务风险能力	资产负债率
		流动比率
		利润总额增长率
	抗经营风险能力	企业内控指数

（三）国有经济“五力”指标计算模型

1. 国有经济竞争力指数计算模型

总资产周转率是指企业在一定时期内销售（营业）收入同平均资产总额的比值。周转率越大，说明总资产周转越快，销售能力越强。企业可以通过薄利多销的办法，加速资产的周转，带来利润绝对额的增加。总资产周转率=营业收入净额/平均资产总额。

营业收入增长率是指企业本年营业收入增加额对上年营业收入总额的比率，反映增收能力。营业收入增长率=（营业收入增长额/上年营业收入总额）×100%。其中，营业收入增长额=营业收入总额-上年营业收入总额。营业收入增长率大于零，表明企业营业收入有所增长。该指标值越高，表明企业营业收入的增长速度越快，企业市场前景越好。

净资产收益率是衡量公司盈利能力的重要指标。净资产收益率是指利润额与平均股东权益的比值，该指标体现了自有资本获得净收益的能力。净资产收益率=净利润/平均净资产×100%。

人均利润率是指企业在一定时期内利润总额与企业职工总人数之间的比率。它表示在一定时期内平均每人实现的利润额。人均利润率=利润总额/职工平均人数。

世界500强排名根据国有企业在TIMES世界500强企业的排名衡量。

世界品牌影响力根据国有企业在INTERBRAND世界品牌500强企业的排名衡量。

行业海外资产占比=行业国有经济海外资产/资产总额

2. 国有经济创新力指数计算模型

研发投入占比是衡量国际先进企业研发投入强度最通用的典型指标，研发投入强度与企业创新发展存在显著的正相关关系。适度强化的研发投入有助于迅速提升技术水平，通过技术创新促进企业挖掘新的增长点，提升核心竞争力，从而更好地适应新兴技术发展、响应未来行业发展需求并引领产业发展趋势。研发投入占比反映创新投入水平，研发投入占比=研发投入/销售收入。

国家科技进步奖是国务院设立的国家科学技术奖5大奖项中唯一能够授予中国组织的重大奖项。行业标准数量是国企引领行业发展方向、制定经营规则话语权的重要体现。国家科技进步奖数量和国内行业标准数量，体现了国企创新成果的影响力和贡献度，反映国企的创新绩效。其中，国家科技进步奖数量按年度统计，以官方机构公布的数据为准。行业标准数量按年度统计，以官方机构公布的数据为准。

3. 国有经济控制力指数计算模型

（1）控制力评价模型总体结构。

行业层面的国有经济控制力计算总体模型结构和计算公式如下：

行业国有经济控制力=权重1×资产控制力+权重2×资本控制力+权重3×人力资本控制力+权重4×技术资源控制力

（2）要素控制力计算方法。

资产控制力=国有企业资产总额占比×国有资产集中度×产业链控制力=(国有资产总量/行业资产总量)×(国有企业平均资产规模/行业企业平均资产规模)×产业链控制力

资本控制力=国有企业资本总额占比×国有资本集中度×产业链控制力=(国有资本总量/行业资本总量)×（国有企业平均资本规模/行业企业平均资本规模）×产业链控制力

人力资本控制力=国有企业人力资本占比×国有人力资本集中度×产业链控制力=(国有企业人力资本总量/行业人力资本总量)×(国有企业平均人力资本规模/行业企业平均人力资本规模)×产业链控制力

人力资本=人力资源数量×人力资源质量

技术资源控制力=国有企业技术资源占比×国有技术资源集中度×产业链控制力=(行业国有企业发明专利数/行业发明专利数)×(行业国有企业平均发明专利数/行业企业平均发明专利数)×产业链控制力

（3）产业链控制力计算方法。

产业链控制力一般借助专家打分法，由行业专家依据所掌握的专业知识给出主观判断。专家对某行业国有经济控制力的评价，可参考环节控制、规则掌控、市场地位三个维度进行赋分。其中，要素分数按照1～10分打分，1分代表控制力最低，10分代表控制力最高。

其中，环节控制力反映了国有企业在本行业产业链中不同环节的掌控力，主要体现在对基础原材料、关键物资、流通渠道等产业链关键环节的控制情况。

规则控制力反映了国有企业对行业运行机制、制度的掌控力，主要体现在对交易规则、定价规则、关键标准等关键运行规则制定过程的参与度，是企业软实力的综合体现。

市场地位反映了国有企业在市场资源占有方面的结构性和数量情况，主要体现国有企业在行业中的市场占有率、市场准入限制、其他市场壁垒等情况。

4. 国有经济影响力指数计算模型

（1）经济发展影响力计算方法。

国有经济影响力计算总体模型结构和计算公式如下：

行业收入贡献率=该行业国有经济营业收入/行业营业收入

行业税收贡献率=该行业国有经济税收/行业税收总额

行业发展带动力需由专家打分得出，由行业专家依据所掌握的专业知识给出主观判断。专家对某行业国有经济带动力评价，可参考对产业带动力、民营经济带动力、消费升级带动力进行打分。打分分数按 1～10 分赋值，其中 1 分代表影响力最低，10 分代表最高。

其中，产业带动力主要从产业链纵向视角衡量行业中国有企业对产业链上下游在技术进步、转型与创新发展等方面的带动作用，主要表现为国有企业通过加大基础研发投入、发挥技术外溢效应、促进产业技术进步，以及通过开拓新业务新业态推动产业升级创新等方式，发挥国有企业在技术引领、发展模式引领方面的影响带动作用。

民营经济带动力主要衡量国有经济对民营经济的发展带动作用，如国有企业通过实施混合所有制改革、与民营资本成立投资基金、参与民营企业发展等方式实现对民营经济的带动作用。

消费升级带动力主要衡量国有企业在满足人民需求方面所做贡献，体现为国有企业通过提升服务水平、提高服务效率、提高产品质量等手段促进消费升级。

（2）社会发展影响力计算方法。

行业就业吸纳率=行业国有企业就业人数/行业就业总人数

社会公益投入收益占比=公益或脱贫攻坚资金投入金额/营业收入

（3）生态可持续发展影响力计算方法。

行业能源效率指标根据国家统计局公布的综合能源消费数据和工业总产值数据，计算国有经济能源消耗指标。

5. 国有经济抗风险能力指数计算模型

(1) 抗市场风险能力。

营收第一构成比=某行业国有经济的第一主业营业收入/总收入

(2) 抗财务风险能力。

资产负债率=某行业国有经济的总负债/总资产

流动比率=某行业国有经济流动资产总额/总流动负债

利润总额增长率=某行业国有经济的利润总额增长率

(3) 抗经营风险能力。

抗经营风险能力主要采用成熟的公司治理指数的方法。具体选取迪博上市公司内部控制指数对公司治理情况进行评价，且作为企业抗经营风险能力的评价指数。

三、电力行业国有经济“五力”指数实证研究

(一) 实证分析概述

研究邀请电力行业业内专家对指标相对重要性作出评价，经过 AHP 方法计算，得到电力行业“五力”指数各级指标的权重，具体结果见表 2。

表 2　电力行业国有经济“五力”指数指标权重情况

一级指标	一级权重	二级指标	二级权重	三级指标	三级权重
国有经济竞争力	0.188	资源利用效率	0.648	总资产周转率	0.133
				营业收入增长率	0.237
				净资产收益率	0.340
				人均利润率	0.291
		国际竞争力	0.352	行业财富世界 500 强国有企业数	0.368
				行业品牌 500 强国有企业数	0.264
				行业海外资产占比	0.368
国有经济创新力	0.199	创新投入	0.550	研发投入强度	1.000
		创新产出	0.450	国家科技进步奖数量	0.464
				行业标准数量	0.536

续表

一级指标	一级权重	二级指标	二级权重	三级指标	三级权重
国有经济控制力	0.255	资产控制力	0.188	国有企业资产总额占比×资产集中度×产业链控制力	1.000
		资本控制力	0.279	国有企业资本总额占比×资本集中度×产业链控制力	1.000
		人力资本控制力	0.197	国有企业人力资本总量占比×人力资本集中度×产业链控制力	1.000
		技术资源控制力	0.337	行业国有企业发明专利数占比×技术资源集中度×产业链控制力	1.000
国有经济影响力	0.183	经济发展影响力	0.349	行业收入贡献率	0.265
				行业税收贡献率	0.294
				行业发展带动力	0.442
		社会发展影响力	0.340	行业就业吸纳率	0.714
				社会公益投入收益占比	0.286
		生态可持续发展影响力	0.311	新能源占比	1.000
国有经济抗风险能力	0.175	抗市场风险能力	0.306	营收第一构成比	1.000
		抗财务风险能力	0.341	资产负债率	0.373
				流动比率	0.296
				利润总额增长率	0.331
		抗经营风险能力	0.352	企业内控指数	1.000

（二）电力行业国有经济“五力”综合指数实证分析

基于前述评估测算，2013—2017 年电力行业“五力”综合指数相关情况整体呈现先微降再持续上升的趋势。2013—2014 年，受竞争力指数、控制力指数和抗风险能力指数下降的影响，综合指数略微下降；2014—2017 年，在创新力指数和影响力指数持续上升的作用下，综合指数保持持续上升的趋势。总体而言，尽管受到外部经济发展放缓的冲击，但是在研发等软实力的带动下，电力行业的“五力”综合指数保持平稳增长的趋势。具体如表3所示。

表3 电力行业国有经济“五力”综合指数的计算结果

年份	竞争力指数	权重	创新力指数	权重	控制力指数	权重	影响力指数	权重	抗风险能力指数	权重	综合指数
2013	100	18.79%	100	19.88%	100	25.53%	100	18.34%	100	17.46%	100
2014	92.90	18.79%	106.52	19.88%	97.64	25.53%	100.55	18.34%	90.04	17.46%	97.72
2015	76.26	18.79%	704.38	19.88%	96.34	25.53%	108.69	18.34%	89.92	17.46%	214.59
2016	154.64	18.79%	843.10	19.88%	100.84	25.53%	110.42	18.34%	76.42	17.46%	256.00
2017	206.39	18.79%	802.87	19.88%	132.09	25.53%	134.95	18.34%	77.34	17.46%	270.37

四、结论及展望

（一）主要结论

国有经济“竞争力”主要体现为国有经济通过高效的吸引、配置和利用资本、人才、技术等关键要素，提高经济活动的要素投入产出比，实现有效地向市场提供产品和服务并转换为经济发展动力，在国内市场竞争和参与全球化市场竞争中获得盈利和声望。

国有经济“创新力”主要体现为国有经济主体有效实施创新投入、开展创新活动，实现创新驱动发展的能力，包括技术进步、知识增长、人力资本提升等。

国有经济“控制力”主要体现为通过掌握和利用核心生产力要素，在关键领域或部门发挥主导作用，协调其他所有制经济共同发展。

国有经济“影响力”主要体现为国有经济通过强化自身发展、优化转型升级，实现对产业链上下游的带动作用、对经济转型的促进作用，实现对我国经济社会发展、生态文明进步的贡献。

国有经济“抗风险能力”主要体现为国有经济抵抗内外部环境变化带来损失的不确定性的能力。

（二）研究展望

本项目提供了一个全面系统的国有经济“五力”指数构建与评价框架，构建的评价指标体系是对国有经济运行质量和发展状态的量化评估体系，并对能源电力行业选取应用了体现行业特色的指标。受限于研究视野和经验，未来仍有诸多优化与完善的空间，对于国有经济“五力”指数构建与评价、对于能源电力行业国有经济“五力”的评估应用仍有许多工作要做，需要研究者继续探索。

一是立足于国有经济的发展阶段，合理设定评价权重和赋分标准。国有经济在不同发展阶段的“功能作用”“结构布局”和“主要矛盾”均存在一定的差异性。因此，在应用国有经济“五力”指标体系进行分析时，需结合当期经济发展的客观实际，科学确定各指标的重要性及其权重，合理选择指标得分与评价的参照标准，从而得出科学合理、有参考价值的研究结论。例如，在“双碳”背景下，能源电力行业对清洁能源发展、对技术发展的贡献较以往均有更高要求。

二是动态调整优化“五力”指标体系，确保指标体系科学务实。我国经济发展的实践在不断深化，中央对经济进行宏观调控的理论也在不断创新。从长期来看，国有经济“五力”指标体系需要动态调整。同时，在具体行业指数计算过程中，可以进一步优化选择更多表征本行业发展运行特征的差异性指标，进一步提升“五力”指数指标体系的科学性和有效性。

三是应当建立常态化数据收集和分析机制，持续跟踪评估主要行业国有经济发展质效。本项目构建的国有经济“五力”指标体系，力求科学、精炼，反映国有经济高质量发展要求的本质，通过在能源行业两个子领域的应用，表明能够相对客观地反映行业国有经济发展运行状态。因此，建议依托国有经济研究平台，建立常态化数据收集和分析机制，在更大范围内开展行业国有经济“五力”指数的测算和分析。

课题组核心成员： 张　园　吴鸾莺　李浩澜　鲁　强　刘　进
孟维烜　卢健飞　朱文浩　徐云飞　程佳旭

编辑： 张　宇　刘诗颖　罗　娅

中央企业重组并购研究

中国金属矿业经济研究院

推动中央企业重组并购有着十分重要的意义：一是有利于提升央企的国际市场话语权，打造具有全球竞争力的世界一流企业，进而提升国内相关产业的全球竞争力；二是有利于优化调整国有资本布局，做强做优做大国有资本，提升国有资本的活力、影响力和控制力；三是有利于推动供给侧结构性改革，促进我国经济迈向高质量发展。

十八届三中全会以来，在习近平总书记“理直气壮做强做优做大，不断增强活力、影响力、抗风险能力”的思想指引下，国家出台了一系列有力的政策措施，积极稳妥推动中央企业结构调整与重组并购，促进中央企业做强做大主责主业、积极培育战略性新兴产业，总体取得十分显著的成绩。

中央企业重组并购积累了许多重要经验，主要有三个方面：一是要依据清晰的企业战略开展重组并购，避免纯粹摊大饼式的盲目重组和并购；二是要高度重视并有序推动重组并购后的实质性整合；三是要充分认识海外并购的风险度和复杂性，综合采取多方面举措提高成功率。

针对存在的问题和不足，对进一步推动央企重组并购提出四点政策建议：一是进一步加强政策指导，鼓励和推动有关重点行业提升集中度；二是大力提升国有企业资产流动性，为国有资本的进一步优化调整奠定良好基础；三是建立央企重组后的跟踪评估机制，促进实质性整合；四是进一步引导、规范中央企业海外并购，同时提供必要的扶持和帮助。

一、中央企业推动重组并购的意义

（一）基本概念

中央企业重组并购是指以中央企业作为主体实施的重组和并购活动。

主要包括：中央企业之间、与国家部委所属企业以及与地方国企之间的重组，以及对其他企业尤其是海外企业并购等。为聚焦课题研究内容，本研究所指的中央企业重组并购暂不涉及中央企业对民营企业的并购、产业投资基金及混合所有制改革等有关内容。

（二）推动央企重组并购有着十分重要的意义

1. 有利于提升中央企业和国内相关产业的全球竞争力

一是有利于提升央企的国际市场话语权。并购重组可以通过“强强联合”，提高行业集中度，减少从事同类业务的中央企业在海外恶性竞争、打价格战，形成合力提升市场话语权，更好地参与全球竞争。或者通过“纵向整合”实现产业链条上优势领域的互补效益，提高中央企业在国内和国际市场上的竞争能力。

二是有利于打造具有全球竞争力的世界一流企业，进而提升国内相关产业的全球竞争力。并购重组是国际一流企业成长的重要途径。央企重组并购有利于扩大生产和经营规模，节省生产和经营各个环节的成本和费用，形成规模效益。央企重组并购还有利于剥离非主业产业和不良资产、聚焦主业，有利于中央企业解决国企效益低下等问题，轻装上阵，提升专业化经营水平，打造具有全球竞争力的世界一流企业。

国有企业特别是中央企业，在关系国家安全和国民经济命脉的主要行业和关键领域占据支配地位，是中国特色社会主义经济的“顶梁柱”。中央企业全球竞争力的提升，也将带动国内相关产业全球竞争力的提升。

2. 有利于优化调整国有资本布局，做强做优做大国有资本，提升国有资本的活力、影响力和控制力

通过央企重组并购，可以优化国有资本重点投资方向和领域，推动国有资本从缺乏竞争优势的领域和价值链的低端环节退出，向关系国家安全、国民经济命脉和国计民生的重要行业和关键领域、重点基础设施集中，向前瞻性战略性产业集中，向具有核心竞争力的优势企业集中。

通过央企重组并购，国有存量资源在具有更高效率的企业或产业中得到集中，过剩的生产能力得到有效利用，低效、无效、亏损和不断流失的国有资本得到盘活，国有资本配置效率和利用效率得到提高。

3. 有利于推动供给侧结构性改革，促进我国经济迈向高质量发展

国有企业是贯彻新发展理念、全面深化改革的重要力量。推动中央企

业重组并购不仅是国企改革发展的重要方式，更是调结构、转方式的重要手段。

当前，我国国有经济存在布局结构不合理，产业集中度低等问题，严重影响了我国经济发展的质量和效率。推动重组并购有利于中央企业更好地服务国家战略、落实国家产业政策和调整重点产业布局，推动供给侧结构性改革、化解产能过剩，促进我国经济迈向高质量发展。

二、新时期国家关于央企重组并购的主要政策导向

党的十八大以来，国家关于央企重组并购的政策导向指向清晰、一脉相承、不断深化。2013 年，十八届三中全会通过《中共中央关于全面深化改革若干重大问题的决定》，要求“完善国有资产管理体制，以管资本为主加强国有资产监管”。2015 年，中共中央、国务院《关于深化国有企业改革的指导意见》提出“以管资本为主推动国有资本合理流动优化配置”。2016 年，国务院办公厅《关于推动中央企业结构调整与重组的指导意见》提出“四个一批”的要求：在要保持控制力的领域，要巩固加强一批；在有竞争潜力的领域，要创新发展一批；在非优势领域，要清理退出一批；同时，还要重点重组整合一批。2017 年，国务院国资委发布《中央企业境外投资监督管理办法》，建立了中央企业投资项目负面清单。党的十九大报告明确提出“加快国有经济布局优化、结构调整、战略性重组……培育具有全球竞争力的世界一流企业”。党的二十大报告又明确提出“完善中国特色现代企业制度……加快建设世界一流企业”。

三、中央企业重组并购的发展历程

（一）中央企业国资重组发展历程

1. 满帆起航期（2003—2010 年）：围绕做强做大主业，快速推进重组整合，央企数量从 196 家减到 123 家

国资委在成立之初就提出，到 2010 年把 196 家央企缩减至 100 家左右，并且要培育 30~50 家具有国际竞争力的大企业。这一计划也得到了较好的落实。截至 2010 年 8 月，央企数量已经从 196 家降至 123 家。

这一阶段的央企重组最大的特点是规模大，速度快，做强做大主业。通过联合重组，国有资本进一步向重要行业和关键领域集中，中央企业的规模实力和市场竞争力显著增强。到 2010 年，全球 500 强入围榜当中，央企数量从 2003 年的 6 家增加到 30 家，利润总额从 2400 亿元增长至万亿元。但是，这种快速推行的央企重组也存在一些问题，主要体现在“大而不强”和“组而不合”。

2. 反思调整期（2010—2013 年）：放缓重组速度，提高重组质量，央企数量从 123 家减到 113 家

随着央企整合的难度和风险不断暴露和问题不断出现，央企重组的速度明显放缓，放弃了过于追求速度的目标，更加强调“数量服从质量”，风格开始转向“成熟一家，重组一家”。在这一阶段，央企数量由 123 家减少至 113 家，速度有所放缓，意在提升重组质量。

3. 聚焦提升期（2014 年至今）：发挥“两类公司”核心作用，打造世界一流企业，央企数量从 112 家减到 98 家

2013 年 11 月，中共十八届三中全会通过了《中共中央关于全面深化改革若干重大问题的决定》，提出“以管资本为主加强国有资产监管，改革国有资本授权经营体制”。自此以来，中央企业的重组和并购工作绝大部分都是围绕改组成立国有资本投资、运营公司，或以国有资本投资、运营公司为主体开展有关重组和并购。截至 2018 年底，中央企业中的国有资本投资运营公司试点已达 21 家，在央企总数中的占比超过 20%。

（二）中国企业海外并购发展历程

1. 探索起步阶段（1984—1991 年）

改革开放初期，我国主要以引进外资为主，对外直接投资总体规模较小。20 世纪 80 年代初期，我国的一些大型企业集团开始探索通过海外并购的方式走跨国经营的路子。1984 年初，中银集团与华润集团联合收购了香港康力投资有限公司，开创了中国企业大型海外并购的先河。在起步阶段，通过海外并购方式“走出去”的中国企业大多是一些实力雄厚、效益较好的国有大型企业集团。

2. 深化发展阶段（1992—2007 年）

1992 年以后，我国企业海外并购的步伐有所加快。这一时期，国有企业特别是中央企业成为出海并购的主力军，并购的区域主要集中在亚太与

欧美地区，制造行业的海外并购案件数占到总交易数的一半左右。这一时期中国企业的海外并购主要以横向并购为主，中国石油、中国海油等大型国有资源类企业频频出手，交易的规模呈逐年递增的趋势。

3. 大举抄底阶段（2008—2012 年）

2008—2012 年，全球金融危机爆发后，欧美一些先进企业经营处于低谷，市值严重缩水，许多中国企业抓住有利时机并购矿产资源等优质资产。2008—2009 年，中国企业表现出了对矿产资源类海外目标企业的高度青睐。2011—2012 年，中国企业海外并购的数量与金额均连续两年创出历年海外并购的高峰，且并购对象多选择全球价值链的高端环节。

4. 全面活跃阶段（2013 年至今）

2013 年以来，我国企业海外并购持续活跃，也显得更加自信。对英国、德国和美国等发达国家目标企业的并购日益活跃。从行业分布来看，在医疗、高端制造、互联网以及金融领域的并购十分活跃，对专利技术等创造性资产表现出了浓厚的兴趣，呈现出向全球价值链高端环节发展的态势。从并购的主体来看，越来越多的民营企业日益成为中国企业海外并购的生力军。

四、央企重组并购的基本模式

根据央企重组并购的不同功能或根据所涉及的产业组织特征，可以将重组并购分为四种基本模式。

（一）横向重组并购

横向重组并购又可分为“强强联合”型和“强并弱”型。“强强联合”型旨在提高集中度、化解过剩产能、发挥规模效应，提高央企的竞争力。“强并弱”型旨在以优秀企业的管理带动落后企业的发展，提升整体的经营管理水平和市场竞争力。

例如，南北车重组形成的中国中车经营规模稳居全球轨道交通装备行业第一，销售收入超过庞巴迪、阿尔斯通、西门子三家总和。宝钢武钢重组后，粗钢产量超过 6000 万吨，位居世界第二，高端碳钢产品的产量超过 2000 万吨。中国远洋海运集团综合运力、干散货船队、油轮船队和杂货特种船队规模实现“四个世界第一”，成为平衡航运界东西半球的重要力量。

中储粮与中储棉重组，成为全球最大的农产品储备集团，保障国家粮棉油安全能力进一步提升。

（二）纵向重组并购

纵向并购是发生在同一产业的上下游之间的并购，基本特征是在市场整体范围内的纵向一体化。其主要目的在于使处于价值链不同环节的企业形成专业化的分工与合作，发挥企业间的协同作用，推动产业的转型升级。

例如，中国国电与神华集团重组，实现煤电一体化运营，有利于解决长期以来困扰行业发展的煤电顶牛矛盾。中电投集团与国家核电技术公司重组，形成技术开发、工程建设、投资运营一体化的核电产业链条，系统集成、综合服务能力显著提升，核电重大专项进程明显加快。中国五矿与中冶集团重组，具备资源勘探、工程建设、矿山运营、资本运作、国际化经营的全产业链优势，“走出去”能力明显增强。中粮集团重组华粮集团，实现了粮食外贸、内贸、物流业务的统一整合，保障市场有效供给和服务宏观调控的能力不断增强。

（三）专业化重组

专业化重组作为一种以专业业务为纽带进行的企业重组方式，是企业重组的一种特殊形式，旨在通过业务的再组合和资源配置的再优化，提高业务的专业化程度，扩大业务的规模，实现企业生产的专业化和企业管理的精干化。

例如，整合三大基础电信运营商的铁塔及相关附属资源，组建铁塔公司，有效减少重复投资，实现共享竞合。保利集团将培育多年的优质煤炭板块资产（资产总额约 188 亿元）移交至中煤集团；中航工业将非主业非优势业务房地产业务（资产总额约 1000 亿元）移交至保利集团，实现资源向优势企业集中、向主业企业集中等。

（四）混合式重组并购

混合式重组并购是发生在不同行业企业之间的并购，旨在进入其他行业实现多元化经营，以分散总体的经营风险。鉴于许多多元化经营企业经营效率低下的实际情况，目前国务院国资委主要通过少数几家国有资本运营公司试点（国新、诚通等），实施财务性持股；而对其他央企包括国有资本投资公司则要求聚焦主责主业，提升专业化经营水平。

五、取得的成效与存在的不足

（一）推动央企重组并购工作的总体成效显著

1. 显著优化了国有资本布局结构，中央企业对国民经济命脉、国家安全等支撑作用及服务国家战略的能力显著增强

有力地推动了国有资本向关系国家安全、国民经济命脉和国计民生的重要行业和关键领域、重点基础设施集中，向前瞻性战略性产业集中。截至 2017 年底，国有资本在军工、电网电力、石油石化、交通运输、电信、煤炭等企业的占比达到 80.1%，整体布局更加优化；商贸类企业从 37 家调整为 20 家，而且在这 20 家企业中，中化集团、中粮集团、中国五矿、国机集团、国药集团等通过重组整合实现或基本实现了向重要行业或支柱产业的转型升级，建筑施工类企业从 15 家调整为 8 家。

通过重组整合，中央企业服务国家战略能力有效提升。例如重组后的新中核集团进一步夯实了核工业全产业链能力，提升了核全产业链国际市场竞争力，为实现党中央新时代对核工业的战略期望奠定了坚实基础。重组后的中国远洋海运集团通过资源整合，加快打造港口、航运、物流的网状布局，有力支撑了“一带一路”建设等。

2. 推进了行业性重组整合，减少了同业竞争和重复建设，促使整体产业格局趋于更加合理

许多央企的横向重组整合，大大减少了国际市场上不必要的内部恶性竞争。例如 2013 年，中国南车北车在阿根廷恶性竞争导致中国南车以半价抢单，而重组则大大提升了行业集中度，显著改善了上述情况。

同时，许多同行业央企整合就是全国性行业的调整重组，直接优化了整个产业的竞争格局。成立中国铁塔以来，新建铁塔共享水平由过去的 14.3%提升到目前的 73%，三年来共减少铁塔重复建设 56.8 万座，节约投资 1003 亿元，节约土地 2.77 万亩。

此外，许多领域的央企重组有力地推动了过剩产能的淘汰削减，促进了供给侧结构性改革。例如重组后的中国宝武集团 2016 年实现“去产能”

997 万吨，占中央企业总量的 98.52%。

3. 推动了资源向具有核心竞争力的优势企业集中，形成了一批初具国际竞争力的大公司

2003 年国务院国资委成立时，中央企业只有 6 家进入《财富》杂志的世界 500 强名单。2019 年入围世界 500 强的中央企业跃升到了 48 家；同年在中央企业的带动下，入围世界 500 强的中国企业数量达到 129 家，历史上首次超过美国（121 家）。这些入围的中央企业基本都参与了战略性重组或者对外并购（包括海外并购），企业规模实力和市场竞争力迅速增强。

中国远洋和中国海运重组前，在行业中分别排名世界第六和第八，重组后中国远洋海运综合运力规模排名世界第一。重组后的国家能源投资集团，在煤炭产销量、发电装机总容量、煤制油化工产量等领域居全球第一，成为具有较强竞争力的综合性能源集团。中国五矿与中国中冶通过产业链纵向重组，发挥全产业链竞争优势，实现重组三年业绩翻两番的辉煌业绩。国家电投 2015 年重组当年实现利润总额 139.6 亿元，超过两家企业奋斗目标之和的 24%。

4. 中央企业海外并购重组的经验和能力得到不断提升

从国家层面到企业层面，都在不断地总结经验教训，提升海外并购能力。随着经验的不断积累和本领的不断增强，中央企业的海外并购重组成功案例正在不断涌现。例如，国家电网以“三电一资”为重点，海外投资项目“做一个成一个”，走出了一条依托主业、经营稳健、风险可控的国际化发展道路，实现了发展空间由本土向全球的转变。中国五矿并购澳大利亚 OZ Minerals 并成立 MMG 公司，实现了海外矿业发展的大跨越，大大提升了公司的资源控制能力和全球竞争力，更增进了西方国家从政府到民间对中国中央企业的理解和信任。

（二）问题与不足

1. 某些行业的集中度仍然不高，龙头企业的国际竞争力依然不足，中央企业间同业竞争过度的情况依然存在

例如，在金属矿产领域，行业集中度不高，国内最大的金属矿产企业中国五矿在金属矿产领域的产值和竞争力依然与世界前五名有一定的差距。同时，在“走出去”过程中，依然存在多家国内企业抢购海外矿产资

源的情况，导致资产价格显著攀升。

2. 央企重组存在“重重组、轻整合”的问题，许多中央企业大而不强，缺乏核心竞争力

目前有许多中央企业的重组并购存在“重重组、轻整合”或“重形式、轻效果”的问题，企业“整而不合”。大而全、小而散、大而不强的问题依然突出。虽然我国央企入围《财富》世界500强榜单的数量在逐年攀升，但与入围的其他企业相比，央企的盈利水平、资产收益率依然显著偏低，综合竞争力和品牌影响力还存在很大的不足。

3. 国有资产流动性整体欠佳，成为进一步推动专业化重组优化的重要障碍

例如，许多国有企业旗下的特定产业是以事业部或者分公司的形式存在的，没有独立的法人地位，或者背负巨大的社会负担和历史遗留问题，资产边界不清、拖泥带水，显著抬高了外部企业参股投资或实施重组的难度。此外，还有众多国有企业旗下的特定产业不仅没有独立性，还分散存在于多家分子公司当中，不仅没有形成产业合力，甚至还有内部恶性竞争。这些现象给央企重组带来了巨大困难，也带来了重组后的一系列问题。如重组方往往出于加强特定产业而实施重组，却不得不连带接受大量不相干的资产负担，反而拖累了原有专业化产业的发展；再如被重组企业内部相互担保、授信、借贷，资产边界不清，重组中资产交割迟缓，重组后无法实施有效整合，重组方案、实施计划久久难以落地，给重组方带来不可预见的巨大成本和风险。

4. 海外并购重组依然面临诸多风险和困难

由于对国外相关监管、法律体系及社会人文情况理解不透彻，造成海外并购失败的情况依然时有发生。同时，中国企业在海外并购过程中，还存在金融体系的资金支持力度不足、资金来源相对单一，以及风险防控和规避手段不够丰富等问题，这使得中国企业海外并购的成功率与世界平均水平相比偏低。当前，在全球政治经济形势日趋复杂、贸易摩擦日益加剧的形势下，中央企业的海外并购面临更大的风险和挑战。

六、启示及建议

（一）中央企业实施重组并购的主要经验

1. 依据清晰的企业战略开展重组并购，避免纯粹“摊大饼”式的盲目重组和并购

一是要依据公司总体战略开展重组和并购。中央企业应该将并购重组作为实现企业总体战略的措施，确保重组并购活动与企业总体战略的匹配。要对自身经营状况、所处的行业环境和政策背景进行全方位的分析，以优化产业布局为方向，以提质增效为基本原则，以发展主业为重点，严格控制经营范围，通过重组并购双方的资源整合，实现产业结构升级，提升综合竞争力。

二是对具体的重组并购项目要做好战略规划和顶层设计。实践证明，凡是注重战略先行、顶层设计做得好的企业，重组和整合的效果都不错。比如，中国宝武成立伊始，立即启动了国有资本投资公司试点方案和新一轮战略规划的编制工作，确定了以钢铁产业为基础、相关产业协同发展、成为全球钢铁业引领者和世界级企业集团的战略定位。国家电投根据重组整合的总体要求，制定了《组织架构设置与业务整合方案》和核电业务、金融业务、科研业务等13个专项工作方案，为推进整合融合提供了根本遵循。

三是要慎重选择混合重组模式。混合式重组并购与其他重组模式相比，大大增加了前期尽调、估值和并购后的整合难度，且不易产生协同效应，面临较高的风险。在世界第三次并购浪潮中（20世纪50年代中期到60年代末期），美国大多数企业以混合并购为主，但大多以失败告终。

2. 高度重视并有序推动重组并购后的实质性整合

一是要推动业务协同整合，采取有力举措切实发挥重组并购带来的协同价值。具体形式主要有以下几种：同类业务横向整合。将同类业务进行整合，催生规模效益、消除内部竞争、提升资源效率。产业链上下游纵向整合。将上下游业务进行整合，充分发挥产业链上下游业务的协同效应。区域化市场协调整合。以市场为导向，将同一区域（包括国际业务）内的相同业务进行协调整合，形成整体市场竞争合力。归核化整合。重组企业通过无偿划转、资产出售、破产清算等方式，剥离低效无效资产和非优势

业务，集中资源做强做优主业。

二是要推动管理融合，建立科学合理的集团管控体系。重塑总部。重组整合对集团总部的管控提出了新的要求。企业应当结合实际，重新梳理和完善集团总部职能，以适应业务发展和集团管控需要。优化管控。企业重组后，应当根据新的业务发展战略，结合集团所涵盖业务的发展和管理需要，搭建科学合理的管控体系。

三是要以人为本，做好人力资源的整合融合。人力资源的整合融合尤其是干部的安排是企业重组整合中的关键。必须要以人为本，结合实际做好人岗匹配，最大程度发挥现有人力资源的价值，并科学判断和妥善处理冗余员工的安置问题，确保不因干部安排和人事调整影响重组后企业的发展。

四要注重文化融合，兼容并包。凡是成功的重组并购案例都高度重视文化整合。要及时促进企业间员工的交流沟通，互相了解企业文化，加速文化融合，提高职工的认同感和归属感。做好文化融合，绝不是一种文化替代另一种文化，而是通过兼容并包、取长补短，形成新公司的同一文化。

3. 充分认识海外并购的风险度和复杂性，综合采取多方面举措，提高海外并购的成功率

一是要以清晰的全球化竞争战略为指引。要在国际竞争这个大前提下明确企业自身的发展战略，并据此来选择目标国、目标行业和目标企业，制定并购计划。

二是要高度重视对并购对象经营环境的摸底。包括东道国的政治、法律、经济、基础设施、人力资源、社区文化、宗教信仰、技术等方方面面，合理估计在所在国生产经营的必要成本及可能面临的风险。

三是要高度重视并购后文化融合的可能性。如果双方在文化维度上相近，二者可能会更容易实现并购后的整合，促进业务的发展。反之，目标企业的管理层及员工可能会持不合作，甚至敌对的态度，实现预期的并购效果困难重重。

四是要与东道国的政府、政客及公众媒体等保持密切的沟通，建立友好关系。进行适度公关，让东道国的政府、政客和社会公众真正地理解中国和中央企业，理解并购的动因、背景，消除误解和偏见。正确处理与东道国媒体的关系，善于与媒体沟通，把握舆论的主导权。

（二）对推动央企重组并购工作的政策建议

1. 进一步加强政策指导，鼓励和推动有关重点行业提升集中度

尽管市场化是实施重组并购的重要原则，但如果没有国家行业政策的指导和推动，许多行业的重组并购和供给侧结构性改革，仅靠企业自身的市场化行为是很难实现的。国内有色、钢铁、建筑等许多行业的国有资本布局依然很分散，行业集中度依然偏低，需进一步加强政策指导。

2. 大力提升国有企业资产流动性，为国有资本的进一步优化调整奠定良好基础

针对国有资产流动性普遍欠佳的问题，建议国家有关部门一方面采取有力举措，全面推动国有企业的子公司专业化运营，推动国有企业将旗下具有一定规模的产业全部形成主业聚焦、专业化、独立运营的股份制子公司，全面提升国有企业资产流动性，从而为进一步实施国有资产“模块化拆卸组装式”的专业化调整打下良好基础。另一方面进一步全面强化国有企业的主业管理，促进产业聚集和整合提升。全面梳理并严格限定国有企业的主业范围，推动国有企业对非主业资产或子公司进行市场化转让或国企间协议转让，集中化解央企间同质化经营、重复建设、无序竞争等问题。同时，建议加大国资重组税费减免力度，鼓励国有资本合理流动和优化调整，促进产业聚集和整合提升。在此过程中，鼓励国有资本投资、运营公司发挥作用，推动产业聚集和整合升级，提升产业国际竞争力。

3. 建立央企重组后的跟踪评估机制，促进实质性整合

一方面应关注央企重组并购交易方案、融资方案和整合方案的执行情况，以及风险防范措施的落实情况，评估重组并购工作操作的规范性和执行的准确性。另一方面需评价央企重组并购的成效，重点从做优做强主业、提升核心技术、优化产业结构、促进转型升级等方面检验是否实现了方案中战略协同预期和经济绩效预期。要通过加强评估考核，力促重组央企通过实质性的整合，提升整体竞争力。

4. 进一步引导、规范中央企业海外并购，同时提供必要的扶持和帮助

一是完善有关指导和服务体系。重点加强政策、信息、法律、保险等方面的指导和服务，加强政企协调，确保央企海外并购服务于国家战略，同时规避央企海外并购的国别和政治风险。同时，可以学习借鉴发达国家的先进经验，帮助企业转嫁政治风险。如美国政府设立了主管海外投资保

证和保险的专门机构——美国海外私人投资公司（OPIC），采用“代位补偿”的方式，为进行海外投资的企业分担政治风险。目前我国已有一些公司开设了海外投资政治风险保险业务，但仍有待进一步完善。

二是要继续着力避免内部竞争。推动境外中资商会组织建设，加强央企的自律和协调，避免在跨国并购时存在中国企业之间相互抬价的现象，维护海外并购秩序和国家的整体利益。

三是完善金融体系，加大对央企海外并购的资金支持。中央企业要想海外并购成功，雄厚的资金是成功的必要条件。与发达国家相比，我国仍需进一步完善金融支持体系，引导各类金融机构对央企海外并购提供更有力的金融支持。

四是给予税收政策支持。对进行跨国并购的中央企业制定税收支持政策，包括针对进出口税、企业所得税、个人所得税等的支持政策。同时，积极签订国与国之间避免双重征税的协议，减轻跨国并购的税收负担。

课题参与单位： 中国核工业集团有限公司
国网能源研究院有限公司
南方电网能源发展研究院有限责任公司
中国东方电气集团有限公司
中国铝业集团有限公司
中国交通建设集团有限公司
中国铁路物资集团有限公司
中信改革发展研究基金会

课题组核心成员： 金志峰　陈俊全　张　明　何　昉　尚晓贺
刘　粮　陈　洋　才　华　刘　斌　吴　遥
杨燕青　谭向国　高　宁　黄　阳　邢继东
任仲林　简　练

编辑： 李　兴　刘慧波　罗　娅

加快发挥中央企业科技引领作用研究

中国电科发展战略研究中心　中国石油经济技术研究院

党的十九届五中全会对科技创新专章部署，放在规划任务的首位，提出“坚持创新在我国现代化建设全局中的核心地位，把科技自立自强作为国家发展的战略支撑”。中央企业作为国有企业的突出代表，是中国特色社会主义经济的顶梁柱，是所处重要行业领域的排头兵。立足新发展阶段、贯彻新发展理念、构建新发展格局，要求中央企业深入贯彻落实党中央精神，加快发挥科技引领作用，在科技自立自强上展现新作为。

一、中央企业发挥科技引领作用重要性的理解与认识

（一）从世界竞争格局看，需要中央企业引领技术方向

当今世界正经历百年未有之大变局，核心技术竞争已经成为大国博弈的关键。美国开始实施第三次抵消战略，在后摩尔时代集成电路、人工智能等高新技术领域积极谋篇布局，策划科技领域“黑天鹅”“灰犀牛”事件，制造技术陷阱，企图颠覆我国技术发展路线，抵消我国技术进步。中央企业作为国家重要的战略科技力量，有责任有义务在关系国家安全和国民经济命脉的关键领域引领科技发展，形成战略制衡。

（二）从科技发展趋势看，需要中央企业引领创新体系

从科技发展趋势看，现代科学技术研究进入多学科交叉和先进技术手段综合运用时代。与此同时，科技产业化与产业科技化趋势并存，科技在加速向传统产业渗透的同时，产业的发展与需求也成为科技进步的重要推动力量，二者交替影响、交替推动，形成一体化发展的格局。技术的融合性和产业化速度不断加快，需要中央企业牵头引领联合各类创新主体整合创新资源，构建强大的科技创新体系和创新能力。

（三）从我国发展阶段看，需要中央企业引领产业链创新链

党的十九届五中全会提出，全面建成小康社会、实现第一个百年奋斗目标之后，我们要乘势而上开启全面建设社会主义现代化国家新征程、向第二个百年奋斗目标进军。进入新发展阶段，发展任务已经由实现第一个百年奋斗目标转向实现第二个百年奋斗目标。经济社会发展的重心将逐步从重视经济规模的“高增速”转到提高效率和质量上来，实现“高质量”发展成为新的发展主题。推动“十四五”时期高质量发展，构建现代化经济体系、保障产业链供应链安全稳定，科技创新是关键，要求中央企业引领带动产业链上下游协同发展，从点的突破迈向系统能力提升。

（四）从央企创新能力看，需要中央企业通过引领实现高质量发展

当前高新技术领域竞争日趋激烈，创新资源不断向领先企业集聚，行业龙头的争夺已经呈现常态化、白热化，“大者愈大、强者恒强”趋势凸显，高科技行业步入“不做第一就被淘汰”的激烈竞争局面。从央企创新能力看，中央企业代表国家成建制、成体系的创新资源，可调动的创新力量和资源巨大，加快发挥中央企业的科技引领作用，需要中央企业在引领创新发展过程中实现自身能力跃升，持续驱动高质量发展，有效助力建设世界一流企业的目标实现。

二、国内外优秀企业引领科技发展案例研究

科技的发展与企业的崛起存在着千丝万缕的关联，从独角兽企业在点上的突破，到领军企业在产业链上的引领，到平台企业对资源的汇聚和新技术、新模式的培育，再到创新生态的搭建，企业一直在以发展，引领、推动科技创新的不断突破。

（一）点的突破，创新开拓新市场，引领前沿技术发展

作为带动新经济快速增长和经济转型升级的引擎，独角兽企业在点（新技术、新模式、新业态）上实现突破，通过满足用户的新需求，开拓科技创新新市场。谷歌、思科、苹果、甲骨文、微软、英特尔等世界级企

业也是曾经的独角兽。脸书（Facebook）通过 Whatsapp、Instagram、Messenger、Groups 组织了全球最大的社交网络，改变人与人之间的联系方式，并通过巨大的用户数量和使用时长，造就了独一无二的广告价值。

（二）链的引领，领军示范先行，带动行业高速发展

领军企业做产业链“链长”，推动产业链上下游企业加强合作，提高产业链细分领域集中度和跨链融合度，推动关键核心技术攻关。美、德、韩等国，形成了 GE、西门子，三星等一批具有世界影响力领军企业。其中，GE 医疗设备尤其是磁共振设备与西门子、飞利浦垄断了全球 80%的市场，GE 医疗北京工厂通过实现人力、物料和数字信息的“三流合一”，提升了库存周转率，目前基地的库存周转率已达到 GE 全球供应链平均水平的近三倍。

（三）面的汇聚，协同创新要素，促进成果快速转化

科技创新平台通过协调、汇聚创新资源，实现资源的平面化整合，借助市场化运作机制促进科技成果快速转化。德国的史太白体系，韩国的大德科技园都是成功的典范。其中，史太白体系地域覆盖范围由巴符州扩大到德国各地和巴西、美国等地，业务遍及研发、咨询、培训、转移等各环节，形成了在全球范围内具有重要影响的技术和知识转移网络。

同时，平台企业集聚各方要素，是产业资源有效配置与共享的重要媒介，成为带动新经济产业发展和组织变革的核心枢纽。Uber、Airbnb 通过链接多边群体，整合多方资源，设立规则与机制，满足多边群体的需求，以多方跨界合作的“开放式服务创新”推动产业发展。

（四）体的能量，打造创新生态，带动产业全面发展

创新生态系统是一个立体的系统，以企业为核心，以“科技—经济—科技”有效循环为演化动力，吸收各方资源最终为企业实现经济价值服务，带动整个生态系统良性运转。世界三大湾区都是创新生态的典型代表。其中，日本的丰田汽车集群，采用轴轮式的发展模式，在发展的过程中逐渐形成核心能力，创造共享商业理念推动创新生态不断迭代。

三、中央企业引领科技发展取得的成效及面临的困难

（一）取得的成效

“十三五”以来，在国务院国资委指导下，中央企业科技创新能力和水平得到了实质性提升，在科技创新领域发挥了引领作用。据统计，“十三五”以来，中央企业累计获得国家科技进步奖和技术发明奖364项，占全国同类获奖总数的38%。

1. 科技成果支撑引领作用显著增强

作为科技创新的国家队，中央企业在国务院国资委指导下，坚持“四个面向”，在关键核心技术攻关新型举国体制中发挥了中坚作用，取得一批重大科技成果。

一是面向国家重大需求实现科技自立自强。“十三五”期间，中央企业牵头或参加了16个国家重大科技专项任务中的15个，在载人航天、移动通信、探月工程、北斗导航、国产航母、大型客机、核电、高铁、特高压等领域取得了一批具有世界先进水平的重大成果，为提高捍卫国家主权、安全、发展利益的战略能力作出了重大贡献。

二是面向经济主战场提升自主创新能力。“十三五”期间，在国务院国资委的带领下，中央企业在特高压、重型燃气轮机、交通建设、能源化工等关系国计民生和产业命脉的领域填补了空白，为构建新发展格局、促进经济社会发展作出了重要贡献。

三是面向世界科技前沿提前布局科技攻关。截至2020年底，共有64家中央企业牵头国家及地方产业技术创新战略联盟231个，涉及智能制造、航空航天、无人驾驶、核电快堆、粉末冶金、物联网、信息安全等科技前沿领域，年度经费支出0.6亿元。

四是面向人民生命健康筑牢民生底线。“十三五”期间，中央企业在人民生活改善中勇挑重担，把科技创新与改善民生福祉相结合，筑牢国家生态安全屏障，保障优粮供给，助力高效低成本医疗，为疫情防控提供技术、平台、人才支撑，在打赢碧水保卫战、建立美丽中国、推动科技创新融入经济社会发展全局中发挥重要作用。

2. 创新能力支撑引领作用显著增强

中央企业坚持把科技创新作为“头号任务”，深化科技体制机制改革，强化需求牵引、研用结合，推动资源聚集，协同深化、生态优化，不断增强科技创新策划力、整合力、带动力。

一是创新治理能力不断提升。中央企业坚持搞好科技创新的统筹设计和总体谋划，确立科技创新发展路线图，明确了战略目标、方向和任务。中央企业在《国资委推动中央企业科技创新工作举措》等政策的指引下，通过制度设计，减少阻碍科技创新过程中各主体间联系的不利因素，增强自主创新能力。

二是创新资源不断聚集。“十三五”时期，中央企业研发投入总额逐年增长，从 2016 年的 3927 亿元增长到 2020 年的 7723 亿元，年均增长 15.67%。中央企业研发人员从“十三五”之初的 80 万人增加至 103 万人，拥有两院院士 229 人。截至“十三五”末，中央企业拥有国内研发机构总计 4726 个，包括国家级研发平台 735 个。

三是协同合作不断深化。央企协同不断加强，中国电信、中国联通累计开通共享基站超过 30 万个。产学研用协同不断加强，截至 2020 年底，共有 64 家中央企业牵头国家及地方产业技术创新战略联盟 231 个。“双创”工作不断加强，组织举办中央企业熠星创新创意大赛，第一、第二届大赛参赛人数累计 2 万余人。

四是创新生态不断优化。将落实国家科研任务、研发投入强度纳入考核，同时对研发费用视同利润加回，对企业重大创新成效予以奖励加分。持续加大对科技创新的倾斜力度，2020 年安排超过 150 亿元用于科技创新。综合利用工资总额单列和中长期激励等手段，调动科技人员积极性。以“科改示范行动”为改革突破口促进技术创新。

（二）面临的困难

在取得丰硕成绩的同时，需要清醒地认识到，与引领未来科技创新发展的要求相比，中央企业仍有待提升之处。

1. 基础研究和原始创新能力不强，缺乏科技引领底气

随着技术水平逼近世界一流，中央企业现有发展模式临近“天花板”，随着国际发展环境严峻和贸易壁垒提升，原有技术发展模式注定无法持续，原始创新能力的薄弱限制了新的技术发展模式运转，加强基础研究成

为中央企业高质量发展的战略选择。

2. 关键核心技术仍存在短板弱项，缺乏科技引领带动力

当前，中央企业正在全力缩短与西方发达国家企业的技术差距，但从近期中央企业涉及产业运行安全的关键核心技术与装备梳理情况来看，仍存在受制于人的情况。主要表现：在部分产业关键技术依赖性强，制约行业发展；新兴成长产业还未实现规模化发展，企业面临高投入压力；缺乏具有国际引领性、抢占发展制约点的突破性和革命性技术。

3. 创新体系尚未形成合力，缺乏科技引领凝聚力

因资源配置多头管理、创新链与产业链衔接不足、产业链协同动力不足、创新资源难以共享等原因，中央企业距离聚合社会创新要素、发挥创新骨干作用的要求仍然存在一定差距，主要体现在：资源配置多头管理，缺乏有效的统筹协调机制；创新链与产业链衔接紧密度有待提高；产业链协同动力不足，创新生态尚需优化；央企内部仍存在创新资源共享壁垒。

4. 科技成果转化率低，缺乏科技引领效率

目前，中央企业科技投入的产出效益不高，科技成果转化率低，大多数的科技成果评定后就束之高阁，或在转化过程中夭折，难以成为现实生产力。主要表现在：转化动力不足，转化体系不完善，转化过程受阻，转化无形壁垒多。

5. 高水平创新人才仍然不足，缺乏科技引领竞争力

科技竞争的关键是人才的竞争。当前，中央企业高水平创新人才仍然不足，人才“留不住、引不进”的现象明显。一是缺乏高层次专业技术人才，部分专业领域缺乏行业带头人。二是很多企业科技人才流失现象逐渐严重，“进新人、走骨干”现象普遍存在。三是高层次人才引进的难度显著加大，科技领域高端人才的虹吸效应相比以前更加明显。

四、中央企业加快发挥科技引领作用的重点方向

（一）提升技术创新能力，强化国家战略科技力量

中央企业是我国参与国际竞争的主要骨干力量，必须紧紧扭住科技创新这个战略支点，责无旁贷地扛起“大国重器”的使命担当，为我国建设科技强国贡献力量。

1. 保障国家安全和国家战略实施

重大工程是我国科技发展的重中之重，需要中央企业发挥新型举国体制优势，在航空航天、能源等关键领域，保障国家安全和国家战略实施。航天科工建立了一套适应重大工程的灵活的运行机制。重大工程统一指挥，统筹管理。整个工程的技术研究和试验设施建设，采取总体牵引下的专业领域项目负责制。工程研究项目管理采取两总负责制。建立需求牵引、技术推动的技术协作与协调机制，推动全国优势力量协同创新，实现技术快速突破。国家能源集团先后建成了世界首个百万吨煤直接液化示范工程和全球单体规模最大的400万吨煤间接液化示范工程，为我国提升应急状态下油品安全保障能力提供了重要的技术示范。

2. 强化重大技术创新布局和攻关

当前，中央企业创新发展正面临爬坡过坎的关键时期，需要加强科技革命和与产业变革方向研判，加强关键共性技术、前沿引领技术、现代工程技术、颠覆性技术突破。一是对于无法获得技术引进的领域，加强本土创新。国投新疆罗布泊钾盐公司在艰苦卓绝的开发过程中，没有现成的技术可供借鉴，自主创新，2014年初，“罗布泊年产120万吨硫酸钾成套技术”项目获得了国家科技进步一等奖，使我国一举迈入了世界硫酸钾生产大国行列，改变了世界硫酸钾生产格局。二是对于能够引进技术的领域，加强二次创新。中国海油通过积极引进海外LNG技术，开创了中国LNG新兴产业，打造了完整的产业链，现已发展成为国内最大的LNG供应商、国际第三大LNG进口商。

3. 加强基础研究和应用研究

随着我国科技创新实现了从量的积累迈向质的飞跃，基础研究和应用研究已成为关乎我国源头创新能力和国际科技竞争力提升的关键因素。中央企业需勇挑重担、敢打头阵，加强目标导向基础研究和应用基础研究。中国钢研围绕野外试验—数据积累—机理规律—标准制定—防护技术—共享—工程应用等腐蚀与防护学科独有的全链条研究体系，系统阐明了我国海洋环境腐蚀失效规律和机理，建立了我国材料海洋环境腐蚀评价与防护技术新体系，有效提高了海洋重大工程及装备设施的安全性和使用寿命，研究成果获得国家科技进步二等奖。

（二）加强产学研用协同发展，引领构建开放式创新生态

在网络化创新模式下，发挥中央企业科技引领作用，加强产学研用协同发展，推动创新链、产业链协同，带动中小企业发展，为创新创业赋能，同时促进创新要素在创新链自由流动，加快科技成果转移转化，发展新业态、创造新动能。

1. 打造产学研协同的创新联合体

支持中央企业牵头组建重大创新联合体，有利于集成高校、科研院所的科技成果，形成体系化、任务型的协同创新模式。中国石油于2020年5月正式成立全国第一个“央企—高校”创新联合体（中国石油—西南石油大学创新联合体），预期将形成四川盆地深层超深层大型碳酸盐岩气田高效勘探开发理论等20多个重大引领性、示范性、标志性成果，整体达到国际先进水平。中国中车采取“干中学”“用中学”“试验中学”“研究开发中学”多种技术学习模式的整合之道，构建了高效运转的行业实验体系。中国电科充分发挥电子信息领域创新型头部央企的“协同主体、研制主体、使用主体、示范主体”作用，推进产学研深度融合，凝聚行业优势力量，开展成建制、成体系创新突破。

2. 搭建创新平台赋能中小企业

中央企业拥有国家级实验室、国家技术创新中心和创新中心等多类创新平台，发挥中央企业引领支撑作用，有利于实现与中小企业在产业链、供应链、价值链等方面的深度融通。航天科工打造世界首批、中国首家工业互联网平台——航天云网，以平台汇聚了航空航天、通用设备制造等行业30多家央企的需求，以此拉动中小企业释放创新创业潜能，引领中小企业在开放式创新生态下协同发展。中国电信将自身在网络连接、安全、AI等领域具有优势的原子能力开放给中小企业使用，积极构建开放式创新生态。中国中车基于轨道交通装备制造形成“具备整车制造能力和雄厚研发实力的大型企业为集群的核心企业，处于产业链上下游的中小微配套企业分布于核心企业四周，在核心企业的主导作用下完成整车制造任务”。

3. 推动科技成果孵化转移

中央企业推动科技成果孵化转移，以此产生辐射带动作用，促进新业态发展，引领构建开放式创新生态。东方电气搭建产业孵化平台，短短3

年时间，企业累计营业收入达15143万元，树立了东方氢能自主品牌，初步实现了技术研发向科技成果转化、产业化的跨越。中国电科印发《促进科技成果转化办法》等制度文件，通过科技成果转化累计成立了22家公司，38所太赫兹团队科技成果作价入股、核心团队骨干持股模式得到了刘鹤副总理高度认可，要求各中央企业学习推广。

（三）打造现代产业链链长，引领现代产业体系建设

稳产业链、打造现代产业体系，需充分发挥中央企业产业龙头牵引作用，千方百计打通堵点，补上断点，畅通产业循环，保障我国现代产业体系的稳定性和竞争力。

1. 承担国家产业基础再造工程相关任务

同高质量发展要求相比，我国产业基础不牢、地基不稳问题仍相当突出，亟待通过加快实施产业基础再造工程补齐上述短板。中央企业需主动承担相关任务，补齐短板锻造长板，超前布局前沿技术，形成威慑和反制能力。中国电科聚焦基础方向薄弱环节，形成自主创新产品体系，芯片、材料等领域部分成果已与国外同步发展。通用技术集团建成国内首条具有自主知识产权的3万吨/年莱赛尔纤维生产线，整体技术达到国际先进水平。中化集团自主研发的含氟新材料HP-1高温热泵工质打破全球独家垄断。鞍钢集团建立了“拳头产品”攻关机制，有效提升了重轨、汽车钢、中厚板、钒、钛、金属制品等产品的市场竞争力。

2. 掌握产业重大关键技术

中央企业需进一步巩固和加强重点领域技术优势，向产业链的中高端集中，以企业核心技术引领产业发展。中国中车集团将继续在高铁装备制造产业中掌握技术话语权，填补世界范围内的高速列车技术创新的技术空白；拓展中国中车高铁装备技术创新与应用的全产业链，促进高新前沿技术产业的专业化分工、带来规模经济与范围经济效应。国家能源集团将大力推进煤基能源产业低碳化；围绕可再生能源创新、智慧能源创新等全球能源技术发展方向，建成一批示范工程；探索储氢、储能技术与化工产业高度融合发展，打造氢能产业基地。中国电科聚焦三代半导体、指挥控制、情报侦察、电子对抗、预警探测等优势领域，锻造产业链供应链长板，有效推动电子信息关键装备创新突破。

3. 打造产业链现代服务体系

适度利用供应链金融手段服务产业链企业，有效降低配套企业成本，保障产业链稳定。用好现有国资国企改革发展相关产业基金和专项基金，研究组建各方共同出资、投资期限更长、收益要求相对较低的产业投资母基金，企业配套设立产业专项子基金。中国国新将基金投资作为支持科技创新的重要手段，在投资运营中，坚持财务性投资为主，且与战略性项目培育孵化相结合，聚焦中央企业科技创新和转型升级，围绕战略性新兴产业和关键核心技术，着力打造国新投资生态圈。中国电科设立核研投公司、资产公司、财务公司等，通过建立资本运作平台，促进各种创新要素与资本要素融合。

（四）加快数字化转型发展，引领数字经济新优势

发展数字经济是增强我国经济发展韧性的客观要求，中央企业作为国民经济发展的重要支柱，在推进数字产业化发展、产业数字化转型、数字经济治理建设方面，责无旁贷。

1. 推进数字产业化发展

当前，数字技术创新和迭代速度明显加快，成为集聚创新要素最多、应用前景最广、辐射带动作用最强的技术创新领域。能否抓住新一轮科技革命机遇，对赢得未来发展和国际竞争的主动权具有十分重要的意义。自5G 正式商用以来，中国联通与中国电信联合建设了全球首创的、最大规模的 5G 共建共享网络，共建共享已累计为双方公司节省网络建设成本超过人民币 760 亿元。中国电科探索央企网路安全服务新模式，成立中资网络信息安全科技有限公司，打造央企网络安全整体保障平台，支撑国资央企网络安全防护体系建设。

2. 推进产业数字化转型

当今世界，信息通信技术发展日新月异，正在对经济发展、社会进步、国际政治格局等方面产生重大而深远的影响，加快推动经济社会数字化智能化升级刻不容缓。中国联通将通过智能化生产、网络化协同等手段，促进传统产业转型升级；通过高清视频、VR/AR 等形式，改变人们的交互体验方式。中国电信将在云网融合的数字化基础设施之上，加快智慧医疗、工业互联网、数字工厂、智能车路协同、智慧社区、智慧城市、数字乡村等领域数字化平台建设，形成赋能垂直行业数字化转型的信息基础

设施。航空三院开展智慧车间样板间建设，采用专线生产模式，建设一套自动化物流系统，实现信息流与物资流的互联互通及智能化、自动化。

3. 推进数字经济治理建设

新发展阶段，数字技术全面渗透到社会治理和政务服务的各个方面。中央企业需将数字经济治理建设作为利当前、惠长远的重大战略加紧推动落实，切实提高我国数字经济治理能力。中国电子打造自主安全计算机基础软硬件“PKS”体系，全力承担信创三期工程，成功打造大型银行办公系统、金融机具等金融国产化典型案例；与 97 家央企全覆盖对接信创工作，不断做大供需两端都在国内的网信产业内循环，保障国家重要领域信息基础设施自主创新。中国电科打造“云+数+应用+生态”的数字政府电科模式，在多地成功实践；承建国家政务服务平台及“互联网+监管”系统，构建横向到边、纵向到底的全国一体化政务服务平台体系。

（五）加快绿色低碳发展，引领发展方式绿色转型

“十四五”时期我国进入了新发展阶段，对照新目标、新愿景、新要求，当前我国生态文明建设和生态环境保护工作任重道远。中央企业需要发挥科技支撑作用，引领发展方式绿色转型。

1. 加快发展方式绿色转型

如今我国已转向高质量发展阶段，在加快发展方式绿色转型中，中央企业应依靠科技创新，精准施策、对症施治，提升治理效能，发挥引领作用。国家能源开发了矿井水井下储存利用的煤矿地下水库技术，该技术为保护利用我国每年煤炭开采损失的数十亿吨矿井水提供了有效的技术路径。中钢邢机突破电渣复合等新型制造技术，为国家钢铁工业绿色、生态、高效轧制技术发展提供技术支撑。国家电投开展以内蒙古南露天煤矿为示范的智慧矿山技术研发及项目建设，将实现全部挖掘机、自卸车无人化改造和清洁电能替代，预期年减少二氧化碳排放约 6 万吨。鞍钢集团成功研发世界首套焦化尾水资源化回用与近零排放工艺技术。

2. 大力发展绿色低碳产业

能源是经济社会发展的重要物质基础，也是碳排放的最主要来源。坚持安全降碳，中央企业应在绿色低碳产业加快发挥引领作用，以科技创新赋能绿色产业发展。东方电气成功研制世界首台百万千瓦水电机组，创造水电单机容量新的世界纪录，成为世界水电巅峰之作。全面具备“华龙一

号”“国和一号”核岛、常规岛主设备研制能力，先后获得全国首张核蒸汽供应系统设备制造许可证、装备制造企业首张核 1 级设备（蒸汽发生器）设计许可证。鞍钢集团开发应用信息技术，实现炼铁—炼钢—轧钢全流程智能制造，最大程度提高能源利用效率和实现碳减排。

3. 全面提高能源资源利用效率

自主创新与技术进步是实现节能降耗、资源回收再利用的前提条件。中央企业应加快自主创新，以技术进步引领相关行业提高资源利用效率。鞍钢集团将进一步提高钒钛磁铁矿的综合利用，提升攀钢在全球钛产业链中的话语权，对加快建成国家战略资源创新开发试验区和世界级钒钛产业基地具有重要的引领和支撑作用。中国铝业“FHEST 技术”在公司 45 万余吨产能得到推广，平均吨铝节电约 500 千瓦时，累计实现创效 1.1 亿元，2018 年被国家发展改革委评为中国“双十佳”最佳节能技术。中国建研院设计的“CABR 近零能耗示范楼”，建造了我国第一栋近零能耗建筑，相比北京同类建筑能耗节约 80%以上，达到国际领先水平，引起国内国际的巨大关注。

五、促进中央企业发挥科技引领作用的政策建议

（一）夯实中央企业科技引领主体责任

一是聚焦主责主业，保障央企创新投入。紧紧围绕战略安全、产业引领等功能，推动中央企业深化战略性重组、专业化整合，确保中央企业真正成为具有核心竞争力的、对实体经济能够发挥引领带动作用的、名副其实的国家队。

二是推进管理创新，对标世界一流管理。创新企业管理体系，突破原有组织惯性，增强企业的动态能力，使组织结构利于探索开放式创新、协同创新、融通创新。

三是强化创新使命，营造鼓励创新的良好氛围。鼓励中央企业与大型科研机构进一步加强合作，畅通创新链与产业链的对接。细化对中央企业的创新责任考核，着重加强在成为产业链链长、创新策源地方面的引领作用。

（二）建立健全创新引领动力机制

一是深入落实人才激励机制。健全以创新能力、质量、实效、贡献为导向的科技人才评价体系，有效反映科技成果的原创性、科学价值、经济价值、社会效益。赋予科研人员更大自主权，给予其更大容错空间，在中央企业形成创新创业浓厚氛围。

二是健全市场化运营机制。完善市场化薪酬分配机制，让广大经营管理人才、科技人才和工匠标兵在加快发挥中央企业科技引领作用中大展身手、建功立业。畅通科技项目的市场融资渠道，促进科技企业生命周期融资链的无缝衔接，持续加大对创新成果在种子期、初创期的投入力度。

三是落实相关税收优惠政策。细化税收优惠政策，在面向世界科技前沿、面向经济主战场、面向国家重大需求、面向人民生命健康的重要领域，加大税收优惠力度，支持中央企业全力打好关键核心技术攻坚战。

（三）加快数字化转型步伐

一是引导数字产业健康发展。支持中央企业利用数字技术改造生产和经营方式，鼓励中央企业积极申请政府数据授权运营试点，迅速成长为大数据产业的主力军。

二是推动中央企业数字化转型。支持中央企业从消费和流通领域的数字化积极转入生产领域的数字化，发挥数据、信息作为新生产要素的重要作用，推动中央企业发展新动能。

三是构建推进产业数字化转型的公共服务体系。构建以第五代移动通信、工业互联网、大数据中心等为代表的新型数字基础设施建设，鼓励中央企业积极参与数字社会、数字政府的建设。

（四）鼓励中央企业代表国家参与国际竞争

一是打造世界一流企业品牌。鼓励中央企业加强品牌战略研究和全面质量管理，通过对外合作优化全球布局，打造更多具有国际影响力的知名品牌，增强全球价值链掌控力。

二是迈向标准引领。鼓励支持中央企业开展国际标准制修订工作，推进中国标准国际化，向丝绸之路基金等项目推荐有能力的中央企业并采用中国技术标准设计建设。

三是进一步支持中央企业扩大开放。加强国际产业安全合作，推动国内国际双循环、“一带一路”建设。把产业基础和核心企业的根留在国内，主动布局同开放发展相结合，形成国内外产业链相互“扭抱缠绕”格局。

课题参与单位： 国网能源研究院有限公司
国家能源集团技术经济研究院
中国电信股份有限公司研究院
中国联合网络通信有限公司研究院
鞍钢集团有限公司经济发展研究院
中国中化控股有限责任公司中国化工信息中心
华润化学材料科技股份有限公司
中国中钢集团有限公司
中国中车集团有限公司
上海诺基亚贝尔股份有限公司

课题组核心成员： 朱德成 李欣欣 魏 凡 刘轶男 高柯娇
孟 柳 李巧明 杨 巍 闫 卉 吕建中
杨 虹 吴 潇 孙乃达 侯 亮 邱茂鑫
孙焕芝 李晓光 李 哲 李 睿 李晓冬
柯 彦 王 强 吴天慧 罗 勇 鲍玉芳
康 飞 冯士超 林 垚 鲁 瑛 肖甲宏
胡广君 许越超 蒋 宏 胡麒牧 韩晓磊
孟祥萌 张 雨 于 猛

编辑： 郑 甜 罗 娅

中央企业在建设创新型国家中的作用研究

中国电科发展战略研究中心

党对推进科技创新、加快建设创新型国家做了全面部署，把跻身创新型国家列为2035年我国基本实现现代化的重要目标。中央企业是推进国家现代化建设的主体力量，是国家科技创新的骨干力量，在建设创新型国家过程中发挥着主体作用。

本课题研究认为中央企业推进创新型国家建设的使命责任是在保障国家科技安全前提下，探索技术创新新路径，构建开放式创新体系，获取全球战略性科技资源，推动核心技术自主创新，支撑国家科技战略决策并抢占关键领域国际话语权。中央企业创新活动在初衷上以支撑国家重大战略需求为目标，在范围上面向关系国家安全和国民经济命脉的关键领域，在能力上代表国家成建制成体系的创新布局，更强调科技创新的国家性行为、系统性行为、集中力量办大事行为。中央企业充分发挥创新过程中的基石和根节点作用，通过承担科技任务、搭建创新平台、统筹创新资源、开展自主创新、辐射带动产业的方式，推动创新型国家建设。

本课题研究分析了创新型国家的内涵特征、战略需求，明确中央企业推动创新型国家建设的使命责任，研究中央企业创新活动的特征和建设创新型国家的主要模式，针对中央企业在创新活动中的影响因素，提出了进一步构建创新体系、提升自主创新能力、推动创新型国家建设的措施建议。

一、创新型国家的概念内涵

世界科技发展进入大科学时代，科技地位日益提升，新一轮科技革命和产业变革不断推进，以数字化、网络化、智能化为主要特征的技术发展与应用正在加速经济和科技发展方式的转变，科技创新正不断创造新产业、新产品、新需求、新业态。新形势下国家的竞争力越来越取决于科技创新能力，创新型国家概念应运而生，建设创新型国家已经成为世界大国国家战略部署的核心。

（一）创新型国家的定义

1990 年，迈克尔·波特提出了创新型国家概念，认为创新导向型经济是一国经济的重要发展模式，处在创新导向型经济发展阶段的国家就是创新型国家。然而，学术界对于创新型国家的定义并未明确。有学者认为创新型国家就是以科技创新作为国家发展、社会进步以及参与国际竞争的主要支撑力量的国家，此说法忽略了制度和管理创新在创新型国家建设中的作用；也有人认为，创新型国家是以创新为主要发展驱动力的国家，创新型国家未必是科技大国，但必然是科技强国；此外，创新型国家必须具备实践内涵，科技水平并不能完全体现创新能力，必须将自主创新放到重要位置，具备自主创新能力是创新型国家的必备条件。

本研究认为，创新型国家指以科技创新作为国家基本战略、以自主创新能力形成核心竞争力的国家。创新型国家的科技实力、创新能力与创新活力均处于世界前列。

（二）创新型国家的特征

1. 创新型国家的共性特征

创新型国家的基本特征是以科技创新为国家发展的根本驱动力，自主创新能力突出。创新型国家的共性特征主要体现在：制度创新、管理创新与科技创新高度协同；牢固的创新意识；创新资源的投入水平高、产出水平高以及效率水平高；创新成果转化率高、产业化率高与收益率高；高校与科研院所科研实力强，基础研究扎实；政府发挥战略引领与科技服务职能，产学研协同创新效率高；产业集群化发展特征突出，集群创新优势明显；对外开放水平高，知识流动频繁。凡符合以上特点的国家，都可以认为是创新型国家。

2. 创新型国家的个性特征

世界各主要创新型国家在经济与科技发展的历史基础、产业条件、制度环境、资源禀赋等方面均有个性特征，根据创新路径划分，主要可以分为高端创新型、产业创新型、资本创新型、新兴创新型国家四种类型。

（1）高端创新型国家。

高端创新型国家以美国为代表，其在强大的基础研究上构建了完整的国家创新体系和创新生态，聚焦高端科技创新创业，支撑持续的技术创新与经济发展。自20世纪80年代开始，美国政府开始实施创新战略。2015年美国政府发布《美国创新战略》，提出建立创新生态系统，并公布维持创新生态系统的六大要素和九大战略领域。以美为代表的高端创新型国家基础科研水平全球领先，在众多前沿领域提前攻关、提前布局，占据关键价值链高端，掌握多个领域的关键技术。美国建设创新型国家，离不开科技人才竞争策略。据统计，美国本土培养的人才只能满足美国高科技人才需求的1/3，剩下的缺口主要通过吸引其他国家的人才来满足。以优惠移民政策、签证政策、留学生资助政策、海外专家学者聘用政策吸引并留住海外高层次人才，以丰厚的资金支持力度实施人才竞争策略，造就了美国世界领先的科技发展奇迹。

（2）产业创新型国家。

产业创新型国家以日本、德国为代表，其通过协同创新、引进吸收等方式将现代高科技快速地应用于企业创新，促进产业发展水平领先于其他国家。以日本为例，日本在20世纪70年代提出科技立国的战略，1995年颁布《科学技术基本法》，1996年、2000年、2006年、2011年、2017年先后发布5期“科学技术基本规划”，2017年发布《日本科学技术创新综合战略2017》确定了在加大创新投入、开放式创新体系、创新生态建设、行政制度创新等方面的重点任务。日本科技创新发展模式经历了“引进模仿—消化吸收—自主创新—知识创新”4个阶段。目前日本正在由政府主导的创新慢慢向企业创新转变，从金融、财政政策、特别扶植政策几个方面大力支持中小企业创新。

（3）资本创新型国家。

资本创新型国家以以色列为代表，其通过引进吸收先进技术，实行二次创新，并将科技成果快速转化。2016年全球竞争力报告显示，以色列的创新指数排名全球第三。以色列秉承教育立国和科技立国的理念，每年的教育支出占GDP的比重高达6%~8%，且集中在科学、技术、工程、数学基础研究领域，吸引了世界大型跨国公司在以色列建立研发中心；同时，以色列通过高科技企业孵化器、对“种子项目”和竞争性研发项目的支持，培育中小企业的研发能力和竞争力。以色列是全球人均风险资本投资最多的国家，在美国纳斯达克上市的企业数量仅次于美国，通过利用全球资本和国内的风险资金，为高科技中小企业的创新创业提供资本的支持。

（4）新兴创新型国家。

新兴创新型国家以中国为代表，目前国家正处于蓬勃发展期，具有一定的科技实力，科技创新发展速度快、创新活力强。党的十八大以来，在以习近平总书记为核心的党中央坚强领导下，我国把科技自立自强作为国家发展的战略支撑，持续深入实施创新驱动发展战略，大力建设创新型国家。根据 2022 年全球创新指数，我国创新能力综合排名为全球第 11 位，在 132 个经济体中，我国进入全球百强的科技集群数量达 21 个，首次与美国持平，居全球首位，我国成功进入创新型国家行列。

创新型国家主要呈现以下特点：一是创新要素供给规模不断增长，结构不断优化；二是政府与市场有效结合，双管齐下、互为补充；三是结合中央宏观调控与地方区域特色的协同创新优势显现；四是创新激励机制日益完善；五是原始创新、集成创新、引进消化吸收再创新、网络创新等多种创新模式互为补充；六是科技管理体制改革逐渐深化，科技生产关系与上层建筑逐渐适应并促进科技生产力发展，科技生产质量、效益与水平提高。七是非战略引导下的自发式创新，在战略规划框架内既强调目标路径的统一，又为创新的自发性预留空间；八是企业家与科技工作者在强烈的民族自尊心、自信心与责任感以及民族复兴梦驱使下，形成了攻坚克难的凝聚力和意志力。

二、中央企业推动创新型国家建设的使命责任

中央企业是推进国家现代化、保障人民共同利益的重要力量，是国家科技创新的骨干和中坚，代表着国家的创新能力和创新水平，在建设创新型国家的诸多领域中承担着义不容辞的使命责任。

（一）推动核心技术自主创新

关键核心技术自主创新是建设创新型国家的必然选择。习近平总书记指出，关键核心技术是要不来、买不来、讨不来的。只有把关键核心技术掌握在自己手中，才能从根本上保障国家经济安全、国防安全和其他

安全。

中央企业要实现核心技术自主创新，要聚焦核心技术重点方向，围绕相关技术和产品发展态势、行业热点事件、自主可控发展路线等，深入开展自主可控分析，核心能力体系化建设，优化完善技术体系，整合协调资源配置，集中力量补齐短板，加速突破一系列“瓶颈”技术，加快核心技术向研制和应用推广。

（二）推动开放式创新体系构建

开放式创新体系通过底层政策环境支持，推动创新主体、创新资源、创新机制广泛协同，涌现技术方向引领、产业经济带动、重大战略支撑、社会进步推动等创新能力。

中央企业要在创新型国家四个层次能力的实现过程中发挥中坚骨干作用，要构建开放式创新体系，推动创新链、产业链协同，搭建科技条件共享平台，在创新链各个阶段促进科技成果转移转化，发展新业态、创造新动能，为创新创业赋能，带动中小企业发展。

（三）抢占关键领域国际话语权

国家创新体系建设离不开国际合作，采用“技术标准战略”取得关键领域国际话语权和影响力是建设创新型国家的重要策略之一。这要求中央企业在国家积极支持下，更加广泛、深入地参与国际标准化活动，不断增强中国标准的硬实力，提高在国际社会中的适应性和竞争能力，逐步使我国由技术标准进口国转变为技术标准输出国。

特别是在以5G、物联网等为代表，全球性标准尚在形成中的新兴产业，要抓住“领跑超越”的良好时机，全面谋划和参与国际标准和规则的制定，抢占国际话语权。

（四）获取全球战略性科技资源

当今世界全球一体化发展，产业链呈现分散化、多元化趋势，要求中央企业具备“全球化的技术水平+全球化的人才队伍”，融入全球创新体系，参与全球市场竞争。一是加强全球战略性科技资源获取，坚持学习和创新，掌握知识产权的关键核心技术，规避专利限制，保持与国际通用技术生态的联通性，争取广泛接受。二是通过资本并购海外企业，发力上游，拓展下游，拓展全球业务布局，提升科技创新能力，打造中国科技创新世界的影响力。三是大力建设国际人才队伍，通过“产学研”方式培养国际化人才，同时加强海外高端人才引进力度，进一步完善鼓励创新创造的体制机制。建设创新型国家，需要中央企业。

（五）保障国家科技安全

中央企业要主动承担保障国家科技安全的使命责任。在关键核心技术上，要维持战略科技力量，研究潜在对手的技术发展水平，采取“技术制衡”策略，防治核心技术卡脖子。在原始创新、技术预置、技术预警等方面，要有忧患意识，时刻保持预警状态，防止技术路线被颠覆，技术进步被抵消。

同时，关键核心技术关系到国家安全，关系到国计民生，中央企业需要在关键技术上做好保密工作，防止核心技术泄露、知识产权被侵犯，要做好人才建设工作，为科研人员营造宽松的创新环境，防止科技人才流失。

（六）探索技术创新的新路径

按照建设目标和特征属性区分，重大科技任务主要有三类：系统建设型、前沿探索型、能力建设型。

面向国家重大需求的“系统建设型”重大科技任务具有目标明确、边界清晰、功能确定的特征；所需经费投入可以提前使用工程估价的方法大致获得；一般可以利用系统工程方法，以逐层分解、线性推进的模式开发与制造；为了强化系统功能/性能、降低建设成本，追求子系统的模块化、标准化、功能互补，达成系统设计整体最优；各子模块之间紧密耦合，缺一不可；最终一般以“交钥匙”为任务完成标志，以系统功能与性能是否达标为评判标准，在系统交付的同时形成相应系统建设能力。

面向世界科技前沿的“前沿探索型”重大科技任务具有路径、方向尚不明确，探索周期长的特征；所需经费无法预先估算，依赖长期稳定投入；一般通过相互作用和激发的学术交流、学术批评、学术评论，推动基础研究不断向前发展；汇聚学者智慧、凝聚学术力量，促进跨学科知识交叉与融合、跨单位资源共享与合作是提升基础研究效率的有效手段；与产业距离较远，主要通过研究成果揭示重要规律创造价值，以获得学术共同体认可为评价标准，为相关领域重大科技创新提供源头供给。

面向经济主战场的“能力建设型”重大科技任务具有边界模糊、各主体独立演进发展、复杂性明显的特征；通常由多个独立的子项目组成，但子项目之间耦合性弱，对整体能力涌现的体系贡献率难以估量；可以用体系工程方法，通过构建创新生态体系的模式推进；为降低维护成本、保持稳定和提高涌现效能，追求创新主体的自治性、多样性、协同性；具有明确的产业化目标，单纯的技术突破和产品开发往往不能满足要求，需要形成“以用促研”的正向循环才能持续发展；体系建设随时间发展不断演进，没有起点也没有终点，以国家战略能力形成为评价标准。

面向“系统建设型”重大科技任务，我国已经形成了以钱学森、许国治为代表的具有中国特色的系统工程方法体系，在长期建设发展中取得了丰硕成果；面向“前沿探索型”重大科技任务，国际上也形成了一套基于大科学装置、学术平台和同行评议的成熟推进体系，我国在其中扮演的角色日益重要。然而，面向“能力建设型”重大科技任务，我们还没有成功经验可供参考借鉴，需要探索新的创新路径，拓展二次创新、推广混合所有制等措施，助力能力建设型任务体系化推进。

（七）为核心技术创新提供服务保障

中央企业助力创新型国家建设，需要加大科技创新平台建设投入力度、产品产业孵化培育投入力度，引入战略投资与风险资本、上市公司融资，探索多元化投入机制，形成多元化持续性的投入保障体系。成立专项基金，充分利用双创平台，挖掘更多具有市场前景的技术，吸引风险投资。推动核心技术向产业落地，形成以资本培育技术，以技术反哺资本的闭环生态。在关键核心方面，中央企业要勇于担当，要服务于核心技术“引进来”，引领制造装备、产品、服务等“走出去”，打造中国智造品牌。

（八）支撑国家科技战略决策

中央企业是党和国家最可信赖的力量，是坚决贯彻执行党中央决策部署的重要力量，是贯彻新发展理念、全面深化改革的重要力量，要坚决支撑国家科技战略决策，落实好国家科技相关政策文件，积极开展国家重要核心技术攻关，主动担纲国家级重大工程，在军事国防、电子信息、民品产业、医药卫生、重大基础设施建设领域当好国之栋梁，体现“家中长子”的责任担当。

三、中央企业推动创新型国家建设的能力特征

在创新体系演变的时代潮流中，不仅需要中小型创新企业、科研院所和高等院校发挥最敏感、最前沿的局部和点上的创新活力，更需要综合实力强、有战略担当的创新型领军企业在建设创新型国家中发挥引领作用。中央企业创新活动与其他创新主体存在较大区别，中央企业更加强调科技创新的国家性行为，更加强调科技创新的系统性行为，更加强调科技创新的协同性、集中力量办大事行为。

（一）在初衷上，以支撑国家重大战略需求为目标

不同于一般中小企业以实现经济利益为主要目标的科技创新活动，科技型央企创新既具有公共性，也具有使命性，需要面向国家战略需求、面向世界科技前沿、面向经济主战场，率先践行国家战略部署，在具有战略意义的关键技术上重点突破，成为实施创新驱动发展战略的排头兵，对人民生活水平、我国综合国力乃至世界格局产生深远影响。

（二）在范围上，主要面向关系国家安全和国民经济命脉的关键领域

不同于主要集中在应用型创新，追求对市场需求的回应以及利益最大化的民营企业创新，中央企业在军工、能源、电力、通信、交通等重要领域，承担着国家关键基础设施的建设、运行和保障任务，承担着关键核心技术和装备的研发、制造任务，是壮大综合国力、促进经济社会发展、保障和改善民生的重要力量。

（三）在能力上，代表国家成建制、成体系的创新布局

中央企业拥有优厚的创新资源，拥有代表国家成建制、成体系创新布局的优势，具体表现在：一是具有大批高素质科研人才，凝聚创新智力，充分激发创新活力；二是拥有众多国家级研发平台，为重大项目攻关提供试验环境；三是协同创新效应明显，具有分工合理、运转有序的研发体系，企业之间互相合作、优势互补、联合攻克关键技术的例子不胜枚举；四是采取产研结合模式，企业加强技术研发，设立产业孵化器助力科研成

果转化。

（四）在影响上，具有广泛的辐射带动作用

中央企业科技创新成果具有高度的正向外部性。所形成的技术溢出效应能引领整个行业的中小企业焕发新的活力，推动国民经济发展，促进产业转型升级。中央企业以市场需求为纽带，形成产、学、研相结合的研发环境，将对市场敏感、能快速落地应用的科研成果转化为满足市场需求的产品，通过市场纽带，带动中小企业创新发展。同时，中央企业的辐射带动作用体现在众多基础设施建设上，以高铁、5G 建设为例，中央企业集中力量建成全国高铁网络和更高速的移动通信网络，在带动区域经济协同发展，促进数字经济、物联网等新兴产业爆发中，发挥着重要作用。

四、中央企业推动创新型国家建设的主要模式

（一）承担国家重大科技任务

中央企业主动策划并积极承担国家科技重大专项，持续攻克关键核心技术，着力解决制约经济社会发展和事关国家安全的重大科技问题，研发具有国际竞争力的重大战略新产品，推动专项成果转化及产业化。党的十八大以来，中央企业积极发挥创新主体作用，依托自身科技创新能力和技术创新资源，积极承担国家科技计划任务。

2018 年中央企业牵头承担国家或省部级科技计划项目 4225 项，其中国家科技重大专项 334 项，国家自然科学基金 389 项，国家重点研发计划 696 项，省部级计划 2687 项。2018 年中央企业参与国家或省部级科技计划项目 1980 项，取得一大批自主创新成果，努力实现了从技术跟随向技术引领的跨越。在承担国家重大科技任务时，中央企业发挥主导和主力作用。

（二）搭建开放的科技创新平台

中央企业积累众多研究成果，用社会资本打造新业态，体现了创新担当，搭建双创基地、众创空间、科技条件和产业渠道保障等平台，在推动创新型国家建设中作出了突出贡献。

截至2018年底，中央企业积极推动研发平台建设，中央企业拥有国内研发机构总计3707个，同比增长11.9%。航天科工相继成立光量子技术及应用总体部等12个基础研发与工程应用机构；中铝集团组织申报“铝工业节能环保技术国家地方联合工程研究中心”获国家发展改革委批准；中交集团“长大桥梁建设施工技术交通行业重点实验室”荣获交通运输行业“十大创新平台”称号。中国电科发源的央企熠星大赛，已成为把最新创意落地的典范，熠星大赛第二届吸引了60多家社会资本投资产业，孵化出一大批产业公司。

（三）面向市场的自主科研活动

中央企业在履行好国家政治责任的同时，开展面向市场的创新活动，提升自身经营业绩，实现良好发展。

在原始创新等方面，采取预先布局策略，在关键核心技术领域找准赛道、自主研发。以存储器为例，国家大基金一期募资1200亿元，提前布局，大力发展集成电路研发和工艺，打造了长江存储等优质国内存储器龙头企业，其产品跻身世界一流。

在重大工程技术方面，采取引进消化吸收再创新策略，走出一条二次创新道路。典型代表是中国高铁建设，通过引入技术，消化吸收再次创新，高铁技术全球领先，与“一带一路”国家开展合作共建，将中国高铁的品牌推广到全世界。

（四）产业链上下游协同创新

没有协同创新，难以实现全产业链条全覆盖，协同创新是集中力量办大事的体现，是中央企业推动关键领域技术攻关的重要手段。中央企业不断加强合作，成立联合实验室，协同参与技术研发和创新，打造联合产业园，培养配套产业链，搭建技术交流平台，共同提升高端领域产品的研发能力，实现共同发展。

以集成电路产业为例，集成电路产业链包括设计、制造、封测、材料、装备，生产每个环节由不同的企业完成。上游芯片设计公司负责芯片的设计，设计好的芯片掩膜版图交由中游的晶圆厂进行制造，加工完成的晶圆交由下游的封装测试公司进行切割、封装和测试。在整个协同链条中，材料公司提供了曝光、清洗、掺杂、离子注入等材料，装备公司提供了从头至尾所需的仪器设备。

（五）通过资本运作获取创新资源

中央企业在技术创新过程中，广泛开展国际合作，促进了科技国际化。在技术优势国家独资或合建研发机构，合作开发产品或技术，吸引国外专家在企业长期稳定工作，与国外机构进行技术培训或研讨交流等活动，利用国外优势研发资源提高中央企业技术创新能力。

招商局集团所属中集集团通过并购海外公司的方式，分别在荷兰、美国、德国设立三家境外科研机构；东风公司 2013 年收购瑞典 T 公司 100% 股份，建立了东风公司首个海外研发基地；诺基亚贝尔通过中外合资模式，为获取全球创新资源、提高海外影响力打通了渠道；中国电科以中国—澳大利亚电子信息技术创新中心为国际化协同创新平台，建立覆盖国内外的科技创新基地，实现协作创新，孕育新技术。

五、影响中央企业发挥建设创新型国家作用的主要因素

（一）中央企业之间还没有沿产业链形成协同创新生态

任何一家有国际影响力的大型制造企业都有很多上下游的合作伙伴，美国、德国、日本的领军制造企业都非常重视把供应链上的众多企业建成一个协同运营和协同创新的生态系统。如，丰田一共有 248 家企业承包其业务工程，这 248 家企业又向 4000 多家中小企业二次转包，这 4000 多家企业就形成了以丰田为核心的企业生态系统。这个企业生态系统越繁荣，核心企业丰田就能够越好地实现持续发展。中央企业需要更加紧密地结合起来，沿产业链开展沟通合作，打造协同创新生态。

（二）知识产权保护力度还不够大

知识产权保护是科技创新体系的重要环节，党的十八大以来，党中央高度重视知识产权保护工作，专利行政执法办案量超过 7.6 万件，年均增长 48.6%。然而，我们也清醒地意识到，知识产权保护还面临一系列深层次的问题，保护力度严重不够，保护效果与社会期待相比还有一定差距，相关法律法规还不能很好地满足知识产权保护的需要，知识产权行政保护

手段不足、能力不强，行政保护与司法保护的衔接还不够紧密、协调、顺畅，知识产权维权依然面临着“举证难、周期长、成本高、赔偿低、效果差”等难题，影响着大众创业、万众创新的热情。

（三）市场化机制不足，人才流失比较严重

科技竞争的关键是人才的竞争。当前，中央企业高层次专业技术领军人才相对缺乏，部分专业领域缺乏行业带头人；中青年骨干力量流失严重，“进新人、走骨干”现象普遍存在；人才激励改革落实不到位，科技人员获得感不强，缺乏有效上升机制等。更为严峻的是高层次人才的引进难度显著加大，科技领域高端人才的虹吸效应相比以前更加明显。主要原因是市场化机制不足，科技创新活动限制较多、创新活力匮乏。面对日趋严重的竞争环境，构建吸引人才、用好人才、留住人才的有效机制成为中央企业的当务之急。

六、进一步推动中央企业建设创新型国家的措施建议

（一）构建多方协同创新生态

云计算、大数据、AI、5G、物联网等新一代信息技术发展日新月异，技术穿透带来了企业间关系的根本变化，企业间大规模协作成为可能，协作力量正在改变整个商业未来。

构建创新生态，需推进区域协同。党的十九大把区域协调发展战略列为七大战略之一，明确提出要“建立更加有效的区域协调发展新机制”。创新合作是区域协同发展的主流趋势，聚焦优势领域，避免低水平竞争，加强协作交流，避免无序竞争，推动区域合作向纵深拓展。

构建创新生态，需推进产业链协同。全球领军企业通过信息通信数字技术和运营技术融合，打造设备与产品、设备与设备、设备与应用系统之间互通互联互操作平台，充分挖掘大数据中蕴藏的巨大价值，实现数字化协同运营和数字化协同创新，在全球创新生态竞争中取得战略优势。

构建创新生态，需推进“政产学研用”协同。在前沿科技领域的创新中，美国采取国家出资、军方立项，引导国内企业、学校、科研机构积极参与模式，取得良好效果。构建创新生态，需要充分发挥企业的创新主体

作用，鼓励“政产学研用”深度融合与合作，促进人才、资金、信息、技术等创新要素自由流动，动员社会力量形成创新合力。

（二）优化科技人员激励机制

一是营造良好的法律政策环境。实行以增加知识价值为导向的分配政策，让科技人员以知识价值参与收入分配。深入落实促进科技成果转化法，加大成果转化收益分配力度，让科研人员成为科研的主体、成果转化的主体。

二是减轻科研人员负担。针对“帽子”多、“牌子”多、“检查”多，以及唯论文、唯职称、唯学历、唯奖项的现象，减轻科研人员负担，从政策制度上确保科研人员不为表格、报销、“帽子”、“牌子”等困扰。

三是加大科研人员激励。改进评价奖励方式，更加突出质量、绩效、贡献导向，鼓励企业进行混合所有制改革，鼓励科技人员持股，激励科技人员投身科研活动，通过科研实现人生价值。

（三）建立健全改革动力机制

国企改革在完成科学分类、产权改革、健全治理结构之后，迫切需要加强企业家队伍建设以及深化内部管理机制改革。鼓励建设一支有情怀、敢担当、懂经营、善管理的国有企业家队伍。健全约束机制，采取法律约束、聘用合同约束、媒体舆论监督约束，实现操作规范、公开透明。建立容错机制，创新需要打破常规、敢冒风险，要敢于试错、纠错，给予创新更大空间，充分发挥主观能动性，打破体制桎梏，释放创新活力。

（四）加快培育创新生产要素

全球化时代，通过自然形态区分的初级和一般生产要素可替代性强，高级和专业生产要素需要前期不断的投资和创新投入，是一个国家真正的竞争力所在。需要大力支持以知识和人才为代表的重要专业要素，重点建设一批具有国际水平的一流大学和科研院所，加大对于师资队伍的培养与建设，加快培育战略性新兴产业和高新技术产业，形成高新技术产业集群。

（五）科技创新制度创新并举

自主创新能力提升不仅包括技术能力提升，也包括制度能力的提升。应逐步加大研发资金投人和人力投人，通过制度设计，减少阻碍科技创新过程中各主体间联系的负面因素，增强中央企业自主创新能力。加速制度创新进程，实现创新管理体系从“集中化、垂直化”模式向“网络化、扁平化”模式转变，明确“制度服务科研”定位，充分提高激发企业创新动力。

（六）大力加强国际交流合作

大力加强国家交流合作，倡导科技国际化，在开放的条件下利用全球优势科技资源，有组织地开展国际科技合作研发活动。一是增加与科技先进国家之间的科技、人才交流，聘请海外优秀的专家人才为我国的科技建设服务；二是促进产业的技术创新和研发国际化，鼓励企业与国际一流的跨国公司组建跨国联盟，共同进行技术的研发与生产；三是在国际优势领域与科技前沿领域积极主导和参与国际合作，提升我国的科技影响力，实现科技的跨越式发展。

课题参与单位： 北京航天情报与信息研究所
中国钢研科技集团有限公司
中国物流集团有限公司
中国国新控股有限责任公司
中信改革发展研究基金会
上海诺基亚贝尔股份有限公司
课题组核心成员： 朱德成　李欣欣　刘　从　唐志强　邓彦伶
高　翔　张　雪　刘掌权　任仲林　任　钊
余小林　陈　浩　熊金武　张　雨　于　猛
编辑： 张　宇　陶　勇　罗　娅

中央企业现代供应链创新研究

南方电网能源发展研究院有限责任公司

党的十九大报告指出“在中高端消费、创新引领、绿色低碳、共享经济、现代供应链、人力资本服务等领域培育新增长点、形成新动能”，现代供应链发展正式上升为国家战略。中央企业作为国家战略的贯彻者和国民经济的支柱力量，面对当前国内外严峻复杂形势，迫切需要以供应链创新为抓手，加快建立完善现代供应链体系，助力经济高质量发展，加快建成具有全球竞争力的世界一流企业。根据中央企业智库联盟2019年重点课题研究工作安排，由南方电网能源发展研究院有限责任公司牵头，联合中国中车集团有限公司、北京纵横五洲管理咨询有限公司、中国交通建设集团有限公司和中国铁路物资集团有限公司，共同开展中央企业供应链创新研究，分工开展供应链管理综合评价、全球供应链体系建设路径、供应链金融绩效与风险评估、智慧供应链发展方向、绿色供应链管理模式专题研究。

课题组采用文献扎根法、实地调研、专家访谈法等深入研究，形成了1+5研究成果（1份总报告+5份专题报告）。首先，系统梳理供应链相关概念，明确当前供应链创新发展方向，为研究奠定理论基础。其次，深入分析华为、苹果、京东、西门子、美国通用电气（GE）等领先企业供应链创新实践，总结归纳领先企业供应链管理“精准的战略匹配、全球供应链布局、数字技术深入应用、持续评价改善、绿色发展、集成增值服务”六大趋势。再次，梳理现状发现，中央企业供应链存在理念尚未全面普及、体制机制制约较多、智能化水平较低、可持续发展停留在理念阶段等突出问题，同时在成本、技术、全球化、标准和信用体系等方面面临严峻挑战。最后，提出政策建议，建议国家层面研究制定现代供应链体系建设指导性文件，分类推动和监管各行业供应链创新；优化供应链创新发展政策环境，完善基础标准和行业信用体系；加强供应链配套资源保障，搭建产业供应链共享服务平台；组织中央企业制定企业供应链战略，全方位推进供应链创新。中央企业层面，建议构建符合中央企业自身特点和发展需要的供应链创新体系；加强供应链技术应用，提升供应链智慧化水平；为中央企业加快建设现代供应链提供有益参考，为国家部委制定供应链转型升级政策提供有效输入。

一、研究背景

（一）贯彻新发展理念、改变国际产业分工的必然要求

当今世界，随着国际分工不断深化和跨国公司在全球范围内配置资源，全球供应链体系不断扩展和创造价值。全球供应链能否在全球竞争中处于优势地位，已经成为衡量一国全球经济竞争力的一个重要指标。欧美国家已经将全球供应链竞争从企业微观层面提升为国家宏观战略层面。2012 年，美国政府颁布了《美国全球供应链国家安全战略》，谋求加强全球供应链建设，保障美国的经济繁荣，使美国始终走在世界的前列。德国、英国、法国、日本等国家均制定本国全球供应链战略，以取得大国间的平衡与优势。世界上发达国家凭借完善的供应链公共政策体系和资源保障，使得国家、产业、城市和企业供应链已经处于国际领先水平。供应链天然具有创新、协同、共赢、开放、绿色等特征，推进供应链创新，有利于加速产业融合、深化社会分工、提高集成创新能力，有利于建立供应链上下游企业合作共赢的协同发展机制，有利于建立覆盖设计、生产、流通、消费、回收等各环节的绿色产业体系，有利于促进供应链与产业链、价值链的融合与创新。通过供应链的牵引和驱动作用，努力摆脱我国在全球供应链中的中低端地位，在激烈的国际竞争中维护国家和民众利益，并最终实现追赶和超越。

（二）加快行业变革、推动供给侧结构性改革的重要抓手

当前我国经济已由高速增长阶段转向高质量发展阶段，迫切需要以发展现代供应链为抓手，发挥供应链创新助力供给侧结构性改革、促进资源优化配置、培育经济增长新动能方面的重要作用，推动经济社会发展实现质量变革、效率变革、动力变革，更好地满足人民日益增长的美好生活需要。供应链通过资源整合和流程优化，促进各行业跨界和协同发展，一是

有利于加强从生产到消费等各环节的有效对接，降低企业经营和交易成本，促进资源优化配置，促进供需精准匹配和产业转型升级，全面提高产品和服务质量，培育经济增长新动能。二是有利于减少经济发展对资源环境的影响，提升企业整体绿色水平，不断改善我国产品在国际市场上的品牌形象。三是有利于拓宽中小微企业的融资渠道，确保资金流向实体经济，共同构建企业互利共赢、和谐发展的良好局面。

（三）引领全球化、提升中央企业竞争力的有效载体

2019 年 11 月 12 日，中共中央政治局委员、国务院副总理刘鹤在国务院国有企业改革领导小组第三次会议上讲话，提出未来三年是关键的历史阶段，要落实好国有企业改革顶层设计，抓紧研究制定国有企业改革三年行动方案，明确改革的目标、时间表、路线图。同时，中央企业要从国家整体战略出发，按照建立中国特色现代国有企业制度的要求，聚焦解放和发展生产力，全面增强国有经济竞争力、创新力、控制力、影响力、抗风险能力。目前，中央企业普遍“大而不强”“体肥虚胖”，一些企业仍处于全球产业链“微笑曲线”中底端，既消耗了大量的资源能源，又给环境带来了巨大的破坏，最后在价值分配中又处于相对劣势。供应链组织模式具有全球设计、研发、采购、流通、销售等特征，开展供应链全球布局和先进供应链建设，既有利于中央企业积极稳妥“走出去”，推进“一带一路”倡议落地，也有利于提升中央企业的国际资源配置地位、引领全球行业技术发展、提升全球产业发展话语权和影响力，保障我国资源能源安全和产业安全，加快培育具有全球竞争力的世界一流企业。

供应链是随着贸易全球化、管理和技术创新加速而产生的适合经济发展的一种生产组织形态，在全球经济活动中得到广泛应用。当前，在经济、技术、环境和社会的综合驱动和约束下，供应链发展朝着智慧化、全球化、绿色化以及金融普惠化方向演进。供应链战略成为诸多世界一流企业核心竞争力的重要组成部分，中央企业有必要加强供应链研究，积极开展供应链创新，为进一步深化国有企业改革提供有效方法，为创建具有全球竞争力的世界一流企业提供有力支撑，为打赢“三大攻坚战”并持续“巩固战果”奠定坚实基础。

二、全球现代供应链最新发展趋势

（一）精准的战略匹配导向

国内外领先企业充分意识到供应链在产业价值链活动中战略引领、资源集聚、匹配供需、降本增效的重要作用，均制定了适合自身发展特点的前瞻性供应链战略，有力支撑企业总体战略目标，促进企业内外资源高效配置。在供应链战略制定方面，领先企业一般以文化理念为导向、以核心竞争力培育为目标、以可持续发展为远景布局供应链战略，进而指导企业供应链管理工作。在组织架构方面，领先企业设立集成的供应链组织结构，明确供应链管理责任主体，提升企业供应链管理效能，统筹协调供应链管理全面工作。在供应链绩效评价方面，领先企业构建供应链管理评价模型，实现供应链管理的闭环管控，推动企业供应链战略快速落地。

（二）深入的数字技术应用

第四次技术革命和产业变革为供应链升级注入全新动力，数字技术的快速发展驱动供应链管理模式创新，国内外领先企业积极应用数字技术探索实现智慧决策、数字运营、智能作业，加速企业数字化转型。数字技术赋能供应链管理，增加供应链透明度，从而增强信任、加强协同，驱动供应链降本增效。数字技术赋能智能运营，激发供应链活力与效率，及时的洞察客户需求与供应状况，从而更精准地实施从需求到供应、仓储、配送等一系列供应链运营，最终改善交付并降低运营成本。数字技术赋能智能作业，提升操作层面的自动化、智能化水平，减少人为参与，提升供应链可靠性，打造稳定可靠供应链。

（三）卓越的全球供应体系

国内外领先企业普遍实施多国寻源采购、建立全球供应商平台等积极融入全球供应链，依靠稳定、高效的全球供应链体系，充分整合全球人力、资本、知识、技术等要素资源，有效满足企业重要原材料、关键零部件、部分重要技术以及设计研发等资源需求，防范政治、法律、文化和信用等风险。建立以市场和客户为中心的全球供应链体系，拓展供应端和需求端的时间及空间范围，在全球市场为客户创造价值。在全球供应链体系设计上精益求精，努力做到流程简化、公开透明、协同高效，尤其是在细节的设计上，供应链管理均趋于成熟完善。建立科学的全球供应商管理平台，既能形成战略合作关系，又能有效、适度对供应商实施管控。

（四）领先的绿色发展理念

面对日益严峻的绿色贸易壁垒，国内外领先企业着手打造绿色供应链体系，通过创新资产全生命周期绿色管理模式，实现供应链可持续发展。例如苹果公司始终践行绿色发展理念，实施供应链端到端的"绿色旅程"。严格履行绿色伙伴管理，同时带动供应商绿色升级转型。升级改造绿色物流技术，优化供应链整体能效水平，不仅减少汽车行驶过程中排放的二氧化碳，还要减少材料制造、零件制造、工厂到经销店之间的运输中排放的碳排放。

（五）集成的价值增值服务

国内外领先企业以供应链作为价值创造的中心资源构建供应链共享服务平台，培育供应商、经销商、第三方物流企业、金融机构、监管机构乃至终端客户等共同参与的供应链生态圈，实现共创价值。积极稳妥发展供应链金融，赋能供应链企业发展，提升供应链整体效能。例如海尔建立虚实融合生态圈，实现前台与用户的交互平台与企业后台的供应链系统、营销系统、研发系统对接。

（六）持续的评价改善机制

国内外领先企业建立科学有效的供应链管理综合评价体系，能够及时诊断供应链管理成效，为企业改善供应链管理策略、优化资源配置提供有力支撑。整合供应链相关机构人力、技术和数据资源，可极大提高评价结果质量。建立供应商综合信息数据库，优化企业供应计划。

三、中央企业供应链存在的问题以及面临的挑战

（一）中央企业供应链存在的问题

1. 供应链理念尚未全面普及

供应链在2000年以后才从西方引入中国，绝大多数中央企业管理层对供应链仅是熟悉或比较熟悉，企业十分缺乏供应链专业人才。大多数中央

企业没有设置供应链管理部门，内部缺乏统一组织计划、采购、生产、销售等活动的专职部门，无法快速响应客户需求和市场变化。

2. 体制机制严重制约供应链创新

中央企业内部职能分割过细、层级过多、部门间协同难，供应链集成度和一体化水平较低，“金字塔”型组织架构和“片断化”业务流程难以满足供应链发展需要。限于招投标法等规定，中央企业无法与上下游企业建立紧密的战略合作关系，更难以同供应商共享数据、技术、人才等资源，缺少上下游协同创新。

3. 供应链智能化水平较低

信息系统和数字技术对供应链管理极为重要，但采用 ERP 或者同等水平信息系统的中央企业不足 50%①，仓储物流环节尤为突出，解决信息孤岛、标准不统一、数据不真实等问题已迫在眉睫。内部信息系统缺乏与上下游及外围系统之间的延伸和集成能力，严重影响企业间协同。

（二）中央企业供应链创新面临的挑战

1. 成本上升削弱供应链制造环节比较优势

洪群联等从要素成本、投资生产成本角度分析，我国土地、能源、税费等综合性生产成本快速上涨。到 2018 年，劳动年龄人口下降至 8.97 亿人，占总人口的 64.3%，从 2011 年劳动年龄人口达到峰值以来已连续第七年“双降”。上海普通工人基本工资为 495 美元/月，分别是吉隆坡的 1.15 倍、曼谷的 1.35 倍、新德里的 2.2 倍、河内的 3.19 倍、仰光的 6.97 倍。② 不仅在劳动力成本上高于东南亚、东欧等国家，在投资生产成本上也接近甚至超过美国等发达国家。

2. 全球供应链封闭性、歧视性、区域性加剧

近年来，发达国家正在将供应链合作模式由“全球模式”转型为“俱乐部模式”，成员要依据主导国需求有条件准入。如《全面且先进的跨太平洋伙伴关系协定》（CPTPP）在货物贸易、服务贸易、投资条款等方面具有明显排外性，原产地规则在促进成员国间一体化和形成完整供应链的同时，割裂了与非成员国的经贸联系。同时，发达国家实施再工业化战略

---

① 来源于 2018 年中央企业信息化对标报告。

② 来源于日本政府出资设立的贸易振兴机构调查数据。

引导全球供应链部分环节回归本地，美国单边主义和贸易保护主义行为，将持续加速全球供应链布局重新调整。

3. 标准体系和信用体系欠缺严重制约供应链发展

我国供应链标准缺失严重，节能降耗、信息化和工业化融合、电子商务、商贸物流等领域标准供给存在巨大缺口。我国主导制定的国际标准仅占国际标准总数的0.5%，且“标龄”高出美、德、英、日等发达国家1倍以上。现行国标、行标、地方标名称相同的达2000余项，交叉重复矛盾突出，且70%以上标准由政府主导，市场适应性较差。另外，我国社会诚信缺失和信用交易风险问题十分突出，公共信用机制与市场信用机制发展很不平衡，全国性信用建设法规尚未出台，社会信用体系建设步伐较慢。

四、中央企业现代供应链创新与建议

（一）国家层面对策建议

国家间竞争与合作正日益深化为全球供应链之间的竞争与合作，全球供应链能否在全球竞争中处于优势地位，已经成为衡量一国全球经济竞争力的一个重要标准。为提升中央企业供应链创新能力和国家经济竞争力，课题组提出以下建议。

1. 战略层面加强现代供应链体系建设

一是研究制定《中央企业现代供应链发展战略规划》等顶层设计内容。指导推动供应链发展战略实施，统筹推进供应链信用体系建设、标准体系建设、供应链风险应对等重大事项。推动成立国家现代供应链专家委员会，建设供应链研究院，为供应链领域重大政策制定提供智力支持。鼓励各地政府主管部门、相关行业协会和供应链核心企业参与，探索建设供应链科创研发中心，共同促进供应链创新发展。

二是把握发展趋势和目标，兼顾行业特点，明确“供应链+行业”发展路径。发展“供应链+农业”，打造现代农业供应链体系，并促进一二三产业融合发展。发展“供应链+制造业”，为制造业转型升级赋能，推动服务型制造业发展。发展“供应链+流通”，推动建立供应链综合服务平台，推进流通与生产深度融合。发展“供应链+政务”，形成高效、及时、公平公正的服务体系。发展“供应链+安全”，建立全球化过程中的防护墙。发展“供应链+X”，促进供应链与卫生、教育、文化、科技、公共设施、居民服务深度融合。

三是国家部委对于中央企业供应链业务宜分类管控。对于市场化程度高的中央企业宜开展战略型管控，让其充分参与市场竞争，应用国际先进理念和实践经验构建现代供应链体系，在保供应、降成本的基础上，充分运用供应链拓市场、促创新，加快培育全球竞争力；对于业务相对专一、竞争程度较弱、承担社会责任较重的中央企业，宜加强指导，发挥集约化、专业化、规模化效用，引入供应链思想提升内部管理、促进合规经营、履行社会责任，更好地发挥创新、协调、绿色、开放和共享的央企带动作用。

四是设计符合当前中央企业供应链发展现状、系统科学、突出重点且容易操作的评价指标体系。在国家层面，抓住供应链财务绩效、业务表现、成本控制、绿色与国际化布局等重要维度，针对中央企业共性，设计系统全面的中央企业供应链管理综合评价指标体系，定期评价中央企业供应链管理水平，为进一步制定供应链创新政策提供输入。在中央企业层面，应承接国家层面中央企业供应链管理综合评价指标体系，并结合自身发展战略及供应链建设重点，制定具有自身特色的评价指标体系，围绕供应链的响应速率、产品和服务质量、成本控制、风险应变能力等关注要素展开评价，及时掌握当前供应链管理现状，精准定位供应链改进方向。

五是健全体制机制和监管方式，加强供应链重要领域监管。建设供应链创新与应用的政府监管、公共服务和信息共享平台，建立行业指数、经济运行、社会预警等指标体系。对涉及重大民生领域的假冒伪劣问题，严格审查供应链关键环节。科学制定绿色供应链中企业的权责、保障措施和处罚条例，加强对在中国经营的跨国企业供应链环保监管，避免发达国家将污染严重的行业或供应链环节转移至中国。

2. 优化供应链创新发展政策环境

一是坚持发挥市场配置资源的决定性作用，针对供应链特点制定相应的政策措施。在金融、财税、人才等方面加大支持力度，吸引更多社会资本和金融资本支持供应链发展，减轻供应链企业税收负担，强化供应链管理人才培养培训，支持现代供应链健康发展，更好地发挥其功能作用。研究供应链服务企业在国民经济中的行业分类，理顺行业管理。符合条件的供应链相关企业被认定为国家高新技术企业后，可按规定享受相关优惠政策。符合外贸企业转型升级、服务外包相关政策条件的供应链服务企业，按现行规定享受相应政策支持。

二是在基础标准编制、行业信用体系建设、企业信息共享等方面进一步完善现代供应链发展环境。根据行业层级的标准化供应链结构模式，研究信息结构、指标口径、交换接口、数据交易、关键节点、采集方式以及信息安全等关键共性标准，为政府制定行业发展规划和政策提供依据，为企业提高管理水平和服务能力提供方向与参考，为供应链服务平台上的企业、资源、技术提供标准接口。建立严格的企业准入和退出机制，确保供应链上的企业生产高质量、高标准产品，带动行业形象和行业标准提升。鼓励行业建立信用标准体系，建立基于供应链的信用评价新机制，促进各类平台之间市场信用信息的互通共享。出台供应链金融扶持政策，鼓励金融机构、社会资本、保险资金、风险投资等支持现代供应链发展。加强供应链金融监管，形成风险可控、有序发展的供应链融资环境。

三是推动国家“十四五”绿色发展专项战略，做好绿色发展顶层设计。针对中央企业的行业特性和发展属性，制定中央企业贯彻落实《“十四五”绿色发展专项战略》的实施细则。加紧开展绿色供应链管理制度建设工作，出台绿色供应链管理相关办法，颁布中央企业推进绿色供应链环境管理的指导意见。推动绿色发展和绿色供应链管理融入中央企业战略规划，从源头（市场主体）推进绿色发展和绿色供应链管理，更多地履行央企社会责任。完善绿色供应链的法律法规，加强供应链企业在设计、生产、包装、物流、能源等各环节的绿色化、生态化发展。通过发挥现代供应链作用，实现整个供应链上企业的节能降耗，推动产业绿色转型。

四是以供应链思维应对重大国际贸易冲突，积极化解供应链风险。对于具有绝对或较大相对优势的供应链战略产品，应以其为基础培育龙头企业、支柱产业和完整供应链，严格把控产品出口规模，维护中国在相关产业领域的核心竞争力。对于供给相对薄弱的供应链战略产品，在从国外进口的同时，应加快研发可替代的产品或技术，补全、强化供应链短板环节，保障关键战略产品自主供给能力，避免受到外企或外国掣肘。对于供给能力明显不足、必须从国外进口的供应链战略产品，应进行完备的供应链尽职调查，审核供应链在国外所有环节的安全性、合法性和可持续性，并制定供应链中断风险应急预案。构建国家供应链风险预警系统，实时更新自然灾害、贸易冲突、经济危机等突发性内外部风险信息，加强对中国重要领域和关键环节的供应链外部风险评估和脆弱性分析，及时发布供应链风险预警。

3. 完善供应链配套基础资源保障

一是保障供应链物流服务的仓储用地。建议地方政府根据当地经济发展和人口增长情况，将物流仓储的用地规模、比例和布局纳入国民经济和社会发展规划、产业规划等，合理划定物流仓储用地比例红线和年度用地指标。严格制定落实缩减、迁移物流仓储用地的土地置换计划，定期复查土地实际用途、性质和地权转移情况，在符合条件的地区试点推行工业用地转物流仓储用地的性质变更。

二是加强供应链关键共性技术研发创新。支持企业联合高校、研究机构围绕供应链重点领域、关键技术、关键环节开展重点科研项目攻关。建立实验室、研究中心和博士后工作站，加快研究云计算、大数据、人工智能、区块链、物联网等适用于供应链情境的现代信息技术，推进供应链全周期智能化、可追溯和自动化。重点研发物联网电子元器件和新型绿色材料，降低无线射频电子标签、循环化标准物流等设备设施成本。鼓励供应链信用信息平台和信用评级机构利用现代信息技术收集信用数据，构建数据处理模型，形成企业的“供应链信用画像”。大力发展现代智能物流仓储，鼓励企业发展智能运输分拣、自动组装包装等业务，推广智能化、标准化程度高的自动化立体仓库。

三是搭建产业智慧供应链共享服务平台。选取重点发展方向的行业和头部企业，集成设计行业层级的标准化供应链结构，逐步形成包括产业、行业、企业三大层级，纵向衔接、横向协同的产业供应链物理体系。在此基础上，制定产业、行业、企业间的融合机制，综合运用新技术开发产业智慧供应链体系共享服务平台，实现基于产业、行业、企业不同层次需求的智慧供应链管理并逐步推广，最终形成企业供应链定位合理，行业、产业深度融合，信息资源畅通共享，供给、需求精准匹配，质量、效益持续提升，信用可溯、风险可控，大数据支撑、网络化共享、智能化协作的产业智慧供应链体系。

（二）中央企业对策建议

基于供应链和供应链管理核心要义，根据国内外领先企业实践经验，结合中央企业供应链管理现状，研究构建中央企业智慧供应链创新体系框架（如图1所示），该框架包括总体目标、主要方向、基本原则、建设布局和实施保障五个方面内容。

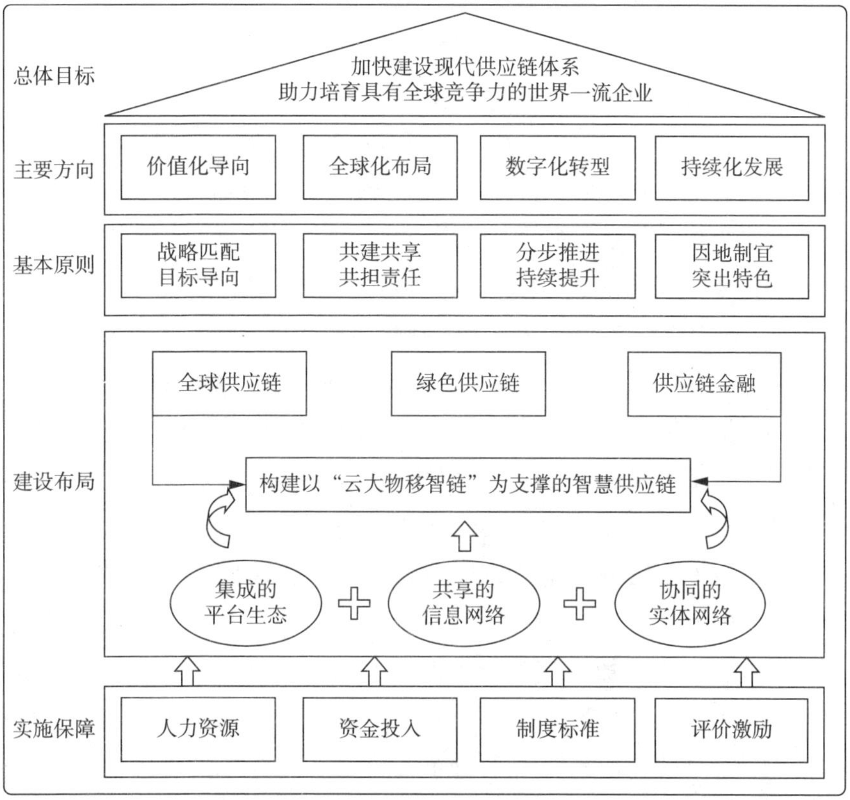

图 1　中央企业智慧供应链创新体系框架

企业作为现代供应链建设的主体，是促进产业链、供应链与价值链融合与创新发展的中坚力量。为助力中央企业建设现代供应链重塑竞争力，加快创建具有全球竞争力的世界一流企业，围绕提升供应链智慧化水平以及推进绿色供应链建设提出如下建议：

1. 加强供应链技术应用，提升供应链智慧化水平

一是加快数字技术应用，促进供应链智慧化决策。应用大数据、人工智能等技术驱动供应链采购决策、制造决策、运送决策到销售决策全过程智慧化。①加快完善企业管理信息系统和大数据应用，切实解决“信息孤岛”“数据沉没”等紧迫问题，为供应链决策智慧化打下基础；②通过大数据与模型工具进行结合，正确评估供应链运营中的成本、时间、质量、服务、碳排放和其他标准，实现设计、采购、制造、装配、销售和服务最佳匹配，实现供应链端到端协同最优；③以客户和市场为中心，推行以延

迟制造为核心的大规模定制化生产，结合客户的价值诉求，更加合理地安排业务活动，使企业不但能够根据顾客要求进行业务创新，还能提高企业应对顾客需求变化的能力。

二是加深信息技术应用，推动供应链可视化运营。加快实现供应链运营可视化，加强内外部信息合作共享。①充分运用互联网、物联网等信息技术，通过采集、传递、存储、分析、处理供应链中的订单、物流以及库存等相关信息，以图形化方式展现供应链管理要素，实现流程处理可视化、仓库可视化、物流可视化、追踪管理可视化以及应用可视化；②建立供应链信息共享机制，打破信息共享壁垒，使企业内部和上下游企业间充分利用内外部数据，提升整个供应链需求预测精准度、企业间协同度，为开展供应链金融、绿色供应链等高级价值创造打下基础。

2. 加快供应链管理变革，促进供应链生态化繁荣

一是建设供应链生态圈，促进供应链上下游联动。打造共建共享、共同进化的供应链生态系统，促进供应链长期繁荣发展。中央企业作为供应链核心企业，首先应加快搭建能够促进上下游企业协同合作的供应链平台，培育生生不息、繁荣发展的供应链生态圈，有效发挥整合需求、聚合资源、撮合交易的作用，与上下游企业紧密合作，共同提升价值创造能力；其次围绕降本增效、供需匹配、产业升级目标，建立供应链生态决策体系、服务体系、安全体系、评价体系和标准体系等管理体系，有效协调和整合自身、客户、上下游企业以及利益相关者四方的关系和行为，确保供应链生态可持续繁荣。

二是加快实现“四流合一”，推进供应链要素集成化。有效整合供应链运营要素，加快实现供应链商流、物流、信息流和资金流统一，使要素聚合的成本最低，价值最大。中央企业应发挥带头作用，促进上下游企业数据、计划、需求等信息流的充分共享，探索应用供应链管理库存（VMI）、联合管理库存（JMI）、联合计划、预测和补仓（CPFR）等先进的供应链管理技术，提升供应链透明度和协同性，共同为用户创造价值；同时积极扩展开放共享的供应链线上和线下平台，建立完善实体库存和配送网络，引入第三方物流平台、金融机构、技术服务机构等价值共创者，发挥供应链要素集成效用，让供应链成为促进经济社会发展的有效载体。

3. 发挥核心企业带头作用，推动产业供应链绿色转型

一是加强规划设计，提升绿色供应链战略高度。绿色供应链建设是个复杂的系统工程，需要对绿色供应链规划、设计、实施和评价开展闭环管理。①把绿色发展和绿色供应链管理融入中央企业内部战略规划中，从源头推进绿色发展和绿色供应链管理。②根据企业发展阶段和国家法律法规，制定具有操作性的绿色供应链发展规划，设置具体可衡量的绿色发展近期、中期和远期目标，并将完成情况纳入社会责任报告及时对外披露。③制定中央企业绿色供应链评价体系，从设计、采购、仓储、物流到生产、销售和回收明确环境影响，并量化评价指标，使绿色供应链管理可测量、可管理。

二是积极开展绿色供应链试点，发挥央企带头作用。积极开展绿色供应链试点建设，培育一批绿色供应链创新与应用示范企业，及时总结试点经验并加以推广。①扩大绿色供应链试点内容，设立生态农业与生态工业园试点、“碳足迹”管理试点等，制定明确的产品市场准入，对产品的包装使用严格管理，规定回收的废弃物和包装产品等制度。②加快中央企业碳排放权交易机制研究，及时建立中央企业碳排放权交易，发挥央企在贯彻国家区域发展战略与绿色融合发展的带头作用。③注重与国内外优秀企业的合作，学习借鉴苹果、华为、阿里等企业成熟做法，不仅要推动央企自身绿色发展，更要带动上下游企业践行绿色发展。

三是创新产品绿色管理，带动提升行业绿色水平。加强产品绿色研发设计，提升绿色竞争力，带动行业整体提升绿色管理水平。①创新模式，推进各环节绿色管理。在产品设计之初就要定下能效目标，将绿色融入产品最初的设计中。推行绿色标识和绿色采购，将绿色供应链打造成为央企的新亮点、新品牌以及新的市场竞争力。②发展绿色供应链技术，提升供应链能效水平。坚持长期效益思想，与整个产业链环节上下游企业构建合作机制，加大科技投入和技术攻关，提升供应链的能效。③灵活运用产业链的延伸、横向拓展、投资并购、国企混改等模式设计和丰富绿色供应链管理路径。发挥国有资本“放大”功能，撬动社会资本参与投资绿色环保行业，加快实现绿色发展。

四是加强国际合作，积融入国际绿色供应链标准体系。加强央企与生态环保社会组织之间的交流与合作，高标准完成央企自身绿色发展任务，提升中国绿色发展的国际形象。①推动绿色“一带一路”建设。以亚太绿

色供应链合作网络建设为契机，在“一带一路”等国际合作中大力推动绿色供应链的交流合作。②在国际贸易中全面引入绿色供应链管理理念。健全与国际贸易、投资规则相适应的绿色供应链管理制度，促进产业迈向中高端，全面提升我国产品、技术、标准、服务的供给水平，加快建立国际竞争优势。③实施央企“绿色丝路使者”计划，有效对接联合国2030年可持续发展目标、《巴黎协定》和2020年后生物多样性目标，借助亚洲太平洋经济合作组织（APEC）绿色供应链合作网络，破除绿色贸易壁垒。

4. 加强多维风险防控，积极开展全球供应链布局

一是积极稳妥“走出去”，在更大范围、更多形式、更深层次上参与国际合作。加快与“一带一路”沿线国家和主要贸易伙伴形成要素流动、标准兼容、资质认证等方面的合作机制；重点扩大与主要贸易伙伴“经认证的经营者”（AEO）互认范围。推动供应链安全领域国际合作，与贸易伙伴形成供应链安全联合声明，建立多渠道、多层次供应链安全体系，探索制定“供应链安全伙伴计划”“供应链自然灾害应对计划”等合作形式，协作处理潜在的供应链中断风险；积极参与全球供应链体系标准的建设，在数据、产品、指标、金融等环节引领供应链发展；探索与国际海关组织、国际海事组织、万国邮政联盟等国际组织合作，在海事、航运、邮政等领域建立长效的合作机制，共建跨区域甚至全球供应链。

二是开展全球供应链物理布局，提升国际化运作效率。物理布局要适应企业的国际化水平和国际化业务辐射区域，总体原则是缩短产品供应周期，同时提高客户服务水平。在全球范围布局供应链不同环节，高效配置全球资源，实现全球化的原料采购、生产加工和配送分销。提高中央企业进入海外市场和供应链的能力，减少与其他国家和地区企业的“零和博弈”、恶性竞争，形成高度协同、友好合作的供应链战略伙伴关系。加强对核心技术、重要原材料、核心部件、关键资源的掌控，并在全球市场加快营销网络建设，提升参与和引领全球供应链的主动权。构建供应链风险防控长效机制，加快建立供应链风险预警系统，实时监控供应中断风险，确保供应链安全。

课题参与单位：中国中车集团有限公司
中国交通建设集团有限公司

中国物流集团有限公司
北京纵横五洲管理咨询有限公司

课题组核心成员： 夏振来　邹儒懿　李于达　肖　谦　祁　辉
雷　兵　胡　勇　蔡文静　令文君　郭学敏
张增勇　邵　邦　王　波　陈　鹏　任仲林
王　静　刘志远　丁　晨

编辑： 李　兴　高　丹　罗　娅

增强中央企业产业链供应链自主可控能力研究

中国金属矿业经济研究院

2020年12月召开的中央经济工作会议明确提出要“增强产业链供应链自主可控能力”。虽然提升产业链供应链自主可控能力至关重要，但是要把所有重要产业链供应链的各个环节都把控在中央企业手中，是不现实也不合理的。因此，找准当前中央企业在提升产业链供应链自主可控方面的短板和真正意义上的“卡脖子”环节，明确提出有利于中央企业提升产业链自主可控能力的具有操作性的建议，对当前我国推进产业链供应链实现自主可控有着突出的现实意义。

一、增强中央企业产业链供应链自主可控能力的重要意义

（一）勇当现代产业链链长是党中央赋予中央企业的重要使命

当今世界百年未有之大变局加速演进，新冠肺炎疫情全球大流行使这个大变局加速变化。2020年以来，中央政治局会议频频强调产业链、供应链议题。从“保产业链供应链稳定”到“要提高产业链供应链稳定性和竞争力”，再到“增强产业链供应链自主可控能力”“提升产业链供应链现代化水平”。中央企业作为我们党执政兴国的重要支柱和依靠力量，牢记习近平总书记嘱托，坚定贯彻落实党中央决策部署，做到守土有责、守土担责、守土尽责。通过打造“链长”来实现高质量发展，有效增强产业链韧性，防范化解重大风险，稳定经济运行。

（二）增强产业链供应链自主可控能力是中央企业争当行业领军企业义不容辞的责任

当前在世纪疫情冲击下，外部环境更趋复杂严峻。消费和投资增长势头减弱，缺芯、缺电等问题导致供应链受阻。宏观经济是一个不可中断的连续进程，历史证明经济增长的大起大落往往会破坏生产要素和社会财富，在全球经济充满不确定的条件下，宏观稳定成为稀缺的资源。

（三）增强产业链供应链自主可控能力是推动中央企业实现高质量发展的必然选择

实现高质量发展是我国经济社会发展历史、实践和理论的统一，是开启全面建设社会主义现代化国家新征程、实现第二个百年奋斗目标的根本路径。对企业而言，高质量发展也是实现具有国际竞争力的世界一流企业目标的核心要义。要实现高质量发展，关键是要改变原有企业发展模式，从追求经营业绩“量”的增长变成追求国际竞争力“质”的增长。

二、当前中央企业产业链供应链自主可控能力情况分析

（一）中央企业作为各领域领军企业，在增强我国主要产业链供应链自主可控能力方面作出突出贡献

在上千个产业门类当中，中央企业虽然只集中在数十个产业，但所在领域均是国防军工、能源资源粮食供应、骨干网络、基础产业等关系国计民生和国家战略安全的关键领域。作为行业领军企业，中央企业一方面不断做强做优做大，成为代表中国产业参与国际竞争的一流知名企业，另一方面，发挥产业龙头牵引作用，带动产业链供应链上下游大量中小企业协同发展，大幅提升了我国产业链供应链的稳定性和竞争力。

（二）受限于各产业特点，不同类型的产业链中央企业自主可控水平差别较大

本课题组对金属矿业、化工产业、电网产业、集成电路、钢铁制造、轨道交通装备、油气管网、汽车产业、电力装备、工业母机、航天工业、信息技术、物流产业等13个产业领域的自主可控情况以及中央企业所具备的自

主可控能力进行了全面系统的梳理分析，并根据各课题组成员所掌握的情况对产业总体自主可控水平进行量化打分，打分结果及对应可控水平见表1。

表1　各产业自主可控水平打分及对应等级

产业领域	自主可控水平分数	对应等级
国家电网	8	较高
国家管网	8	较高
工业母机	3	较低
钢铁产业	6	中等
轨道交通装备	8	较高
航天工业	8	较高
信息产业	7	中等
电力装备	8	较高
化工产业	7	中等
物流产业	7	中等
汽车产业	5	较低
集成电路	5	较低
金属矿业	5	较低

结果呈现三个方面特征：

1. 坚持独立自主发展路线的产业自主可控水平明显高于利用引进国外技术的产业

坚持独立自主发展路线取得突出成就最有代表性的就是中国航天，从中国航天的发展历程和成功经验可以得出，技术门槛并不是影响产业链自主可控水平的决定性条件。我国很多产业链自主可控水平低，并不是因为技术研发能力跟不上，而是在于产业链本身的战略重要性、实行自主可控的必要性和多年来的发展方针。

2. 自然垄断的产业自主可控水平明显高于充分参与国际市场竞争的产业

在13个产业自主可控水平评价中，国家电网、国家管网和轨道交通的自主可控水平也同样较高。这一方面是因为这类产业多是国家垄断型产业，自主可控是国家赋予企业首要的使命和要求，另一方面是这类产业主要是基于国内市场，面临的国际竞争压力也要小很多。

3. 进入门槛较低的产业自主可控水平明显高于进入门槛较高的产业

在13个产业中，自主可控水平较低的产业除了汽车以外，还有工业母机、集成电路和金属矿业。这两大领域的共同特征就是进入门槛较高、国外行业巨头已经占有绝对的垄断优势，难以通过简单模仿或者跟随战略实现超越。

（三）芯片、基础软件、原材料等是目前产业自主可控水平的主要短板，也是未来中央企业的发力方向

在对 13 个产业整体进行打分的基础上，本课题组依托各课题单位对各自所处的产业链重点环节尤其是容易出现自主可控问题环节的自主可控水平进行了量化打分评价。打分结果见表 2。从不同产业的分数分布看，呈现出三个明显特征。

1. 不同产业虽然整体情况不同，但在部分环节有着较为明显的相似性

多数产业在核心技术、核心装备、信息网络等环节普遍打分较高，使得最终这三个环节的平均分高于 7 分，但在芯片等重要元件、基础软件及操作系统这两个软件领域分数普遍较低，平均分没有达到 5 分。

2. 硬件领域要明显好于软件领域

从表 2 可以看出，5 个硬件领域的平均分为 6.63，7 个软件领域的平均分为 6.11，硬件领域的平均分明显高于软件领域，而且硬件领域分数只有一项低于及格分 6 分，而软件领域有 3 项低于 6 分，占比接近 50%，充分说明我国工业在软件领域面临的自主可控问题更加突出，其中最具代表性的就是 2021 年出现的“缺芯”问题。

3. 芯片和基础软件是最为明显的“卡脖子”环节

在所有环节中，“芯片等重要配套部件”和“基础软件及操作系统”是唯一低于 5 分的两个环节。即便是自主可控总体分数最高的航天工业、国家电网、国家管网、轨道交通装备在智能化控制系统、芯片等重要元件以及基础软件及操作系统方面的分数都明显较低。这充分说明了芯片、智能化控制、基础软件已经成为我国工业整体发展的核心掣肘，是最具有共性的“卡脖子”环节，必须高度重视下大力气解决。

4. 原材料、关键零部件、高端产品材料是硬件领域的薄弱环节

根据数据显示，多数行业在硬件领域中的原材料、关键零部件、高端产品材料三个方面也明显薄弱，总体平均分均低于 6.5。这说明虽然我国主要产业在硬件领域普遍自主可控情况较好，但原材料、关键零部件、高端产品材料仍然是必须关注的重点领域，这也应该是未来中央企业重点发力的方向。

表 2　13 个产业各环节自主可控情况

自主可控涉及的主要环节	硬件领域					软件领域						
	上游资源及原材料	核心技术	核心装备	关键零部件	高端产品材料	智能化控制系统	芯片等重要元件	基础软件及操作系统	信息网络	维修、检测等工业化服务	产业标准体系	前瞻技术布局
国家电网	7	8	8	8	8	7	7	8	8	8	8	9
国家管网	8	8	8	7	7	6	6	6	8	7	8	8
工业母机	4	3	3	3	3	4	1	1	5	2	5	1
钢铁产业	4	8	7	6	3	5	2	2	5	7	5	6
轨道交通装备	8	9	9	9	8	9	7	6	9	9	9	8
航天工业	7	8	8	6	7	7	7	7	8	8	8	8
信息产业	5	9	8	6	7	5	4	8	8	7	7	6
电力装备	9	8	8	7	8	5	5	8	8	8	8	8
化工产业	5	6	7	7	5	5	5	4	8	8	8	7
物流产业	9	9	9	8	7	8	8	4	8	9	5	6
汽车产业	5	6	7	3	2	2	2	2	4	2	5	6
集成电路	8	6	5	5	5	5	5	4	7	7	6	7
金属矿业	5	8	7	7	5	7	4	4	5	7	6	6
各环节平均分	6.46	7.38	7.23	6.31	5.77	5.77	4.85	4.92	7.00	6.85	6.77	6.62

三、产业链供应链自主可控的标准、目标及路径研究

（一）明确产业链供应链自主可控内涵及衡量标准

1. 明确产业链供应链自主可控的概念范畴

产业链供应链自主可控可以从中观和微观两个层面，以及从被控以及控制两个方面来定义：

从不受控层面来说，产业中观层面的产业链自主可控是指，一个产业的各个环节，包括原料供应、主要零部件供应、主要装备、软件及相关服务支持等在内，使得该产业链最终提供的产品服务供应数量和质量受到严重影响；企业微观层面的供应链自主可控是指，多数企业的生产经营不会因上游产品、服务供应商、局部供应地区的产品或技术供应短缺，而陷入停摆状态。

从可控人的层面来说，企业微观层面的供应链自主可控是指，我国企业在产品或者服务方面具有绝对的垄断地位，可以通过在特殊时期停止向特定国家地区的企业停止提供相关产品和服务，给所在国家地区的下游企业经营造成严重影响。

2. 明确产业链供应链自主可控水平的衡量标准

根据上述定义可以推导得到，衡量产业链供应链自主不受控的标准本质上就是产业链某一环节的断供风险，衡量产业链供应链可控人的标准本质上就是我国在产业链某一环节的垄断能力。

不受控衡量标准：也就是断供风险指数。具体包括产业链上某个环节的由国外一个国家或者地区的供应垄断比例、全球其他地区供应的替代程度、国内类似产品可替代程度或者供应培育情况、运输通道的风险可控程度、国内相关产品储备情况及紧急供应能力等方面。

可控人衡量标准：也就是我国在某一个产业链的垄断供应指数。具体包括我国在产业链某个环节的垄断供应比例、国外其他地区的多元化替代程度、国外普通储备情况等方面。

（二）关于自主可控的三个重要结论

通过以上的定义和标准，可以发现产业链供应链独立自主可控所对应

的核心问题是断供和垄断，而不是国产甚至国有企业控制与非控制，但国产或者国有控制确实在某些领域可以发挥重要作用，能够形成三个结论。

1. 不是所有看似重要的产业都需要强调自主可控

从上文评价指标可以看出，需要强调自主可控的要么是断供风险指数高的，要么是垄断供应指数高的。作为目前全球各国中最欢迎全球化和最支持全球化分工的国家，我国绝不应该也不可能对所有重要产业都实现自给自足、自我循环，必须要留出巨大的市场空间给世界各国企业，以进一步稳固中国与世界各国的合作关系。

2. 国有企业甚至中央企业投资布局不是提升产业链供应链自主可控能力的唯一渠道

衡量断供风险的指标有多种，这意味着解决断供风险、提升产业安全方面的路径也有多种，根据安全保障水平可以分为三层：

第一层：实现全球供应区域多元化。也就是一种产品只要可以从多个国家进口，不会因为某个国家区域限制出口而造成大面积断供影响。这种方式是安全系数最低的一种实现方式。第二层：实现国内供应有效替代。也就是无论外资、民企还是国企，只要能在中国领土内生产相关产品，都能保障该产品不会出现断供。第三层：实现国产供应有效替代。也就是中国企业可以提供产品生产、配套技术并拥有相应完全的知识产权。

因此，实现自主可控的路径有很多种，提升国内企业的整体供应能力，培育国外其他地区的替代供应水平，甚至引进国外企业在中国国内设厂生产相关产品，都是解决断供风险的重要路径。

3. 涉及国家战略安全、经济安全甚至会形成自然垄断的领域应由国家资本掌控垄断

长期技术研发规律表明，任何一个颠覆性技术的研发突破，都需要前期大量的人力物力投入，甚至很多投入因为方向错判而不会有任何结果。因此，对于任何一个经济型组织，在确保技术突破不会外泄之前，是坚决不会进入风险非常高的原创性技术研发领域的。央企在关键战略性产业建立垄断地位，不仅使攻破行业的高技术领域和“卡脖子”环节变成了必须完成的政治责任，也变成了一种技术不会外泄的组织保障。

（三）根据各产业链特点，分类研究制定产业链供应链中央企业自主可控目标要求

我国有上千个产业门类，即便是按照产业链来划分，也有上百条产业链。即便是中央企业所在的几十条产业链中，各产业链情况也不尽相同，也不可能要求中央企业对所有产业链供应链都要具备自主可控能力。应根据产业特点对不同产业链供应链制定不同的自主可控目标。

对于断供风险指数较高的产业，比如集成电路、工业母机甚至金属矿业等某个环节、某个产品断供风险指数较高的产业，需要制定明确的自主可控目标，指定要求相关中央企业必须采取多种途径，降低海外单个区域企业的垄断程度，提高国内以及国外其他区域的替代供应程度，有效解决运输安全等问题，切实推动该环节的断供风险指数稳步下降。

对于断供风险指数不高、垄断供应指数也不高的产业，比如汽车、物流产业，则不需要对央企制定明确的自主可控目标，只需要求央企在自身能力范围内不断提升市场竞争力，尽量提升行业话语权。

对于垄断指数较高，或者垄断指数有望提升到较高水平的产业，比如部分资源品种和材料，我国已经占到全球80%以上的供应量，就应更加关注这种资源品种和材料产能的合理控制，制定明确的垄断目标。

（四）中央企业增强产业链供应链自主可控能力的主要方式——实施链长制

国务院国资委提出，中央企业要坚决当好现代产业链的链长。发挥中央企业投资规模大、辐射范围广、带动能力强的龙头牵引作用，着力增强产业链供应链自主可控能力。在补链上下更大功夫，着力突破一批关键核心技术，为产业基础高级化、产业链现代化提供更多“央企解决方案”。在强链上下更大功夫，立足优势领域，练就更多独门绝技，加强新型基础设施建设，推进数字产业化和产业数字化，更好赋能传统产业转型升级。在固链上下更大功夫，构建融合畅通的产业生态体系，形成一批各具特色的产业集群，推动上下游、产供销有效衔接、协调运转，把产业链关键环节留在国内。

1. 要求链长企业必须牢牢占据产业链价值链高端领域，也就是通常出现的“卡脖子”领域

中央企业之所以能成为产业链的链长，必须在产业链上有足够话语

权，这种话语权不是因为体量大，而是要能在产业链的关键领域具有较强的地位和话语权。这些关键领域，往往就是产业链最容易被“卡脖子”的环节。因此在中央企业推行链长制，本身就要求链长企业攻克自身产业链的关键“卡脖子”领域，在其中占有一席之地，补足短板问题。

2. 链长要发挥上下游引领作用，协调带领国内产业链各环节企业高质量发展

对于市场规模较小的元器件、配套服务、专用软件开发等环节，链长企业不需要通过进入投资布局保障该环节的自主可控，也不应该进入这些产业环节。可以通过扶持国内企业，或者通过战略合作或者股权合作等方式，吸引国外企业在中国配套建设相关产能，以最小投入、最佳方式解决全产业链各环节的自主可控问题。

四、关于提升中央企业产业链供应链自主可控能力的政策建议

（一）进一步加强顶层设计和政策引导

1. 强化政策统筹能力，推动优势领域产业转型升级

统筹谋划产业政策转型和创新发展顶层设计，强化优势领域布局，突出高端领域、高端能力、高端水平，优化产业生态，尽快在核心关键环节掌握自己的“一技之长”，形成关键领域有备份、优势领域能制衡的发展格局。

2. 继续完善财税金融政策，支持短板领域自主突破

坚持财税政策扶优扶强导向，巩固产业先发优势，创新金融支持政策，开展支持短板关键领域的定性扶持，聚焦国有企业，鼓励金融资本围绕战略新兴产业链“卡脖子”短板环节等定向加大创新研发支持力度。

3. 深化体制机制改革，加强科技创新成果转化激励

建立和完善职责明确的管理机构和业务组织体系，推进科技管理权限下放；研究编制专门的发展战略规划和行动计划，全面指导与改进成果转移与转化工作；建立健全成果转化法律法规，建立规范的成果转化程序和标准体系；完善鼓励创新创造的分配激励机制，落实科研成果转化的收益分配政策。

4. 引导和加强工业“四基”研究力度，利用国内外资源提升国内工业基础能力

建议国家持续支持有实力的国有企业加强关键基础材料、核心基础零部件（元器件）、先进基础工艺、产业技术基础开发和能力建设，组建共性技术、关键基础技术攻关联盟，集中力量推动共性技术的攻关突破。

5. 从提高创新链效能出发，注重国家科技战略力量的分工与协同

加强重要产业链需求与创新链支撑引领关系和机制的政策研究，明确大学、科研事业单位、行业院所转制科技型企业、大型企业、中小型企业在产业技术创新链中的功能定位，建立多层次融合创新体系。

6. 将海外资源能源开发列入国家整体对外战略

继续增强中央企业在石油、天然气、煤炭、化学矿等上游资源的布局，部分国内短缺的资源，需要增强对海外资源地的控制。将海外资源开发整体列入国家对外战略规划，统筹布局，例如将资源能源获取与我国对外援助相结合，一方面满足当地援建基础设施项目需要，另一方面提升国内资源能源自主可控保障水平。

7. 重视完善知识产权管理，全面实施知识产权战略

明确并落实各节点的知识产权要求，开展全过程管理；将知识产权与技术创新、市场开拓和品牌创造紧密结合，使知识产权工作贯穿于研发生产、销售和服务的全过程，全面提升知识产权创造、管理、保护和运用水平；积极促进技术专利化和专利标准化，出台知识产权转化激励指导意见，兑现发明人的奖酬，激发和转化应用原动力。

8. 积极编制国际标准，提升影响力和话语权

推动新兴战略产业等技术标准体系成为国际标准，提高我国在新能源等未来支柱型产业国际标准的话语权。推动形成融合技术、标准、成套产品的综合解决方案，带动产业链上下游积极“走出去”，在国际市场竞争中不断提升技术和产品实力。

（二）促进行业生态建设，最广泛聚合内外部力量

1. 实施产业基础再造工程，加强关键的核心技术攻关，布局建设一批国家制造业的创新中心

一是实施产业基础提升工程，支持企业实施重大关键核心技术攻关。紧盯关键零部件和共性技术、原材料、基础元器件、研发检测等辅助性工

业信息软件和装备等薄弱环节和关键短板，发挥举国体制优势，以国家重大工程、重大任务、国防军工重点型号需求为优先导向，组织开展核心技术攻关，在国家层面安排部署一批重大专项，从国有资本金中切块设立核心技术攻关专项，在解决企业研发资金投入方面给与更大力度支持。

二是兼顾自主创新与开放合作。部分关系国家安全命脉的产业，如航天、核工业领域，一方面要继续提升自力更生、自主研发攻关能力，主动把握技术更迭、体系重塑的重大机遇，超前布局关键前沿技术，开辟新赛道，抢占主导权。构建新的自主技术体系和发展路线；另一方面，也要秉持不断开放创新的新发展理念，建设军民协同、国家大协作条件下的自主和可持续发展的制造体系。

三是提高研发机构集中度，支持中央企业积极创建央企创新联合体。以企业创新联合体为支撑，牵头组织和承担国家重大专项、重点研发计划等，采用“业主主导、依托工程、产学研联合”等开放式创新模式，推进跨学科、跨领域、跨行业联合攻关。应尽快扭转原有国家级平台各自为战，建设统一的行业共性技术国家实验室，形成技术“拳头”，为快速提升全产业链整体技术创新能力提供全面支撑。

四是加强院所转制科技型中央企业创新人才队伍建设。一是解决央企招生计划控制和专业学位授予权问题；二是着力盘活用好现有核心骨干和研究团队，促使其全身心投入，专心致志搞科研；三是借鉴国内外科研机构和高等院校高层次人才培养和使用机制，对科技领军人才的退休年限放宽到65岁以上。

五是依托短板清单建立定期风险评估机制。在建立动态管理的产业链短板清单的基础上，按照短板清单各领域实际发展情况和轻重缓急，对短板关键领域建立动态档案，及时搜集应急性和长期性的产业链安全问题。定期开展风险评估，将重点领域作为年度技术经济安全评估的重点，由指定的评估主体对产业链供应链开展年度风险评估，研判风险等级，提出对策建议。

六是引导建立下游生产端与技术研发端之间的配合机制。基于产业链国际竞争力需要的战略性创新需求，应从链长企业为主的战略分析出发，生产企业与技术研发企业共同凝练科技攻关方向、领域，技术研发企业负责组织项目攻关；对于产业领跑技术创新，则应由技术研发企业为主开展技术预见活动，布局应用基础研究、前沿技术探索，着眼于长期发展需要。

2. 促进数字技术、数字经济与传统产业深度融合，加快产业链供应链数字化转型，打造具有更强创新力、更高附加值、更安全可靠的现代化产业链供应链

一是以智能化、物联网化为重点，确保产业发展始终站在全球数字产业链供应链前沿。统筹传统贸易物流设施改造和新型设施建设，加强立体化、自动化、无人化设备投入，实现产业链高效智能化和供应链全生命周期可视化，提升资金、产品、服务等资源的配置效率，降低社会综合成本，推动实体经济与智慧贸易物流业深度融合、创新发展，打造智慧产业生态圈。

二是开展先进制造业数字化模型专项工程，统一规范设计、制造上下游数字化模型的平台，实现上下游间的数字化贯通。大力推行集成产品开发方法，实现装备设计制造一体化，实现先进制造产业链的数字化、网络化和集成化。开展计算机辅助工艺过程设计技术的应用示范工程，加大对工艺路线、流程、方法及相关软件、工具的支持力度，充分发挥工艺在大规模制造系统中的枢纽作用，实现设计—工艺—制造的一体化集成。

三是探索优化数字化商业模式，构建数字化新业态，打造核心优势产品，持续优化产品体系。建立适应数字经济业务发展的新政策、新流程、新机制，以点带面，形成稳定商业形态；积极拥抱数字经济市场新需求，建立与之适应的新模式、新队伍；通过市场需求牵引谋划配置资源，不断提升关键基础产品和高端制造的供给能力、迭代能力和引领力；加强数字产业化，构建并持续优化核心产品体系，分链条、分类别、分阶段构建不同产品的产业模式。

四是加强超大规模产业网络数据开放共享。建议以铁路市场化改革为重点，加快推动铁路、公路、水运、航空、管道等数据互联互通、协调联动，加快推动企业物流信息系统、行业物流信息平台与政府公共信息平台数据共享；推进全国各区域、节点城市、交通枢纽、物流园区和产业园区的物流信息平台建设，推动硬件设施共建共用。

3. 优化区域产业链布局，推动产业集群化发展，提升产业链供应链能级

一是把握双循环新格局，协同内外市场体系。抢抓“推动大循环、畅通双循环”发展机遇，加快“引进来”和“走出去”步伐。从国内国际两个维度、线上线下两个路径，维系双循环的产业链供应链稳定运行。通

过延伸农业供应链、提升制造业价值链、创新商贸产业链，提升产业链供应链自主可控能力。

二是大力拓展中下游产业集群。在技术、环境、人才条件充分的地区发展各行业的大规模化工产业集群，在中游和下游的细分领域做到空间上集聚、产业链协同、供应链高效运作。在产业集群区域以领先企业特别是领先化工央企为龙头，拉动外周或产业链上下游一体化发展。对于短缺的资源或化工产品，宜推动发展可以替代或部分替代的技术路线。

三是终端行业促进“双循环”，用市场稳固产业链供应链。提升内循环以提高基础工业自主可控的关键是增强相关终端行业的制造能力，增强对国产化工品包括化工材料等基础工业品的消费信心和消费能力；提升外循环以提高基础工业自主可控的关键是伴随“走出去”战略拓展海外市场，通过“一带一路”、双边自贸区、多边自贸区等多种途径，更深层次地参与国际市场竞争。

四是加强海外物流市场政策研究，满足产业迈向全球价值链中高端需求。中央企业对内要把握经济高质量发展的时代要求和全面开放发展的大趋势，对外精准把握全球供应链体系重构的战略机遇，努力适应复杂多变的国际政治经济秩序，提升全球竞争力和话语权。针对沿线国家基础设施和大通道的联通建设提供全周期、全产业链的配套服务，积极部署沿线的重要区位节点，加速海外基础资源布局，逐步完善全球供应链基础网络，构建支持上下游国际化发展的产业链供应链体系。

（三）打造“一个产业链主+多个单项冠军”

1. 支持一级央企做强做优，培育一批具有生态主导力的产业链链主企业

一是强化各产业领域处于龙头地位的中央企业集团的既有优势，明确产业链链主企业地位，巩固核心产业掌控力度。继续支持各行业中的龙头央企强化对产业链供应链的控制能力，加速推进专业化整合，优化行业格局，从根本上减少重复投资和同质化竞争，提高产业集中度和企业核心竞争力。重点在国有资本金内，设置并购专项支持资金，强化国有资本对重点产业的支撑，扩大国有资本在核心领域、新兴领域的资本与产业覆盖面。

二是借力外方企业投资，充分利用国际融资渠道提高国际竞争力。对

于国内产业发展进度较国外相对落后的产业，一方面，需要加大对国外一流企业的投资吸引力度。另一方面，中央企业要加大投资并购力度，对优质的国内外资产进行整合，适度并购一些销售网络广泛、业务独具特色的国际一流企业，推动实体资源、科技水平、服务能力的迅速提升，提高国际竞争力，进一步达到固链强链的目的。

三是发挥链主单位的创新引领作用，建立上下游深度协同的创新生态。各主管部门应通过相关政策，鼓励和支撑各产业链链主企业汇聚创新资源，建立稳定创新链，进一步优化完善产业技术转化价值链的各个环节，重点加强从基础研究到产业化之间的工程转化能力。全面梳理“产学研”的创新机制，鼓励以大学为主的基础材料、基础理论的研究和初步应用，支持企业为主的商业化大规模应用转化，积极推动研制单位和应用单位的互动和融合发展。真正打通产、学、研、用之间的藩篱。

2. 支持中央企业培育一批“专精特新”企业和制造业单项冠军企业，加大国产替代产品推广和应用的政策支持力度

一是支持国有企业发挥规模优势、体制优势，孵化并培育一批核心技术能力突出、创新能力强的“小巨人”企业。通过政策帮助中央企业构建起优质企业梯度培育体系，树立专精特新“小巨人”培育扶持和示范引领标杆，鼓励央企集团内部构建大中小企业协同创新、融合发展的产业生态，推动形成大企业带动中小企业，中小企业为大企业注入活力的融通发展新格局，实现对保障产业链供应链自主可控应有的战略支撑作用。

二是联合制定国产装备推广应用目录，推动自主装备应用示范。系统梳理重点行业产业链自主可控现状，联合工业和信息化部、国家国防科工局等部门，制定工业母机、低碳冶金、半导体、新能源国产装备推广应用目录，在央企内部开展自主装备应用示范，加快推动国产化设备规模应用。发挥央企考核指挥棒作用，把自主装备示范应用投入按照一定比例认定为企业科技投入，并作为考核创新指标纳入考核。

三是鼓励积极使用国产化替代产品。鼓励国有企业带头加大自主零部件产品的应用，提升关键核心自主零部件产业化规模。针对已实现自主化、国产化研制，但没有实现批量应用，仍在进口的重要零部件，建议国家出台相关政策措施，鼓励和引导国产替代关键零部件的批量运用考核，为国产化替代产品创造条件；完善容错、试错机制，依托首台套保险等金融措施鼓励并保障自主产品的终端应用。

四是完善配套管理制度，拓宽技术装备渠道。对于生产周期长、研发难度大的关键设备和零部件，建议管理部门给予适当增加库存的政策支持，以应对技术封锁后短期内难以恢复供应的风险。对于国产化制造和修理的关键设备，需要长时间运行验证，存在提前下线维修的风险，应给予政策上的允许。广泛开展国内外技术和装备调研，寻求并开拓多方技术引进和装备进口渠道，或开源操作系统和数据库软件，提高技术服务和装备供应能力，有效降低技术封锁影响。

课题参与单位： 中国航天系统科学与工程研究院
北京航天情报与信息研究所
中国电子科技集团公司发展战略研究中心
国家管网集团科学技术研究总院
国网能源研究院有限公司
中国东方电气集团有限公司
鞍钢集团经济发展研究院
中国中化控股有限责任公司中国化工信息中心
中机生产力促进中心有限公司
中国中钢集团有限公司
中国钢研科技集团有限公司
中国中车集团有限公司
中国物流集团有限公司
大公国际资信评估有限公司
中国汽车技术研究中心有限公司
中信改革发展研究基金会

课题组核心成员： 金志峰　崔楠楠　郑宏军　李晓杰　徐天昊
李琳斐　周令君　丁　洁　李啸龙　杨　巍
刘轶男　王维斌　杨喜良　张　晨　张　玥
朱玉辉　刘　斌　邢　娜　丁　伟　罗亚敏
姜艳艳　李晶莹　聂军刚　蒋　宏　胡麒牧
蔡味东　茅益明　徐铭辰　田　钢　任仲林
王金霞　朱一方　杨祥璐　叶　瑛　王　臣

编辑： 张　宇　郑宏军　罗　娅

中央企业基于实践案例的碳达峰碳中和实现路径研究

中节能生态产品发展研究中心　电力规划设计总院

中央企业是国民经济的重要支柱和命脉，肩负着国民经济发展“顶梁柱”和“压舱石”的重大使命，在国家生态文明建设和绿色发展中，始终带头履行社会责任，勇担重担、率先垂范，其成功做法和经验对引领行业双碳目标实现具有重要的示范作用。在新形势下，中央企业要继续引领行业发展，承担国家赋予的重要战略使命，就必须深刻认识“碳达峰、碳中和”所带来的机遇和挑战，承担起“领头羊”和“先行者”角色，结合发展实际，先立后破，做到科学有序达峰，为实现碳中和奠基探路。

一、研究背景与意义

（一）研究背景

积极应对气候变化是全球大势所趋。近年来，全球变暖趋势愈演愈烈，极端天气频发，气候变化给人类生存环境带来的负面影响日益凸显，温室气体减排逐渐成为国际社会的共识。2015 年签署的《巴黎协定》是国际社会应对气候变化进程的里程碑，在该协议框架下，到 21 世纪中叶实现碳中和成为全球应对气候变化最根本的举措。

我国明确提出碳达峰碳中和目标。2020 年 9 月 22 日，习近平总书记在第 75 届联合国大会上发表重要讲话，提出我国将提高国家自主贡献力度，采取更加有力的政策和措施，二氧化碳排放力争于 2030 年前达到峰值，努力争取 2060 年前实现碳中和。习近平总书记的讲话，首次向全球明确了中国实现碳中和的时间表，是党中央、国务院统筹国际国内两个大局作出的重大战略决策，彰显了我国走绿色低碳发展道路的坚定决心，为世界各国携手应对全球性挑战、共同保护好地球家园贡献了中国智慧和中国方案，体现了我国主动承担应对气候变化国际责任、推动构建人类命运共同体的大国担当。

实现碳达峰碳中和央企要做表率。中央企业是国民经济的重要支柱和命脉。当前，“碳达峰、碳中和”行动正在逐渐掀起新一轮产业革命，中央企业要在新形势下谋生存求发展，继续引领行业发展，承担国家赋予的重要使命，就必须深刻认识“碳达峰、碳中和”所带来的机遇和挑战，不仅要寻求低碳发展之路，更要继续在行业中占据主导地位，在实现双碳目标上率先垂范，这既是中央企业生存发展之道，也是国家赋予的历史使命。

（二）研究意义

中央企业是贯彻党中央、国务院经济决策部署的先锋队和主力军，“碳达峰、碳中和”目标对于中央企业是一项艰巨的新任务，在实现路径上需要充分发挥中央企业的示范性作用，这既是责任的集中体现，也是制度优越性的重要表现。

有利于加速中央企业绿色转型。推动碳达峰、碳中和工作有利于推动企业绿色转型，促进绿色生产方式和生活方式的形成，增加产品绿色含量，助推行业高质量发展，提升企业竞争力；有利于推动行业从污染源头治理，增加产品的科技含量，实现碳减排与环境质量改善产生显著的协同增效作用。

有利于倒逼中央企业绿色技术创新。碳达峰碳中和目标一方面倒逼中央企业加快推进绿色低碳技术攻关和应用，瞄准世界先进水平，加强低碳、零碳、负碳重大科技攻关。另一方面，碳达峰碳中和目标将推动中央企业积极参与节能减排领域的国家实验室、重大科技创新平台建设，大力推进智能电网、储能、氢能、碳捕集等技术的研发应用。

有利于提高中央企业能源资源利用效率。碳达峰碳中和目标能够推动能源传统产业低碳改造升级，坚决遏制高能耗、高排放、低水平项目建设，发展壮大绿色低碳产业。推进企业能源资源利用效率提升，持续强化能耗“双控”，深化工业、建筑、交通运输等重要领域的节能建设，大力实施节能低碳技术改造，加强能效对标达标。

二、国内外知名企业碳达峰碳中和实践

（一）国际知名企业行动

国际石油公司的低碳转型。BP 在 2020 年 8 月宣布，未来十年 BP 油气产量将减少 40%，每年将投资多达 50 亿美元用于建设世界上最大的可再生能源业务之一。此外，更多科技公司开始进入油气行业，为石油公司开发用于追踪和计量碳排放的软件，加速推动石油公司向可持续商业模式转变。德国思爱普公司（SAP）、美国 Persefoni 公司等科技公司 2020 年推出了碳排放计量系统和碳足迹管理平台，帮助石油公司管理和减少碳足迹，提升碳排放透明度。与之相对应的是，尚未作出承诺的其他主要国际石油公司在应对气候变化方面受到的投资者压力也越来越大。

国际知名制造业企业的碳中和实践。戴姆勒于 2019 年提出，到 2022 年实现自身碳中和；相对于 2018 年，2030 年实现绝对减排 50%、产品碳足迹减排 42%。在戴姆勒公司提出的碳中和目标中，实现绝对减排的目标很值得关注，此外，在碳抵消方面，戴姆勒主要通过购买黄金标准减排权（GSCER）来进行抵消，同时通过购买绿证来抵消其用电产生的排放。雀巢计划优先推进其国际子品牌在 2022 年前实现碳中和，并在 2025 年实现全球水业务全品类的碳中和，其碳中和目标有两个较为明显的特征，一是更注重供应链的整体减排，二是侧重通过逐步实现旗下品牌碳中和的方式来实现整体的碳减排。

国际领军科技企业的碳中和路径。亚马逊公司 2019 年 9 月承诺，将在 2040 年实现碳中和，其全球设施中可再生能源使用比例计划在 2024 年达到 80%，2030 年达到 100%，其将投资 100 亿美元支持气候变化研究，并将采购 10 万辆电动卡车。谷歌已实现并保持碳中和运行，并于 2020 年表示不再为油气上游开采提供定制化人工智能（AI）服务，2022 年产品将使用回收材料。苹果公司 2020 年 7 月宣布计划于 2030 年实现全部产品碳中和，成为又一家自愿提升减排目标的科技巨头，其 75%的减排量将来自制造链，包括增加组件回收，提升能效并推动供应商使用可再生能源，剩余 25%减排量计划通过资助再造林等生态项目实现。

（二）对国内企业实施碳中和的启示

一是建立完善的碳排放数据统计及管理体系。完善的碳排放数据统计及管理体系是开展碳管理的基础，许多国外先进企业早在十多年前就完成了相关工作，对于需要实施碳中和的国内企业，要积极建立企业内部的碳管理体系，摸清企业的碳排放情况，并在条件允许的情况下，开发碳管理及碳中和相关软件系统。

二是建立符合公司特点的碳减排目标矩阵。一般企业除了碳中和目标以外，还会涉及对其他相关指标的设定。比如，实现碳中和目标可能意味着要同步实现100%清洁电力的使用及能效的提升。国内企业在设定碳中和目标时，可以根据自身的排放特点，从绝对减排、相对减排、清洁能源使用比例、供应链减排等多个维度提出一系列具有时间持续性和空间延展性的目标。

三是具有特点的减排措施。从国外先进企业的经验来看，企业并不需要面面俱到，但一定要有所长，比如苹果公司的自投新能源电力及微软的低碳航线等。企业可以在常规节能减排的基础上，选定一两个符合企业自身特点的减排路径，加大相关人力、物力的投入，做出亮点。

四是具有公信力的抵消方案。当前，绝大多数企业无法实现自身排放的完全抵消或移除，需要对外购买相应的环境权益。在进行权益购买时，企业需要考虑环境权益的类型、所在地、额外性的充分度等。同时，也要考虑相应环境权益与自身业务的契合度，如雀巢公司的碳排放主要来自农业和土地利用变化，所以其购买的环境权益多来自造林等方面。

五是开展具有传播性的社会活动。无论是从企业自身形象提升，还是从促进更多行业和上下游企业减排的角度来看，企业的碳中和计划都需要考虑到如何影响社会及利益相关者。所以，企业的碳中和目标及规划宜通过各种活动让尽可能多的人知晓，如发布碳中和规划报告、发起供应链减排活动、加入国际组织等。

（三）中央企业碳达峰碳中和工作基础

中央企业是中国经济社会发展的中流砥柱，也是应对气候变化的重要促进力量。长期以来，国务院国资委引导中央企业深入挖潜，提高能源利用效率，加大清洁能源使用比例。中央企业100%完成了碳排放权履约，纷纷开展节能诊断、能源审计和碳核查，陆续开始制定碳达峰、碳中和行动方案，制定峰值目标，探索碳中和路径，部分中央企业开展了碳捕集研究和技术储备。参与行业配额测算工作，构建节能减碳对标体系，积极参加国家碳交易市场建设相关工作。

面对应对气候变化工作的新形势、新情况、新任务，国务院国资委和中央企业始终坚持低碳发展导向，大力推进清洁能源低碳发展，不断优化产业结构，加快研发应用低碳技术，加强碳资产精细化管理，推进温室气体减排，应对气候变化工作取得显著成效。中央企业应对气候变化自主贡献水平约为50%，远高于国有企业、外资企业和民营企业。“十三五”时期中央企业的可比价万元产值综合能耗下降了17%，能效水平继续保持全国领先。二氧化硫、氮氧化物、化学需氧量、氨氮排放总量分别下降了30%、25%、35%和31%。截至2019年底，中央企业万元产值（收入）二氧化碳排放（可比价）较2015年下降13%，清洁能源发电装机容量约占全国清洁能源装机容量的60%。

三、中央企业碳达峰碳中和面临的挑战与机遇

（一）面临的挑战

一是中央企业碳排放总量大。中央企业是我国国民经济发展支柱，主要分布在涉及我国国计民生、国防安全等基础性行业，具有行业主导地位，总体能源消耗和碳排放量较大。

二是高耗能行业减排压力大。高耗能行业碳排放量占央企碳排放总量的七成以上，在承担经济发展的重责大任的同时实现双碳目标压力很大。要允许部分行业部分企业的碳达峰和碳中和时间略晚，也要鼓励有条件的部分企业提前达峰，最终目的是助力实现全国的碳达峰和碳中和。

三是低碳转型路径不够清晰。部分企业中长期规划仅关注产业项目带来的经济目标，在发展中考虑绿色低碳要求不足。许多企业虽已制定了明确的绿色发展目标，却因为对所在区位特点、区域产业发展状况、环境规制的现状、区域资源基础等因素认识不够清晰，不清楚如何实现目标，找不到适合自身绿色发展的路径，制约了低碳目标的实现。

（二）面临的机遇

一是低碳需求为中央企业创造重要的市场机遇。中央企业一直是节能减排技术、装备和工程建设的排头兵，在多个领域都有领先的技术水平，同时也具备开展技术攻关的资金实力，在碳捕集、碳封存等碳中和技术研发上也具备雄厚实力，这些都为中央企业创造了重要的市场机遇。

二是气候风险为中央企业带来新的融资机遇。中央企业一直是金融机构投资的优质主体。短期内，有项目储备的高评级企业、相对成熟的绿债品种和绿色金融改革创新试验区内企业较容易获得资金。长期看，减碳技术创新取得突破的企业更易成为金融机构关注的优质主体。

三是新型绿色贸易壁垒带来新的贸易机遇。近期，国际产业链价值链有走向区域化的趋势，“碳关税”作为一种新型绿色贸易壁垒，将对高碳产品形成限制和壁垒，具有较多境外项目的中央企业，如能在产品质量以及生产效率上取得优势，将具备与相关国家建立绿色产业链的新机遇。

四、中央企业实现碳达峰碳中和路径

（一）总体思路

以习近平新时代中国特色社会主义思想为指导，全面贯彻党的二十大精神，深入贯彻习近平生态文明思想，立足新发展阶段，完整、准确、全面贯彻新发展理念，构建新发展格局，坚持系统谋划、统筹推进，坚持节约优先、源头减碳，坚持创新驱动、科技引领，坚持立足实际、稳妥有序，处理好发展和减排、整体和局部、短期和中长期的关系，把碳达峰、碳中和纳入国资央企发展全局，着力推动能源供应系统零碳化，着力推动能源利用系统低碳化，着力推进科技创新，着力提高固碳和碳汇能力，全面建立中央企业绿色低碳循环发展的产业体系和清洁低碳安全高效的能源体系，推动中央企业实现绿色低碳转型和高质量发展，有力支撑国家如期实现碳达峰、碳中和。

（二）推动能源供应系统零碳化

1. 大力发展风电、太阳能发电

坚持集中式和分布式开发并重，按照“两个一体化”要求，统筹规划布局风电、太阳能发电项目，在保证发展质量和效益的前提下，全面加快发展风电和太阳能发电。一是推进风电、太阳能发电基地式、规模化开发，在西北部风光资源丰富地区，加快布局清洁能源基地，围绕已建、在建和规划的特高压外送通道，积极争取未明确开发主体的配套新能源项目。对配套电源中煤电比重大的外送基地，按照加大非化石能源电量比重的要求，争取国家和地方政府配套更多风光项目，积极争取外送项目开发权。二是推进中东南部地区集中式和分散式风电、分布式光伏项目开发，积极争取土地资源，充分利用废弃厂房、矿坑等闲置土地建设分布式光伏项目，因地制宜创新开展渔光互补、农光互补、山地光伏等“风光+”模式，推广建筑屋顶光伏，促进区域风光电项目就近上网、就地消纳，提高区域内新增电力需求自给比重。三是发展海上风电，进一步加大海上风电项目资源储备力度，根据政策条件和效益情况择优推进。实施海上风电引领战略，积极投资、运营或参股海外海上风电项目，积累海上风电开发运行经验。

2. 因地制宜推进水能、生物质能、地热能利用

一是统筹推动水电资源开发。加快金沙江上游、雅砻江中游、黄河上游大型水电项目开发，积极争取雅鲁藏布江下游水电资源，有序推进四川、西藏、新疆等地区中型流域水电开发。二是推动生物质资源就地利用，鼓励在有条件的地区建设适当规模的沼气工、生物质气化等生物质能发电项目，因地制宜发展生物质热电联产、生活垃圾焚烧热电联产、垃圾发电、中小型生物质锅炉项目等。三是推动地热能开发利用，因地制宜推进地热能综合利用项目试点示范，开展地热能高质量发展示范区建设，以点带面快速带动地热能开发利用规模化发展。

3. 推动氢能产业发展

结合我国氢能产业实际，统筹氢能产业布局、区域布局、技术布局，推动氢能和其他能源协同发展。聚焦推动氢能技术突破、产业示范、加氢站等基础设施建设，加大扶持政策出台力度，加快构建针对性强、协同性高的产业政策体系。要完善制氢、储运、加注等关键领域的标准规范，建立全产业链的评价检测体系，为氢能产业化发展提供有力支撑。

4. 建设清洁能源基地

一是与资源大省地方政府签订战略合作框架协议，共同开展清洁能源基地规划研究。聚焦内蒙古、青海、新疆、宁夏、山西、陕西等重点区域，打造一批千万千瓦级新能源基地。二是打造电网友好型清洁能源基地，实施“源网荷储”整体开发，建立“电源、电网、负荷、储能”整体

运营模式，积极推动“源网荷储一体化”示范项目。

（三）推动能源利用系统低碳化转型

1. 积极推动节能降碳改造

提高能效是减碳、降碳的重要手段，把节能优先贯穿到央企低碳发展的各个领域，实施重点领域节能降碳行动，推进产业绿色制造，提升建筑节能标准，加快形成绿色低碳的交通运输方式。完善能源消费总量和强度“双控”制度，严格控制能源消费强度，大力提升能源利用效率。积极布局负碳技术实现末端减碳，强化余热余压等余能利用，充分利用低品位废热，提升企业智能化水平，降低生产能耗，实施工艺系统节能降碳改造。

专栏1　节能降碳改造典型案例

中建材（合肥）新能源有限公司积极布局负碳技术实现末端减碳。公司以纯氧玻璃窑炉能产生浓度高达30%~40%二氧化碳烟道气为出发点，利用二氧化碳在吸附剂上吸附特性的差异以及吸附量随压力的变化而变化的特性，通过加压完成混合气体的分离，通过降压完成吸附剂的再生，从而实现混合气体的分离或提纯。在加压时吸附剂吸附混合气中的二氧化碳，未被吸附组分则通过吸附床层流出；当吸附二氧化碳接近饱和时，靠降压或抽真空把吸附的二氧化碳解吸富集起来，最终实现99.9%以上的液态二氧化碳产品。

上海宝钢节能环保技术有限公司强化余能利用。公司提出了工业余热梯级综合利用（RRUC）系统理论方法，开展了含尘含硫间歇波动典型中高温余热高效回收工序关键技术研究、系列低温余热利用先进技术研发，通过理论分析、实验模拟、模型开发、中试试验和应用示范验证形成一套综合考虑余热源头减量、高效回收、梯级利用、工艺耦合等关键环节的工业余热梯级综合利用理论方法与技术系统。采用此技术将总量巨大的工业余热回收利用率提高10个百分点，相当于减少全国年能耗总量的1%。

红河钢铁有限公司工艺流程优化改造。公司结合目前国内逐渐成熟的先进连铸—直轧工艺技术，对红钢炼钢—轧钢进行免加热直接轧制技术改造。采用该技术后，相比于现有加热炉加热的轧制工艺，可以降低二氧化碳排放8.38万吨/年。

2. 建设低碳园区

以实现园区节能低碳发展为目标，参考国内外先进地区的发展理念和发展模式，结合国家能源发展战略、低碳发展规划和产业政策等，按照能源利用清洁化、能源效率高效化、产业结构低碳化、产业链条循环化、基础设施集约化、节能创新体系化、节能服务专业化、节能管理智慧化、节能机制系统化等综合改造的主要思路，统筹规划园区空间布局，调整产业结构，优化资源配置，推进园区土地集约利用，大力推行清洁能源使用，推进企业间能量梯级利用、水资源循环利用，推进基础设施资源共享，形成低能耗、高能效、清洁化、碳减排的节能型产业体系，把园区改造成为“经济快速发展、能源高效利用、环境优美清洁、生态良性循环”的节能低碳园区，实现园区布局优化、能源清洁、节能高效、设施集约、智能智慧、低碳发展。

专栏 2　建设低碳园区典型案例

杭州能源与环境产业园低碳设计。秉承“绿建园区打造、绿色产业导入、绿色智慧运营”三位一体的园区特色，采用低碳理念进行超前的规划设计，旨在集聚节能环保产业，发展低碳经济，助推地方经济的转型升级。通过建设，自 2009 年建成 2 兆瓦屋顶光伏电站并网以来，已累计发电超过 1800 万度，折合节约标煤近 7000 吨，减少二氧化碳排放超过 12000 余吨；园区以乔灌木结合的方式进行复层绿化，绿地面积 52200 平方米，绿植每年实现碳汇量达到 1388.5 吨。

秦山核电“1+2+4”低碳战略布局。秦山核电“1+2+4”战略布局，指一个“新秦山”，即在现有秦山核电基础上再造一个“新秦山”，争取“十四五”期间一个新厂址落地，再造 6 台百万千瓦级核电机组。两个“零碳城”，即建设环石浦港零碳产业园和中国（海盐）零碳未来城，积极打造核能发电、集中供热、供汽制冷等零碳能源平台，吸引先进制造业集群，打造“零碳能源，绿色发展”的国家级高质量发展示范区。“四个基地”，一是建设“清洁能源示范基地”，开展光伏、风电、储能、供汽、供热等研究；二是建设“同位素生产基地”，带动同位素应用产业链发展，打造全国核技术应用产业示范基地；三是建设“核工业大数据基地”，推进数字化管理转型；四是建设“核电人才培养基地”，打造国内核电教育培训的引领者。

3. 推动清洁生产

将清洁生产贯穿生产过程的全生命周期，以生态工艺为目标改造传统落后工艺流程，淘汰高耗能高污染关键性设备，减少物料利用，降低废料产出，优先使用清洁原料，对各种物料严格分选、合格堆放，避免污染，推动水、气、固体污染物资源化、循环化、无害化利用，降低厂界环境噪声、振动及污染物排放，营造良好的职业卫生环境。清洁生产可实现节约资源、降低能耗和提质增效等多重目标，对推动减污降碳协同增效、加快形成绿色生产方式具有重要意义。

专栏3　推动清洁生产典型案例

中国石油长庆油田清洁生产项目。通过持续开展井站集气工艺技术攻关，优化形成“井组定压集气、站点油气分输、原油稳定脱气、轻烃集中回收、干气反供利用”工艺模式，采用“微生物+精细处理、大罐沉降+精细过滤”工艺对油田采出水及工业废水进行处理。依托数字化平台，推广应用能源管控系统，通过完善配套用电、用气计量装置，做到油田各系统能耗及重点设备能耗在线监测和指标预警，实现能源消耗的“定额、定量”管理。

中节能国祯环保“低碳化水务运营”双碳管理项目。公司通过加强水务运营生产过程控制规范化、成本控制精细化，广泛引入新工艺、新技术、新装备、新运营模式，大力运用自动化、数字化、信息化、智慧化等技术手段，形成了诸如“精确控制技术”“高效碳源利用技术”“高效泵站运维技术”“高能效风机评价运用技术”“智慧厂网运维系统”“电力系统能效管理平台”等水务运营实效技术，多措并举改进了工艺生产流程，优化了各类生产药剂的高效利用，对工艺生产重点用电设备进行了节能评估与改造，实现生产运营管理系统的升级，提升了污水处理系统的低碳化水平。

（四）推进能源系统技术创新

1. 构建新型电力系统

在传统电力系统的基础上，推动源网荷储一体化发展，促进可再生能源高比例开发和大规模消纳，构建绿色低碳、柔性灵活、互动融合、智能高效、安全稳定的新型电力系统，为实现碳达峰碳中和提供坚强支撑。在电源侧，建设新型“系统友好型”新能源电站，提供可靠支撑和调节能力，从源头上缓解新能源发电间歇性、波动性对电力系统带来的冲击；全面推进火电机组灵活性改造，深度挖掘煤电调峰潜力，因地制宜发展调峰气电项目，加快抽水蓄能电站建设；加快新型储能技术研发和应用，促进新型储能规模化多元化发展。在电网侧，提升存量跨省区输电通道利用率，稳步推进新建跨省区输电通道，依托多能互补外送模式逐步提升通道清洁能源输送占比，优化完善区域内电网主网架，加强各级电网协调发展高效衔接，适应高比例新能源稳定接入，增强配电网的分布式新能源接网能力。在负荷侧，引导用户错峰用电，积极发展电动汽车、电供暖等可中断负荷，大力提升需求侧响应能力，建立健全需求响应与非化石能源电力消纳协同机制，提升用户参与新能源消纳的积极性。通过在源、网、荷侧全面发力、多措并举，切实提升电力系统调节能力和保障能力，保障新能源大规模、高比例接入和消纳，维持“大电源、大电网”与“分布式系统”兼容互补的新形态电力系统安全稳定运行。

2. 构建智慧管理系统

新一代信息通信技术具有泛在感知、敏捷响应、自主学习、精准决策、动态优化等特点，已经深入应用到各行各业。在生产制造设备层面，通过迭代升级，提升制造设备单位作业量及作业精细度，可以实现能耗逐步降低，碳排放逐步减少；在制造工艺流程层面，可以对整个流程进行建模仿真，借助AI技术持续优化工艺流程，减少工序、提升工效，直接降低能耗及碳排放强度；在工序管理层面，可以对人员管理、运营管理等方面实现综合管控，结合先进技术，减少人为因素导致的过多作业，进一步降低冗余能耗及碳排放。5G+工业互联网对行业应用场景的深度开发，通过建设智能化平台，可以实现基于数字化自动化的端到端智慧工厂与智能控制、数据链接与运营管理、生产潜力优化与碳排放协调、数据分析驱动的预测性维护与质量预测分析。

3. 创新低碳技术应用

绿色低碳科技创新是实现“双碳”目标的关键驱动力，可从技术层面为实现低碳、零碳、负碳提供实践方法，稳步推进产业绿色低碳转型。对于央企来说，绿色低碳科技创新可推动绿色技术快速大规模应用和迭代升级。有效增加环保装备、低碳产品的供给，创新绿色服务和引导绿色消费，加强产业基础研究和完善产业技术创新体系。绿色低碳科技创新可有效促进产业绿色清洁化转型，提高资源利用效率，削减二氧化碳排放。

专栏4　创新低碳技术应用案例

中节能建筑节能有限公司热源塔热泵技术应用。公司应用热源塔热泵实现对建筑供热锅炉和常规空气源热泵的替代，大幅提高建筑综合能源利用效率和节省建筑能源费用。热源塔热泵采用电能驱动，冬季供热运行时，利用低冰点的溶液在热源塔与空气进行换热，溶液吸取空气中热量作为热泵的低位热源，并通过热泵提升实现供热。改用热源塔热泵可节能20%以上，减排20%以上，可节省运行费用30%以上。根据有关机构测算，如果热源塔热泵技术在我国南方十五省和直辖市的应用比例达到50%，每年可节约能源费300亿元以上，节约标煤1500万吨，减少化石燃料产生的碳排放4500万吨以上。

4. 推进储能技术示范应用

积极推动在可再生能源发电项目中规划配置电化学储能系统，改善电能消纳。储能能够显著提高风能、太阳能等可再生能源的消纳水平。在建设风能和太阳能电站时，要求配置一定比例的储能设备，从而改善风光电站的并网质量，促进清洁能源的消纳，并在加装储能系统的风能、太阳能电站项目上，给予投资方面的政策支持。开展前瞻性、系统性、战略性储能关键技术研发，推动关键材料、单元、模块、系统中短板技术攻关，加快实现核心技术自主化。坚持储能技术多元化，推动锂离子电池等相对成熟新型储能技术成本持续下降和商业化规模应用，实现压缩空气、液流电池等长时储能技术进入商业化发展初期，加快飞轮储能、钠离子电池等技术开展规模化试验示范，以需求为导向，探索开展氢储能及其他创新储能技术的研究和示范应用。

（五）提高固碳和碳汇能力

1. 充分利用陆地生态系统固碳

加快推进生态保护和修复重大工程。深入落实《全国重要生态系统保护和修复重大工程总体规划（2021—2035 年）》，统筹考虑生态系统的完整性、地理单元的连续性和经济社会发展的可持续性，优化国土空间布局，完善重大工程投入机制，实现生态系统固碳效能的最大化。在陆地生态系统，通过推进天然林资源保护、退耕还林还草、京津风沙源治理、防护林体系等重点生态工程建设，提升森林、草原、湿地的碳贮存和碳吸收能力。

科学推进大规模国土绿化行动。充分利用坡地、荒地、废弃矿山等国土空间开展绿化，努力增加森林、草原等植被资源总量。坚持数量与质量并重，在增加总量的同时，更加注重质量，实行集约经营、可持续经营，努力提高森林等生态系统的综合效益和整体功能。积极探索基于自然的解决方案，坚持因地制宜，在适宜人工林培育的地方，积极植树造林，恢复和重建生态系统；在适宜自然恢复的地方，充分借助大自然的力量，恢复林草植被；在需要人工促进自然恢复的地方，采取封山育林、围封禁牧等措施，人工促进自然恢复。

2. 加快发展碳捕集与封存技术

对于企业来讲，虽然碳捕集可以取得部分二氧化碳销售收入，但由于碳封存为一个长期连续的有投入、无收益的外部性问题，靠自身难于解决。因此，需要国家提供碳捕集和封存技术支撑和服务体系，包括对碳捕集和封存技术研究和开发予以资金支持，将国家征收的碳税用于大规模布局建设碳封存基地和输送网络，无偿收集企业捕集的二氧化碳等。这样才能为企业碳捕集和连续稳定生产免除后顾之忧，形成良性发展机制。

3. 积极发展海洋碳汇技术

保护好三大海岸带生态系统，增加海草床面积、海草覆盖度，营造和修复红树林，保护盐沼湿地等，坚持实施海洋碳汇工程，推动海洋生态保护和可持续发展。在海洋生态系统，依托海岸带生态保护和修复重大工程，重点保护和修复红树林、海草床等生态系统，增加海洋生态系统的碳贮存和碳吸收能力。

4. 加强供应链管理

围绕协同化、智慧化、标准化、绿色化，以“五统一”，即统一标准体系、统一物流服务、统一采购管理、统一信息采集、统一系统平台为主要手段，充分发挥链主企业的引导辐射作用、供应链服务商的管理作用，加快推动供应链各环节设备衔接、数据交互顺畅、资源协同共享，促进资源跨区域流动和合理配置，建设绿色供应链体系。

五、政策建议

（一）进行系统顶层设计

国务院国资委积极履行职责，配合相关部门抓紧研究制定相关规划方案和配套政策，出台中央企业落实国家碳达峰、碳中和相关部署要求的文件措施，督促各央企制定碳资产管理规章制度。成立碳达峰碳中和工作专班，指导中央企业编制各单位碳达峰碳中和实施方案，确定合理的中长期及分阶段目标，将定量目标和定性目标相结合，层层分解至最小管理单元。对能源需求类央企开展能源资源利用效率提升和终端电气化推广专项行动，对制造类央企开展原料替换专项行动，对民生类央企结合社会发展实际争取提前达峰。结合发展实际和行业特点，科学制定央企碳达峰时间表、路线图。行业内领先并具有科技创新能力的标杆企业率先实施碳中和行动，体现央企的责任担当，有效推动双碳目标的实现。

（二）构建绿色低碳体系

持续推动中央企业节能减排，优化能源结构，供给侧和需求侧同时发力，大力推进绿色低碳转型升级，持续降低单位产出能源资源消耗和二氧化碳排放。将节能减排与日常管理工作有机结合，建立健全科学、规范的节能减排组织管理、统计监测和考核奖惩体系，全面提高能源资源利用效率。全面推行清洁生产，促进原材料和废弃物源头减量，提升产业园区和产业集群循环化水平。推进工业绿色升级改造，鼓励建设厂房集约化、原料无害化、生产洁净化、废物资源化、能源低碳化、建材绿色化的绿色工厂。支持中央企业通过项目合作、产业共建、搭建联盟等市场化方式引领各类市场主体绿色低碳发展，优化产业链资源配置升级，构建绿色低碳供应链体系。

（三）抢抓技术策源机遇

开展前瞻性、颠覆性、突破性碳中和技术创新工程，以大型央企研究院所为依托，建设面向全球的技术创新试验基地。积极参与节能减排领域的国家实验室、重大科技创新平台建设，大力推进智能电网、储能、氢能、碳捕集等技术的研发应用。开发推广数字化系统，实现资源能源高效利用。支持清洁能源类央企开展大容量、高安全、低成本、高效率、长寿命的储能技术装备研发和应用。突破 P2X 技术和工艺路线。推进央企碳达峰碳中和科技创新路径研究，鼓励支持央企瞄准世界先进水平，支持减碳类（资源再生、垃圾处理、林业等）央企开展零碳、负碳技术研发，加强重大科技攻关，鼓励央企成为零碳、负碳技术策源地，引领带动绿色低碳技术的突破。

（四）创新内部体制机制

推动中央企业建立健全碳排放统计、监测和核查等技术规范体系，科学开展碳排放盘查工作，建立健全碳足迹评估体系，强化产品全生命周期碳排放精细化管理。稳步推进低碳发展的体制机制建立，推动央企建立完善碳资产管理体系，积极参与全国的用能权、碳排放权交易市场建设，依法开展碳排放的报告和信息披露。探索在央企内部设计公平、合理且可操作性强的用能权、碳排放、碳汇的定额、分配及交易机制，确定合理的内部定价。鼓励央企构建与碳达峰、碳中和相适应的投融资体系，开展绿色债券、绿色基金、绿色融资租赁、绿色保险等绿色金融产品和业务创新。建立激励机制，对提前实现碳达峰及碳中和的企业，以及有行业重大减碳、固碳技术突破的企业给予奖励。

（五）持续强化低碳引领

扩大中央企业绿色低碳产品和服务的有效供给，加速绿色低碳关键技术产品推广应用，强化产品全生命周期绿色管理，落实生产者责任延伸制。鼓励和推动绿色低碳产品和服务认证管理，鼓励企业发布绿色低碳产品名单。鼓励央企带头执行企业绿色采购指南，全面推行绿色低碳办公，倡导绿色低碳生活方式和消费模式。支持央企新建公共建筑全面执行绿色低碳建筑标准，既有公共建筑要加快节能改造。加强舆论宣传引导，组织节能宣传周和低碳日活动，开展央企低碳主题视频展览、拍摄故事/人物短片、知识科普和培训等系列活动，广泛开展低碳创新成果宣传和推广，引导树立绿色消费理念。

（六）加强国际合作交流

支持中央企业大力发展高质量、高技术、高附加值的绿色产品贸易，推动绿色低碳产品、服务和标准“走出去”，强化绿色低碳经贸、技术国际交流合作。深化与共建“一带一路”国家和地区在绿色基建、绿色能源、绿色金融、绿色技术等领域的合作，打造绿色、包容的“一带一路”合作伙伴关系。央企作为国家经济战略发展的主力军，要加强与各类国际组织、RCEP 框架下诸国、“一带一路”辐射国家的协作与技术交流，倾听国际上其他国家同行业企业在实现“碳达峰、碳中和”过程中的经验教训，取其精华为我所用；同时也要加强传播中国的声音，响应“引进来”和“走出去”发展战略，让世界了解中国绿色低碳发展的成绩和经验。预先研究碳税、碳关税动向和国家间合作机制，助力央企战略制定和调整。

课题参与单位： 中核战略规划研究总院有限公司
中国石油集团经济技术研究院
中国石化集团经济技术研究院有限公司
国网能源研究院有限公司
南方电网能源发展研究院有限责任公司
中国长江三峡集团有限公司战略与发展研究中心
国能经济技术研究院有限责任公司
中国东方电气集团有限公司
鞍钢集团有限公司经济发展研究院
中国宝武钢铁集团有限公司
中国铝业集团有限公司经济研究院
中国远洋海运集团有限公司研究咨询中心
中国航空集团有限公司
中国中化控股有限责任公司中国化工信息中心
中国建筑股份有限公司
中机生产力促进中心有限公司
中国国检测试控股集团股份有限公司
中国建材集团有限公司
中国华信邮电科技有限公司

课题组核心成员： 霍中和　逄锦福　夏淑貌　郑　甜　张佼阳　杜忠明　刘世宇　饶建业　徐东杰　张文俊　张　松　张　华　闫浩春　梁　霄　武　维　张　军　王明华　曲余玲　侯海云　黄　凯　朱浩骏　陈　晖　李昀霏　石洪宇　白培军　刘会纳　张海军　张　明　黄俊灵　王新宇　张　宇　夏　超　张　雪　林高平　韩　晶　杨　素　王　钰　王　营　聂军刚　宁奕芸　朱玉辉　刘　斌　王　华　张　硕

编辑： 茹丽洁　罗　娅

适应竞争中立规则的国资国企改革与监管思路研究

国网能源研究院有限公司

竞争中立（CompetitiveNeutrality，或译竞争中性）政策发轫于20世纪70年代以来部分发达国家的国企改革，并在欧美国家的推动下，向双边和多边规则过渡，目前已被越来越多的国家和地区认可。竞争中立的实质是对国有企业实行公司化、市场化治理，维护国有企业和私营企业公平竞争的市场环境，提高社会经济效率。竞争中立政策在多国的实践中存在类似的法律法规，亦存在一定的挑战。中国深化国资国企改革需明确国家所有权，提高公司治理的标准和要求，更加注重透明度，这既是完善社会主义市场经济的需要，也是中国参与国际竞争的需要。

竞争中立作为一项调整国内市场秩序的公共政策，旨在维护国有企业和非国有企业之间的公平竞争环境。在当前国际竞争态势下，竞争中立从国内法规政策向国际规则的转化呈现加速发展的态势，成为欧美国家维系国际规则主导权，遏制新兴市场经济体挑战的重要手段。

因此，竞争中立对国有企业造成的影响日益加深，竞争中立规则逐步成为我国国有企业改革面临的最重要外部压力和约束，是推进国有企业改革和经济体制改革迫切需要研究解决的关键问题。有必要研究在竞争中立规则下，如何更好地推进我国国有企业改革以及完善国资国企监管体制，做强做优做大国有资本和国有企业。

一、竞争中立规则的理论及实践

（一）竞争中立规则的实践

1. 澳大利亚

最早提出竞争中立原则的国家是澳大利亚。澳大利亚财政部1996年6月公布的《英联邦竞争中立政策声明》这样表述：竞争中立是指政府的商业活动不应凭借公共部门所有权而享有超越私营部门竞争者的竞争优势。实施竞争中立的政策安排，其目的在于改进竞争程序，以消除公有制在重要商业活动中造成的资源配置扭曲。如果竞争中立安排不到位，会发生资源配置扭曲，因为政府企业收取的价格并不需要充分反映资源成本，这就可能会扭曲生产和消费决策，扭曲私营部门竞争者的投资和其他决策。“澳版”的竞争中立强调三点：一是竞争中立并不要求政府将社会项目的供给重建为竞争性的市场机制，比如，竞争性招标、承包等；二是竞争中立并不要求政府在其商业活动中取消“社区服务的义务”（CSO），而是鼓励通过预算安排为社区服务提供透明和非歧视性的资金；三是竞争中立并不意味着国有企业在与私营企业竞争中无法取得成功，而是要求国有企业通过自身的优点和内在优势，不是凭借政府所有权带来的不公平优势而获得成功。

2. 美国

美国对竞争中立的表述历来体现在其反垄断法中，只是近些年在提交给经济合作与发展组织（OECD）的官方文件中对竞争中立进行了专门论述，并认为美国对竞争中立建立的只是“概念性原则”而已（2015）。在美国，私营企业之间的竞争是一种常态，因为它激励效率和创新，以具有竞争力的价格向消费者提供需要的商品和服务。从历史上看，美国政府直接参与商业活动的程度非常有限。国家根据紧急情况的需要对私营企业进行投资，并限制其范围和期限；美国政府尽量避免向国有企业提供与其政府或准政府相一致的特权，目的是为了避免不必要的市场扭曲和降低消费者福利。通常情况下，国有企业应与私营市场参与者保持相同的竞争标准。

3. 经济合作与发展组织（OECD）

OECD 界定的竞争中立是指国有企业和私营企业在公平的环境中竞争，目的在于有效利用经济资源，实现增长和发展，并认为竞争中立原则非常重要并应在世界各国获得广泛支持。其中，OECD 提出的衡量竞争中立的八个标准，具有较大的政策影响力。八个标准分别为竞争性业务与非竞争性业务的结构性分离、确定国有企业履行特殊职责的直接成本、获得商业回报率、履行公共服务义务、税收中立、监管中立、债务中立和直接补贴、公共采购。

4. 其他国际经贸协议中关于竞争中立的规定

除经济合作与发展组织外，跨太平洋伙伴关系协定（Trans Pacific Partnership Agreement，TPP）是迄今为止对国企规定最为详细的多边自由贸易协定，其精神实质与竞争中立原则一脉相承。

TPP 有关国有企业一章关于“商业考虑和非歧视性对待”中，规定禁止对国企提高非商业性资助，具体包括：赠款或债务豁免；贷款、担保或其他形式的融资方面获得优惠条件；获得公共服务的条件比市场其他企业优惠等。在国有企业信息透明的条款中，要求 TPP 成员国政府间交换有关国有企业的全部信息，包括政府所有权和控制政策，以及相关优惠措施等内容。为了落实非歧视政策，TPP 要求缔约国设立政府间争端解决机制，跨太平洋伙伴关系协定对国有企业公平竞争的约束范围扩展到国有企业的服务贸易领域和在境外的全部经营活动。

2017 年 11 月 11 日，TPP 改组为“全面与进步跨太平洋伙伴关系协定”（CPTPP），并于 2018 年 12 月 30 日正式生效。CPTPP 完整地保留了原有 TPP 中“政府采购章节”（规定向外国投标人同等开放政府采购合同）以及“国有企业章节”，主要体现在限制成员国政府补贴国有企业以及限制成员国政府干预市场方面的规定，这是“国企条款”首次被纳入国际贸易协议。该条款规定了成员国在国有企业方面应遵守的三个基本原则：非歧视和商业考虑，禁止对国企提供非商业资助；监管者和法庭平等对待所有企业；提高信息透明度。

另外，《美国—墨西哥—加拿大协定》（*The United States-Mexico-Canada Agreement*，USMCA，2018 年 12 月 2 日）中的第 32 条款（又称“毒丸”条款）规定，“一缔约方与非市场国家签订自由贸易协定将允许其他缔约方在六个月的通知下终止本协定”。“毒丸”条款实际上赋予了华盛顿对加拿大、墨西哥与其他国家签订的自贸协定否决权。时任美国商务部长罗斯表示，美、墨、加协定条款将进一步在与日本、欧盟等国家和地区的贸易协定中推广。“毒丸”条款是美国试图削弱中国在全球贸易和产业供应链地位的重要一步。

（二）实践中竞争中立规则的核心内容

总体来看，实践中各国贯彻竞争中立规则的核心内容主要包括以下三个方面：

一是规范国家行使国有资产所有权。任何一个国家管理和运营国有企业，都面临着国家所有权行使的挑战，即如何在积极地行使国家所有权职能的同时，避免对公司管理进行不适当的干预。OECD 在总结最近 10 年成员国管理国有企业经验的基础上推出修订版《OECD 国有企业公司治理指引》，建议“国家应该作为一个知情的和积极的所有者行事，通过制定所有权政策，确保国有企业的治理具有专业性和有效性，并以透明和问责的方式实施”。各国的实践表明，将国家所有权与政府的监管职能分开并不是一件简单容易的事。为此，OECD 的建议是，国家应通过一个集中化的所有权实体来行使所有权职能，并且，通过制定国家所有权政策约束政府对国有企业的监管行为。

二是要求国有企业建立现代企业制度，不断提高公司治理水平。各国政府要实现竞争中立会面临的一个重要问题是，政府企业的公司化以及将商业化和非商业化国有企业分别对待。在过去数十年的发展过程中，大多数 OECD 组织国家在选择政府企业运作模式方面，经历了由政府部门到法定公司、股份公司以及上市公司的发展过程。这一转变有助于强化国有企业问责机制，抵制可能阻碍竞争中立的政府干预。当国家是控股股东时，国家就处在一个特殊的位置上，可以不经其他股东同意而提名和选举董事会成员。为了减少利益冲突，有些国家（如挪威）规定，不允许政府官员进入国有企业董事会，其目的是彻底杜绝政府直接干预国有企业经营管理的可能性。

三是要求国有企业经营管理公开透明。公开透明有助于对国有企业管理和运营的监督和约束，也是营造公平竞争环境的基础。政府通过每年公布国家所有权政策，让人们对所有权管理机构设定的监管目标及手段、国有企业有哪些受托责任、是否实现既定经营目标等都有清晰的了解。在微观层面，考虑到国有企业的公共性质，《OECD 国有企业公司治理指引》建议应对国有企业有更高的信息披露和透明度的要求。大型国有企业或上市国有企业应按照国际标准披露财务和非财务信息，尤其对国有企业收到政府的财务支持和担保应有详细说明。

（三）竞争中立规则在实践中面临的挑战

竞争中立作为一个市场理念得到许多国家认同，但并不意味着实现竞争中立的目标会一帆风顺。竞争中立面临的核心挑战是，国家所有制与市场经济能不能兼容或在多大程度上兼容的问题。不同国家通过不同方式来解决竞争中立问题，比如竞争、税务、监管和公共采购等政策组合。有些国家尚无法建立完善的竞争中立框架，选择性地做出承诺。在有些领域，如投诉处理和实施机制，仍存在不同的理解和争议。从近些年来有关国家实施竞争中立规则的实践看，所遇到的阻碍和挑战主要来自三个方面。

一是如何合理界定国家所有权范围。由于国家通常在商业运作中同时扮演市场调节者和企业所有者的角色，这种既是“裁判员”又是“运动员”的利益冲突，容易造成市场不公平竞争。因此如何将国家（政府）的所有权职能和市场监管职能有效分离，并使政府在行使其监管权力时不对市场竞争规则造成损害，是竞争中立规则需要解决的主要问题之一。

二是政府如何正确行使国有产权所有者权利。国家所有权总是有复杂的、模糊的或矛盾的目标，完善目标设定制度是成为合格所有者的第一步。一种有效方式是制定国有股东的所有权政策，保持公共沟通的有效方式，能使国有企业、市场和公众了解国家作为所有者的战略目标和长期承诺。一些国家如澳大利亚、英国、德国要求国会或相关专业委员会对政府所有权政策进行定期审查和评估。定期审查的好处是使政府机构重新考虑国有企业的运作形式，必要时对国有企业进行私有化。在评估过程中，政府不仅需要证明股权份额变动的理由是否充分，而且要证明持续持有国有企业所有权是符合公众利益的。

三是如何明确界定国有企业所承担的公共服务职责和其他特殊职责。对不同的职责进行合理界定，评价其成本，从而促使其以透明的方式运行，这是确保国有企业与私营企业公平竞争的关键所在。因为承担这些职责的成本可能很高，而且有时隐藏很深。“特殊职责”总是会对国有企业的经营业绩和面临的风险产生重大影响，对这些职责进行清楚的范围界定和成本核算，是一个艰巨的工作。

二、竞争中立规则对我国国有企业的影响

（一）我国竞争中立规则引入历程

与发达国家相比，我国引入和使用竞争中立概念较晚。2017 年 1 月国务院发布的《“十三五”市场监管规划》首次使用这个概念，文中提出要

充分尊重市场，充分发挥市场的力量，实行竞争中立制度，旨在避免对市场机制的扭曲，影响资源优化配置，把竞争政策贯穿经济发展的全过程，推动中国经济转型和体制完善。2018 年 10 月在 G30 国际银行业研讨会上，中国人民银行主要领导再次使用了这个概念：为解决中国经济中存在的结构性问题，我们将加快国内改革和对外开放，加强执行产权保护，并考虑以竞争中立原则对待国有企业。2018 年 12 月 24 日召开的国务院常务会议要求在招投标、用地等方面，要“按照竞争中立原则”对各类所有制企业和大中型企业一视同仁。2019 年 3 月，竞争中立原则首次写入《政府工作报告》。

在过去两年多里，竞争中立这个概念如此高频率地出现在领导人讲话和重要文件中，充分说明竞争中立是“市场在资源配置中起决定性作用”的一个标尺，旨在衡量市场在经济体制中的作用。竞争中立将作为制定经济体制改革政策的一个导向，成为准确把握市场化改革方向、不断推进垄断行业改革、坚决破除传统体制和传统管理模式束缚的一个工具。

（二）竞争中立规则对我国的影响

目前，竞争中立规则已进入多边投资协定的谈判。发达国家借助其在国际舞台的影响力，制定出一套其意图推行的目标规则，并通过双边和多边途径推动其他国家接受该目标规则，直至其成为普遍接受的国际硬法规则。竞争中立是发达国家国际法“造法”过程中的又一新例。在美欧等联手推动下，竞争中立规则将迅速传导至全球，对我国产生较大影响。

竞争中立规则对我国的总体影响主要体现在对我国国有企业国际化经营、我国参与全球贸易自由化以及参与全球经济治理产生影响三个方面。

一是为我国国有企业国际化经营设置障碍。中国经济的迅猛发展离不开国有企业“走出去”的巨大贡献。近年来，美国不断以“国家安全”等理由否决我国国有企业参与涉美企业并购投资，严重影响了国有企业在美国的合理经营及业务拓展。随着国有企业法人治理结构和信息披露的完善，“国家安全”已不能再继续成为美国政府的“挡箭牌”，而竞争中立恰可以成为美国政府审查和阻碍我国国有企业进入美国市场的新说辞。美版竞争中立规则以维护公平竞争环境为名，对国有企业的市场准入施加多重限制，将为我国国有企业的跨国经营增加管理成本及合规成本，削弱其在国际市场的竞争力。

二是增加我国参与区域贸易自由化的难度。经济全球化与区域一体化已成为世界经济的两大发展趋势。WTO 多哈回合谈判的停滞使得世界各国纷纷寻求贸易自由化的新型制度安排，TPP、区域全面经济伙伴关系协定（RCEP）、跨大西洋贸易与投资伙伴关系协定（TTIP）等层出不穷的地区及跨区域自由贸易区成为过去几年国际贸易安排的新亮点。作为世界第二大经济体，我国在世界贸易产业链中占据重要的地位，也积极参与国际贸易自由化的发展，谋划自身战略。以竞争中立规则为代表的新一代横向议题为我国参与区域自由贸易安排及国际贸易新规则的确立增加了难度。

三是向我国参与全球经济治理提出更多挑战。近些年来，以中国、印度、巴西等为代表的新兴经济体迅速崛起，随着自身实力的提升，新兴经济体希望能以更积极的姿态加入到全球治理的进程中。但随着多哈回合陷入僵局，国际经贸规则面临新一轮洗牌，以中国为代表的新兴经济体刚刚建立起来的话语权被不断削弱。由美国主导的新一轮国际经贸规则的制定，尤其是竞争中立规则，将矛头直接指向了新兴市场国家。美欧等发达经济体利用竞争中立规则平衡其在多边场合关于宏观政策与贸易保护主义所受到的诸多指责，使得中国等新兴市场国家在全球经济治理舞台上陷入被动。

（三）竞争中立规则对我国国有企业的影响

竞争中立规则对我国国有企业的影响既有积极的一面，也有消极的一面。

1. 对我国国有企业的积极影响

长期以来我国不少国企改革措施都是契合竞争中立规则的，其目标正是为国有企业和私营企业建立起公平的市场环境。然而，我国国有企业因其所有权关系而在政府补贴、税收、信贷融资、人力资源和政策等方面享有竞争优势。由此造成的国企与私企之间不公平的竞争局面，不但与社会主义市场经济公平竞争的理念相违背，更严重扭曲了资源配置，大大降低了资源利用效率。

基于上述情况，竞争中立规则对于我国国企具有一定积极影响。一方面，提醒我国国有企业在参与海外市场竞争时，不能依靠政府背景，而是要注重自身竞争力和可持续发展能力的提升；另一方面，竞争中立规则的具体规定和较为成熟的实践经验也为我国国企改革指明方向，有利于我国营造公平的市场竞争氛围，推动我国国有企业改体制、转机制，激发国有企业发展动力活力，从而推动社会主义市场经济的繁荣发展。

2. 对我国国有企业的消极影响

一是竞争中立规则阻碍了国有企业“走出去”。中国经济的迅猛发展离不开国有企业“走出去”的巨大贡献。当前，以美国为首推行的竞争中立规则以维护公平竞争环境为名，对国有企业的市场准入施加多重限制，将增加我国国有企业跨国经营的管理成本及合规成本，削弱其在国际市场的竞争力。

二是竞争中立规则将削弱国有企业在国内的竞争优势。竞争中立规则一旦在国内全面推行，国有企业在竞争中所存在的优势，如市场准入、市场管制、融资机会等诸多方面将大打折扣。同时在激励机制下民营企业队伍将迅速扩大、占领市场，对国有企业原有市场份额进行压缩，不断缩小与国有企业之间的差距。

三是竞争中立规则将削弱国有企业公共服务能力。我国的国有企业在贯彻国家宏观调控的意志以及提供社会公共服务中扮演着重要角色，而竞争中立的推行将影响到政府的宏观调控政策以及提供社会公共服务的能力。

三、适应竞争中立规则的国有企业改革策略

（一）我国国有企业改革的适应性策略

国有企业改革的复杂性在于国有产权的存在，需要面临特有的公司治理挑战。从积极主动适应竞争中立规则的角度出发，我国国有企业改革可从以下三个方面推进相关规章制度的建立。

一是规范国家所有权的行使。通过制定国家所有权政策，规范政府行使所有权的目标和职能范围，并以公开透明的方式，受到公众的监督。建议我国应当尽快出台制定国家所有权政策指引，从政府和企业两方面规范所有权行使的范围和手段，并置于社会监督之下。

二是建立竞争中立框架规范国企市场竞争行为。建立竞争中立政策框架、规范国企市场竞争行为，应成为下一步深化国企改革的重点内容。竞

争中立框架聚焦于重塑市场竞争环境，需要一系列的法律法规和行政管理的系统性改革。在建立竞争中立政策框架方面，可以借鉴澳大利亚等发达国家的经验，从立法、司法、监管、执行等环节入手，以竞争中立八大标准为内容，优化公平竞争的市场环境，制定和实施适合我国国情的国有企业公平竞争规范。

三是提高国企经营管理透明度。发达国家实行竞争中立规则的经验，是把建立更透明的信息披露机制当作实现市场公平竞争的基础。改善国企管理和运营信息披露的治理，提高透明度，既有利于监管部门和社会对国企的有效监督，也有助于提高国企管理和运营水平，可达到一箭双雕的效果。

（二）我国国有企业的应对策略

当前，我国经济政策体系已经开始从过去“以产业政策为主导”向“以竞争政策为基础”转型。这使国有企业从过去产业政策实施的主要工具和主要作用对象，变为平等接受竞争政策规制的市场主体，面临市场竞争的挑战。这更有利于提升国民经济的整体效率，也更有利于国有企业提升可持续发展的能力。以竞争中立规则在国际经贸治理领域的兴起为标志，国际竞争新规则对我国国有企业参与商业活动提出了更高要求。国有企业必须看到这一重大政策环境调整，主动适应国际国内竞争中立的政策导向。我国国有企业可从以下四个方面入手积极主动适应竞争中立。

一是完善国企内部治理。我国国有企业应当积极推进企业治理体系建设，始终坚持党的领导为根本，以完善法人治理结构为核心，突出权责边界划分这个关键，着力构建定位准确、权责衔接、有效制衡的治理机制，厘清党委会、股东会、董事会、经理层等各治理主体的职责边界，强化权责对等，确保有效履职，加快实现自身高质量发展。

二是积极推进混合所有制改革。混合所有制改革从国企所有制的多元化角度入手，不但能够削减西方国家阻碍我国国企参与国际竞争的筹码，为国企创造更好的外部环境；而且能调动社会资本，充分发挥非公有制经济和公有制经济的优势，增强国企的市场竞争力。我国国企应当积极推进混合所有制改革，通过混合所有制改革实现不同所有制资本间的共同发展和有效制衡，倒逼企业转换经营机制，更好地适应国际经贸规则，参与国际市场竞争。

三是完善国企信息公开制度。注重企业信息公开的时效性与准确性，国企要在保护国家安全和商业秘密的前提下，主动公开公司治理以及管理架构、经营情况、财务状况、关联交易、企业负责人薪酬等相关信息。可尝试通过网站、新闻发布会等形式向外披露更多的信息，确保企业信息公开透明。

四是提升适应及运用国际经贸规则的能力。我国企业尤其是国有企业也要参与到包括竞争中立规则在内的国际经贸规则和惯例的构建中，提高企业熟悉和利用国际经贸规则和惯例的能力，提升企业自身的技术和管理能力，化挑战为机遇以赢得全球竞争。

四、结论与建议

（一）主要结论

一是竞争中立规则对我国的影响主要为增加国有企业国际化难度、阻碍我国参与区域贸易自由化和全球经济治理。在美欧等联手推动下，竞争中立规则将迅速传导至全球，对我国产生较大影响。竞争中立规则将为我国国有企业“走出去”设置障碍，增加我国参与区域贸易自由化的难度，且对我国参与全球经济治理提出更多挑战。

二是竞争中立规则对我国国有企业存在积极和消极两方面的影响。积极方面，提醒我国国有企业在参与海外市场竞争时，不能依靠政府背景参与国际市场竞争，而是要注重自身竞争力和可持续发展能力的提升；竞争中立规则有利于在我国营造公平的市场竞争氛围，推动我国国有企业改体制、转机制，激发国有企业发展动力活力。消极方面，竞争中立规则阻碍了国有企业“走出去”，削弱国有企业在国内的竞争优势和公共服务能力。

三是我国国家层面在推进国企改革过程中，需确保国家国有资产所有权到位但不越位、建立竞争中立框架以及提高国有企业管理和运营的透明度。国企改革的复杂性在于国有产权的存在，需要面临特有的公司治理挑战。从积极主动适应竞争中立规则的角度出发，我国国有企业改革可从以下三个方面推进相关规章制度的建立：确保国家所有权到位但不越位，是解决国家所有制与市场竞争冲突的第一步；建立竞争中立框架，规范国有企业市场竞争行为，维护公平的市场竞争环境；改善国有企业管理和运营信息披露的治理，提高国有企业管理和运营的透明度。

四是我国国有企业可从完善国企内部治理、积极推进混合所有制改革、完善国企信息公开制度、提升适应及运用国际经贸规则的能力四个方面入手，积极主动适应竞争中立。

（二）相关建议

一是以自贸区为试点逐步引入竞争中立规则。国内推进竞争中立规则不是一两天就能实现，可在自贸区试验探索分类管理制度、信息披露制度、国有资本投资“正面清单”、实施公平竞争审查制度、竞争投诉机制、竞争评估、产业政策调整政策等，为后续全面推行积累经验。

二是以“一带一路”为抓手参与国际经贸新秩序构建。“一带一路”战略是今后我国对外开放的总纲领，是我国企业“走出去”的又一重大契机，也是我国全面深化改革的总钥匙。在以 TTP 和 TTIP 为代表的非全球层面的选择性经贸合作趋势不可逆转的趋势下，我国应当利用好“一带一路”这一平台，为维护好我国企业利益必须加快非全球层面的选择经贸合作的战略部署。要重新审视我国既有的对外经贸关系构建策略，加强对跨境与境内区域贸易协定的研究与战略部署，实现从单方面对多边体制的依赖到区域贸易部署与国际多边经贸新秩序并重的战略转变，将多边有限对外经贸开放战略转变为多边与非多边并重的对外经贸开放战略。

三是积极参与国际谈判，争取规则制定话语权。在国际经贸合作及规则谈判上，我国应当基于国家利益在国有企业地位、政府采购政策、市场准入等竞争中立规则可能涉及的问题上进行明确阐述，为我国企业尤其是国企创造更好的国际环境，尽可能地降低竞争中立规则对我国政府及企业的冲击。

课题组核心成员：林晓斌　马　莉　高国伟　廖建辉　徐　杨
肖汉雄　阮文婧　冯昕欣　王　钰

编辑：李　兴　苏廷芬　罗　娅

多元化中央企业业务协同发展机制研究

南方电网能源发展研究院有限责任公司

在"三新一高"大背景下，多元化中央企业推进竞争性业务高质量发展，促进管制业务与竞争性业务高水平协同，是打造现代产业体系，融入和服务新发展格局的必然要求。同时，形成管制业务与竞争性业务合力，也是多元化中央企业服务国家重大战略的基石力量，更是多元化中央企业培育市场竞争优势，推动战略转型的重要抓手。

一、理论综述

（一）多元化战略理论

多元化战略是企业为了扩大市场或规避风险而开展新业务的战略。以多元化方向划分，多元化战略可分为同心多元化战略、横向多元化战略、纵向多元化战略及不相关多元化战略。研究则注重厘清竞争性业务与主要业务间的相关关系，为各业务间的组织结构与资源配置提出建议。

（二）产业价值链理论

价值链是指企业在设计、生产、销售、发送和辅助其产品的过程中实现价值创造的系列活动。产业价值链是指从价值的角度来分析研究产业链和企业竞争中所进行的一系列活动。因此，价值链与产业价值链是从不同的角度说明价值创造的过程，前者侧重价值创造环节，后者涉及产业链各系统的功能及关系。

（三）协同理论

协同就是企业通过识别自身能力与机遇的匹配关系来成功拓展新的事业，协同战略可以像纽带一样把多元化中央企业的多元化业务联结起来，即企业通过寻求合理的销售、运营、投资与管理战略安排，可以有效配置生产要素、业务单元与环境条件，实现一种类似报酬递增的协同效应，从而使多元化中央企业更充分地利用现有优势，并开拓新的发展空间。

二、案例分析

研究分析神华集团、宝钢集团、中国平安、国网国际等典型企业先进做法，为多元化中央企业管制业务与竞争性业务协同发展提供经验借鉴，具体见表 1。

表 1　典型企业先进做法

分析维度	先进做法	经验启示
集团利益最大化	神华集团从整体出发，紧紧围绕以价值管理为中心，以产业链结构精细化和柔性化为重点，依托优势资源，提高自主创新能力和核心竞争力	以集团利益最大化为目标是企业多元化经营的根本原则
	宝钢集团（现宝武集团）多元化经营在充分利用企业内部资源，优化集团产业结构，实现主辅分离，分散经营风险，形成新的生产力和经济增长点等方面发挥了积极作用	
战略协同	国网国际以战略为原点，重点从信息、市场和考核等维度推动协同落地，一是通过建立情报分析研判机制，对各海外业务板块的原信息进行统一管理；二是从优化布局出发，研判不同业务在不同市场面对的竞争环境与自身具备的竞争优势；三是按照不同业务的特性和所处发展阶段，以多元化考核突出目标的协同	清晰可控的战略协同路径是企业多元化经营的基本前提
	新兴际华集团分别以管控、整合、职能、运营和价值等五个层面为抓手，走出了一条独具特色的战略协同之路	

续表

分析维度	先进做法	经验启示
业务协同	中国平安提出“一位客户、一个账户、多个产品、一站式服务”的业务发展模式，充分发挥旗下保险、银行、投资等金融业务优势，提升单一客户的黏性和价值	优势互补的业务协同模式是企业多元化经营的核心要素
	华润集团通过开展快消、电力、房地产等业务，充分发挥各自业务互补优势，既保障了较高的利润水平，又有效控制了集团现金流风险	
管理协同	神华集团将引入 EVA 激励机制、加强资本协同运营和实施产业协同发展这三方面作为企业板块协同化策略重点，全面提升了集团的一体化运营能力	灵活高效的管理协同机制是企业多元化经营的有力保障
	中信集团通过建立网状协同组织体系，实现了主业金融产业与信息产业、矿产资源、房地产、装备制造、工程外包等业务的有序共同发展	

三、管制业务与竞争性业务协同特点分析

从管制业务与竞争性业务协同关系展开梳理研究，对两类业务按盈利特点明确了各自定位，并进一步对不同类竞争性业务与管制业务的差异化协同特点进行了深入研究。

从各自定位来看，管制业务为多元化中央企业的基础性业务，贡献了多元化中央企业绝大部分营业收入，是多元化中央企业的核心业务和重要的现金流来源。包括以下几个方面的特点：一是管制业务旨在服务社会民生；二是管制业务受政府监管，相对利润率低；三是成本控制分别体现在管理成本和投资成本。竞争性业务成为主要的利润增长极。包括以下几个方面的特点：一是竞争性业务中新兴业务营业收入最高，金融业务净利润率最高，国际业务发展速度快；二是新能源、新一代信息技术等 11 个领域对多元化中央企业盈利贡献较大；三是各领域盈利模式不同，但大部分业务利润来自多元化中央企业系统内部业务。

各类业务间的差异化协同特点如表 2 所示。

表2　各类业务间的差异化协同特点

业务类型	分析维度	协同特点
管制业务与新兴业务	营销服务渠道协同	一是营销服务渠道结构上的协同，多元化中央企业依据管制业务与新兴业务本身的特点、技术性要求等因素，构建合适的渠道结构，优化业务承载主体
		二是营销服务渠道行为的协同，管制业务与新兴业务紧扣能源产业价值链，保持整体利益的统一
		三是渠道关系的协同，多元化中央企业管制业务的绝对市场占有率和品牌效应等优质资源可以为新兴业务的发展引流，新兴业务的壮大可以为管制业务发展注入新的动能
	考核机制协同	一是考核目标协同，管制业务与新兴业务职责明确，分别自主设定科学合理的考核目标及考核标准，充分发挥各业务主体在绩效考核中的主动性
		二是贡献价值互补，管制业务与新兴业务的贡献价值不同，管制业务提供基础服务，新兴业务创造新业态和新利润增长点
		三是考核层层落实，通过“自下而上、上级质询”的绩效考核机制，以业务过程考核保障业务目标实现，促进业务协同
	内部市场交易协同	一是协同提高经营效益，管制业务与新兴业务各业务主体以其要素禀赋决定的比较优势为基础，将不同业务交易主体置于市场环境中考虑，清晰划分逐级、逐单位的供应方和需求方，促进互利共赢
		二是协同优化资源配置，管制业务与新兴业务的价值转移方式由无偿提供服务向有偿服务转变，避免内部竞争和资源浪费
		三是保障体系的协同，管制业务和新兴业务分别从制度、系统、培训等方面全方位保障内部市场的高效运转，为内部市场运行管理提供有力支撑
管制业务与金融业务	产业与金融协同	一是产融结合协同服务多元化中央企业各项改革，多元化中央企业通过金融业务把握基金投向，服务多元化中央企业主业
		二是金融业务为主业发展拓展融资渠道
	资源共享协同	一是利用金融业务的专业优势为主业提供投资顾问服务
		二是金融业务与主业协同拓展渠道和重点客户
		三是内部数据资源共享，实现产业与金融数据互通，合力推进供应链金融业务发展

续表

业务类型	分析维度	协同特点
管制业务与金融业务	风险防控协同	一是降低主业运营风险，发挥金融业务司库职能，为各单位财务共享中心优化多元化中央企业外汇头寸、减少财务成本费用、提高外汇收付效率
		二是提升金融业务主体的信贷资产质量
管制业务与国际业务	发展模式协同	一是协同服务国家能源战略，通过开展国际业务，积极支持能源技术、装备和工程队伍“走出去”，认真履行海外社会责任
		二是协同创造利润增长点，发挥多元化中央企业市场规模、主业的专业优势及企业管理优势，促进区域跨境贸易健康发展，实现稳定的现金回报
	资源配置协同	一是引进创新商业模式，国际业务可为国内管制业务乃至其他业务的提升带来宝贵的资源
		二是积极带动国内产能“走出去”，统筹利用国内国际两种资源、两个市场，为多元化中央企业国际业务发展提供广阔的发展平台、创造巨大发展空间
	交流合作协同	一是持续提升多元化中央企业国际经营水平，多元化中央企业拥有一批国际先进、具有自主知识产权的科研成果和具有全球竞争力的核心技术及管理能力，具有显著的国际合作优势
		二是增强多元化中央企业话语权和影响力，高水平参与国际合作，努力为企业“走出去”营造良好舆论氛围，提升多元化中央企业在国际资源配置中的主导地位

四、管制业务与竞争性业务协同效应分析

围绕战略、业务、管理三大维度，对新兴、金融、国际业务与管制业务之间存在的协同效应分别进行系统分析。各类业务间的差异化协同效应如表 3 所示。

表 3　各类业务间的差异化协同效应

业务类型	协同维度	协同效应
管制业务与新兴业务	战略协同	双向促进产业发展，倍增经济效益。当前，新技术、新业态、新模式不断涌现。在保持战略一致的前提下，以管制业务为基础，积极向产业链上下游延伸，是多元化中央企业提高在价值链中的地位，实现改革转型目标的关键路径

续表

业务类型	协同维度	协同效应
管制业务与新兴业务	业务协同	凝聚业务发展合力，培育领先优势。多元化中央企业新兴业务拥有多个不同的产品服务市场，不同业务主体的市场定位与经营策略差异化明显，通过加强管制业务与新兴业务间的业务协同效应，能够更好地统筹协调各业务主体差异化经营决策，获取市场力量，形成规模效应
	管理协同	升级资源配置方式，提升管理能效。通过更广泛地整合多元化中央企业科研、生产、经营能力及品牌影响等要素，将管制业务与新兴业务中剩余的闲置资源充分利用，升级资源配置方式，对不同的有形资源、无形资源进行共享，以更低成本、更快速度发挥已有的资源优势
管制业务与金融业务	战略协同	持续深化产融结合，增强内外联动。以金融增值环节赋能管制业务发展，一方面能够提升多元化中央企业金融业务投资收益，另一方面能够根据管制业务产业需求优化金融业务布局，支持能源产业链上下游混改、科技创新等
	业务协同	加快整合内外资源，发挥经营优势。强化金融业务与管制业务的业务协同，促进多元化中央企业金融业务在立足主业的基础上，以资本为纽带为能源产业赋能，成为连接能源生态圈的资本之桥，全面提升金融服务支撑产业发展的能力
	管理协同	提升风险抵抗能力，促进稳定发展。一方面，打通管制业务与金融业务间要素流动通道，加快系统存量金融资产整合，提升多元化中央企业金融业务自身风险抵抗能力；另一方面，更好地将管制业务政策影响穿透传递至金融业务，更稳定地补充多元化中央企业经营现金流，促进多元化中央企业稳定发展
管制业务与国际业务	战略协同	促进国内外双循环，建设世界一流。一方面，服务多元化中央企业管制业务自身发展，推动多元化中央企业"三商"转型；另一方面，以国内能源产业价值链吸引全球资源要素，充分挖掘国内外两类市场资源价值，促进多元化中央企业成为具有全球竞争力的世界一流企业
	业务协同	双向传播经验技术，塑造企业形象。一方面，将多元化中央企业在电网技术和专业管理上的优势转化为国际业务竞争力，提升多元化中央企业全球行业技术引领力、全球产业影响力和话语权等；另一方面，将国外行业科技前沿的新发展、新理念、新技术、新知识等传递回国内，助力多元化中央企业管制业务升级
	管理协同	扩大交流合作网络，提升行业影响。依托多元化中央企业管制业务开展国际合作交流，通过国际并购获取知识并推广应用，全面提升多元化中央企业国际影响与国际地位

五、管制业务与竞争性业务协同发展现状分析

（一）政策约束分析

国务院、国家发展改革委、国务院国资委等部门发布的《关于国有企业功能界定与分类的指导意见》《关于建立国有企业违规经营投资责任追究制度的意见》等政策文件在战略、业务和管理层面对多元化中央企业管制业务与竞争性业务做出了相关要求。在战略层面，要以竞争性业务服务好管制业务发展，以落实国民经济与民生服务要求为战略基础；在业务层面，要增强市场化综合竞争实力，不能通过管制业务与竞争性业务之间利益输送或偏离市场公允价值的关联交易谋求发展；在管理层面，必须强化风险管理，有效隔离高风险、高不确定性业务对管制业务的影响。

（二）内部问题分析

多元化中央企业管制业务与竞争性业务间战略意识协同性不足，没有在观念上形成统一认知。在行动上表现为部分单位对发展新兴业务积极性不高，对市场形势、行业趋势的认识缺乏敏感性，分析研判不够，对重点领域、关键环节抓改革促落实的力度不够。部分单位在落实上级要求时简单照搬，上下一般粗，导致多元化中央企业方案在落地实施时效果大打折扣。

多元化中央企业管制业务与竞争性业务间业务发展协调性不足，不平衡、不充分的问题暴露明显。从领域分布看，调峰调频、工程建设、新能源领域资产总额较大，利润占比 80.9%；从主体分布看，网省两级、东部西部新兴业务单位在发展基础、发展水平等方面也存在较大差距。新一代信息技术、电动汽车充电服务、互联网服务等战略性新兴业务尚处于起步培育阶段，盈利能力不足，离主导市场发展的目标还相差甚远。

多元化中央企业管制业务与竞争性业务间管理协同性不足，体制机制衔接不完善，合力不足。体制方面，竞争性业务主体定位及发展模式不清晰。多元化中央企业新兴业务发展方向和布局重点仍在探索阶段，系统内存在一定程度的同业竞争。在能力和资源整合过程中，现阶段更多采用单

一无偿划转等行政手段而非市场化手段，无法充分反映两类业务主体协同过程中的价值贡献，亟需完善内部市场交易公允价格体系，充分体现各方资本、技术、管理、数据等要素投入的成本价值。多元化中央企业对于各级新兴业务单位的管控模式多以行政型管控为主，无法满足市场化竞争业务发展需求，缺乏与新兴业务发展迫切性、市场化、多元化经营相配套的差异化管控模式，具体工作中管理缺位、错位、越位的问题依然存在。机制方面，管制业务与新兴业务发展尚未形成合力。缺少管制业务支持新兴业务发展的量化考核机制，亟需在两类业务主体协同发展过程中，逐步建立基于效益导向的目标管理体系。两类业务资源共享、能力复用的协同机制仍不完善，管制业务主体捕捉到的用户需求难以快速向内传递，竞争性业务主体依托自有营销渠道亦不能敏锐捕捉需求，导致部分专业能力与市场需求脱节，对市场形势、客户需求把握不全面。同时，缺乏与两类业务主体协同发展相适配的利润分享的机制，激发员工内生动力的激励约束机制仍有待进一步探索。

六、管制业务与竞争性业务协同路径构建

（一）战略协同路径

一是明确多元化中央企业竞争性业务的功能定位是立足于服务、支撑、保障管制业务更好地发展，在此过程中形成核心竞争能力，能力外溢并沿能源产业价值链延伸拓展而形成新型业务。二是明确竞争性业务的经营导向是以提高效益为重心，以多元化中央企业整体效益最大化为目标，利用新产品、新服务、新业态、新模式，打造市场竞争优势，实现增量价值创造，与管制业务以提高效率为重心的发展逻辑存在本质区别，因此在竞争性业务发展过程中要将提高资源配置水平、优化盈利模式、提升盈利能力、打造市场竞争优势摆在核心位置。三是明确竞争性业务的发展目标是培育一批竞争优势显著、盈利能力突出的竞争性业务企业，形成产业结构合理的竞争性业务总体布局；打造覆盖能源产品、服务、技术、标准等完整产业生态系统，形成多个具有行业影响力的产业生态平台；建立以上市多元化中央企业、独角兽多元化中央企业为核心的产业集群，完善现代产业体系。四是明确竞争性业务的发展路径是在国家改革方向和行业监管

要求前提下，按照专业化、市场化、集约化的路径，加强产业价值链整合和系统内资源整合，挖掘竞争性业务主体间资本、土地、劳动等传统生产要素以及市场、品牌、管理、技术、知识、数据等泛在资源要素的协同效应，构建“优势互补、错位发展”的利益格局。

多元化中央企业在推动管制业务与竞争性业务协同发展过程中，应基于竞争性业务发展趋势，把握多元化中央企业竞争性业务的概念内涵、经营导向、发展目标和发展模式，系统思考、科学筹划、体系推进；树立对竞争性业务发展统一的战略认识，转变观念、主动作为，推进竞争性业务做大做活。

（二）业务协同路径

管制业务主体要围绕专业化程度高、技术含量高、市场相对集中的业务聚焦搭建平台、构建生态，积极向平台型企业发展，聚合技术、资本、数据等要素资源，着力培育市场分析能力、平台运作能力、产品孵化能力；竞争性业务主体要围绕满足个性化需求、生产和生活服务型业务，积极拓展市场，实现优势互补、错位发展，做活劳动、土地、市场等要素资源，重点培育需求挖掘能力、渠道建设能力、需求响应能力。从长远看，向外溢出的、具有市场竞争优势的能力和资源会趋向于向管制业务主体整合，以形成更大市场规模和更强迭代能力。在新兴业务方面，根据业务的发展阶段、功能属性、规模和品牌效应、资源要素投入需求、属地资源依赖程度，进一步明确新兴业务布局的 12 个领域、24 个方向的承载主体和业务范围；在金融业务方面，通过积极为金融机构提供各供应商合同履约、电费缴纳情况等信息支持供应商信用评级，促进供应商增信，或推动各管制业务单位支持互联网金融服务平台与电网管理平台财务域、供应链域等业务系统的应用集成和数据共享应用等，推动管制业务通过支持供应商征信、共享推介宣传渠道、优化结算模式、共享数据资源等方法支持金融业务单位发展；在国际业务方面，推动管制业务发挥平台优势，走合作共赢共谋发展之路，充分调动管制业务人才、技术、经验等资源，加强资本运作国际化，以国际业务为抓手，拓展国际投资合作，在世界产业价值链中有效配置资源，积极带动国内产能“走出去”，为多元化中央企业、合作伙伴和项目所在国创造价值。

（三）管理协同路径

构建管制业务以提高效率为重心，新兴业务以提高效益为重心，两类业务协同发展、相互支持，新的利润增长极不断涌现的经营发展新格局。

一是量化考核机制，确立协同发展导向。研究支持新兴业务发展的量化考核机制，推动建立管制业务、非管制业务同向发力机制，进一步增强管制业务单位与新兴、金融单位之间的协同能力。二是构建内部市场体系，促进要素流通。建立管理与监督平台，使内部交易公允价格能独立客观地反映资产价值，有效提升多元化中央企业内部交易的市场化效率，降低多元化中央企业及各子多元化中央企业的会计和审计风险。三是优化协同组织体系，强化协同控制。打造网状协同组织体系，与产业布局、业务模式和运营模式等战略要素相匹配，挖掘管制业务与竞争性业务集中与共享收益，确保多元化中央企业重大战略能够有效分解到具体的业务单元与职能部门，实现企业管理的纵向协同与内外一致。四是健全企业制度体系，固化协同基础。制定管制业务与竞争性业务、多元化中央企业与战略合作伙伴间的联合营销与服务管理制度，明确选择与认定组织体系、内部程序、沟通交流、协同管理、评价激励等重要内容及流程，持续深化多元化中央企业管制业务与竞争性业务协同作用，加深多元化中央企业与战略合作伙伴间合作交流。五是完善资源共享机制，优化要素配置。建立跨业务客户和渠道共享机制，实现管制业务与竞争性业务客户、渠道资源良性互动，增强渠道输送功能，实现价值最大化。

课题组核心成员：令文君　李　三　雷　兵　邹儒懿　祁　辉
蔡文静

编辑：张　宇　余天玮　罗　娅

国有企业效率效益评价研究

国网能源研究院有限公司

一、研究背景与研究目的

国有企业是中国经济的拓荒者和奠基者。新中国成立以来，国有企业在各个历史阶段均有着举足轻重的地位，发挥着“压舱石”和“稳定器”的作用。一直以来，国有企业效率效益持续受到学术界和实务界的关注，效率和效益的高低是衡量国有企业高质量发展的核心要素，也直接决定着国有企业能否发挥企业价值、促进国家经济稳定发展。

（一）研究背景

自1978年改革开放以来，我国国有企业始终处于渐进式改革。十八届三中全会党中央明确提出了“以管资本为主加强国资监管”的改革思路，指明了国资监管体制改革的方向是进一步完善“国有资产监管体制”，并逐渐建立以“管资本”为主的“国有资本监管体制”，强调使市场在资源配置中起决定性作用深化经济体制改革。

2020年6月30日，中央全面深化改革委员会第十四次会议召开，会议通过了《国企改革三年行动方案（2020—2022年）》。会议指出，国有企业是中国特色社会主义的重要物质基础和政治基础，是党执政兴国的重要支柱和依靠力量。随着国有企业改革和各类方案的不断落实，国有企业效益效率评价持续受到关注。2021年，国务院国资委为引导推动中央企业高质量发展，进一步优化了中央企业考核体系。在原有经营目标基础上新增“全员劳动生产率”指标，形成“两利四率”① 指标体系。

① “两利”指净利润和利润总额，“四率”指营业收入利润率、资产负债率、研发投入强度、全员劳动生产率。

（二）研究目的与研究意义

企业经营的意义在于创造价值，“价值”是一个内涵外延丰富的概念，在不同战略定位下，可以对企业经营活动的价值创造做出不同维度的定义。国有企业要承担政治责任、经济责任、社会责任，既要发挥经济功能，创造市场价值，成为有核心竞争力的市场主体；又要积极担当政治责任，在“六保”“六稳”中发挥中坚作用。因此，国有企业的价值创造目标具有多元性，且相互影响、互为补充。这就意味着国有企业经营策略的选择需要统筹考虑多目标约束，这也决定了国有企业经营效率效益的内涵将更具复杂性。本研究基于此背景，讨论如何在多维目标约束下明确国有企业经营效率效益的本质内涵、设计效率效益评价方法等问题。

本课题的研究目的与意义可以从四个方面阐述：第一，明确国有企业效率效益的本质内涵，为国有企业业绩考核评价方法创新奠定理论基础。第二，构建国有企业效率效益分类评价模式，为国有企业效率效益评价提供方法论指导。第三，提出国有企业效率效益评价指标与方法，为国有企业效率效益评价提供工具支持。第四，设计针对重点行业的国有企业效率效益评价方案，为分类评价模式落地提供参考。

（三）研究内容框架

本课题以界定国有企业效率效益内涵，构建国有企业效率效益评价模式、工具方法与实施方案等内容为核心。具体而言，主要研究内容与方法的逻辑框架如图 1 所示。

通过研究国有企业效率效益的内涵外延、分类评价、指标体系与方法及评价方案等，形成国有企业效率效益理论内涵与评价方法论和可复制、可推广的模式方案。

二、相关文献综述

（一）国有企业效率效益内涵外延

国有企业是中国特色社会主义经济制度的重要支柱，进一步做大做强做优国有企业是实现下一个百年奋斗目标的重要保障。自党的十一届三中

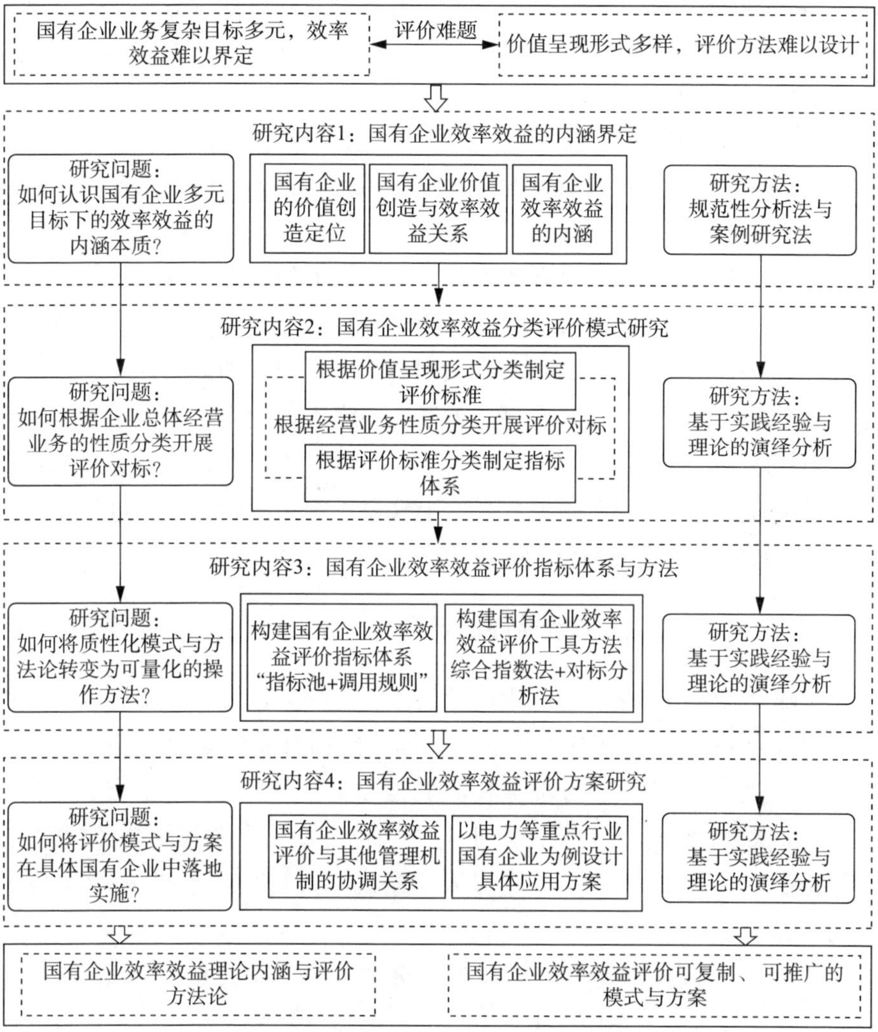

图1　研究内容与方法的逻辑框架

全会确立以经济建设为中心以来，国有企业改革一直是我国经济改革的主要方面。无论是改革、转型、升级还是淘汰部分国有企业，最重要的决策基础仍然是效率问题。在经济学中，“效率”一词反映的是“投入与产出”“目标与手段”之间的关系，因此，在衡量效率时，必须从“目的”或“投入”入手，评价其“结果”或“产出”，评价国有企业效率也应如此。国有企业效率的内涵外延从直接效率和间接效率两个维度加以阐释。

直接效率侧重于企业自身，亦称微观效率，改革开放以来关于国有企业微观效率的理论研究已经相当丰富。刘瑞明（2013）将效率归纳为技术效率、创新效率、企业绩效、代理成本、全要素生产率五个方面。姚东旻和李军林（2016）将国有企业的直接效率归纳为经营效率、劳动生产率、全要素生产率、创新效率、资本生产率、财务效率、技术效率等七大指标。从直接效率的内涵来看，直接效率强调从经济活动的视角考量国有企业的价值创造。

间接效率侧重于国有企业的外部性效率，类似于宏观效率，姚东旻和李军林（2016）将间接效率归纳为经济辐射效率、社会性效率、政策性效率等。伍旭中和冯琴琴（2015）指出国有企业的公共功能属性决定了国有企业的宏观效率较之微观效率更加重要，并将宏观效率概括为政策性效率和社会性效率。从间接效率的内涵来看，间接效率强调从社会责任的角度来考量国有企业的价值创造。从根本上来说，间接效率实现的过程就是国有企业承担社会责任创造价值的过程。

（二）国有企业效率效益评价研究

从国资监管层面来看，突出以分类考核为导向，对国有企业效率效益设置差异化评价体系。2016 年 8 月，国务院国资委和财政部联合发布了《关于完善中央企业功能分类考核的实施方案》，指明了主业处于充分竞争、主业关系国家命脉这两种商业类央企和公益类央企的业绩考核方向，此外还提出要建立特殊事项管理清单制度，为确定考核指标提供参考依据。

从学术研究层面来看，不少学者从分类治理层面展开一系列国有企业效率效益评价研究。在评价思路上，伍旭中和冯琴琴（2015）主张以功能评价效率，指出评价国有企业效率时需围绕“企业”和“政府”双重职能展开，从价值目的和经济效率两个方面综合考量，坚持功能与效率的统一。黄群慧（2016）认为国企分类治理以及其带动的差异化业绩考核可以解决“盈利性企业使命”与“公共性政策使命”之间的冲突。左雪莲等（2016）发现股权结构对公益类和商业类国有企业的绩效影响不同，进而提出分类治理视角下国有企业股权结构优化的思路。在具体评价方法上，包括 DEA 经济效率和社会效率法（徐丹丹等，2017）、分类核心指标定量法（彭华伟等，2019）、总利润和 EVA 基准值调整法（柳学信和苗宁柠，2018）等。

三、国有企业效率效益的内涵界定

（一） 国有企业的价值创造定位

国有企业扮演着中国经济发展“顶梁柱”的角色，是国民经济的命脉所在。国有企业是“经济功能”和“公共功能”的统一载体，具有双重属性。因此，对国有企业进行价值创造研究需要从国有企业自身的功能属性出发加以精准定位。

2015年中共中央、国务院出台了《关于深化国有企业改革的指导意见》（中发〔2015〕22号）（以下简称《指导意见》），将国有企业重新划分为商业类和公益类两类，并限定其功用。企业作为市场经济活动主体，天然以创造经济价值、获取利润为目标，国有企业也不例外。基于国有企业的双重功能属性，国家对国有企业的经济价值创造实施分级分类管控；从中央近年来发布的一系列规定来看，国有企业经济价值创造与主业竞争程度呈正向相关。除了经济价值以外，我国的国有企业作为社会主义公有制的实现形式之一，具有极大的社会价值。我国宪法确立了我国的国体以及政体的根本性质，它们赖以成立的经济基础就是公有制为主体的所有制结构。国有企业本质上是社会主义公有制的主要实现形式，是国家引导、推动、调控经济和社会发展的基本力量。国有企业发挥的作用要远大于弥补市场不足的经济责任，还要承担社会责任，甚至要承担更高层次的政治责任，其资产根据法律规定，属于全民所有。也就是说，国有企业存在的最终目标是为全民服务。因此，国有企业在内在逻辑上就必然更多地承担为社会大众服务的社会责任。在一定程度上，国有企业就是国家公共服务职能在经济领域的一种延伸。在马克思主义政治经济学视角下，国有企业具有社会主义性质，它能够消解资本与劳动的对立，推动社会主义生产力的发展。

（二）国有企业价值创造与效率效益关系

效率和效益的概念源自经济学，“效率”一词反映的是“投入与产出”“目标与手段”之间的关系，因此，在衡量效率时，必须从“目的”或“投入”入手，评价其“结果”或“产出”。“效益”一词包含效果和收益，可以是劳动占用、劳动消耗与获得的劳动成果之间的比较，也可以是项目对国民经济所做的贡献，包括直接效益和间接效益。由于国有企业具有经济和社会的双重属性，在价值创造方面，国有企业同时创造了经济价值和社会价值。因此对国有企业效率效益不能单一从经济学视角衡量，而是要站在经济与社会相统一的角度进行研究。

从效率、效益两个词的释义出发来理解，国有企业创造经济价值和社会价值的过程就是创造国企经济和社会效益的过程，最终创造出的价值成果就是国有企业的效益。效率可以理解为国有企业在创造经济价值与社会价值的过程当中，调动、投入资源所产生、耗费的成本与最终形成的成果价值之间的比值情况。在使用效率和效益这两种指标对国有企业价值创造过程进行评价时，既不能单一地只计算经济效率经济效益，忽视社会效率社会效益，也不能对所有国有企业按照同一效率效益尺度进行分析评价。不同主业类型的国有企业之间承担的经济功能与社会功能存在差异，导致其创造经济价值与社会价值的过程中对资源的投入与使用侧重点也各不相同，无法用同一种效率标准进行衡量，最终产生的经济价值与社会价值的效果也各有千秋。在运用效率和效益这两大指标对国有企业价值创造进行评价时，要遵循分类评价原则，从国有企业的主业功能与类型出发，围绕经济价值和社会价值两个维度对不同类型的国有企业效率和效益进行全方位评价，在指标运用中应结合国家对商业竞争类、商业特殊功能类、公益类国有企业在经济价值和社会价值创造上的差异化调控要求与规定，结合具体业务类型，合理设置经济效率、经济效益与社会效率、社会效益的指标权重，坚持经济效益与社会效益相统一。

（三）不同类型国有企业效率效益的内涵

在对商业竞争类国有企业进行效率效益评价时，要以增加国有经济活力、放大国有资本功能、实现国有资本保值增值为导向，对经济效率、经济效益赋予较高的考核权重，社会效率与社会效益评价结果作为加分项使用。

在对商业特殊功能类国有企业进行效率效益评价时，要以支持企业可持续发展和服务国家战略为导向，在保证合理回报和国有资本保值增值的基础上，加强对服务国家战略、保障国家安全和国民经济运行、发展前瞻性战略性产业情况的评价。结合企业承担的对经营业绩有重大影响的特殊事项，调减经济效率与经济效益的评价权重，对于经济效益评价标准以能够实现国有资产保值增值即可，不追求超额收益；适度调增社会效率与社会效益的评价权重，在四项评价指标的基础之上增加国家重大急需项目承担数量和完成率指标并进行单独赋权，对于项目承担数量过少或项目未按预期完成的非特殊情况予以减分。

在对公益类国有企业进行效率效益评价时，要以支持企业更好地保障民生、服务社会、提供公共产品和服务为导向，把社会责任放在首位，对社会效率、社会效益赋予较高的考核权重，在四大指标之上引入第三方评价和公众满意度评价，评价结果单独赋权；经济效率与经济效益评价结果作为加分项使用，鼓励有条件的公益类国有企业提高经济效率，增强经济效益。

四、国有企业效率效益分类评价模式研究

在国有企业效率效益内涵分析中，明确了根据价值输出形态差异分类进行国有企业效率效益评价的理论思想。在模式设计研究方面，根据国有企业性质与价值创造特征，本研究提出“根据价值呈现形式分类制定评价标准、根据评价标准分类制定指标体系、根据经营业务性质分类开展评价对标”的效率效益分类评价模式。模式实施的主要思路：以国有企业所创造的经济与社会价值对企业价值输出的呈现形式进行分类，然后根据不同的价值呈现形式制定分类评价的标准以及与标准相对应的分类评价指标体系，最后根据企业总体经营业务的性质分类对接评价标准与评价体系，开展分类评价对标。

（一）国有企业效率效益分类评价标准

根据国有企业的目标和功能来评价其效率效益是分类评价的总体原则。分类评价基于《指导意见》提出的“分类改革、分类发展、分类监管、分类定责、分类考核”原则，其中“分类考核”是保证改革针对性和监管有效性的前提。不同类型企业具有不同的发展目标，评价标准应该与其不同的发展目标相契合，以引导不同类型国有企业健康发展，避免因为不适合的评价标准，将企业的发展引向误区。

国有企业效率效益评价需要根据价值呈现形式制定分类评价标准。国

有企业效率效益评价标准设计原则的依据是经济资源投入的产出效率，分别对经济价值与社会价值的效率效益进行评价。一方面，对国有企业经济价值产出效率的评价主要从资源投入所产出的经济效益进行评价，并基于经济资源（国有资本资产）向经济效益转化的效率角度设计评价标准。另一方面社会责任的评价标准设计主要根据经济资源向社会效益（国有资本社会服务能力）转化的效率进行评价。具体操作中首先要界定经济资源投入的类型、经济效益与社会效益的具体形式，以及不同类型价值形态下投入与产出（效益）的对应关系与匹配关系。

（二）国有企业效率效益分类评价对标

构建完善的国有企业效率效益评价对标机制。一是明确职责分工，建立常态机制。国有企业应成立对标管理领导组织机构，由企业主要负责人任领导小组组长，负责全面领导对标管理工作，并进一步明确各自职责范围，确保制度落地。同时建立常态对标管理机制，不断完善“差异比较—发现问题—原因分析—提出对策—落实措施—改进提升”的持续提升闭环机制。二是国有企业需建立对标管理工作组织保障体系，健全对标管理工作协调机制，形成对标工作制度体系，确保对标管理工作常态化、规范化、精细化。三是国有企业在进行效益效率对标评价时，过程可由计划、实施（收集）、分析（检查）和改进四大部分组成：①计划，成立对标机构，分析国有企业内部现状，选定行业标杆企业，明确对标指标，制订对标计划，明确职责分工。②收集，编制科学合理的指标体系，建立分工合理、协同配合、来源可靠的对标信息常态收集机制。③分析，结合调研结果，查找效益效率水平差距，编制对标报告，开展专题会议分析，分析差距成因。④改进，定期发布对标指标数据和分析结果，及时查找内部企业间差距，总结管理提升成效，形成“诊断分析—管理提升—再分析—再提升”的持续改进模式。

（三）国有企业效率效益综合评价机制

综合评价机制采用综合指数评价的方法测算国有企业综合效率效益水平，对国有企业效率效益进行综合评价。

综合指数评价是在确定一套合理的国有企业效率效益指标体系的基础上，将各项国有企业效率效益指标转化为同度量的个体指数，并对各项指标个体指数加权平均，计算出国有企业效率效益综合值，指数越大，表明国有企业综合效率效益水平越好。在综合评价过程中：根据指标的重要性进行加权处理①。根据国有企业效率效益分类评价标准，商业竞争类国有企业在进行效率效益评价时，应提高经济效率、经济效益的评价权重，而对社会效益、社会效率进行评价时，将社会效益、社会效率的指标评价结果作为对国有企业效益效率评价的加分项。商业功能类企业要结合企业承担的对经营业绩有重大影响的特殊事项，调减经济效率与经济效益的评价权重，并同时适度赋予社会效率与社会效益较高的考核权重。公益类国有企业在进行效益效率评价时应对社会效率、社会效益赋予较高的评价权重，同时将经济效率与经济效益指标评价结果作为加分项使用，鼓励有条件的公益类国企推动投资主体多元化，提高经济效率，增强经济效益。

五、国有企业效率效益评价指标体系与方法研究

国有企业效率效益评价指标体系采用“指标池+调用规则”的方式进行构建。指标池是指通过多种途径及方法收集国有企业所有效率效益评价指标，剔除重复之后产生的指标集合，通过应用经济效益效率指标可以反映国有企业经济价值，以及经济资源投入产出效率，社会效益效率指标可以反映国有企业的社会效益、社会服务能力。指标池中主要包括经济增加值、国有资本保值增值额等衡量经济效益的指标，净利润、经营效率、劳动生产率、全要素生产率、创新效率、资本生产率、财务效率、技术效率等衡量经济效率的指标，单位资产工业总产值（万元/亿元）、单位资产所有者权益合计（万元/亿元）、单位资产就业人数（人/亿元）、单位资产应交增值税率等评价社会效益的指标，国有企业的经济辐射效率、社会性效率、政策性效率等评价社会效率的指标。同时依据调用原则，根据国有企业的类型以及各企业包含的业务种类，分类调用指标池中包含的评价国有企业效率效益指标，最终形成适用于各项业务的国有企业效率效益评价体系。

采用综合评价法对国有企业效率效益进行评价。综合评价的一般步骤包括构建评价指标体系、确定评价指标、选择适当的评价方法进行这三个

① 采用 AHP 层次分析法。

步骤：①构建一个完整的、具有可操作性的国有企业效率效益综合评价指标体系；②科学地确定评价标准；③以构建的指标体系为基础，通过综合评价的方法，计算出综合评价指标体系中的各个权重系数，然后对综合评价指标体系中的各个指标属性值进行赋值量化，最终给出评定结论。

（1）综合指数评价指标选取。根据国有企业的不同类型在指标池中调用适合的指标，构建该国企的综合评价指标体系。第一层次为总目标层（国有企业效率效益）；第二层次为分目标层，分为经济效益、经济效率、社会效益、社会效率和附加指标；第三层次为具体指标层，其中经济效益包括：经济增加值、国有资本保值增值额等；经济效率包括：净利润、经营效率、劳动生产率、全要素生产率、创新效率、资本生产率、财务效率等；社会效益包括：单位资产工业总产值（万元/亿元）、单位资产所有者权益合计（万元/亿元）、单位资产就业人数（人/亿元）、单位资产应交增值税率等；社会效率包括：国有企业的经济辐射效率、社会性效率、政策性效率等；附加指标包括：国家重大急需项目承担数量和完成率指标以及第三方评价、公众满意度评价指标等。

（2）确定评价指标权重。利用层次分析法确定国有企业效率效益综合指数评价指标权重，首先构建层次分析矩阵，根据对各项指标权重的对比，获得国有企业效率效益综合指标评价的排序，根据层次结构确定各层次指标的重要性，然后再根据重要性进行排序，最终确定国有企业效率效益综合指数评价指标的权重。

（3）综合指数。

$$\text{单项指标指数}=(\text{单项指标实际值}/\text{该指标标准值})\times 100\%$$

$$\text{国有企业效率效益综合指数}=\sum(\text{单项指标指数}\times\text{该指标权重})$$

在具体计算中，若国有企业效率效益综合指数大于100%，则说明该国有企业的效率效益好，国有企业效率效益综合指数越大，代表该国企效率效益越好。

该综合评价体系应依照以下原则进行构建：①科学性和实用性。在对指标有着足够的理解、系统的考虑之后进行选取，指标要简洁清晰、便于认知，还要考虑指标中数据获取的难度和准确性，尽量选择贴合实际的指标，或者已经存在的统计数据。②系统性和层次性。构建指标体系需要完整地展现出各种国有企业的经济活动特征，需要反映出客观的效益效率水平，而且要注意各个指标之间不要相互重合。并且，还要依照系统的特征划分出各个层次，将各个指标进行分类，保证整个指标体系的系统性和层次性。③全面性和代表性。指标体系是多个因子综合作用形成的一个具有结构性的整体，所以构建的指标体系应当包括反映基础设施建设的每个因素，要通过各个方面来体现指标体系的主要特性。

六、国有企业效率效益评价方案研究

（一）国有企业效率效益评价与其他管理机制的协调关系

在国资监管层面，国有企业效益效率与现行国有企业负责人考核机制需要紧密衔接。在监管层面，国有企业效率效益的考核是指挥棒，具有引领引导作用。基于分类考核，中央企业负责人考核机制研究设计如图 2 所示。

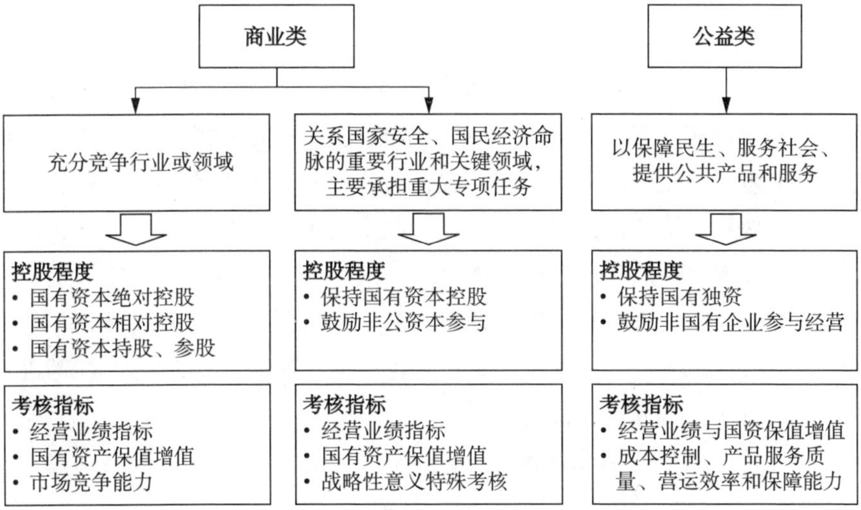

图 2　国有企业负责人考核机制研究

在企业层面，国有企业效益效率评价机制要与现有的预算评价、稽核评价与绩效考核等机制相衔接。一是效益效率评价机制要与预算、稽核、绩效形成完整闭环，国企效率效益评价与企业负责人考核、集团内考核挂钩。二是考核评价结果要充分应用于下一年度预算及绩效安排，形成评价有结果、考核有反馈、反馈有修正的正向循环。

（二）电力行业国有企业应用

针对电力行业，首先分析产权监管部门视角下、行业监管部门视角下、企业可持续发展视角下的效率效益的基本定位；其次，根据效率效益的基本定位分析不同业务类型的价值输出呈现形式，并设计针对电力业务、竞争性业务的分类评价指标体系以及综合指数的评价方法，进而设计基于综合评价指数的一流电力（电网）企业的评价分析方法，并提出分析结果的应用途径与方式等。

总的来说电力行业评价方案可以遵循以下流程：建立工作方案与评价指南制定、指标维护、指数计算、现场抽评、结果发布及分析整改的闭环管理模式。

（1）工作方案与评价指南制定：每年集团总部统一组织实施并完成评价工作方案与评价指南，具体包括目标、实施范围、评价期间、工作安排等内容。

（2）指标维护与指数计算：集团总部根据公司整体发展要求，结合各级单位指标修改意见，定期更新评价指标体系，具体分为：①年度调整：考虑指标设置有效性、合理性，评价结果与公司实际管理能力契合度更高，每年在上年度评价完成后，各省、市公司对现有评价指标的更新意见报送国网总部。总部根据意见合理性，统筹考虑公司整体发展因素，对指标内容进行微调，优化现有评价体系。②战略调整：与公司五年计划保持一致性。每五年，总部牵头组织各省、市公司，依据公司五年计划、新战略体系等内容，融合国内外先进管理理论，对指标体系、指标内容等进行调整，保证评价指标紧跟公司发展要求。

（3）评价结束后出具评价报告，形成“评价有结果、考核有反馈、反馈有修正”循环。

七、研究结论及建议

第一，国有企业效率效益内涵是以“国企定位决定价值创造方式，效率效益呈现价值产出能力”为核心逻辑。国有企业价值创造定位主要是根据不同类型企业性质差异，对经济价值与社会价值的侧重程度比较分析，国有企业是以经济价值为中心的价值创造定位、以社会价值为重心的价值创造定位。不同类型国有企业效率效益的内涵是有差异的。

第二，国有企业分类评价模式的核心："根据价值呈现形式分类制定评价标准、根据评价标准分类制定指标体系、根据经营业务性质分类开展评价对标"的效率效益分类评价模式。

第三，商业竞争类国有企业在进行效率效益评价时，应提高经济效率、经济效益的评价权重，而对社会效益、社会效率进行评价时，将社会效益、社会效率的指标评价结果作为对国有企业效益效率评价的加分项。商业功能类企业要结合企业承担的对经营业绩有重大影响的特殊事项，调减经济效率与经济效益的评价权重，并同时适度赋予社会效率与社会效益较高的考核权重。公益类国有企业在进行效益效率评价时应对社会效率、社会效益赋予较高的评价权重，同时将经济效率与经济效益指标评价结果作为加分项使用，鼓励有条件的公益类国企推动投资主体多元化，提高经济效率，增强经济效益。

第四，国有企业效率效益评价指标体系宜采用"指标池+调用规则"的方式进行构建。采用综合评价法对国有企业效率效益进行评价，遵循三步法：①构建一个完整的、具有可操作性的效率效益综合评价指标体系；②科学地确定评价标准；③通过适当的综合评价方法，计算出综合评价指标体系中的各个权重系数，然后对综合评价指标体系中的各个指标属性值进行赋值量化，最终给出评定结论。

课题组核心成员： 张冰石　李有华　王龙丰　陈　挺　朱永娟
李　阳　罗少东　张佳颖　李成仁　刘　粮

编辑： 杨于驰　罗　娅

大型国有企业战略规划与实施闭环体系研究

鞍钢集团有限公司经济发展研究院

国有企业是我国经济高质量发展的主力军，是中国特色社会主义经济“顶梁柱”。为落实国有企业高质量发展要求，本课题组对国有经济竞争力、创新力、控制力、影响力、抗风险能力（以下简称“新五力”）进行研究，开发创建了“新五力”战略评价体系。在鞍钢集团的战略管理实践中，“新五力”战略评价体系指导了鞍钢集团的战略制定、分解、监控和修正迭代，帮助鞍钢科学建立了战略规划与实施闭环，证明“新五力”战略评价体系是一套行之有效的战略评价体系。在“新五力”战略评价体系指导下，鞍钢集团战略管理能力显著增强，综合竞争力明显提升，全面推动了鞍钢集团高质量发展。

通过全面推行“新五力”战略管理，鞍钢集团建立了四类企业战略评价机制，对企业综合竞争力进行分类管理，评价结果与投资、各级公司总经理年度评价、任期评价挂钩，取得了明显实效。鞍钢集团制定并量化了“十四五”战略规划目标，通过战略监控、警示，短板指标快速升级改善，战略措施跟踪落地，实现了投资、预算、科研、生产等职能规划的全面落地执行，战略管理能力显著增强，综合竞争力均衡提升，落实高质量发展要求更具操作性，鞍钢集团向世界一流企业迈进的步伐更加成熟稳健。

“新五力”战略评价体系将企业放在市场上、摆在行业中，在鞍钢集团内部统一了思想、统一了标准。清晰的战略目标、明确的战略责任，激发了鞍钢集团的活力和内生动力。“新五力”战略评价体系全面推动了鞍钢集团高质量发展，且在鞍本重组前于本钢的推广应用得到了较高评价和认可。

一、落实高质量发展要求，创建“新五力”战略评价体系

国有企业是我国经济高质量发展的主力军，是中国特色社会主义经济“顶梁柱”。2017年，习近平总书记对鞍钢集团提出“凤凰涅槃、浴火重生”要求。2019年，十九届四中全会明确提出，增强国有经济竞争力、创新力、控制力、影响力、抗风险能力（即国有经济“五力”，以下简称“新五力”），推动经济高质量发展。2020年《国企改革三年行动方案（2020—2022年）》对国有企业提出抓重点、补短板、强弱项，增强“新五力”要求。“新五力”是衡量国有企业高质量发展的依据，增强“新五力”是落实高质量发展要求的有效途径。但在企业层面，“新五力”还没有具体化，对“新五力”的内涵和标准缺乏清晰的定义，对如何提升“新五力”缺乏明确的思路，“新五力”对战略管理的引领作用不强。因此，为落实国家对国有企业的高质量发展要求，把鞍钢建设成为世界一流企业，我们创建了“新五力”战略评价体系，用于指导鞍钢战略规划与实施闭环管理。

（一）“新五力”战略评价体系的定义及功能

“新五力”战略评价体系是从竞争力、创新力、控制力、影响力、抗风险能力五个维度选择战略引领指标，设定指标评价标准（即平均值和优秀值），将指标值与评价标准对比确定长中短板的战略评价体系。

通过“新五力”战略评价体系对企业五种能力进行扫描体检，可以查找长中短板，依据长中短板分析界定企业定位，依据未来定位选择消短板、锻长板战略路径，制定精准战略措施，在战略制定、执行、监控过程中不断推进战略修正、优化、升级，最终实现高质量战略引领。“新五力”战略评价体系对战略规划与实施闭环管理的指导作用见图1。

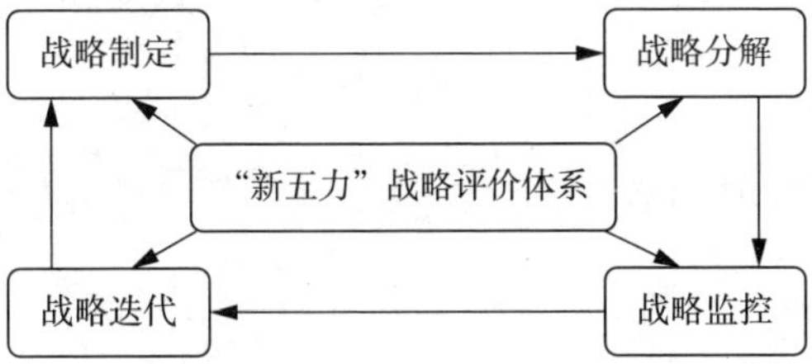

图1 “新五力”战略评价体系指导下的战略规划与实施闭环管理

（二）“新五力”战略指标选择原则

选择“新五力”指标时，遵循下面五个原则：

（1）指标具有战略引导性，聚焦重点方向；

（2）指标精简、功能不重叠；

（3）可从公开渠道获得、可横向对标；

（4）横向、纵向指标具有差异性；

（5）指标需动态调整、迭代更新，满足企业不同发展阶段需要。

（三）评价标准确定方法

“新五力”指标包括定量指标和定性指标，评价标准采用不同方法确定。定量指标评价标准以行业协会会员数据、沪深股市相关上市公司数据、国家统计局相关数据为样本，首先通过逐级平均法进行测算，然后结合世界一流企业对标确定，其中一次平均为平均值，三次平均为优秀值。定性指标评价标准在国家政策法规要求、行业统计分析和行业发展趋势基础上，结合世界一流企业对标确定。评价标准具有时效性，与评价期一致。评价期变化，评价标准同步调整。

（四）长中短板确定标准

根据“新五力”指标评价标准对企业进行系统扫描诊断。对于每个指标，将指标值与标准值对比，大于等于优秀值的为长板，小于平均值的为短板，介于平均值与优秀值之间的为中板，具体见图 2。

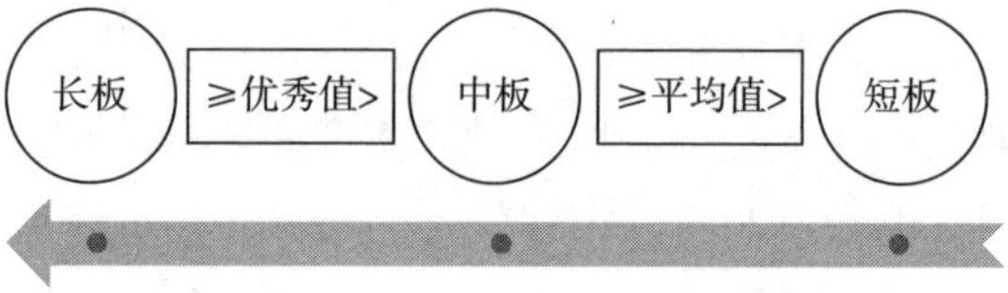

图 2　长中短板分类标准

（五）企业分类标准

在长中短板分类基础上，根据“新五力”指标长中短板情况，将企业综合竞争力分为如下四类：

一类企业：有长板无短板；

二类企业：有长板有短板；

三类企业：无长板无短板；

四类企业：无长板有短板。

其中，一类企业为最优企业，二至四类企业逐级下降。

二、指导战略管理实践，建立战略规划与实施闭环

（一）鞍钢集团“新五力”战略评价体系的构建

1. 建立“新五力”指标体系

鞍钢集团是拥有钢铁产业、钒钛新材料产业、矿产资源产业等多产业大型钢铁联合企业集团，根据鞍钢“集团总部管资本、子企业管资产”的管控定位和产业结构特点，构建了纵向分级、横向分类的“新五力”战略评价体系。在纵向上，分为集团、子企业两级；在横向上，分为钢铁、钢铁+钒钛、铁矿资源三类，其中鞍山钢铁为钢铁类，攀钢为钢铁+钒钛类，鞍钢矿业为铁矿资源类。分级指标选择时分别从行业及产业、成本、效率方面考虑，分类指标选择时从不同的产业特点考虑。

（1）竞争力指标体系。

营业利润率、全员劳动生产率等效率、效益指标是体现钢铁行业竞争力的重要指标，也是央企创建世界一流企业、提高核心竞争力的重要指标。支撑盈利能力的核心经营指标包括净资产收益率、总资产收益率、营业利润率等，考虑到指标可公开获得并具有可对比可参照性，确定营业利润率、利润总额、全员劳动生产率为一级指标。

二级指标充分考虑产业和专业性要求，对一级指标逐级承接确定。二级指标侧重效率、成本，对钢铁和钒钛类，突出影响成本、效率权重较大的关键指标，如高炉利用系数、铁钢比等；对资源类，突出铁精矿成本指标。

（2）创新力指标体系。

科技自立自强是国家发展的战略支撑，国有企业要发挥国家队作用，当好技术创新“主力军”“排头兵”，在“卡脖子”关键核心技术攻关方面彰显“大国重器”担当。鞍钢是全国首批创新型试点企业，拥有钒钛资源综合利用、海洋装备用金属材料及其应用两个国家重点实验室，鞍钢股份技术中心和攀钢技术中心两个国家级技术中心，具有较强的研发实力。

着眼于提高鞍钢科技创新能力，将研发投入强度、国家级研发平台、国家科技奖/国际标准、体制机制创新作为创新力一级指标。

子企业是科技创新的主体，是承接落实集团创新力指标的责任单位，因此二级指标沿用了一级指标体系中的“国家级研发平台、研发投入强度、体制机制创新”指标。

（3）控制力指标体系。

控制力体现了企业规模大小和对资源、市场的掌控能力。钢铁产业控制力主要体现在产业集中度、市场占有率上，另外我国铁矿石对外依存度达80%以上，提升对铁矿石的控制力利于增强国家经济安全，因此确定粗钢产量、铁矿石自给率、核心区域市场占有率为一级指标。二级指标分别承接集团一级指标，鞍山钢铁选择粗钢产量、核心区域市场占有率指标，攀钢除完全承接集团一级指标外，还选择钒钛产品产量指标。鞍钢矿业为资源类企业，选择铁精矿产量指标。

（4）影响力指标体系。

影响力主要体现在品牌知名度、品牌价值、服务国家战略能力、名牌产品和通过资产上市提高知名度上。一级指标选择品牌价值、服务国家战略能力、资产证券化率。二级指标中的钢铁类和钒钛类选择名牌产品、服务国家战略能力、上市公司数量；资源类选择绿色矿山达标入库率。

（5）抗风险能力指标体系。

抗风险能力主要体现在投资风险、市场风险、财务风险、低碳环保风险的防控能力上。结合国家环保政策和碳达峰碳中和要求，在一级和二级指标体系上，选择资产负债率和低碳绿色指标。

“新五力”指标体系见表1。

表1 “新五力”指标体系

“新五力”	一级指标	二级指标		
		钢铁类	钢铁+钒钛类	铁矿资源类
竞争力	· 营业利润率 · 利润总额 · 全员劳动生产率	· 营业利润率 · 利润总额 · 营业收入 · 主业劳动生产率 · 高炉利用系数 · 铁水成本 · 铁钢比	· 营业利润率 · 利润总额 · 营业收入 · 主业劳动生产率 · 高炉利用系数 · 铁钢比	· 营业利润率 · 利润总额 · 营业收入 · 人均铁精矿产量 · 铁精矿制造成本

续表

"新五力"	一级指标	二级指标		
		钢铁类	钢铁+钒钛类	铁矿资源类
创新力	·研发费用占营业收入比例 ·国家级研发平台 ·国家科技奖和国际标准 ·体制机制创新	·研发费用占营业收入比例 ·国家级研发平台 ·体制机制创新 ·智慧制造	·研发费用占营业收入比例 ·国家级研发平台 ·体制机制创新 ·智慧制造	·研发费用占营业收入比例 ·体制机制创新 ·智慧矿山
控制力	·粗钢产量 ·铁矿石自给率 ·核心区域市场占有率	·粗钢产量 ·核心区域市场占有率	·粗钢产量 ·铁矿石自给率 ·钢铁产品核心区域市场占有率 ·钒制品产量 ·钛白粉产量 ·海绵钛产量 ·钛材产量	·铁精矿产量
影响力	·品牌价值 ·服务国家战略能力 ·资产证券化率	·名牌产品 ·服务国家战略能力 ·上市公司数量	·名牌产品 ·服务国家战略能力 ·上市公司数量	·绿色矿山达标入库率
抗风险能力	·资产负债率 ·低碳绿色（超低排、碳减排）	·资产负债率 ·低碳绿色（超低排、碳减排）	·资产负债率 ·低碳绿色（超低排、碳减排）	·资产负债率 ·低碳绿色（超低排、碳减排）

2. 确定指标评价标准

在标准制定上，定量指标标准按照"测算+世界一流企业对标"原则，以钢铁、钛白粉、钛锆铪、矿山、有色等行业协会会员数据，国家统计局数据，Wind 平台数据等作为数据源，采用逐级平均法进行测算，初步确定标准值（平均值和优秀值），然后结合世界一流企业对标确定；定性指标标准按照"统计分析+世界一流企业对标"原则，根据国家政策要求、行业相关信息及行业发展规律进行分析、评估，结合世界一流企业对标确定。"新五力"指标标准确定原理见图 3。

指标评价标准根据评价阶段确定。以 2020 年营业利润率和资产负债率评价标准为例：根据钢协 88 家会员企业数据，采用逐级平均法对 2020 年钢铁行业营业利润率和资产负债率标准值进行测算，得到的行业营业利润

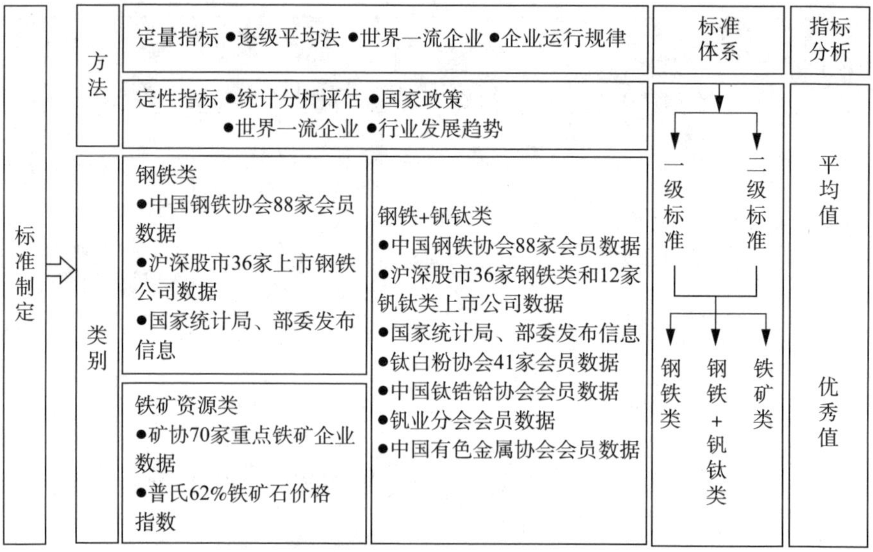

图3 “新五力”指标标准制定原理

率平均值、优秀值分别为4.38%、10.55%，资产负债率平均值、优秀值分别为62.35%、32.94%。同期浦项营业利润率为3.5%，资产负债率为39.72%，通过与浦项对标，测算的行业营业利润率平均值高于浦项，说明营业利润率标准合理，直接作为评价标准应用，但行业平均资产负债率远高于浦项，根据企业正常运营规律，资产负债率应该控制在40%~60%，因此将资产负债率平均值、优秀值标准调整为60%、40%。

3. 按需调整指标和评价标准

在应用推行过程中，为了使“新五力”评价体系适用于不同级别、不同类别企业，对指标和评价标准进行了调整，因此评价体系中部分横向、纵向指标虽然相同，但评价标准不同。以全员劳动生产率为例，在纵向上，集团层面评价标准采用的是行业人均工业增加值，而子企业层面（鞍山钢铁、攀钢、鞍钢矿业）采用的评价标准是主业劳动生产率。在横向上，鞍钢矿业主业劳动生产率采用的是铁矿类企业人均铁精矿产量，鞍山钢铁和攀钢主业劳动生产率采用的虽然都是主业人均钢产量，但评价标准不同，其中鞍山钢铁人均钢产量评价标准与浦项对标确定，相对较高（平均值1200吨粗钢/人·年、优秀值2000吨粗钢/人·年），而攀钢评价标准与其他钒钛磁铁矿同类企业对标确定，相对低一些（平均值800吨粗钢/人·年、优秀值1200吨粗钢/人·年）。2020年钢铁行业标准值示例见表 2。

表 2　2020 年钢铁行业标准值

<table>
<tr><th>“新五力”</th><th colspan="2">指标</th><th>优秀值</th><th>平均值</th></tr>
<tr><td rowspan="12">竞争力</td><td colspan="2">利润总额（万元）</td><td>1770000</td><td>240000</td></tr>
<tr><td colspan="2">营业利润率（%）</td><td>10.55</td><td>4.38</td></tr>
<tr><td colspan="2">全员劳动生产率（万元/人·年）</td><td>939</td><td>312</td></tr>
<tr><td rowspan="2">钢铁主业劳动生产率（吨/人·年）</td><td>普钢公司</td><td>2000</td><td>1200</td></tr>
<tr><td>钒钛磁铁矿钢铁公司</td><td>1200</td><td>800</td></tr>
<tr><td rowspan="3">高炉利用系数（吨/立方米·天）</td><td>4000 立方米以上</td><td>2.253</td><td>2.166</td></tr>
<tr><td>2000~4000 立方米</td><td>2.75</td><td>2.39</td></tr>
<tr><td>1000~2000 立方米（钒钛磁铁矿高炉）</td><td>2.8</td><td>2.7</td></tr>
<tr><td>铁水成本（元/吨）</td><td>铁矿石冶炼</td><td>2089.92</td><td>2316.45</td></tr>
<tr><td rowspan="2">铁钢比（千克/吨）</td><td>铁矿石</td><td>790</td><td>893</td></tr>
<tr><td>钒钛磁铁矿</td><td>1015</td><td>1025</td></tr>
<tr><td rowspan="5">创新力</td><td colspan="2">研发费用占销售收入比例（%）</td><td>3.65</td><td>1.27</td></tr>
<tr><td colspan="2">国家级研发平台</td><td>拥有国家重点实验室</td><td>拥有国家级技术中心/联盟</td></tr>
<tr><td colspan="2">国家科技奖/国际标准</td><td>获国家科技奖 3 项，主导或参与国际标准 2 项</td><td>获国家科技奖 1 项，主导或参与国际标准 1 项</td></tr>
<tr><td colspan="2">体制机制创新</td><td>实施多元多层激励机制，采用职业经理人团队</td><td>完成 2 项及以上激励机制改革</td></tr>
<tr><td colspan="2">智慧制造（数智化）</td><td>已建成“黑灯工厂”、数字车间等智慧产线</td><td>数智化产线正在建设中</td></tr>
<tr><td rowspan="3">控制力</td><td colspan="2">粗钢产量（万吨）</td><td>4370</td><td>1007</td></tr>
<tr><td colspan="2">铁矿石自给率（%）</td><td>50</td><td>拥有国内矿山</td></tr>
<tr><td colspan="2">核心区域市场占有率（%）</td><td>30</td><td>10</td></tr>
</table>

续表

“新五力”	指标	优秀值	平均值
影响力	品牌价值	进入中国 500 最具价值品牌排行榜前 100 名	进入中国 500 最具价值品牌排行榜
	服务国家战略	主导中央财政科技计划/国家重点建设项目/“一带一路”项目/关键核心技术	参与中央财政科技计划/国家重点建设项目/“一带一路”项目/关键核心技术
	资产证券化率(%)	83.22（14 名）	35.33（25 名）
	上市公司数量	现有上市公司+至少一个 IPO	现有上市公司数量
抗风险能力	资产负债率（%）	40（15 名）	60（50 名）
	低碳绿色发展	实现超低排放	实现达标排放
		碳减排 30%	碳减排技术研发中

（二）指导战略规划与实施闭环管理实践

1. 建立战略规划与实施闭环

战略规划与实施闭环管理即战略规划的全生命周期管理，包括战略规划制定、战略分解落实、战略实施监控和战略迭代提升。鞍钢集团应用“新五力”战略评价体系作为战略管理工具，建立了战略规划与实施闭环。鞍钢集团战略规划与实施闭环管理体系见图 4。

在“十四五”战略规划制定过程中，根据鞍钢集团“新五力”评价体系评价结果和有长板无短板的一类企业目标定位，确定了“十四五”期间“新五力”目标，并分解落实到子企业；根据“新五力”战略评价体系分析，确定了消短板、锻长板的“新五力”提升目标，明确了 12 条战略路径，制定了 16 条战略措施。

在“十四五”规划推进过程中，根据“新五力”评价，从板型（长、中、短板）、排名、数值三个维度对战略规划实施进展进行季度监控，对短板指标、排名下降的指标和增长幅度低于行业的指标提出战略警示，并在下一步战略推进中作为战略重点监督落实，加大力度引导提升。

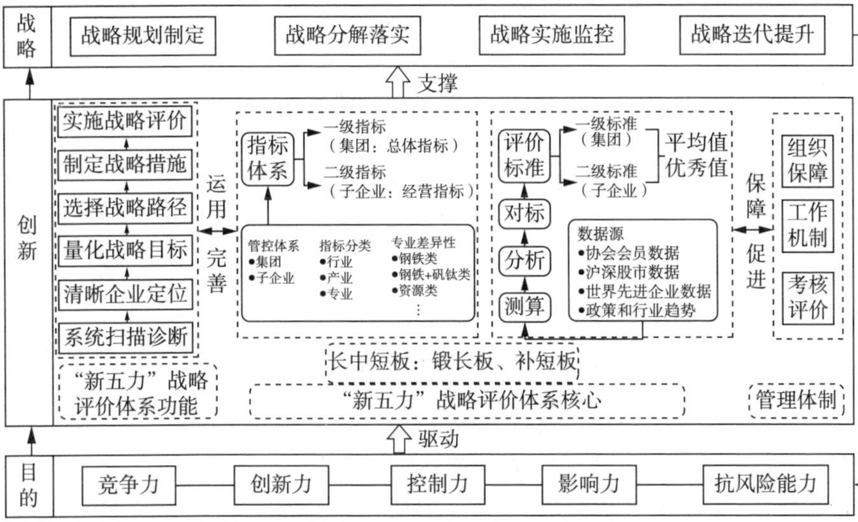

图 4 鞍钢集团战略规划与实施闭环管理体系

在定期战略监控基础上，根据国家政策调整和集团发展需要，建立战略迭代制度，包括“新五力”指标适时调整和战略调整。例如，在指标调整方面，2021 年下半年，针对集团两金占用、期间费用存在问题，在“新五力”指标体系中增加了两金占比等 6 个指标；面对国家限制钢产量政策，对“新五力”指标中下半年粗钢产量指标进行压减调整，同时提出下半年整体盈利不低于上半年的要求；在战略调整方面，为在“卡脖子”关键核心技术攻关方面彰显“大国重器”担当作用，鞍钢集团对科技创新战略进行了调整，将加大研发经费投入，聚焦国家关键核心技术攻关任务，尽快解决“卡脖子”问题，争当原创技术“策源地”和现代产业链“链长”。针对集团公司战略调整，子企业同步调整生产经营战略，积极探索新形势下最佳生产经营组织模式，以效益为中心，兼顾战略客户需求，加强质量管理和服务跟踪，按照效益高低动态做好资源优化，高质量完成全年任务，确保跑赢行业。战略监控迭代破解以往战略管理闭环差、落地难问题，夯实了“新五力”战略管理基础，推动战略管理 PDCA 循环。

2. 实施“新五力”战略管理引导

鞍钢集团投资决策之前采用的是“负面清单”制，仅列出不允许投资的条件，对战略引领考虑得不充分，采用“新五力”战略评价体系进行战略管理后，改变了投资决策方式，由“负面清单”完全转向“投资计划”，将符合集团战略方向的提升“新五力”投资计划列入投资方向清单，将投资与战略完全挂钩。在集团和二级公司董事会，“新五力”评价结果与总经理年度评价和任期评价挂钩，权重系数分别为10%和30%。在集团总部，根据集团一类企业即世界一流企业目标定位，各职能部门分别围绕“新五力”提升制定专项职能规划，集团投资、财务预算、人力资源配置、科技创新、数字化发展、管理创新、低碳环保、国际化发展等全部跟着“新五力”战略走。在子企业层面，鞍山钢铁、攀钢、鞍钢矿业等二级公司根据一类企业目标定位，应用“新五力”分析制定子企业规划，生产计划全部跟着“新五力”战略走。

三、可转化的要点与思考

（一）形成了一套行之有效的战略评价体系

“新五力”战略评价体系的创新之处是采用“指标+标准”，进行长中短板评价模式，与其他采用“指标+权重+赋分”进行总分评价的战略评价体系相比，形成了一套新的战略评价体系，其应用不受行业、企业限制，已在本钢得到推广应用，并获得高度评价和认可。

在鞍钢集团的战略管理实践中，在集团层面形成了15个指标+标准组成的“新五力”战略评价体系；在子企业层面，根据鞍山钢铁、攀钢、鞍钢矿业不同的产业特点，分别形成了18个指标+标准组成的钢铁类“新五力”战略评价体系、22个指标+标准组成的钢铁钒钛类“新五力”战略评价体系以及12个指标+标准组成的铁矿资源类“新五力”战略评价体系。在战略制定、分解、监控和修正迭代过程中，鞍钢集团通过在纵向、横向上应用适合各企业特点的“新五力”战略评价体系量化评价，将增强“新五力”具体落实到综合竞争力全面提升的实践中，“新五力”对战略管理的引领作用得到有效发挥，是一套行之有效的战略评价体系。

（二）科学指导企业建立战略规划与实施闭环

大型国有企业在战略管理实践中通常面临下列问题：一是偏向定性分析，量化指标支撑不足；二是战略管理标准的客观性、确定性、统一性不足；三是战略目标的确定缺少客观依据；四是战略路径选择不够直接、清晰；五是战略制定、执行、评价、考核、调整各环节衔接性较弱，战略规划与实施闭环管理支撑不足。“新五力”战略评价体系采用量化指标和客观标准评价绩效，解决了战略目标不明确、路径不清晰、战略落地落实不足、实施效果难以评价等痛点、难点问题，且在战略资源配置过程中，突出了市场在资源优化配置中的决定作用。

鞍钢集团在战略制定、分解、监控和修正迭代过程中，通过“新五力”战略评价体系测算、统计分析，并结合世界一流企业对标，将“十四五”战略规划目标科学量化并分解落实；通过“新五力”战略监控、警示，使短板指标快速升级改善，规划目标实施到位，战略迭代有据可依。在“新五力”战略评价体系指导下，通过抓投资，制定投资方向清单，严控投资完成率，强化投资管理；通过抓计划，年度生产经营计划完全跟随“新五力”战略指标走，避免两层皮；通过抓考核，将“新五力”评价纳入年度绩效和领导人员任期考核，加大考核力度。通过战略规划与投资计划、生产经营计划、绩效考核的有机衔接，形成有效激励和有力约束，把控战略方向，强化战略引领。“新五力”客观、公正的战略评价得到了集团上下的广泛认可，各部门和子企业的评价方式积极改变，由与自己比、与历史比主动转向与“新五力”标准比、与世界一流企业比，相互之间的关系由竞争转为竞赛，“新五力”对战略管理的引领作用得到有效发挥，战略管理更加规范、有序，战略管理能力显著增强，科学建立了战略规划与实施闭环。

（三）全面推动鞍钢集团高质量发展

应用“新五力”战略评价体系指导战略管理，将企业放在市场上、摆在行业中，在鞍钢集团内部统一了思想、统一了标准。清晰的战略目标，明确的战略责任，“新五力”战略评价体系激发了鞍钢集团的活力和内生动力。在“新五力”战略目标引领下，鞍钢集团大力提高经营质量、深入推进关键“卡脖子”核心技术、原创技术开发，快速推进混改、职业经理人等体制机制改革，消短板、锻长板取得显著效果，增强国有经济“五力”要求得到充分落实。

2021 年上半年，在鞍钢集团 15 个“新五力”战略指标中，有 2 个短板、5 个长板、8 个中板，相比于 2020 年的 5 个短板、4 个长板、6 个中板，消除了 3 个短板，且营业利润率达到 13.5%，位居行业第 5，同比前进49位，由2020年的短板跃升为长板，实现“双连跳”；利润总额达到202亿元，接近长板；资产负债率比2019年降低5个百分点，接近中板；全员劳动生产率升为中板，实现“十三五”以来首次短板突破。在子企业层面，战略监控对技经指标提升作用明显。以高炉利用系数为例，“十三五”末期鞍山钢铁、攀钢多数高炉利用系数为短板，导致炼铁工序效率低、成本高。通过对高炉利用系数监控、警示，鞍山钢铁、攀钢将高炉利用系数作为战略重点不断推进。2021年上半年，两家子企业多数高炉利用系数已经提高20%以上，由短板升为中板，且部分高炉刷新历史纪录。效率提升带来成本降低、利润增加，上半年鞍山钢铁、攀钢营业利润率分别达到9.89%、8.72%，比2020年行业排名提前43名和18名，“新五力”战略评价体系全面推动了鞍钢集团高质量发展。

课题组核心成员：林 垚 毛艳丽 王艳红 景 馨 李成志 侯跃丹

编辑：李 兴 庄皇伟 罗 娅

精细化管理理念在国企基层党建工作中的实践应用

中国五环工程有限公司

一、研究背景

（一）精细化管理在当代科学管理实践中的重要性

精细化管理是一种管理理念、管理文化和管理技术。当今时代，通过推动组织系统内部制度化、规范化、标准化、程序化、数据化、信息化，促进组织架构内的每一个人尊崇工作制度、遵循工作流程、遵照工作要求，以保障组织的顶层设计、战略部署、目标结果的实现，已成为广泛共识和不懈实践。

（二）新时代党的建设伟大工程需要科学管理方法

2016 年 10 月 10 日，党中央召开全国国有企业党的建设工作会议，习近平总书记亲自出席会议并发表重要讲话，系统阐释了新时代我们党领导国有企业的大政方针、根本原则和重大举措，是新时代国有企业改革发展和党的建设的指南针、定盘星。“坚持党对国有企业的领导不动摇，发挥企业党组织的领导核心和政治核心作用。”“坚持党的领导、加强党的建设，是我国国有企业的光荣传统，是国有企业的‘根’和‘魂’，是我国国有企业的独特优势。”认真学习贯彻习近平总书记关于新时代国有企业党的建设的重要思想，深入贯彻落实新时代党的建设总要求和党的组织路线，明确在深化国有企业改革中坚持党的领导、加强党的建设总体目标、根本原则、指导方针、工作格局、重点任务，为做强做优做大国有资本、培育具有全球竞争力的世界一流企业提供坚强保证。党的建设伟大工程是一项系统工程，科学管理对推进党的建设伟大工程具有重要意义。

（三）总书记对基层党建指示需要引入精细化方法

关于加强国有企业基层党建，习近平总书记强调，必须从最基本的东西抓起，从基本组织、基本队伍、基本制度严起，在打牢基础、补齐短板上下功夫，推进党建工作理念创新、机制创新、手段创新，让支部在基层工作中唱主角。加强国有企业基层党建工作，必须树立党的一切工作穿透到支部的理念，加强支部标准化、规范化建设。为贯彻落实党中央关于国有企业党建工作的一系列决策部署，特别需要在国有企业基层党组织中引入精细化的管理理念、管理文化和管理技术，推进国有企业基层党委，尤其是基层党支部的党建工作精细化，保障党建工作高质量和高效能，最终为实现国有资产保值增值提供坚实保障。

二、研究设计

（一）研究方向

《中央企业党建工作责任制实施办法》及配套制定的《中央企业党建工作责任制考核评价暂行办法》，把党中央重大决策部署、习近平总书记重要指示批示、全国国企党建工作会重点任务，细化为 6 个一级指标、17 个二级指标、44 个评价要点，把党对中央企业的全面领导、党中央关于国有企业党的建设的总体要求，从原则规定转化为可考核、能量化的“刚性标准”。

考核是指挥棒，党建考核的精细化必然要求党建工作的精细化。作为中央企业的二级单位，接受考核并获得优秀评价，就要从党建工作规划计划、党建工作领导机制、党建工作责任分解、党建工作任务开展，支部党建考核评价等各个方面，引入精细化管理，通过管理的精细化，保证执行的精细化。

1. 党建工作部署安排的精细化

要明确本企业党的建设总体思路、基本原则、重点任务和具体举措，把党中央全面从严治党战略部署转化为本单位党建工作具体任务。要做好规划和计划的任务分解，按照量化到岗、责任到人、具体到事的原则，形成可操作、可执行、可考核的责任清单、任务清单，明确完成任务的路线图、时间表、责任人，确保党的建设各项任务有效实施。

2. 党建工作任务执行的精细化

要做好党建工作的过程管控，运用台账管理、挂图作战等方式，明确责任单位、责任领导、工作节点、工作成果、完成时限，保证工作过程可控。

3. 党建工作考核评价的精细化

重点考评与综合考评相结合，静态考评与动态考评相结合，组织考评与群众测评相结合。要提高考核评价的客观性、准确性，要做到考评的指向清晰、内容具体、标准量化，减少模糊空间，确保考评结果的信度和效度。

（二）研究重点

课题研究的是中央企业二级企业党委及下设党支部，在基本组织、基本队伍、基本制度“三基建设”方面，如何实施精细化管理，从而保障党内法规、制度、文件以及上级决策部署扎实有效贯彻落实。课题研究侧重实操性，提供了较多的操作性示例，其作用在于提供可借鉴的方式方法和操作指引，但不作为规范性和标准化模板。

（三）研究方法

1. 资料研究

资料研究包括两个方面。一是整理分析中国化学工程集团有限公司开展2020年度党建责任制考核形成的各类资料文件。这些文件资料基于以下方式和样本数据产生：

考核方式：个别访谈、现场询问、查阅资料、满意度测评；

考核范围：26家所属企业党组织；

访谈人员：党委班子成员126人、党建部门负责人79人、基层党支部书记以及党员和职工代表285人；

测评人数：1741名干部职工；

查阅材料：12000余份。

二是对中国化学工程集团有限公司党委巡视和巡视“回头看”中国五环工程有限公司党委所发现的党建问题进行整理分析，以及对中国五环工程有限公司党委开展内部巡察、每年度党建检查、每季度党建督查所发现的党建问题整理分析。

2. 外出调研

与相关党校、干部学院就基层党建工作进行工作交流，包括湖北省委党校、古田干部学院、湖北红安干部学院大别山分院。

3. 工作交流

对相关行业国有企业党建工作进行调研。包括中冶南方工程技术有限公司、中国医药集团联合工程有限公司、江汉油田勘探开发研究院、武汉长城创新科技园有限公司。

（四）研究架构

一是提出调研问题清单，分析问题并做出论断；二是提出适用于基层党建工作的精细化理念和方法；三是提出基层党建工作引入精细化管理的总体思路；四是提出在党建基础性工作中具体开展精细化管理的方法和示例；五是提出持续提升精细化管理水平的努力方向。

三、研究内容

（一）研究分析论断

课题组基于资料研究、外出调研和工作交流，形成了基层党组织党建工作常见问题清单，问题清单从10个方面进行归类，共计64个问题。

从问题清单分析，课题组认为主要原因有：工作制度不够健全、人员履责不够到位、工作流程不够清晰、岗位职责不够明确、监督检查不够精细、考评体系不够完善、信息化手段不够充分。对这些原因作进一步分析，很大程度是由于党建工作精细化管理程度不够。如果在履行职责、执行制度、制定计划、部署工作、执行任务、监督检查、考核评价等各个环节引入精细化管理，则很多基层党组织的党建工作问题都能得到有效解决。

基于精细化管理理念，对问题统计汇总：

不适宜精细化管理予以解决的问题有14个，占比21.9%；

可借助精细化管理予以基本解决的问题有39个，占比60.9%；

可借助精细化管理予以部分解决的问题有11个，占比17.2%。

（二）工作方法建议

精细化管理强调的是制度和规则以及把制度和规则转变为行为的过程，关键在于制度和规则执行的精细化。要细化分解每一项具体工作，引入和采用制度化、规范化、标准化、程序化、流程化、表单化、清单化、台账化、数据化、信息化等各类精细化管理工具，从而保证党建工作高质量、高标准执行。

1. 制度管理精细化

（1）各岗位工作均有制度规定。

（2）制度对工作标准给予明确。

（3）工作标准尽量客观并量化。

（4）制度配套建立作业指导书。

（5）作业指导书提供标准模板。

（6）制度执行得到信息化支撑。

（7）制度有专人管理维护发布。

2. 职责管理精细化

（1）实施目标管理。

（2）实施岗位管理。

（3）实施职责管理。

（4）实施过程管理。

（5）实施绩效管理。

（6）形成闭环管理。

（7）构建激励机制。

3. 任务管理精细化

（1）针对工作任务制定工作计划。

（2）针对工作计划设置工作流程。

（3）针对工作流程设置里程碑点。

（4）监控工作任务执行进展状态。

（5）明确工作任务最终工作成果。

（6）任何执行偏差得到及时纠正。

（7）关注并协调涉及跨部门问题。

（三）总体工作思路

总体工作思路见图 1。

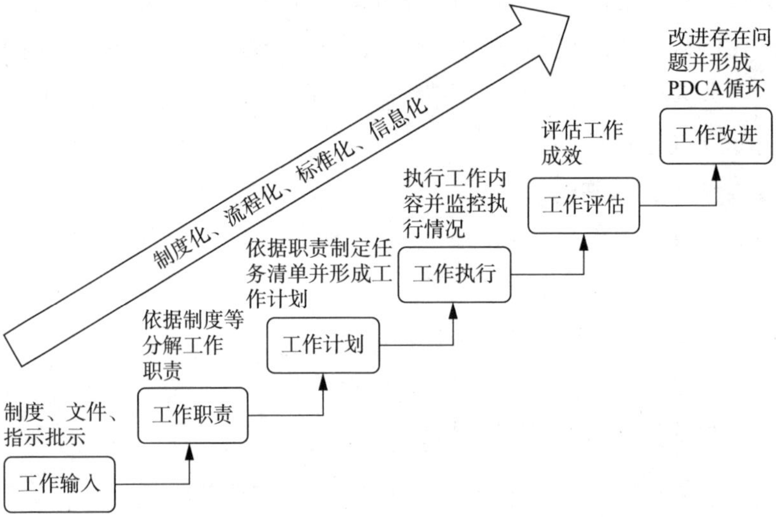

图 1　总体工作思路

1. 制度作为遵循

党建工作精细化是覆盖全工作流程的精细化。精细化管理要从工作源头开始。工作源头即是工作遵循，通常体现为从中央颁布的党内法规开始的各层级制度、文件、部署、要求，尤其是总书记重要讲话和指示批示，这些都形成了基层党组织党建工作的输入。工作输入管理精细化的重要性体现在它是后续一切工作精细化的前提。

2. 制度转化职责

要对规章制度和上级文件细化分解，形成基层党组织各项具体的党建工作职责，形成各级党组织的党建工作职责清单。

3. 职责形成任务

要基于职责内容和上级党组织年度工作部署，制定年度党建工作计划，进而形成年度党建工作任务清单，任务清单要明确过程内容和成果内容。要注意将上级最新的工作部署通过版本升级的方式，及时增添到年度党建工作计划中，并形成新的任务清单，保证清单任务持续更新调整。

4. 任务执行受控

要对党建工作任务进行管理，跟踪、指导、监督执行状态，保障工作执行受控和纠偏。

5. 考核任务科学

要对工作成效进行科学合理评估，尽量做到量化考核。要反馈评估考核结果，并基于考核结果实施持续改进的 PDCA 循环。

（四）具体应用示例

1. 党建工作制度管理

仅就法规制度和上级文件作为党建工作输入进行研究。基于调研，党建工作输入管理不精细的现象主要表现为：上级现行制度未执行、延用上级废止的制度、本级制度针对性不强、制度之间的耦合不好。究其原因，主要有：一是未建立制度管理体系机制。没有明确实施党建制度和文件管理的职能部门、岗位人员、工作机制。二是归类管理不精细。没有对党建制度和上级文件管理做到分层分级、分类分项进行管理。三是跟踪管理不及时。没有对党建制度和上级文件的有效性进行跟踪管理。四是评估管理不到位。没有对上级制度在本级的适用性、可操作性进行评估管理。五是协作管理不顺畅。没有建立党务职能部门之间以及党务职能与行政职能部门就党建制度和上级文件管理的协作机制。

针对上述问题现象，提出以下具体操作建议：

（1）汇编管理。

凡是工作中需要用到的文件都应分层级分类别进行汇编。党中央印发的制度和文件作为一级文件，国务院国资委制定的配套制度或文件作为二级文件，以此逻辑关系，直至汇编至本企业层级的制度或文件，所有文件则应汇编在一起。

（2）更新管理。

任何一个层级的制度与文件一旦有修订、新增、废止，应及时调整文件汇编。同时应提供以下信息：按时间顺序的不同版本、已废止的版本应注明废止标识、不同版本的差异所在、版本适用的职能部门；若新颁布文件的同时废止现有文件，应第一时间对现有文件标注废止，并同时标注废止的依据文件。

（3）评估管理。

对上级印发的制度和文件及时进行评估，确认本级党组织是否需要配套制定、修订或完善相应内部制度，以提高制度执行的适用性、针对性、有效性。

（4）协作管理。

要明确党建制度与文件管理的主责部门、辅责部门，明确主辅责部门之间的沟通协作机制，保证文件分发与接收的及时性与覆盖面，相关性文件之间不存在冲突。

课题组梳理了2012年以来中央颁布的法规，形成国有企业基层党组织党建工作输入制度管理台账。

上级党组织除了颁布各项制度外，还会印发各类文件，这些文件同样是工作输入的重要组成部分。课题组梳理了2021年1—9月中央印发的文件，形成国有企业基层党组织党建工作输入文件管理台账。

2. 党建工作职责管理

（1）检索党内法规。

党建工作职责的主要依据是中央颁布的党内法规。课题组查阅了党的十八大以来党中央颁布的党内法规，检索出与基层党组织党建工作关联密切的法规，然后逐项梳理出基层党组织党建工作的内容与要求，在此基础上形成党建工作职责清单。

（2）建立工作清单。

针对基层党组织党建工作职责清单，从基层企业党委和党支部两个层面，提出将职责内容转化为具体任务的建议，形成工作任务清单。

3. 党建工作任务管理

党建工作任务落实不到位，执行有偏差，关键在于任务管理的缺失或者任务管理不够精细。任务管理的有效方式是借助信息化手段，对具体党建任务实施信息化管理。

课题组牵头，组织有关力量研究并建立了党建工作管理系统。通过建立党建信息管理系统，集成年度各项党建工作任务，输入管理系统，分别形成党委、党务职能部门和党支部三个层级的年度党建工作具体任务。设定各项任务的开始时间、完成时间，明确上传相关工作电子记录的具体要求。通过设置每项具体任务的得分值、权重比、任务类型、进展状态，对各项党建具体任务的执行情况实施后台动态监控检查，达到党建工作任务管理的输入全面、过程指导、动态监督、成果评估的信息化和精细化，也为党建工作责任考核提供了量化基础。

4. 党建工作流程管理

党建工作，尤其是基层组织工作，有诸多内容需要遵循严格的工作流程。在基层党组织的具体操作中，经常存在工作流程不规范，流程内容有缺失的问题。这些问题，都能够通过流程管理予以较好解决。流程管理的关键在于流程环节分解颗粒化，就如同导航地图一样，每一个方向的改变，每一个路口的选择，都非常具体明晰。

以发展党员的组织工作流程为例，在许多常见的党建工作实务书籍或网络上，都能找到发展党员流程图。课题组认为，这些图例对发展党员工作流程的分解并不足够精细，没有做到将工作环节、工作内容、职责主体、工作要求、资料提交、制度条款相互勾连，对接彼此关系，因此，流程图并不能真正发挥流程管理的作用，并不适宜作为流程信息化开发输入。

课题组根据《中国共产党章程》和《中国共产党发展党员工作细则》，发展党员的组织工作流程为例，绘制出能够发挥流程管理作用的流程图，为党建工作流程管理提供借鉴。如图 2 所示。

5. 党建工作标准管理

有些党建工作涉及标准执行，其中党费和党建工作经费的使用管理最具代表性。在基层党组织的实际工作中，经常存在党费和党建工作经费的使用管理不规范问题，包括科目不符、标准超标、报销审核不严等现象。针对这些问题，通过标准管理可以有效地解决。

课题组在企业办公信息平台上，开发出党费和党组织工作经费使用管理线上审批审核模块，将党中央和上级党组织颁布的法规制度关于使用范围界定和开支标准限额，嵌入到信息化管理模块中，通过信息化手段施以控制，能有效避免费用支出超标越界的问题。

以“党建活动申请”为例，在党建活动申请审批流程中，对经费使用的用途、科目、金额进行范围划定和限额设置，从而保障经费的开支使用严格规范。如规定党建活动的中晚餐标准为 40 元/人，在党建活动经费预算中予以信息化条件控制后，输入 50 元餐标则显示餐费“超标”，不予通过；规定场地费标准为每半天人均不超过 50 元，若申请经费超过 50 元则显示“场地费超标”，不予通过。

XXXX公司	党员发展流程					版
					第 页	共 页
				告知 P 流程节点；主要流程 → 流程流转		
过程步骤 \ 责任单位/人	党委	党支部	个人	工作要求	过程文件	制度条款
一 申请入党						
1 递交入党申请书		P	递交入党申请书	年满18周岁的中国公民	入党申请书	第二章第五条
2 党组织派人谈话		P		收到入党申请书后1个月内	谈话记录	第二章第七条
二 入党积极分子的确定和培养教育						
3 推荐和确定入党积极分子		P		支部委员会集体研究决定	支委会记录	第二章第八条
4 上级党委备案材料		P		了解入党积极分子是否具备条件，手续是否齐全	入党积极分子备案表	第二章第八条
5 指定培养联系人		P		1~2名正式党员	指定培养联系人意见	第二章第九条
6 培养教育考察	P			支部每半年考察；基层党委每年进行队伍分析	培养教育考察表	第二章第十条
三 发展对象的确定和考察						
7 确定发展对象		P		培养1年后听取党小组、培养联系人、党员和群众意见	发展对象登记表	第三章第十三条
8 报上级党委备案	P			认真审查；提出意见	备案登记表	第三章第十三条
9 确定入党介绍人		P		2名正式党员	支委会记录	第三章第十四条
10 进行政治审查	P			审查情况形成结论性材料	政审材料	第三章第十六条
11 开展集中培训			P	不少于3天或不少于24学时	入党积极分子培训考试	第三章第十七条
四 预备党员的接收						
12 支部委员会审查		P		征求意见，集体讨论	支委会记录	第四章第十九条
13 上级党委预审	P			书面通知党支部	审查结果	第四章第十九条
14 填写入党志愿书			P	在入党介绍人指导下填写	《中国共产党入党志愿书》	第四章第十九条
15 支部大会讨论		P		双过半原则、逐个讨论	会议记录	第四章第二十条
16 上级党委派人谈话	P		P	党委审批前谈话	谈话情况记录	第四章第二十四条
17 上级党委审批	P			3个月内逐个表决	会议记录	第四章第二十六条
18 再上一级党委组织部门备案	P			上级备案	备案报告	第四章第二十七条
五 预备党员的教育考察和转正						
19 编入党支部和党小组		P		及时编入，继续考察	党支部名册	第五章第二十九条
20 入党宣誓			P	严肃认真	入党宣誓	第五章第三十条
21 继续教育考察		P		预备期1年	预备期材料	第五章第三十二条
22 提出转正申请			P	书面申请	转正申请材料	第五章第三十三条
23 支部大会讨论		P		参照接收预备党员的程序	会议记录	第五章第三十三条
24 上级党委审批	P			3个月内审批	会议记录	第五章第三十四条
25 材料归档		P		妥善归档	党员档案材料	第五章第三十七条

图2　党员发展流程图

6. 党建工作责任考核

抓党建就要抓责任，抓责任就要落实到党建责任制考核上，要用好考核评价这个指挥棒。通过调研发现，国有企业党建责任制难以完全落实，很重要原因就在于难以科学量化考核。把庞杂的基层党建工作，简化为管根本、可考量的指标体系，顺应党建工作规律，是提升党建质量的有效方式。

（1）基本原则。

党建工作责任考核精细化，首先要做到“两个明确”。

一是指标明确。推动基层党建全面过硬，必须使党建工作“化虚”为实，对党建工作责任的考核要更多体现为对具体任务的考核，要转化为可考核、可量化的指标。

二是内容明确。要依据党建工作规划和计划的任务、上级党组织关于党建工作要求和任务、党建规定动作、全年动态增添的任务等，设置年度党建综合考核内容及指标。

（2）基本思路。

概括来讲，基本思路就是做到“两个契合”“三个结合”。

一是契合最新实情。在考核框架总体不变的情况下，每年均要制定年度考核方案，做好系统思考和顶层设计，尽量做到既全面，又突出重点。增加或删减年度考核内容，调整指标权重设置，保障每年的党建考核契合上级要求和企业实情。

二是契合工作实际。提高考核评价的客观性、准确性。党建考评指标体系要指向清晰、内容具体、标准量化，减少模糊空间，体现考核意图，保证考评结果的信度和效度。在设置共性考核指标的同时，可以依据党组织所在机构承担的职能不同，设置个性化考核指标，避免对所有基层党组织设置完全一样的考核指标。

三是过程管理结合。基于党建工作任务管理，对党建工作实施日常动态考核，将年底集中考核与日常动态考核相结合。这样既促进了基层党组织对党建工作的重视度，又保障了党建考核的精准度。

四是组织上下结合。针对不同的考核内容，将上级党组织考核与党员职工群众测评相结合。比如作风建设、思想政治工作、密切联系群众等内容的考核，更适合通过党员职工群众测评的方式开展。

五是企业业务结合。将党建工作考核与经营生产管理考核相结合，经营生产管理目标完成情况的考核得分纳入到党建工作考核得分，体现党建工作围绕中心、服务大局的工作成效，有效解决党建工作与企业经营生产工作相脱节的“两张皮”问题。

（3）具体操作。

基于调研和课题组所在企业党建工作实践，以基层党支部党建工作考核为例，可采用四类考核评价方式计算党建考核综合得分：基本评价指标得分（百分制）+动态评价指标得分（绝对分）+创新评价指标得分（绝对分）+约束评价指标得分（扣减分），党建考核结果排序按四类考核评价方式累加分的高低排序，最后划定优秀、良好、一般、较差四个档次。

①基本评价指标得分（百分制）。企业基层党支部可以划分为五个序列进行考核，即经营部门、生产部门、行政职能部门、党群职能部门、后勤服务部门。考核得分满分为 100 分，由业务工作绩效考核得分和党建规定动作考核得分组成，各占 50%权重。业务工作绩效考核得分是将五个序列的各个党支部所在单位的年度绩效考核得分（百分制），乘以 50%计入基本评价指标得分；党建规定动作考核得分是对适用于所有党支部的规定动作和计划任务（年初计划任务，不包括后续对计划增添的任务）的考核得分（百分制），乘以 50%计入基本评价指标得分。

关于绩效考核，经营序列的考核主要是对年度经营指标完成情况考核。生产序列的考核主要是对年度生产指标完成情况考核。行政职能序列的考核主要是公司战略规划推进、公司年度计划落实、贯彻落实上级部署和部门年度管理目标完成情况考核，通过邀请领导与专家评估和群众测评完成。党群职能序列的考核主要是贯彻落实上级部署和部门年度管理目标完成情况考核，通过邀请领导与专家评估和群众测评两种方式完成。后勤服务序列的考核主要是对服务保障任务完成情况考核，通过对设定服务目标任务完成情况考核、邀请领导与专家评估和群众测评两种方式完成。

关于党建规定动作和党建计划任务的考核，考核指标适用于所有党支部，属于共性指标。可通过任务管理系统来完成，在年初计划执行过程中即可逐步完成考核，分值逐渐累计，年终获得总分。

②动态评价指标得分（绝对分）。该项考核是对年初党建工作计划和任务清单下达后，后续动态追加的党建任务的考核。新增的党建工作任务

是适用于所有党支部的，属于共性指标。每项任务根据任务性质赋予一个分值，全年所有新增任务的评价分值进行累加，最终获得绝对分值总和。

③创新评价指标得分（奖励分）。重点考核党支部党建工作的“自选动作”，属于个性指标。受到上级给予集体和个人表彰的，受到上级肯定的工作亮点等，给予加分，分值累计但设有上限，一般不超过20分。

④约束评价指标得分（扣减分）。主要是对严重失职失责、违法违规，以及巡视巡察和上级组织的专项考核所发现问题进行扣减分，绝对累计但不设下限。

基于上述四类评价指标得分，最后给出综合考核结果评定。鉴于基本评价在考核中具有基础性地位，对基本评价指标得分划分为四档，即优秀、良好、一般、较差，只有基本评价指标得分获得优秀，才有资格获得党建工作综合考核优秀。在此前提下，党建考核结果依据上述四类评价指标得分的累加分高低排序，按预设比例给予优秀、良好、一般、较差的评定。党建工作责任考核示例如表1所示。

四、研究成果

（一）表单化成果

对党的十八大以来颁布的所有与基层党组织党建工作有关的法规进行检索，形成了基层党组织的党建工作内容清单。将基层党组织党建工作内容清单转化为具体的党建职责及任务表单。

（二）信息化成果

开发了党建工作管理信息系统，实现了对具体党建工作任务的过程管控，为党建工作任务管理提供了借鉴方法。开发了党费和党建工作经费使用申请及报销审批信息化管理模块，为党建工作实现标准管理提供了借鉴。

表1　党建工作责任考核示例

类别	序列	支部名称	基本评价指标得分（百分制）						动态评价指标得分（绝对分）		创新评价指标得分（奖励分）		约束评价指标得分（扣减分）		1+2+3+4总分	评定等次
			（1–1）重点任务：占比50%	得分	专家评估群众测评	得分	（1–2）党建基础工作：占比50%	得分	（2）新增党建任务（可加列）	得分	（3）自选动作、上级表彰、工作亮点等	得分	（4）严重失责失误、巡视巡察、违法违规等	得分		
经营部门序列	1	×××党支部	对年度经营指标完成情况考核得分		\	\	通过党建任务管理系统评价考核得分		新增任务		加分项		扣分项			
	…	……	……	…	…	…	……	…	……	…	……	…	……			
生产部门序列	1	×××党支部	对年度生产指标完成情况考核得分		\	\	通过党建任务管理系统评价考核得分		新增任务		加分项		扣分项			
	…	……	……	…	…	…	……	…	……	…	……	…	……			

续表

类别	序列	支部名称	基本评价指标得分（百分制）						动态评价指标得分（绝对分）		创新评价指标得分（奖励分）		约束评价指标得分（扣减分）		1+2+3+4总分	评定等次
			（1–1）重点任务：占比 50%	得分	专家评估群众测评	得分	（1–2）党建基础工作：占比 50%	得分	（2）新增党建任务（可加列）	得分	（3）自选动作、上级表彰、工作亮点等	得分	（4）严重失责失误、巡视巡察、违法违规等	得分		
行政职能管理部门序列	1	×××党支部	公司战略规划推进、公司年度计划落实、贯彻落实上级部署和部门年度管理目标完成情况考核得分		专家评估（35%）群众测评（15%）		通过党建任务管理系统评价考核得分		新增任务		加分项		扣分项			
	…	……	……	…	…	…	……	…	……	…	……	…	……			

续表

类别	序列	支部名称	基本评价指标得分（百分制）						动态评价指标得分（绝对分）		创新评价指标得分（奖励分）		约束评价指标得分（扣减分）		1+2+3+4总分	评定等次
			（1–1）重点任务：占比 50%	得分	专家评估群众测评	得分	（1–2）党建基础工作：占比 50%	得分	（2）新增党建任务（可加列）	得分	（3）自选动作、上级表彰、工作亮点等	得分	（4）严重失责失误、巡视巡察、违法违规等	得分		
党群职能工作部门序列	1	×××党支部	贯彻落实上级部署和部门年度管理目标完成情况考核得分		群众测评（与前列合占 50%）		通过党建任务管理系统评价考核得分		新增任务		加分项		扣分项			
	…	……	……	…	…	…	……	…	……	…	……	…	……			
服务保障部门序列	1	×××党支部	服务保障任务完成情况考核得分		群众测评（与前列合占 50%）		通过党建任务管理系统评价考核得分		新增任务		加分项		扣分项			
	…	……	……	…	…	…	……	…	……	…	……	…	……			

（三）流程化成果

以发展党员组织工作为例，绘制出流程管理样板流程图，为流程图真正发挥流程管理作用，以及为后续的信息化开发，提供了借鉴。

（四）模块化成果

提出了基层党支部党建责任考核模块化建议，为考核精细化给出了借鉴思路和解决方案。

五、展望建议

从调研和实践来看，基层党组织党建工作信息化建设水平总体还不高。信息化与精细化密切相关，没有信息化的支撑，精细化的空间会受限，精细化的成本会增加。因此，加大党建工作精细化与信息化的深度融合是今后的努力方向。深度融合要解决的主要问题包括：党建工作信息化的覆盖面不够宽，基层党组织在很多方面还沿用传统的方式方法；信息化深度不足以提高党建工作效能，很多信息化工作还仅处于从线下搬到线上的阶段，以信息化促进工作机制、工作方式、工作流程的创新还远远不够；党建工作标准化和模板化应用还有很大提升空间，通过标准化和模板化来实现党务工作知识技能的固化与传承，提升基层党务干部培训实效；党建工作移动终端信息化应用水平还比较低，目前大都处于资料查看与上传下达的水平，移动终端在个体交互与工作协同方面，还需要加快推进建设。这些问题在国有企业基层党组织层面具有很大的普遍性，也是广大基层党组织党建工作精细化下一个阶段的重点和难点，需要努力推进精细化与信息化深度融合，以高水平党建信息化提升党建精细化水平，以一流的党建引领一流的企业发展。

课题组核心成员：刘德辉　程腊春　胡　涛　陈顺和　张　谛
李　尧　金渊明　吕双林

编辑：李　兴　谢欣洁　罗　娅

推进制造业企业高质量发展研究

国网能源研究院有限公司

习近平总书记多次强调，制造业是立国之本、强国之基，“抓实体经济一定要抓好制造业”，并对发展先进制造业、建设制造强国作出重要指示批示。经过四十多年的快速发展，我国已成为全球第一制造大国，但“大而不强”“全而不优”，核心技术仍受制于人，在发展过程中存在较大的提升空间。

一、我国制造业发展现状分析

（一）我国制造业发展面临新机遇

近年来，我国加大对制造业的研发经费投入力度，科技创新能力不断增强，制造业发展的创新驱动力明显提升，高速铁路、特高压输变电、电动汽车等产业技术创新取得重大突破。在新一轮发展中面临“双向挤压”严峻挑战背景下，制造业需要与“互联网+”、物联网、人工智能、新型材料等技术不断融合，紧紧抓住高质量发展这一重大历史机遇。按照习近平总书记提出的“推动中国制造向中国创造转变，中国速度向中国质量转变，中国产品向中国品牌转变”思路，依据《中国制造2025》的要求，坚定不移地推进制造业企业高质量发展，巩固和提升我国制造业国际竞争力，拓展品质内涵、扩大品牌影响、提高经济效益，化挑战为机遇，抢占制造业新一轮竞争制高点。

（二）我国制造业发展面临新挑战

经过四十多年的快速发展，我国制造业发展取得显著成就，但很多领域仍缺乏核心竞争力，在国际分工体系中缺少话语权、关键核心技术发展受制于人，面临诸多新挑战。一是优化内部结构，提高中高端比例。虽然我国已成为全球第一制造大国，但制造业还存在大量低端低效环节，尚处于附加值较低的“制造—加工—组装”环节，在附加值较高的研发、设计、工程承包、营销等环节缺乏竞争力，没有市场主导权，被动应对日益激烈的市场竞争、技术变革与产业结构调整。二是加强技术创新，提升整体效率。虽然我国已经成为制造大国，但主要以资源密集型和劳动密集型产业为主，很多领域仍缺乏关键核心技术，在创新能力、技术水平、生产效率等方面与制造强国（美国、德国、日本）存在较大差距，尤其是制造业技术创新能力不强，科技创新对产业发展的支撑不足。三是注重品牌建设，提升产品知名度。我国制造业质量总体水平不断提升，但产品质量与国际先进水平还有差距，发明专利数、平均寿命、品牌数量明显落后于发达国家。据不完全统计，世界装备制造业90%知名商标所有权被发达国家掌控，我国出口商品中90%以上是贴牌产品。

（三）我国制造业发展面临新瓶颈

受经济下行和中美经贸摩擦等不确定性因素影响，外部环境对我国制造业高质量发展形成制约。与此同时，国内制造业基础研究、关键技术、创新人才培养等问题依然突出，困难和挑战明显增多。我国制造业高质量发展面临的新瓶颈主要体现在以下几个方面。一是基础研究支撑不足。近年来，我国持续加大基础研究投入，但企业基础研究意愿低，原始创新能力仍然薄弱，基础研究的短板依旧明显。2017年，我国规模以上工业研发经费支出超过了1.2万亿元，但主要用于应用技术研发，基础研究经费仅占0.2%左右。二是关键共性技术有待加强。关键共性技术具有基础性、关联性、系统性、开放性等特点，属于竞争前技术，能够在多个行业中广泛应用并产生深度影响。多元化的关键共性技术研发创新体系尚未建立，组织机制不健全，政策支持不连贯，经费投入不足，平台运作不理想，成果共享和推广应用机制亟待完善。三是创新人才的制约日益突出。人才是推动制造业高质量发展的重要支撑。目前，我国制造业人才队伍在总量和结构上都难以适应制造业高质量发展的要求，从总量上看，新兴产业领域、跨学科前沿领域人才缺口大；从结构上看，创新型、高技能等高素质人才占比明显偏低，既懂制造技术又懂信息技术的复合型人才更是紧缺。

二、制造业企业高质量发展典型经验

本部分主要梳理总结国内典型制造业企业高质量发展相关实践经验及典型做法，研究明确我国制造业企业高质量发展的重点举措，为推动我国制造业企业转型升级、迈向高质量发展提供决策参考。

（一）制造业企业更加注重研发设计

国家电网持续加大重点项目研发投入，在电工装备设计方面处于国内领先地位，业务贯穿应用基础研究、技术开发与推广、标准制定与检验认证、科技成果产业化等全过程，建成了一套完整的科技创新体系。中国中车坚持自主创新、开放创新和协同创新，持续完善技术创新体系，加快科技资源整合，理顺研发机构定位，构建创新激励机制，持续加大科技创新特别是基础前瞻共性技术研发投入，建设了世界领先的轨道交通装备产品技术平台和制造基地，全面提升科技创新水平。东方电气围绕高端水电、清洁高效火电、先进核电、高效气电、大型风电、氢能利用等战略性前瞻性新兴成长产业，不断加大自主创新力度，实现了部分关键核心技术自主可控。

（二）制造业企业更加注重转型升级

中国建材坚持贯彻新发展理念，落实高质量发展，积极推进结构调整和转型升级，一方面加快推动传统业务的供给侧结构性改革，推动水泥向“高标号化、特种化、商混化和制品化”方向发展，推动玻璃向“电子化、光伏化、智能化、节能化”方向发展；另一方面大力培育战略性新兴产业，实现了高性能碳纤维、超薄电子玻璃、薄膜太阳能电池、锂电池隔膜、高精工业陶瓷等新材料的产业化，集团已由一家以水泥业务为主的建材企业，发展为水泥、新材料、工程技术服务“三足鼎立”的综合性建材和新材料产业投资集团。中信重工开展产业结构调整，推动传统产业转型升级，围绕主机装备、工程成套、备件服务、关键基础件等业务，力争在绿色化、智能化、国际化、服务化等方面有所作为，通过品质提升、绿色发展、智能升级、服务转型和海外拓展举措，聚焦打造核心产品、核心技术、核心工艺，做稳、做优、做精传统产业，打造中国制造的金字招牌。中国中车全力推进由单一提供产品向提供产品、技术、服务整套解决方案的转变。以关键系统、重要零部件等机电产品为重点，打造核心技术强、应用范围广的支撑业务。规范发展平台业务。坚持“产融结合、以融促产”，规范打造金融服务平台、投融资平台和金融租赁平台。扩大集采范围，发展智慧物流，规范打造物流平台。

（三）制造业企业更加注重智能制造

国家电网探索建设集成多种智能技术装备的智能生产线和智能车间，加强高端装备研发，开展智能制造项目试点示范，推进工业化和信息化有效融合，生产制造智能化水平稳步提升，智能产品研发和应用成效初显，制造总体处于国内领先水平。中信戴卡在2014年开始了智能制造的探索，自主开发了“DMS—戴卡数字制造系统”，实现数字制造系统与生产制造的有效融合，初步形成了以自动化为基础、以柔性化为体现、以数字化为前提、以智能化为灵魂的综合制造体系。中国中车加快数字化发展，以“数字化、网络化、智能化”为主线，打造中车“智造网”“产品网”和“服务网”，建成与中车战略目标和发展进程相适应的全方位数字化应用平台。增强工业互联网产业供给能力，加快由“传统制造”向“数字制造”的转型，健全智能制造项目管理体系，加强智能制造项目全过程管理，建成智能制造创新体验中心、智能制造示范线和智能化车间。全力开展传感、网络传输、人工智能、信息物理融合等技术研究与应用，不断提升产品智能化水平。

（四）制造业企业更加注重人才培养

中国中车高度重视人才培养，持续加强职业经理人、核心技术人才、核心管理人才、高技能人才和国际化人才等五支队伍建设，人才队伍日益壮大，到2018年底，有中国工程院院士2名，国家千人、万人计划专家8名，百千万人才工程国家级人选7名，享受国务院政府特殊津贴专家370余名。中铝集团注重构建多行业多层次的技术和管理人才体系，拥有门类齐全、经验丰富的技术、管理和高技能员工人才队伍。随着多元化产业快速发展，在原有有色金属矿山采选、冶炼、加工传统人才优势的基础上，现代金融、资本运营、企业管理、海外开发人才加速聚集，开始形成多学科、多层次的梯级人才队伍。中国建材发挥26家国家级科研设计院所、3.8万名科技研发人员、33个国家行业质检中心、11个国家实验室和技术中心、19 个标委会的科研优势，为建材行业健康发展提供了强有力的人才支撑。中铝集团注重构建研发团队，截止到 2017 年底，拥有国家级企业技术中心 10 家、高新技术企业 44 家、2 个国家工程技术研究中心、4 个国家博士后科研工作站、5 个院士工作站、22 个国家认可实验室，内部设有 13 家科研院所，支撑核心技术和关键技术研发。

三、制造业企业高质量发展的思路及实施框架

本部分主要依据《中国制造 2025》、国内制造业企业典型经验，界定制造业企业高质量发展的内涵，探寻形成适应全球化发展的制造业企业发展战略思路及实现路径，扎实推进制造业企业高质量发展。

（一）制造业企业高质量发展的内涵

自从党的十九大报告提出“高质量发展”概念以来，学者们从不同视角对经济高质量发展内涵进行研究和界定，而对企业高质量发展的内涵却缺乏探究，尤其是对制造业企业高质量发展的内涵研究更为缺乏，没有形成统一的认识。课题组通过辨析“制造业”“企业”“高质量”“发展”等多个概念，提出制造业企业高质量发展是指制造业企业以高水平、高价值、高品质作为企业发展目标，以系统性顶层规划产业发展为前提，以质量和效益为价值取向，以增强创新能力为核心驱动，以技术高质量和管理高质量为抓手，贯穿于设计、生产、销售、服务等制造活动各环节，实现全产业链的经济价值和社会价值最优，推动制造业企业实现从生产制造转向智能制造、生产产品转向生产服务、产品经营转向品牌经营的全面跨越。

（二）制造业企业高质量发展的基本原则

依据《中国制造 2025》和高质量发展相关要求，坚持走中国特色的制造业高质量发展道路，把制造业高质量发展作为主攻方向，以质量为先为主题，以创新驱动为中心，以结构优化为主线，以人才为本为重点，扎实推进制造业企业高质量发展，实现制造业由量大转向质强的历史跨越。

质量为先：坚持把产品质量作为推动制造业发展的生命线，强化企业质量主体责任，加强质量技术攻关、自主品牌培育，建设法规标准体系、质量监管体系、先进质量文化，营造诚信经营的市场环境，大力推进发展

质量变革、效率变革和动力变革，走提质增效的发展道路。

创新驱动：坚持把科技创新摆在制造业发展全局的核心位置，完善有利于创新的制度环境，推动跨领域跨行业协同创新，突破一批重点领域关键共性技术，促进制造业数字化网络化智能化，走创新驱动的发展道路，在核心技术、关键设备、产业链高端实现突破，全力打造核心竞争优势。

结构优化：坚持把结构调整作为推进制造业高质量发展的关键环节，深入实施制造业供给侧结构性改革，去低端、提中端、创高端，稳步推进产业布局优化、结构调整、战略性重组，推动生产型制造向服务型制造转变，促进高技术含量、高附加值产业的发展。优化产业空间布局，培育具有核心竞争力的制造业企业。

人才为本：坚持把创新人才作为推动制造业高质量发展的根本，建立健全科学合理的选人、用人、育人机制，加快培养制造业发展急需的专业技术人才、经营管理人才、技能人才，建设一支素质优良、结构合理的制造业人才队伍，走人才引领的发展道路。

（三）制造业企业高质量发展的总体思路

制造业企业高质量发展的总体思路：在国家发展战略和总体布局的大方向指引下，加强系统化顶层规划，以高水平、高价值、高品质作为企业发展目标，以技术高质量和管理高质量为抓手，贯穿于设计、研发、生产、销售等制造活动各环节，以信息技术、智能制造技术为基础，实现从生产制造转向智能制造、生产产品转向生产服务、产品经营转向品牌经营的全面跨越，基本框架如图1所示。

1. 发展目标：高水平、高价值、高品质

制造业企业需要在国家发展战略和总体布局的大方向指引下，系统性规划制造业发展，以“高水平、高价值、高品质”为发展目标。“高水平发展”：生产制造转向智能制造；“高价值发展”：生产产品转向生产服务；“高品质发展”：产品经营转向品牌经营。制造业企业还需要按照顶层设计总体目标，从技术、管理、资源三方面制定详细的发展目标，全面支撑制造业企业高质量发展目标有效落地。

2. 运转机制：“技术+管理”的双核驱动机制

为实现制造业企业高质量发展，需要构建“技术高质量+管理高质量”的双核驱动机制，贯穿于设计、研发、生产、销售等制造环节。在技术方

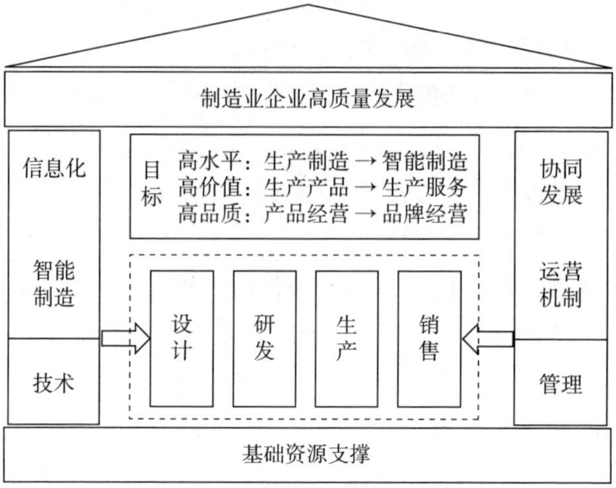

图 1　制造业企业高质量发展总体思路

面，将信息化和智能制造业技术融入制造环节，推动企业转型升级；在管理方面，通过部门及产业链协同和运营机制，推动企业高效运转。制造业企业以技术高质量和管理高质量为抓手，贯穿于设计、研发、生产、销售等制造活动各环节，发挥技术和管理支撑的双重作用，保障企业高质量体系有效运作。

3. 技术支撑："信息化+智能制造"的硬实力

制造业企业需要深化信息化技术和智能制造技术，尤其需要高度关注核心基础零部件、先进基础工艺、关键基础材料和产业技术基础等基础能力。在信息化方面，一方面可将信息化技术（数字化、网络化、智能化）运用到生产制造过程中，推进智能制造全过程的深度应用，实现智能制造技术、产品及整体解决方案；另一方面可将信息化技术融入产品的设计、研发、生产、销售等各个环节，打造工业互联网融合发展平台，支撑新型工业生态体系的构建。在智能制造方面，推广采用先进成型技术和加工方法、智能化生产，重点实施项目关键技术研发和国产替代，提高产品的性能稳定性、质量可靠性、环境适应性、使用寿命等，全面提升制造企业设计、研发、生产、销售的智能化水平。制造业企业通过深化"信息化+智能制造"的融合，提升制造的硬实力，推动制造业企业转型升级。

4. 管理支撑："协同发展+运营机制"的软实力

通过推进部门及产业链协同、运营机制，发挥管理支撑作用，促进制造业企业高质量发展。在协同发展方面，一方面推进各部门协同发展，确定各部门的功能定位、职责分工，全面加强部门之间的合作，提升工作效率；另一方面推进产业链协同发展，加强与原材料供应商、售后服务商等供应链伙伴之间的业务协作和资源共享，制造业企业可延伸价值链，尤其是重点关注下游客户服务增值，从生产产品向生产服务转变，打造制造产业生态圈。在运营机制方面，针对行业特点，设计适合自身发展的经营、技术创新、财务等运营子系统，保证各子系统内部及子系统之间相互关联、相互制约，使得企业经营活动能够协调、有序、高效运行，并增强内在活力和对外应变能力，提升企业的软实力，推动企业高效运转。

5. 资源支撑："创新人才+先进设备"的保障能力

通过培养创新人才、研制或采购先进制造设备等基础资源，支撑企业向高质量发展。在创新人才培养方面，自主创新是推动高质量发展、动能转换的迫切要求和重要支撑，按照"内建外引"的工作方针，建立多渠道、多层次的人才培养和引进机制，并探索建立完善基于贡献、鼓励协同创新的中长期激励机制，创造条件、营造氛围，调动各方面创新积极性，尤其是重点关注制造业高端人才的培养，调动企业经营者和技术人员积极性、创造性，让每一个有创新梦想的人都能专注创新，让每一份创新活力都能充分迸发，为企业向高质量发展提供人才保障。在先进设备方面，针对有自主研发能力的企业，增加研发投入，持之以恒地开展核心技术攻关，抢占产业发展的主动权，争取关键设备国产化。针对自主研发能力较弱的企业，积极参与到研发中，采购较为先进的设备，提高劳动生产率和产品附加值。制造业企业通过抓住人才和设备两大核心资源，不断夯实制造资源基础，助力高质量发展。

四、制造业企业高质量发展的实施策略

（一）推进技术创新发展策略

一是优化技术创新体系。我国制造业在核心技术、关键产品、重大技术装备等方面瓶颈短板多。习近平总书记指出，核心技术是国之重器。推动制造业高质量发展，必须把创新摆在发展全局的核心位置。"创新是发展的第一动力"，需要强化技术创新引领作用，使创新成为增强高质量发

展的强大动能，加快产品创新、工艺创新，在高端环节和核心技术上有所突破，争取牵头或参与国家乃至世界行业标准的制定，以赢得市场话语权和竞争力。按照系统创新思维，打通创新链、产业链、资金链、政策链，建立健全以制造业企业为主体、市场为导向、产学研深度融合的技术创新体系，引入市场竞争，提高科研的应用能力和成果转化率，充分激发科技人员创新创造积极性，以此提升企业整体创新能力，推动企业由低端制造向中高端制造迈进，培育一批技术创新示范制造业企业。

二是加大科技研发力度。制造业企业聚焦国家基础性、全局性、战略性、安全性的重大科技创新需求，在做好战略顶层设计和体系化技术布局的基础上，加大科技研发投入，尤其是共性基础技术和标准研究，不断夯实持续发展能力和核心竞争力。鼓励和支持制造业企业、科研院所共同实施重大基础性科技项目，并建立创新激励机制，形成上下联动、左右协同、跨界融合、资源重塑的研发体系，打通基础研究应用与产业化之间的衔接通道，激发企业创新创业的活力。

三是加强核心技术攻关。针对我国在众多领域关键技术“卡脖子”问题，要深入实施创新驱动发展战略，持之以恒地开展核心技术攻关，把产业发展的主动权牢牢把握在自己手中，提升中国在全球制造业分工中的国际地位和科技实力。面向关键领域的行业共性技术需求，建设一批高水平的制造业创新中心，打通从实验室产品到工厂化产品的共性技术，提高劳动生产率和产品附加值，推动产业转型升级，不断向中高端水平迈进。

（二）推进管理创新发展策略

一是夯实管理创新基础。制造业企业要想实现高质量发展，不仅要完善公司法人治理结构、规范企业化运作，还要进行管理创新，提升管理水平，首先需要在企业文化、管理理念上融入高质量发展的理念；其次应用先进的技术进行企业组织架构、业务流程、管控模式的优化调整；再次还需要坚持价值创造导向，结合自身业务特点，建立有效的激励和约束机制，调动企业员工的活力；最后，制造业企业需要建立健全高质量发展规章制度，推进质量提升工作常态化、固态化。

二是完善运营机制创新。在投资决策、选人用人、薪酬分配等方面赋予企业更多自主权，推动制造业企业高质量发展。建立灵活高效的投资机制，简化计划和预算管理流程，实施年度投资总额控制，企业可根据市场环境和业务需求，自主决策实施项目，提高投资决策效率效益；建立完善的市场化用人机制，以盘活存量为主，确有需要的，按程序开展市场化聘用和管理；完善市场化薪酬分配机制，充分考虑行业薪酬水平，将企业的工资总额与营业收入、企业利润、业务规模增长、年度绩效等指标挂钩，实现工资总额能增能减。

三是探索高质量发展新模式。当前新一轮科技革命与产业变革方兴未艾，不断催生制造业新的商业模式。轻资产化是从固定资产规模大、资源消耗多的传统制造业形态向以知识、技术、知识产权等无形资产为主的形态转变。数字化是制造业的研发、采购、生产、销售等整个过程数字化、网络化、智能化。服务化是制造企业将越来越多地提供增值服务，服务活动将成为制造企业收入和利润日益重要的一个来源。共享化是一些企业的加工制造能力可以为众多的企业甚至个人生产者所共享，为客户提供定制化生产。协同化是数字化技术实现了制造体系内数据的高效传递，从而可以使企业各业务部门和业务单元之间、供应链上下游企业之间以及分散化的个人生产之间实现协同，共同高效地完成产品的开发设计和生产活动。

（三）优化产业结构转型升级

一是生产制造向智能制造转变。基于新科技革命和产业变革的历史机遇，以“互联网+制造业”、《中国制造 2025》为导向，大力推进互联网、大数据、人工智能和制造业深度融合，切实提高制造业企业的核心竞争力。一方面加快人工智能、虚拟现实、区块链等新一代信息技术与制造业的融合，推动工业互联网发展；另一方面利用新一代信息技术对传统制造业进行全方位、全角度、全链条的改造，让制造向数字化、网络化、智能化转变，全面提升制造业的发展质量。

二是提供产品向提供服务转变。融合是现代产业发展的显著特征和重要趋势，也是推动制造业高质量发展的有效途径，着力推动先进制造业和现代服务业融合发展。发挥生产性服务业对制造业升级的牵引和助推作用，走现代化制造业和生产性服务业“融合发展”之路。以价值链延伸与再造为重点，拓展面向产品全生命周期的增值服务，加快实现从生产加工向材料供应、研发设计、品牌建设、管理服务、营销推广等环节延伸，构建“产品+服务”经营模式，实现企业在服务中收益、增值、创新，形成制造与服务相互支撑、相互促进的向价值链高端攀升的发展格局，提高先进制造业与现代服务业融合发展水平。

三是产品经营向品牌经营转变。制造业企业需要形成从产品经营向品牌经营转变的理念，实施品牌战略，加强品牌规划管理，重视提升品牌价值、质量魅力、高附加值，重视开发原料、技术等前段品牌化以及新媒体时代与社会共振的后段品牌化传播活动，注重品牌生成、养成与达成等核心环节，实现品牌价值系统的积淀与传承。积极探索适合自身特色的品牌培育机制与成长路径，通过高价值产品、高标准技术、高水平服务来提高品牌影响力，提升客户的满意度和忠诚度，扩大国内外市场覆盖率和影响力。

（四）完善高质量人才资源体系

一是加强人才队伍建设。人才是推动制造业高质量发展的重要支撑。习近平总书记强调，人才是第一资源。当前，我国制造业人才队伍在总量和结构上都难以适应制造业高质量发展的要求，需要紧密围绕《中国制造2025》对人才的需求，按照“内建外引”的工作方针，建立多渠道、多层次的人才培养和引进机制。在人才培养方面，企业根据自身特点，加强与科研院所及学校的合作，一方面可以招聘专业化的应届毕业生，支撑企业发展；另一方面，在实践中培养企业急需的科研人员、技术技能人才与复合型人才。在人才引进方面，引进一批能够突破关键技术、带动学科发展、提升产业层次的专家人才，带领团队在更高起点上推进自主创新，着力解决部分专业基础薄弱、人才缺乏的问题，有效支撑企业的高质量发展。

二是提升员工质量意识。大力营造“创新文化”“质量文化”“品牌文化”“诚信文化”的浓厚氛围，完善企业文化理念体系和行为识别体系，逐步形成高质量战略与价值观的统一、内部管理诚信文化与外部市场文化的统一，使企业文化成为广大员工同心协力建设一流企业、高质量发展企业的价值取向和行为准则。尤其要注重质量文化建设，营造人人关注质量、重视质量的氛围，用“软实力”推动高质量发展。积极开展质量文化培训和宣传，增强质量危机教育，宣讲质量文化，鼓励接受培训的人员起带头作用，主动作为，全面提升员工的质量意识。

三是完善激励考核机制。建立灵活的人才培养、人才引进、科技奖励的考核机制，调动企业经营者和技术人员积极性、创造性，让企业能够引进人才、留住人才、培养人才，确保队伍稳定、专注科研、创造成果。建立完善基于贡献、鼓励协同创新的激励机制，以效益为导向，与行业、市场接轨，针对制造产品或核心技术、工艺流程作出重大创新或者改进的人员，组织开展多样的激励机制。探索建立中长期激励机制，面向符合规定的产品研发人才和核心运营人员，探索开展股权和分红激励，激发员工活力，为企业高质量发展提供人才保障。

课题参与单位： 中信改革发展研究基金会
中国中车集团有限公司
中国建材集团有限公司
中国东方电气集团有限公司
中国商用飞机有限责任公司
北京航天情报与信息研究所
课题组核心成员： 张　勇　朱　伟　刘　进　鲁　强　李　捷
郑海峰　赵　晶　王　庆　石书德　郭依琳
张秀强　岳跃振　田　钢　邵　邦　牛振华
司艳杰　刘　斌　赵　坤　江　帆　薛晓冰
谭立忠　徐卫卫
编辑： 李秋扬　罗　娅

世界一流能源化工公司管理评价及实践研究

中国石化集团经济技术研究院

2020 年 6 月，国务院国资委要求中央企业结合《关于开展对标世界一流管理提升行动的通知》（国资发改革〔2020〕39 号）的要求，抓紧开展对标提升实施方案和“对标提升工作清单”的制订工作。按照要求，经济技术研究院开展了本项研究，据此?? 为国有能源化工公司管理提升提供支撑。

一、世界一流能源化工公司的管理模式研究

（一）统领全局的战略管理

世界一流能源化工公司都制定了清晰的发展战略，为公司发展确定了正确的方向。主要特点是：具有清晰的战略目标、财务目标与非财务目标；注重梳理核心业务、细分客户群、产品组合及地理区域，明确业务战略的范围和重点，从而打造极强的业务竞争力；能够基于行业发展、政策等因素的长远判断，通过灵活的战略提升环境的适应性，保证公司可持续高质量发展；具有全球视野，通过全球布局，积累了丰富的国际化经营和管理经验。

（二）权责清晰的组织管理

世界一流能源化工公司普遍具有权责清晰的组织管理架构与模式：具有完善的公司治理结构与公司治理机制，总部及各业务单元定位清晰，各组织层面职责权限非常清晰，且权责利对等并具有一致性，公司总部对分子公司按照业务结构特点、战略目标等实施战略管控、财务管控或经营管控，同时公司组织构架按照战略灵活调整。

（三）精益高效的运营管理

世界一流能源公司广泛采用精益理念，建立了精益管理体系，致力通过精益管理实现全产业链的价值最大化。一是实现上下游一体化发展，统筹各类业务之间的协同发展；二是资源实现跨区域、跨板块的整合与共享，实现上下游、产销研紧密高效配合与协作，不断放大运营协同价值；三是过设置专门的品牌管理公司，负责全球品牌传播策划和组织实施，增强品牌的全球影响力。

（四）聚焦价值的财务管理

一是通过严谨的投资决策、谨慎的资产管理为股东带来稳健的投资回报，通过将各类投资机会在变化较大的未来情景下进行检测，增强每个投资机会的适应性；二是完善生产、贸易与金融功能结合，助推产融结合发展模式，实现业务迅速发展；三是通过并购重组、资产拆分与剥离、再融资、优化股权结构、回购股票等方式提升公司市场价值。

（五）集约协同的科技管理

国际能源化工公司普遍高度重视科技研发，科技创新大多采用项目管理方式，从立项、设计、试验、中试到现场应用均由项目组长统一管理，项目组由生产、销售和研发人员共同构成。在科研立项阶段，注重对研发成果转化前景的评估，防止技术研发与市场脱节。在项目研发过程中，注重技术的中试、现场效果以及技术普及的时效性。在研发项目取得成果后，在公司全球业务单元积极地推广应用，根据后评估完善前期成果。

（六）全面预警的风险管理

国际能源公司普遍按照 COSO 发布的风险管理框架建立起了风险管理流程框架，建立了风险预警体系增强危机应对能力；合规管理具有很强的计划性和全面性，覆盖经营管理的各领域和各层级，明确了合规管理机构，在重要区域和子企业相应地设置机构或人员甚至是开展独立工作，从而保证合规管理工作自上而下、全面贯通。将合规评估纳入员工业绩考核，以确保合规管理的有效性。

（七）理念先进的人力资源管理

国际一流能源化工公司都强调人才在企业发展中的重要作用，把人力资源管理作为现代企业制度建设的核心。一是人力资源管理与公司经营理念一脉相承。二是搭建潜质招聘模型，对标国际最佳实践，多变量建模为人才画像，帮助公司识别人才需求；搭造全流程的制度化职业生涯设计，建立起高水平的人才队伍。三是通过市场化与人文关怀有机结合的激励保障机制，保证人才活力十足。

（八）系统集成的信息化管理

世界一流公司依靠先进的信息化、数字化技术等推动石油石化产业技术创新和运营管理模式实现新突破，促进数字化、智能化技术与生产经营管理深度融合。在整个集团内系统地使用和捕获信息化、数字化、智能化带来的巨大优势和潜力，包含数据管理、规模化和人工智能等，并将其智能地运用于生产、技术、市场和数字化领域，从而形成数字一体化网络。

二、一流能源化工公司管理对标评价体系

在企业管理对标中，要回答的问题主要是“跟谁对、对什么与怎么对”。因此本报告创新性地设计了一套定性与定量相结合的对标评价体系。在“跟谁对”上选取了整体与细分领域的世界领先公司。在“对什么”上设计了具有 8 个一级维度、24 个二级维度、40 个三级评价指标的三级定量指标评价体系，同时设计了定性评价标准。在“怎么对”上采用标杆分析法与成熟度模型打分法测算中国国有能源化工公司的综合管理水平与 8 项管理水平所处方位。

（一）找准对标对象，解决“跟谁对”的问题

在对标对象的选择上，一是与现有业务结构相近的上下游一体化一流能源化工公司对标。本报告选择与埃克森美孚、壳牌、雪佛龙、道达尔等一体化公司对标，以准确把握自身所处位置，确保学有榜样、做有标杆。二是业务按照提升高端化工供给能力、加快高端化工产业发展的要求，与化工细分领域的世界一流化工公司对标。本报告选择与巴斯夫、陶氏、杜邦等国际领先化工公司对标，以提升公司的化工业务竞争力，保证新战略有效落地。三是与世界领先的国际油气公司与国家石油公司对标。本报告

选择与挪威石油、中国石油、中国海油进行对标，以明确中国国有能源化工公司作为国家石油公司在国内外所处的位置。

（二）聚焦关键因素，解决“对什么”的问题

与一流企业对标，既要突出与规模实力、经营绩效、运营效率等相关的主要量化指标，也要考虑这些量化指标背后的驱动因素，从“哪里有差距”深入到“为什么有差距”。因此，本报告一方面聚焦反映企业经营管理规模实力、运营效率、经营效益的定量指标，另一方面围绕 8 大重点管理领域，结合企业实际，定位驱动企业管理提升的关键因素，寻找制约企业的真正短板和弱项，充分发挥对标的价值和作用。本报告通过分析世界一流能源化工公司的管理实践，根据其特征，一是从规模实力、运营效率、经营效益等方面设定定量指标，二是按照各项管理的关键环节，从理念、文化、制度、流程、机制、体制等方面设定定性评价标准。

定量指标体系的设计原则为：以发展质量效益为导向，体现世界一流管理的关键要素，具有代表性和实用性，指标可以量化衡量，数据具有可获得性、准确性以及可比性，确保整个体系具有较好的可操作性。

定性评价标准的设计原则为：标准化——容易实施，有科学分析根据；系统化——各标准之间紧密关联；模板化——各关键关节的执行有参照标准。

各项管理的定量及定性指标选取具体如下：

战略管理：一流的战略管理特征，表现为能够充分发挥战略统领作用，坚守核心价值和目标，同时具有高度灵活性和适应性。主业精干突出，能够带动相关业务协同发展，促进布局结构优化调整。占据全球产业链中高端位置，推动行业发展，引领战略性新兴产业发展方向，并强调可持续发展。因此，定量评价指标包括盈利能力、规模实力、投资回报、国际化经营等。定性评价标准包括战略定位、战略规划、战略执行、战略评价等。

组织管理：一流的组织管理特征，表现为具有较强的软实力，形成科学决策、有效制衡的公司治理机制，有效保证股东利益，充分发挥董事会对重大问题决策、经理层选聘、重大项目投资、大额资金使用和风险管控等方面的作用，母公司及所属企业董事会之间权责明确、运转协调，形成科学高效的集权分权体制。因此，定量评价指标包括股东回报、资产保值增值、组织文化软实力（品牌）等。定性评价标准包括职能定位、管控模式、管理流程、决策机制等。

运营管理：一流的运营管理特征，表现为具有极强的业务竞争力，业务运营规模、效率、效益等都处于行业领先水平。协同高效、持续改善、

精益求精的运营管理能够有效贯穿于研发设计、生产制造、供应链管理、营销服务等全流程、全链条。因此，定量评价指标包括油气、炼油、销售、化工等业务的规模、效率、效益等。定性评价标准包括一体化统筹、专业化运营、采购管理、销售管理、工程管理等。

财务管理：一流的财务管理特征，表现为公司全面预算管理与战略有效衔接，产融深度结合。具有明确的管理定位和管控方式，科学规划预算管理流程，明确预算管理组织。资金计划管理实现从“资金管控”向“价值创造”转变，从单一财务主体的分布式管理模式发展到以集团公司为主体的集约化管理和控制模式。因此，定量评价指标包括现金管控、财务风险管控（长期债务风险与短期债务风险）、市值管理、成本管控、资产运营效率等。定性评价标准包括利率汇率管理、衍生品风险管理、业财融合、财务一体化管理等。

科技管理：一流的科技管理特征，表现为掌握具有自主知识产权的关键核心技术，突破制约行业发展的技术瓶颈，引领行业技术进步。高效的科技创新成果商业化转换能力能够显著增加企业价值。有完善的内部创新管理流程与机制，且能实现多维度创新，增强企业竞争壁垒。因此，定量评价指标包括研发投入、研发投入强度、创新成效等，定性评价标准包括薪酬激励机制、科技成果转化、知识产权保护等。

风险管理：一流的风险管理特征，表现为具有完备的全面风险管理体系，严控合规管理等。全员参与风险管理，建立了风险预警机制，风险管理实现了从“事后应对”向“事前预防”转变，风险管理评价指标定量化评估。因此，定量评价指标包括安全、环保、法律等，定性评价标准包括全面风险管理体系、合规管理体系、海外风险防控、法律风险防控等。

人力资源管理：一流的人力资源管理特征，表现为关键人才队伍规划聚焦企业战略及产业链核心环节。人才开发注重科学测评、加速成长、高效赋能。人才管理注重量才适用、人才沟通协作及提供更多跨界工作经验与机会。以具有使命感的文化和事业平台吸引、激发人才，实现人企一体、人企共进。因此，定量评价指标包括管理难度、劳动生产率、人员配置等。定性评价标准包括队伍建设、市场化选人育人用人机制、薪酬分配机制等。

信息化管理：一流的信息化管理特征，表现为不断升级完善信息管理平台，打破信息孤岛，打通数据通路，推动数字化转型。合理部署恰当的数字化能力，将运营与数字化合二为一，同时实现洞察导向和敏捷反应。可以迅速将信息化、数字化技术转化为自身生产力，信息化安全管理有效。因此，定量评价指标是在产业链上开展的信息化项目的全面综合评价，定性评价标准包括统筹规划、平台化建设、信息化标准体系、网络安全等。

企业评价体系如图 1 所示，定量评价指标如表 1 所示，定性评价标准如表 2 所示。

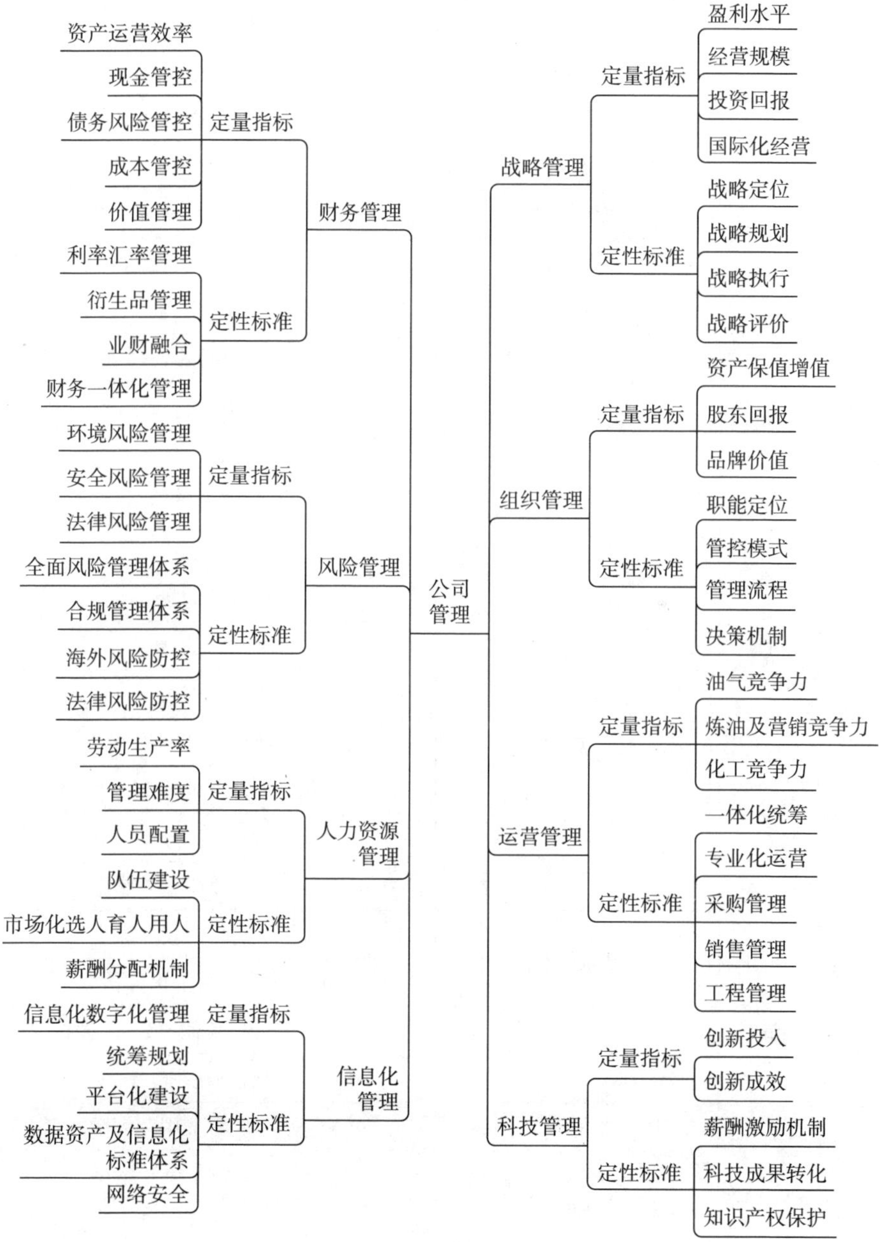

图 1　企业评价体系

表1　企业定量评价指标表

维度	子维度	指标名称
战略管理	盈利水平	5年平均净利润
		5年平均总资产净利率
	经营规模	5年平均EBITDA
		5年平均营业收入
	投资回报	5年平均占用资本回报率
	国际化经营	跨国指数
组织管理	资产保值增值	5年平均资产保值增值率
	股东回报	5年平均净资产收益率
	品牌价值	各品牌榜单平均排名
运营管理	油气竞争力	采油成本
		储采比
		油气产量
	炼油及营销竞争力	炼厂平均产量
		炼油总能力
		加油站数量
		单站加油量
	化工竞争力	乙烯总能力
		化工业务资产回报率
		化工产品营业净利率
财务管理	资产运营效率	5年平均总资产周转率
		5年平均应收账款周转率
	现金管控	5年平均自由现金流
		5年平均盈余现金保障倍数
	债务风险管控	资产负债率
		流动比率
	成本管控	5年平均成本费用利润率
	价值管理	市值
		市盈率

续表

维度	子维度	指标名称
科技管理	创新投入	5 年累计研发投入
		5 年累计研发投入强度
	创新成效	累计专利数量
风险管理	环境风险管理	二氧化硫排放量
		氮氧化物排放物
	安全风险管理	5 年累计上报事故数量
	法律风险管理	诉讼案件数量
人力资源管理	劳动生产率	5 年平均人均营业收入
		5 年平均人工成本利润率
	管理难度	雇员总量
	人员配置	境外人员占比
信息化管理	信息化、数字化管理	产业链上开展的信息化项目的全面程度

表 2　企业定性评价标准体系：以战略管理为例

一级维度	二级维度	评判指标	国际领先（>8 分）	央企领先（4-8 分）	央企合格（<4 分）
战略管理	战略定位	定位准确性	清晰、聚焦	较清晰、较聚焦	较清晰、未聚焦
		定位认同度	充分认可落实	一定认可落实	形成指导
	战略规划	与愿景一致性	一脉相承	较好吻合	符合
		目标合理性	科学精准	较为清晰合理	相对合理
		规划系统性	完善	较好	单一
	战略执行	目标分解度	充分落实	较落实	基本分解
		战略承接性	高	中	低
		措施分解程度	到位	到位	基本到位
		执行力度	严格	较为严格	基本
	战略评估	战略评估	系统化评估	评估有效	有评估措施
		评估体系质量	科学高效	较为合理	基本符合

（三）把握对标方法，解决“怎么对”的问题

采用标杆分析法，以最优值作为领先标杆，赋予领先标杆一个基准值，以此标准去衡量所有被评价对象，从而发现彼此之间的差距，给出排序结果。该方法既可以通过在企业间横向对标，明确企业所处方位，指明企业发展方向；又可以对本企业各年度指标值进行纵向对标，明确企业方位变化，判断企业各年度提升目标是否实现。

1. 定量对标方面

共设计了具有 8 个一级维度，24 个二级维度，40 个三级评价指标的三级定量指标评价体系。选取各公司 2015—2019 年的定量指标进行对比。其中对于流量类指标采用 5 年平均数据作为指标值对标，以平抑经济周期、油价波动、短期事件等对效益、现金流等类型指标的影响，进而较准确地反映管理能力；对于存量类指标采用 2019 年末数据作为指标值进行对标，如债务类指标，只有当年债务才能反映真实的债务负担及债务管理水平。对于科技类指标采取近 5 年累计数据作为指标值进行对标，以反映科技管理具有周期性，需要厚积薄发，并非一蹴而就的特征。对于信息化的对标则是本报告主要创新点之一，按照各类公司在上中下游开展的各类信息化项目，从应用、试验、未开展三个角度进行量化评价。

第一步：指标数值的处理。对所有指标数据进行无量纲化处理，目的是消除在多指标综合评价中，计量单位上的差异和指标数值的数量级、相对数形式的差别，解决指标的综合性评价问题。

对于正向指标，即指标值越大越好，采用如下公式进行处理：

$$Y_{ij} = X_{ij}/\max x_{ij}$$

对于负向指标，即指标值越小越好，采用如下公式进行处理：

$$Y_{ij} = \min x_{ij}/x_{ij}$$

X_{ij}是指标原始值，i 是企业序号，j 是指标序号；Y_{ij}是指标得分。以对标群组公司的最好值为 100，计算单项指标的得分。

第二步：子维度及综合评价。根据如下公式计算各企业综合评价指标，并给出排序。ω_k 为权重。

$$Y_i = \sum_{k=1}^{5} \omega_k \overline{Y}_{ik}$$

2. 定性对标方面

本报告拟针对中国国有能源化工公司开展管理能力分析，建立成熟度模型。针对每一项管理要素，设置“国际领先”“央企领先”“央企合格”三档评价标准，开展成熟度评价。评分采取10分制，大于等于8分为“优秀”，大于等于4分且小于8分为“良好”，小于4分为“一般”，各项管理要素得分的平均分为管理评价综合得分。

最后，结合定性评价标准，根据中国国有能源化工公司的定量指标的对标结果进行方位划分，排名前两位为国际领先，排名三至七位为央企领先，排名八位之后为央企合格，从而明确中国国有能源化工公司的综合管理水平与各项管理所处的位置，最后借鉴世界一流企业管理实践经验，针对中国国有能源化工公司管理中的关键环节提出管理提升建议。

三、中国国有能源化工公司与一流公司的管理对标

根据管理对标评价结果，三家国有能源化工公司的综合管理基本都处于央企领先地位。

战略管理方面：一流的战略管理主要表现为一流的盈利能力、一流的规模实力、一流的投资回报、一流的国际化经营。三家国有能源化工公司的战略管理处于央企领先位置。从细分指标来看，经营规模、盈利水平、投资回报均处于较好水平，国际化经营还有待提升。

组织管理方面：一流的组织管理主要表现为一流的股东回报、一流的资产保值增值、一流的品牌管理等方面。与世界一流能源化工公司相比，三家国有能源化工公司的组织管理排名行业中等，处于央企领先位置。从细分指标来看，资产保值增值均接近世界一流水平，股东回报较高，品牌价值有待进一步提升。

运营管理方面：一流的运营管理主要表现为一流的油气竞争力、一流的炼销竞争力、一流的化工竞争力等方面。与世界一流能源化工公司相比，三家国有能源化工公司的运营管理排名靠前，处于央企领先头部位置。从细分指标来看，中国石化的炼油、销售、化工竞争力较强，中国石油与中国海油的油气竞争力较强。

财务管理方面：一流的财务管理主要表现为一流的资产运营效率、一流的现金管控、一流的财务风险管控（长期债务风险与短期债务风险）、

一流的市值管理、一流的成本管控等方面。与世界一流能源化工公司相比，三家国有能源化工公司的财务管理排名均靠前，处于央企领先头部位置。从细分指标来看，资产运营效率、现金管控与债务风险管控较好，价值管理与成本管控方面仍需大力提升。

科技管理方面：一流的科技管理主要表现为一流的研发投入强度、一流的科研成果转化等方面。与世界一流能源化工公司相比，三家国有能源化工公司的科技管理均处于央企领先位置。从细分指标来看，研发投入较大，研发投入强度处于中间位置，需大力提升创新创效。

风险管理方面：一流的风险管理主要表现为一流的安全管理、一流的环境保护、一流的合规管控等方面。与世界一流能源化工公司相比，三家公司的风险管理排名行业中等，处于央企领先中部位置。从细分指标来看，安全风险管控、法律风险管控、环境风险管控等均有一定提升空间。

人力资源管理方面：一流的人力资源管理主要表现为一流的劳动生产率、一流的人员配置、一流的管理较大用工规模的能力。与世界一流能源化工公司相比，三家国有能源化工公司的人力资源管理排名中等，处于央企领先中部位置。从细分指标来看，员工人数较多，管理难度较大，劳动效率与全球人力资源配置均需提升。

信息化管理方面：一流的信息化管理主要表现为开展的数字化项目数量多、领域广，能够在全产业链进行布局。与世界一流能源化工公司相比，国有能源化工公司的信息化管理排名较为靠前，处于央企领先头部位置。从细分指标来看，在实时监测、预见性维护、机器人及其他自动化设备、无人机、云计算等方面进展较快，数字孪生、自动化钻探、人工智能、地震勘探机器学习等领域还处在试验阶段。

四、对标一流能源化工公司管理提升举措

通过对八项管理全面对标，在明确国有能源化工公司的综合管理及分项管理能力所处方位的基础上，要贯彻落实国家战略，按照国务院国资委对标世界一流管理提升的要求，结合各项管理的不同基础，针对管理关键环节的主要问题，重点补短板、锻长板，推进管理提升。

（一）加强战略管理，提升战略引领能力

战略管理存在的主要问题为战略规划引领性、统筹性不够强，执行不到位，资产创效能力不强，国际化发展仍处在初级发展阶段等，应从以下两个方面加强战略管理，提升战略引领力。

一是完善战略管理机制。要以新时代理念为指引制定战略规划，统筹管理战略投资，强化战略层层传递机制，将日常业务决策同战略决策相结合，转变成可执行的战略，做好战略复盘。

二是增强国际化经营统筹管理。以全球视野持续优化国际化发展布局，突出公司整体性优势。据海外业务不同阶段的发展需要，健全配套的体制机制，助力国际化发展。

（二）加强组织管理，提升科学管控能力

为了落实“管资本”的要求，针对现有管控模式与提高资源优化配置效率效益的发展要求还有一定差距等问题，应从以下两个方面加强组织管理，提升科学管控能力。

一是变革管控模式，重塑管理体系。针对公司各业务板块行业属性、市场化程度、管理要求差异，扎实推进分类管控，对相关性较高、对集团发展影响较大、产权关系较为紧密的业务实行战略加运营管控模式，对金融、新兴业务等，实行战略加财务管控模式。

二是完善法人治理结构，提升公司治理市场化、法制化。完善公司章程，完善公司法人治理结构与机制，进一步明确治理主体关系，提升企业市场化、法制化。

（三）加强运营管理，提升精益运营能力

运营管理存在的主要问题为精益管理尚处于起步阶段，还存在较大的优化空间；对于产业链而言，跨业务、跨区域、跨部门等的经营协同还有待加强。

一是各产业链内部通过精细管理、精益管理提升运营管理能力。其一，实施量化分析、深入挖掘数据，精细管理特色，提高企业的核心竞争力。其二，以精益管理实现最小投入创造最大价值目标。按“精益生产、精益管理、精益价值链、精益智能化”四个阶段依次推进企业向精益管理

迈进，逐步建立精益管理系统，最终实现卓越运营管理。

二是针对跨部门、跨业务等存在沟通不畅的问题，建立大协同机制。横向建立区域协同平台，地区业务协同联席会议机制，最终形成客户与渠道、产业链、区域业务和项目等协同。提升对外开展战略合作、对内进行资源整合的效率。

（四）加强财务管理，提升价值创造能力

针对财务管理中存在的成本费用管理、价值管理等问题，要加强财务管理，提升价值创造能力。

一是坚持财务“价值创造”策略，加强业财联动。要实现从“资金管控”向“价值创造”的转变，从单一财务主体的分布式管理模式发展到以集团公司为主体的集约化管理和控制模式，财务管控要从事后核算向事前分析引领转变，为集团整体决策和战略规划提供强有力的支持。

二是深化价值管理理念，综合运用多种价值管理方式。一是依托上市公司平台，充分整合、盘活资产；二是向新兴成长领域转型，提升公司内在价值；三是采取回购、举债融资等方式维护公司市值。

（五）加强科技管理，提升自主创新能力

科技管理存在的主要问题是科技支撑引领作用有待进一步发挥，科研成果的商业化应用效果还不够显著，科研投入虽然较高，但研发投入强度不高，科技人才的活力、动力不足，知识产权维护不足，高层次人才资源不足，特别是面向引领的科技领军人才奇缺。

一是推进科技管理集成创新，打造发展新动能。参考国际一流能源化工公司的一体化科技管理体制，将现在分散在各个事业部中的科研院所进行集中统筹，一体化管理，打造主业发展新动能。

二是探索建立知识产权管理平台，提升科技创效能力。为知识产权转移转化、交易流转、质押融资等提供平台支撑，加速知识产权价值实现。探索建立知识产权基金，积极探索收购境内外种子技术和专利。

（六）加强风险管理，提升合规经营能力

针对风险管理中存在的问题，以及未来将面临的重大、重要风险，应从以下三个方面加强风险管理，提升合规经营能力。

一是安全环保风险要强化制度执行，夯实从严管理的基础。狠抓承包商和直接作业环节管理，全面排查整治风险隐患；以严肃问责倒逼责任落地，扭转公司安全事故多发频发的被动局面。

二是完善合规管理体系，健全合规管理制度。进一步完善合规管理体系，健全合规管理制度，将合规评估纳入对员工业绩考核，以确保合规管理的有效性。

三是建立风险预警信息系统，促进全面风险管理现代化。通过预警信息系统将业务数据、风险预警指标与战略经营目标整合起来，及时展示风险状况，实现风险管控与业务的融合。

（七）加强人力资源管理，提升科学选人用人能力

人力资源管理存在的主要问题是劳动效率不高、三项制度改革不到位、人才活力不足、海外人员配置较低等，应加强人力资源管理，提升科学选人用人能力。

一是深化落实三项制度改革，提高人力资源对战略目标的支撑作用。从改革效益（财务层面）、改革效力（客户层面）、改革效能（内部流程层面）、改革效率（学习与成长层面）四个维度科学搭建评估体系；进一步强化三项制度改革的战略统筹作用。

二是完善市场化选用育留机制，围绕“高素质、专业化”深化人事制度改革。探索开展职业经理人制度，实施经理层成员任期制和契约化管理。加快建立和实施以劳动合同管理为基础，以管理岗位为核心的市场化用工制度等。

三是深化分配制度改革，建立“市场化、有竞争力”的薪酬激励机制。积极探索推进员工持股等各类中长期激励方式，创新对核心骨干人员的激励方式，鼓励支持知识、技术、管理等生产要素有效参与分配。将个人薪酬与企业效益、个人绩效紧密挂钩，充分发挥收入分配的杠杆撬动作用。

（八）加强信息化管理，提升系统集成能力

信息化管理存在数据资产、信息化标准还未有效整合完善，网络安全对抗实战能力不足等问题，应加强信息化管理提升系统集成能力。

一是打造统一规范的数据治理体系和信息标准化体系。建立数据治理

和信息标准化体系，发挥数据资源对决策的指导优化和对生产经营的效率提升作用，进一步推动产业升级和提高核心竞争力。

二是加强网络安全管理体系建设。将网络安全管控全面同步融入信息化项目建设生命周期，建设动态防御、主动防御、纵深防御的防御机制和精准防护、整体防护、联防联控的技术防护体系。

课题组核心成员： 邢　珺　朱　平　戴宝华　祝传林　张建国
余　皎　邱　晓　谈　捷　朱　英　刘小桐

编辑： 滕　霖　罗　娅

碳达峰背景下高比例新能源发展及配套机制研究

南方电网能源发展研究院有限责任公司

在保障安全的前提下大力发展新能源逐步替代煤电等传统化石能源，是能源电力行业绿色低碳转型的关键，然而风光等新能源发电具有随机性、波动性和低惯量等特征，大规模、高比例接入在产生大量减碳效益的同时，也将给电力系统可靠供电、安全稳定和经济运行带来新的挑战。根据新能源发展基础和形势，本报告拟定了新能源发展的三种情景，通过五个关键指标对比分析，科学制定新能源发展目标，分析该目标下新能源并网对电力系统的三大影响，提出协调推动新能源高质量发展、提升电力系统灵活性、积极开展绿色低碳技术创新、加快完善适应新能源发展体制机制四个方面 18 项重点任务，勾勒出了高比例新能源发展路径，服务尽早实现碳达峰的目标。

一、新能源发展基础和形势

（一）新能源在推动能源电力绿色低碳转型方面的作用不断增强

我国能源资源呈现“富煤、贫油、少气、可再生能源丰富”的特征。据有关机构研究，我国风能、光伏发电经济可开发量分别达到 35 亿千瓦、50 亿千瓦，而至 2020 年底，我国风光发电装机仅 5.3 亿千瓦，后续发展潜力巨大。在水电开发已较充分、核电力求安全稳妥的前提下，大力发展风光等新能源替代煤电等传统化石能源，是能源电力行业绿色低碳转型的关键。

（二）技术进步推动新能源竞争力提升

新能源规模化开发带动了产业发展和技术进步，推动新能源利用效率提升，成本不断下降。目前，我国已形成相对完整的新能源产业链，光伏组件、风力整机年产能分别达到1.5亿千瓦、0.6亿千瓦。光伏发电平均转换效率超过22%，成本近十年下降75%左右；陆上风电单机容量最大达到6兆瓦，成本近十年下降30%左右，产业竞争力持续提升。

（三）新能源发展支持政策体系逐步完善

为加快能源电力绿色低碳转型，推动新能源健康可持续发展，我国出台了一系列支持新能源发展的相关政策，为实现碳达峰、碳中和目标奠定了基础。电价方面，建立了风电、光伏发电补贴退坡机制，引导风电、光伏发电平价上网或竞价上网。并网消纳方面，健全了可再生能源电力消纳保障机制，推动了电力源网荷储一体化和多能互补发展，建立了绿证交易、辅助服务市场，促进新能源高效消纳。调峰能力建设方面，完善了抽水蓄能价格形成机制，提出了加快推动新型储能发展意见，建立了鼓励可再生能源发电企业自建或购买调峰能力增加并网规模机制，提升了市场主体建设调节性电源的积极性。

二、碳达峰背景下新能源发展目标

科学制定新能源发展目标，需要立足国家能源战略需求，衔接各地碳达峰实施方案，统筹兼顾安全、绿色、经济发展。

（一）新能源发展情景拟定

以各地“十四五”电网发展规划为基础，拟定碳达峰背景下三种新能源发展情景。

情景一：基础情景。参照各地“十四五”电网发展规划目标的新能源发展情景；情景二：底线情景。按照国家设定的到2030年非化石能源占一次能源消费比重达到25%左右等目标要求拟定的新能源发展情景；情景三：新能源加速发展情景。新能源由于技术突破加速发展，电力行业碳排放在“十四五”达峰的新能源发展情景。

以南方五省区为例，情景一“十四五”“十五五”新增新能源装机合计2亿千瓦以上，情景二新增新能源装机较情景一少5000万千瓦左右，情景三较情景一多3000万千瓦左右。在现有技术条件下，新能源主要提供电量效益，容量效益有限。考虑到气电装机规模有限、碳排放强度较小，三种情景下新增新能源发电量主要替代煤电发电量，南方五省区各类电源发电量结构如图1至图3所示。

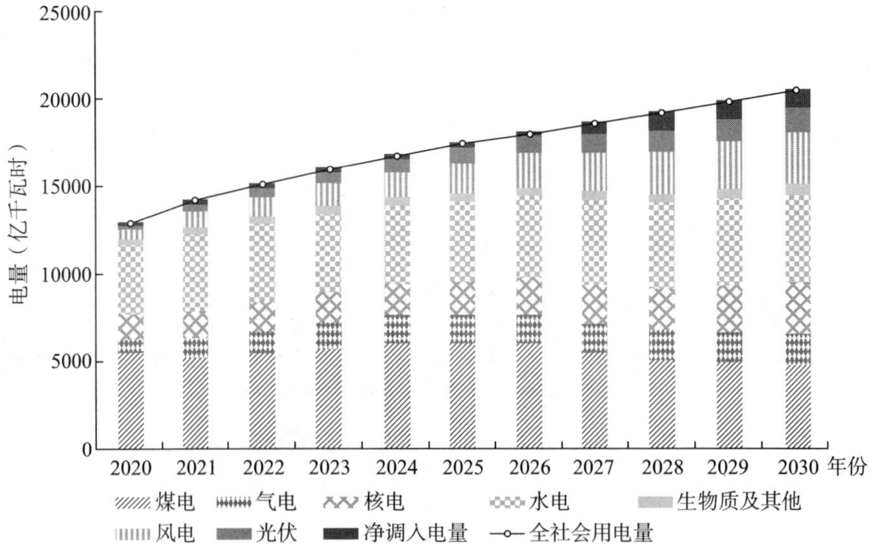

图1　南方五省区发电量结构（情景一）

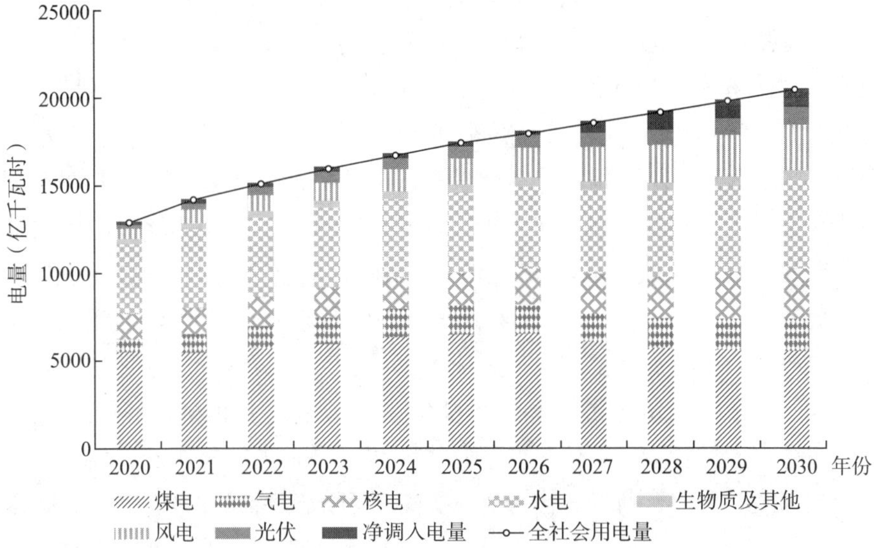

图2　南方五省区发电量结构（情景二）

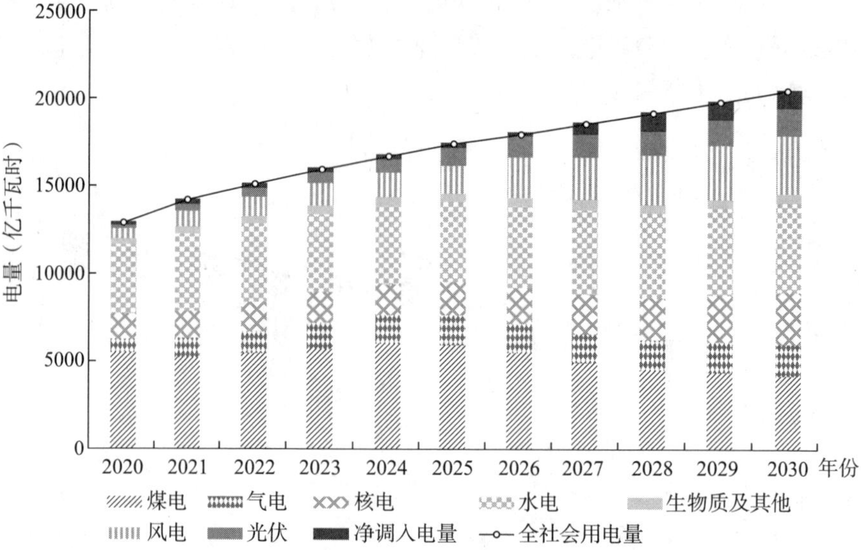

图 3　南方五省区发电量结构（情景三）

（二）综合比较

以南方五省区为例，对比分析三种情景电力碳排放、非水电可再生能源电力消纳责任权重、非化石能源电量占比、煤电利用小时数、电源冗余度等关键指标变化趋势，结果如表 1 所示。情景一和情景二电力碳排放均能实现“十五五”初期达峰，情景三进一步提前到“十四五”末达峰，峰值在 5. 88 亿~6. 29 亿吨。三种情景的非水电可再生能源电力消纳责任权重均满足国家预期目标，情景一和情景三适应性更强。2030 年三种情景非化石能源电量占比在 62. 4%~68. 9%，2020—2030 年新能源新增发电量占非化石能源新增发电量比重均超过 50%。同时，随着新能源装机规模增大，发电量增多，煤电利用小时数逐步下降，煤电与新能源利益协调难度增加，电源冗余度增加，推高电力总成本。综合来看，情景一各项指标较均衡，既能满足国家战略要求和地区实际发展需要，也能兼顾一定的经济性，适合作为推荐方案；情景二是底线方案，可用来校核新能源发展是否达到国家战略要求；情景三作为储备方案，可适应新能源开发政策、技术的变化。三种情景的合理运用将有效指导地区新能源发展，推动碳排放尽早达峰。

表 1　三种情景综合比较表（南方五省区为例）

项目	情景一	情景二	情景三
电力碳排放	“十五五”初达峰，峰值为 5.92 亿吨	“十五五”初达峰，峰值为 6.29 亿吨	“十四五”末达峰，峰值为 5.88 亿吨
非水电可再生能源电力消纳责任权重	非水电消纳责任权重指标略高于国家预期目标，具有较好的适应性	非水电消纳责任权重与国家预期目标基本保持一致，适应性较差	非水电消纳责任权重最高，适应性较强
非化石能源电量占比	2030 年 66.2%，2020—2030 年新能源新增发电量占非化石能源新增发电量的 56.5%	2030 年 62.4%，2020—2030 年新能源新增发电量占非化石能源新增发电量的 50.5%	2030 年 68.9%，2020—2030 年新能源新增发电量占非化石能源新增发电量的 59.7%
煤电利用小时数	2020—2030 年煤电利用小时数下降 1160 小时，煤电与新能源利益需要协调	2020—2030 年煤电利用小时数下降 690 小时，煤电与新能源利益协调难度小	2020—2030 年煤电利用小时数下降 1480 小时，煤电与新能源利益协调难度大
电源冗余度	电源冗余度增加幅度较小	电源冗余度增加幅度小	电源冗余度增加幅度较大，推高电力总成本

三、高比例新能源并网对电力系统影响

新能源发电具有随机性、波动性和低惯量等特征，大规模、高比例新能源接入，在产生大量减碳效益同时，也会对电力系统可靠供电、安全稳定和经济运行带来新的挑战。

（一）对电力系统灵活性资源需求的影响

强随机性、波动性和间歇性新能源大规模并网后，将显著增加电力系统不同时间尺度电力电量平衡难度。在超短周期（毫秒至秒级）调节方面，新能源出力快速波动且频率和电压耐受能力不足、稳定难度加大。在短周期（分钟至小时级）调节方面，新能源短时出力随机性和波动性易造成系统频率和潮流控制困难。以广东为例，区域整体新能源 2 小时最大波动可达 20%~35%。在日内调节方面，新能源发电特性与用电负荷日特性匹配度差，将增加电力系统调峰压力。以广东海上风电为例，单个风电场

反调峰深度达50%，海上风电机群反调峰平均深度达22%。在多日、周时间尺度调节方面，新能源发电“靠天吃饭”特征明显，将增加电力系统供需失衡风险。如长时间阴雨天、极寒等天气条件下，新能源出力可能出现较长时间偏低的情况。

（二）对电力系统安全稳定的影响

新能源发电转动惯量低、动态无功支撑能力弱、暂态特性多样，大规模替代常规机组将降低电力系统抗扰动能力。频率稳定方面，高比例新能源系统转动惯量小，受扰后系统频率变化率和波动范围增大，稳态频率偏差大，频率越限风险增加。电压稳定方面，新能源动态无功支撑能力弱，大规模接入将导致系统动态无功储备及支撑能力、短路容量下降，易发生电压稳定和暂态过电压问题。功角稳定方面，新能源装备暂态特性多样，且与传统同步电源耦合机制复杂，导致功角稳定特性更趋复杂。宽频振荡方面，新能源发电中的电力电子设备具有不同带宽的控制器及控制、采样延时在特定频段上引入了负阻尼，易诱发宽频振荡风险。

（三）对供电成本的影响

新能源发电能量密度小、发电年利用小时数低、出力不确定性强，且大型新能源基地通常远离负荷中心，大规模接入将给电能供应经济性带来挑战。发电成本方面，海上风电、光热等发电成本目前仍明显高于煤电、核电等传统电源，在相关技术未取得突破之前，大规模发展将提高总体发电成本。消纳成本方面，大规模、分布式新能源接入及跨区调剂需要加大电网投资，系统还需投资配套相当规模的抽水蓄能、气电、储能等调节性电源，并配备一定规模的兜底保障电源为其提供容量备用，增加系统冗余，备用、调峰电源投资增加。

四、高比例新能源发展及配置机制建议

（一）统筹协调推动新能源高质量发展

以新能源发展目标为导向，综合考虑新能源资源条件、可利用土地资源、发电经济性、产业发展等，按照集中开发与分散开发并举、就地就近

消纳为主的原则，积极推动新能源开发利用。一是推动新能源分阶段优化布局，全面勘测各地区新能源资源及气象条件，调查荒地、屋顶、水面等可用空间资源，评估各类新能源品种开发潜力和发电成本，绘制新能源发电出力特性曲线，并根据新能源开发技术进步和实际运行数据滚动修编调整，结合新能源分阶段发展目标，科学制定新能源开发时序、配比和布局。二是全面推进风电发展，因地制宜发展东中南部地区分散式风电和海上风电，优先就地就近消纳，同时积极推进西部、北部地区风电基地集约化建设。三是大力发展光伏发电，优先发展东中南部地区分布式光伏，推动建设西部、北部地区集中式光伏发电基地。四是完善新能源并网服务，加快新能源配套电网工程建设，完善新能源接入流程和技术标准，加强新能源并网技术监督，提升新能源涉网安全性能，满足大规模新能源安全并网需求。五是推动新能源发展模式创新，充分利用源网荷储融合互动和各类电源互补特性，稳步推进源网荷储一体化和多能互补发展，探索新能源与乡村振兴、生态环境治理融合发展，提升新能源开发综合效益。

（二）多措并举提升电力系统灵活调节能力

通过有效技术手段、市场机制、政策激励等措施挖掘源网荷三侧灵活性资源，提升电力系统灵活调节能力，促进新能源高效消纳。电源侧提高灵活调节电源占比，一是推动新型储能规模化商业应用，推进新能源场站按装机容量的15%~20%配置储能，解决新能源短时波动问题；二是大力发展抽水蓄能，优先在新能源集中开发地区和负荷中心布局建设，发挥日内调峰甚至周调节作用；三是加大力度推动煤电灵活性改造“应改尽改”，如南方五省区具备改造条件的煤电装机超过1亿千瓦，全部改造后可增加1500万千瓦以上的调峰能力，改造潜力大；四是充分挖掘现役水电站调节能力，推进具备条件的水电站扩机；五是因地制宜发展调峰气电。需求侧加大电力需求响应力度，引导自备电厂、传统高载能工业负荷、工商业可中断负荷、电动汽车充电网络、虚拟电厂等参与系统调节，到2030年实现省级电网基本具备5%以上的尖峰负荷响应能力。电网侧加强互联互通提升互济能力，建设跨省区电力互联通道，提高存量输电通道利用率，升级主干电网和配电网，构建新型电力系统智能调度体系，推动清洁电力资源大范围优化配置，实现时间和空间上的扩展和互补。

（三）积极开展绿色低碳关键技术创新

技术创新是推动新能源高质量发展的关键支撑。围绕高比例新能源并网对电力系统带来的影响，一是深入开展以新能源为主体的新型电力系统基础理论、方法、工具研究。二是加快关键技术攻关及装备研发，实现电网友好型新能源发电、大规模新能源高效消纳、大容量直流输电与电网柔性互联、稳定运行控制、先进储能等领域突破。三是因地制宜开展试点项目建设，总结经验并有序推广应用。

（四）加快完善适应新能源发展的体制机制

深化新能源领域体制机制改革，有序推动新能源参与市场交易，科学指导电力规划和有效投资，发挥电力市场对能源清洁低碳转型的支撑作用。一是加快构建统一电力市场，以中长期市场为主体、现货市场为补充，涵盖电能量、辅助服务等多品种，兼容分布式资源等新型市场主体，形成多元竞争的统一电力市场。二是完善新能源上网电价和调节资源价格市场化形成机制，促进新能源与调节资源协同发展。三是统筹电力市场与碳排放权、绿色电力证书等市场设计，协同推动绿色低碳发展。

课题组核心成员： 黄　豫　梁　宇　雷　成　聂金峰　周焕生
潘旭东　邵　冲　李　岩　卓　越　袁康龙

编辑： 李燕妮　罗　娅

能源电力行业碳达峰碳中和发展路径研究

南方电网能源发展研究院有限责任公司

2020 年，我国能源消费碳排放占全社会碳排放总量的 88%左右，电力行业占能源行业碳排放总量的 42.5%左右。未来，在碳达峰、碳中和目标驱动下，工业、交通、建筑等领域将加速再电气化，从而将更多的能源消耗和碳排放压力转移给电力行业。因此，能源电力领域是全社会节能减排的主战场和主力军，其清洁低碳转型是实现碳达峰、碳中和目标的关键。本报告系统梳理了能源电力行业碳达峰、碳中和发展基础，分析了面临的机遇与挑战，在此基础上研究提出了能源消费低碳转型路径，并以南方区域为例，提出了电力行业清洁低碳转型路径，成果可为制定能源电力行业碳达峰、碳中和相关政策提供重要支撑。

一、能源电力碳达峰碳中和发展基础研究

（一）能源电力发展现况

能源消费总量稳步增长，增速下降，结构趋于清洁化、低碳化。严格执行能源消费总量和强度“双控”，实现较低能源消费增速支撑经济社会需要。2020 年全国能源消费总量为 49.8 亿吨标准煤，“十三五”期间年均增长 2.8%，已进入中低速增长阶段。其中，煤炭占 56.8%，比 2015 年下降 7 个百分点；石油占 18.9%，比 2015 年上升 0.5 个百分点；天然气占 8.4%，比 2015 年上升 2.6 个百分点；非化石能源占 15.9%，比 2015 年上升 3.9 个百分点。

电力需求稳定增长，电源结构持续优化。2020 年，全国全社会用电量 7.51 万亿千瓦时，“十三五”期间年均增长 5.7%；全口径发电装机 22.0 亿千瓦，“十三五”期间年均增长 7.6%；非化石能源装机占比 43.5%，比

2015年提升9.4个百分点；煤电装机占比49.1%，比2015年下降9.9个百分点。

（二）能源活动碳排放现状

碳排放总量持续增长，强度逐年下降，电力和工业领域是主要来源。2020年我国能源活动二氧化碳排放比2005年增长65.1%，但单位GDP能源消费碳排放强度比2005年下降50.2%，扭转了碳排放快速增长局面。从来源看，电力占能源活动碳排放的42.5%，工业领域占37.5%，建筑和交通领域各占10%左右。

经济快速增长驱动碳排放增长，产业升级、技术进步、能源结构优化等推动碳排放强度下降。应用对数平均迪式指数法（LMDI），分析GDP、能源消费强度和消费结构与碳排放的关系，可知：2005年以来，经济增长贡献碳排放增量占碳排放净增长量的248%，产业升级和技术进步等推动能源消费强度下降而贡献碳减排量占碳排放净增长量的-116%，能源结构优化贡献碳减排量占碳排放净增长量的-32%。

二、能源电力碳达峰碳中和面临的机遇与挑战

（一）主要机遇

能源供应安全将更自主可控有保障。我国“贫油少气”，石油、天然气对外依存度已分别达72.6%、43.4%，进口油气受地缘政治等因素影响较大，威胁能源供应安全。在碳达峰、碳中和推动下，非化石能源将大量替代化石能源，从而推动能源供应自给率提高，能源安全将更加有保障。

清洁低碳转型步伐加快将推动能源高质量发展。我国单位GDP能耗比世界平均水平高50%，单位能源消费碳排放量比世界平均水平高30%，电、热、气等不同供能系统集成互补、梯级利用程度不高，发展质量仍有待提升。碳达峰、碳中和将逐步推动形成以电为核心、不同能源协同互补高效利用的现代能源体系，实现高质量发展。

“新电气化”进程加快推动电力需求刚性增长。我国电气化水平仍有较大提升空间，碳达峰、碳中和将推动各终端用能部门加快“新电气化”进程。初步测算，2060年我国工业、交通领域电气化率有望提升至50%以

上，建筑领域提升至75%以上，新增用电潜力超过7万亿千瓦时。

能源与信息深度融合推动能源电力数字化、智能化水平提升。新型电力设施大量接入电网，能源利用新模式、新业态、新产品大量涌现，多样化、互动化用能服务需求增加，能源电力新技术与新一代信息技术、互联网理念深度融合，能源电力数字化、智能化水平不断提高。

（二）主要挑战

电力系统安全稳定风险增大。随着新能源渗透率的提升，电力系统的潮流波动风险、暂态稳定风险、连锁故障风险、宽频振荡风险都将不同程度增加。

电力供应保障难度增加。风电、光伏“靠天吃饭”特征明显，其间歇性、波动性和随机性等固有缺陷将使电力供应保障难度增加。

电力供应总成本将上升。海上风电、用户侧新能源发展潜力大，但成本仍较高；新能源出力不可控，需要大量配套保障电源、抽水蓄能和储能等；新能源能量密度较低，其配套送出输变电工程的利用率也可能因而更低；新能源发电单元规模庞大，运行维护量大；各因素都将推高电力供应成本。

源—网—荷—储协调难度增加。新能源逐步成为主体电源，传统发电市场格局将出现较大变化，电源间协调难度增加。实现高比例新能源的高效消纳，需要源—网—荷—储协同发力。在现有的技术条件下，能源“清洁、可靠、经济”不可能三角将长期存在，电力系统与经济社会需求的协调难度将增加。

三、能源消费清洁低碳转型路径研究

（一）能源消费及碳排放测算方法

以能源平衡表为基础，充分考虑经济社会发展用能需求、终端部门用能特点及减排潜力，以2030年前碳达峰、2060年前碳中和为目标，国家及地方政府提出的能源消费总量、结构、碳排放强度等关键指标为约束，运用基于S曲线模型的趋势外推法、部门分析+清洁替代预测法等，综合国内外权威研究成果，对2025年、2030年、2035年、2060年的能源消费及碳排放进行测算。测算模型思路如下：

（1）结合能源平衡表、各部门产品工艺及用能特点，梳理现状能源流向，挖掘能源消费增长驱动力、节能减排潜力，奠定测算基础。

（2）2035年前，考虑已明确规划指标约束，采用基于S曲线模型的趋势外推法预测能源消费总量，并“自上而下”预测各部门终端能源消费情况。

（3）对2060年，考虑碳中和目标约束，采用部门分析+清洁替代预测法测算终端能源消费情况，并“自下而上”预测能源消费总量。

（4）评估电气化率、非化石能源消费比重等关键指标，并反复迭代修正，形成最终测算结果。能源消费及碳排放测算模型见图1。

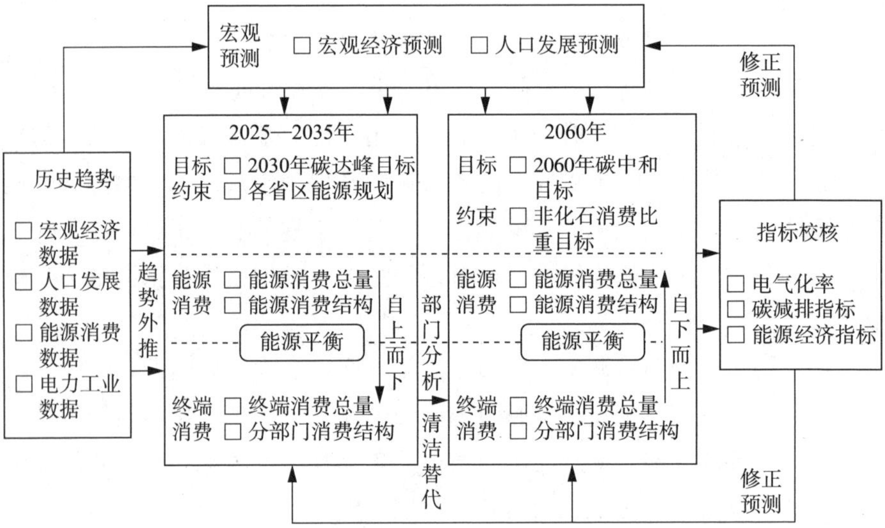

图1　能源消费及碳排放测算模型

（二）能源消费清洁低碳转型路径研究

能源消费清洁低碳转型的关键在推动能源消费结构清洁化、终端能源消费电气化。初步测算，能源消费碳排放将在“十五五”达峰；“十六五”能源消费总量将达峰，碳排放进入平台期并稳步下降；2060年前全面实施化石能源清洁替代和终端消费电能替代、氢能替代，极少数因安全、技术等原因无法替代的化石能源产生的碳排放，将由碳捕集与封存、自然碳汇等中和。

能源消费结构清洁化。2025年，全国能源消费总量56.1亿吨标准煤，煤炭消费在“十四五”率先达峰，非化石能源消费比重上升到21.6%；2030年，全国能源消费总量59.9亿吨标准煤，石油消费在“十五五”达峰，非化石能源消费比重上升到28.0%；2035年，全国能源消费总量60亿吨标准煤，能源消费总量和天然气消费在“十六五”达峰，非化石能源消费比重上升到31.4%；2060年，全国能源消费总量56亿吨标准煤，非化石能源消费比重达到80.3%，能源消费结构全面清洁化。全国能源消费总量及结构见图2。

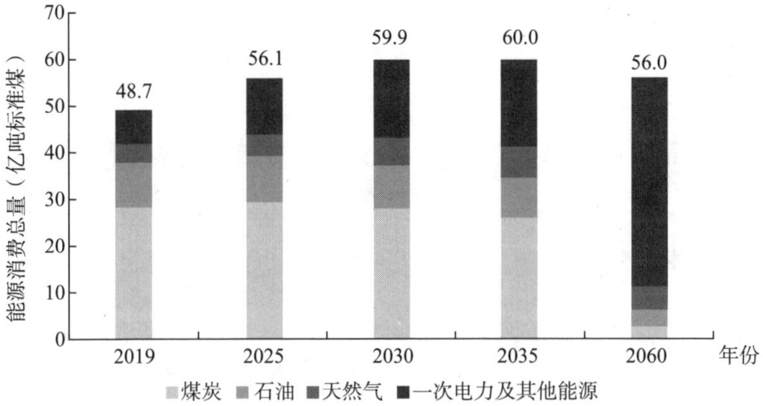

图2 全国能源消费总量及结构

终端能源消费电气化。2025年，全国终端能源消费总量37.3亿吨标准煤，电气化率29.4%，电能成为仅次于煤炭的第二大终端能源；2030年，全国终端能源消费总量38.3亿吨标准煤，终端能源消费在“十五五”达峰，电气化率34.5%，电能超越煤炭成为第一大终端能源；2035年，全国终端能源消费总量37.5亿吨标准煤，电气化率39.9%，天然气消费比重接近15%；2060年，全国终端能源消费总量28.2亿吨标准煤，电气化率59.7%，氢能技术进一步成熟并推广应用，氢能占终端能源消费比重达到10%左右。全国终端能源消费总量及结构见图3。

能源活动碳排放情况。“十四五”期间，能源消费产生的二氧化碳缓慢增长，年均增长0.9%，增速明显放缓；“十五五”期间，能源消费产生的二氧化碳排放达峰，2030年维持在达峰平台值附近；“十六五”期间，能源消费产生的二氧化碳排放在碳达峰平台后稳中有降；2060年，能源消费产生的二氧化碳大幅下降，推广应用碳移除技术后实现碳中和。

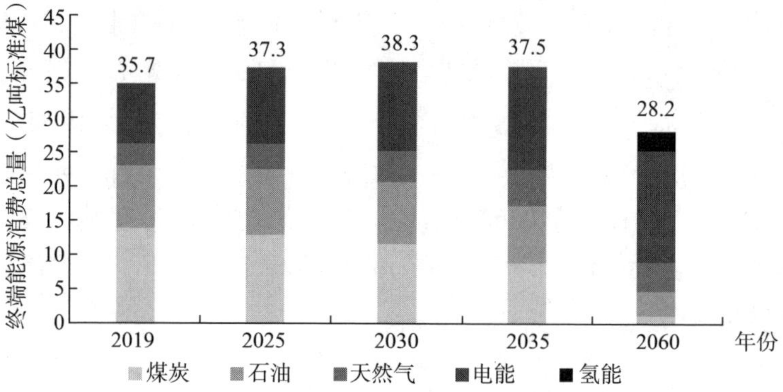

图3 全国终端能源消费总量及结构

四、南方区域电力行业清洁低碳转型路径研究

（一）电力需求预测

参考《南方电网“十四五”电网发展规划》成果，考虑国家重大区域发展战略、“两新一重”建设、战略性新兴产业和现代服务业发展以及“新电气化”进程，对南方区域近期（2025年）、中期（2030—2035年）、远期（2060年）的电力需求水平进行预测，结果如下：

到2025年，南方区域全社会用电量18530亿千瓦时，“十四五”年均增速7.3%；到2030年，全社会用电量22065亿千瓦时，“十五五”年均增速3.6%；到2035年，全社会用电量24470亿千瓦时，“十六五”年均增速2.1%；2035年以后，电力需求将趋于饱和，到2060年，全社会用电量31420亿千瓦时，2035—2060年年均增速1.0%。

（二）电源转型发展基础

综合考虑能源资源禀赋及土地等建设条件，南方区域非化石能源开发潜力约7.7亿千瓦，其中水电约1.5亿千瓦、抽水蓄能约9200万千瓦、核电约1亿千瓦、海上风电约1.2亿千瓦、陆上风电约1.3亿千瓦、光伏约1.8亿千瓦。目前已开发2.1亿千瓦。

南方区域清洁能源资源相对有限，在充分挖掘区域内电源发展潜力、规划建议电源全部投产后，2030年、2035年南方区域分别需补充有效电力装机2400万千瓦、4300万千瓦，为满足电力供应和低碳发展，亟需引入区外清洁电力。综合考虑全国能源电力格局和各区域能源资源开发情况，今后南方区域引入的外部电力主要包括藏东南清洁能源基地、北方清洁能源基地以及境外大湄公河次区域水电基地。

（三）电力低碳转型路径

电力活动碳排放主要是电力生产过程中的碳排放，电力脱碳关键是电力生产逐步由煤电等传统化石能源电源为主向水风光等非化石能源电源为主转型升级。

碳达峰阶段（2021—2030年）。统筹煤电发展和保供调峰，合理发展气电，非化石能源电源规模逐年扩大，推动藏东南清洁能源基地送电粤港澳大湾区，加快新型电力系统建设。到2030年，南方区域非化石能源装机4.5亿千瓦以上，新能源2.5亿千瓦以上；新型电力系统基本建成，数字电网全面承载新型电力系统；电能占终端能源消费比重达38%；电力碳排放在“十五五”达峰后进入平台期。

碳达峰平台后稳中有降阶段（2030—2035年）。有序淘汰落后煤电，降低气电新增规模，加快非化石能源发展，积极引入北方清洁能源基地电力送南方区域，推动储能规模化应用，依托新型电力系统提高电网对高比例可再生能源的消纳和调控能力。到2035年，南方区域非化石能源装机达到5.1亿千瓦以上，新能源3.0亿千瓦以上；电力碳排放量稳中有降，为碳中和奠定良好基础。

碳排放加速下降逐步实现碳中和阶段（2035—2060年）。除保留关乎系统安全的先进煤电外，其他煤电有序退出，严控气电发展规模，非化石能源发展进一步提速，先进核电技术、电网友好型新能源电站技术取得突破并全面应用，安全、环保、高效、低成本储能技术和电解水制氢技术取得重大突破，储能大范围应用，全力争取雅鲁藏布江下游清洁能源基地、境外大湄公河次区域水电基地向南方区域送电，依托新型电力系统全面实现对高比例可再生能源的消纳和调控。到2060年，南方区域非化石能源装机7.7亿千瓦以上，新能源4.7亿千瓦以上，电能占终端能源消费比重超过60%，碳移除技术取得重大突破并广泛应用，2060年前实现电力零碳排放。

课题组核心成员： 黄　豫　梁　宇　聂金峰　刘　平　雷　成
韩明宇　曹　毅　周焕生　刘志文　潘旭东
编辑： 李　兴　郭寅昌　罗　娅

碳中和目标下煤炭清洁高效利用与能源结构优化研究

国能经济技术研究院有限责任公司

本报告的研究思路和技术要点如下：一是系统梳理了国际气候治理及碳减排新趋势，阐明了新形势变化对于能源转型的重大影响，并从优化能源结构、提高能源效率、部署低碳技术等方面总结凝练了全球能源转型的类型和方向。研究了欧盟、美国、日本等主要国家和地区能源转型的历史进程、战略路径及转型效果，并在综合分析资源—政策—技术—经济等因素的基础上，量化研究了能源转型的驱动因素及动力机制。构建了EEMD-BP-ELM碳价格混合预测模型，预测了不同碳排放约束情景下的中国碳价格走势。

二是基于历史数据总结分析了我国能源消费规模与结构的时空演变特征和一般规律，识别了影响我国能源消费规模与结构演变的主要因素。构建了基于我国经济规模、发展阶段、产业升级、结构转型、技术进步、环境气候约束等多因素的综合分析框架，并应用LEAP模型对工业、建筑、交通和电力部门中长期能源消费总量和结构进行情景分析，评估预测了能源结构优化的可行性以及环境—经济成本，进而提出了我国一次能源及终端能源结构优化的目标、路径及相关对策建议。

三是从国情和资源禀赋分析、产业链条拆解、企业策略应对、市场机制优化等角度出发，首次较为全面地厘清了煤基能源产业在我国经济社会发展和保障能源安全的历史作用和贡献，并进一步分析了煤基能源产业未来的功能定位和面临的转型挑战。运用成本竞争力测算方法开发了基于CCUS技术的煤炭清洁高效利用决策优化模型，并量化了煤炭清洁高效利用技术发展的外部性效益，分析了煤基能源产业未来发展趋势，提出了煤基能源清洁高效利用优化方案以及我国煤基能源产业的低碳应对策略。

四是围绕碳约束条件下国家能源集团主要产业板块转型和战略优化问

题，首次建立了集团煤电与煤化工行业全流程 CCUS 改造的技术经济评价方法，完成了集团煤基产业实施 CCUS 技术改造的潜力与成本效益分析。独立开发了国家能源集团首套体现地区差异的电力产业结构转型路径仿真系统，并对 2060 年前集团电力产业清洁低碳转型路径开展了详细的仿真模拟与量化分析，提出了碳中和目标下国家能源集团煤基产业低碳化与清洁能源规模化协同发展、低碳转型的优化路径和决策建议。

五是构建了煤基能源 CCUS 技术经济评估模型（ITEAM-CCUS），自底向上利用工程技术评估方法量化研究了当前基于工厂尺度我国四大耗煤行业（燃煤电厂、钢铁、水泥、煤化工）实际地理与排放数据的 CCUS 源汇匹配条件、减排潜力及成本曲线，并首次将 CCUS 技术模型同中国宏观能源经济 CGE 模型（CHINAGEM-Energy）耦合链接，综合评估了以煤电结合 CCUS 为代表的煤炭清洁高效利用技术规模化发展的应用前景及其影响，研究预测了“煤基能源低碳化”与“清洁能源规模化”融合发展情景下我国能源、电力的消费总量和结构，提出了能源转型优化路径，探讨了煤基能源转型升级对经济社会可持续发展的贡献和意义。

六是综合研判提出了我国转型期内适宜的煤炭低碳转型技术路线和能源结构优化发展路径。研究提出了煤基产业升级和电力行业脱碳是我国双碳目标实现的关键，中长期看 CCUS 技术或将成为决定未来煤基能源产业发展空间、影响未来能源电力系统转型路径方向的重要因素。并在此基础上，论证提出了国家能源集团兼顾能源安全保供和扩大资产效益的低碳化转型实施路径，对于促进集团新能源与煤基产业链一体化具有重要意义。

研究结果表明：①转型期内煤炭仍是当之无愧的能源“压舱石”和经济“稳定器”，将长期发挥“兜底”保障作用。未来近 40 年转型期内，在一次能源和电力消费的累计供应量上，煤炭和煤电仍将是最大的单一能源品种。2021—2060 年煤炭累计贡献 33%~41% 的能源，煤电累计贡献 31%~41% 的电量。②煤基产业+CCUS 减排潜力大，区域耦合性强，可推动实现能源转型“弯道超车”。四大行业 CCUS 具有较大的减排潜力，具备全流程技术可行性的占总排放量的约 65%，成本低于 70 美元/吨（450 元/吨），四大行业累计可以实现减排超过 40 亿吨。③国家能源集团 CCUS 适宜性强，CCUS 是实现向“最大清洁能源企业”转变的不二选择。具备改造条件的煤电装机占比约为 86%，其中实现源汇匹配的装机占比为

84%，煤电具备全流程 CCUS 条件的装机占比为 72%，集团煤电应用 CCUS 理论碳减排规模可达近 5 亿吨/年。④CCUS 是能源结构优化和煤基能源转型的“兜底技术”和“关键一招”。

碳达峰碳中和目标对煤炭行业的发展提出了新的要求，但“双碳”并不是简单的“去煤化”，基于 CCUS 的煤基产业优化升级能够为我国能源低碳转型提供立足点，在未来能源结构转变中发挥重要的支撑作用。

研究成果和有关建议为能源管理部门和国家能源集团等单位的能源管理、规划研究相关工作提供了重要依据、产生了积极作用，同时还可为相关单位制定碳达峰方案、煤炭企业谋划低碳转型发展提供参考。

一、研究背景和意义

煤基能源是经济社会发展的重要物质基础，也是碳排放的主要来源，能源行业的健康发展关乎国家资源、环境和经济社会可持续发展。在碳达峰、碳中和目标下，煤基能源在能源系统中承担怎样的角色，煤基能源产业如何有序低碳转型发展？诸此种种，都是我国能源行业高质量发展必须直面解决的重大战略问题。考虑到我国发展阶段特点与富煤贫油少气的资源禀赋条件，能源兜底保障责任必然要落到煤炭、煤电身上，这不是权宜之计，是由国情能情决定的必然选择，也是我国能源安全战略的重要组成部分。在国际气候协议约束及国内环保压力下，统筹能源安全、民生保障、成本代价与低碳转型的关系，促进能源、经济、社会、环境协调发展，对我国经济安全和能源企业发展都是巨大挑战。当前，煤基能源产业正处在高质量发展加速期和低碳转型关键路口，十分有必要对新形势下的我国能源中长期转型路径及煤炭、煤电的低碳转型方向作出研判，为我国能源结构优化升级和国家能源安全保障提供相关决策参考。

在此背景下，国家能源集团技术经济研究院申请承担“碳中和目标下煤炭清洁高效利用与能源结构优化研究”（隶属于“煤炭清洁高效利用 2030 重大项目先导项目”）。本报告在研判全球气候治理、中国能源转型、煤基能源发展等趋势影响基础上，采取“自上而下”和“自下而上”相结合的方式，将宏观能源经济 CGE 模型与 CCUS 技术经济评估模型进行耦合链接，仿真推演了我国重点用煤行业的低碳发展时空路线，重点结合电力电量平衡仿真模型研究提出未来煤电产业的合理化规模，量化评估了 CCUS 技术对我国煤基能源低碳发展、实现碳中和目标的减排贡献和经济社会可持续发展的意义和影响，提出了基于 CCUS 技术的我国能源结构优化和低碳转型发展路径，并以国家能源集团为例，研究分析了煤电与煤化工产业实施 CCUS 技术改造的潜力与成本效益，提出国家能源集团煤基能源清洁化与清洁能源规模化耦合协同发展的战略路径，以期为煤基产业与新能源协同发展、煤基能源绿色创新发展提供战略支撑和方向引领。

二、研究思路与方法

本报告按照全球气候治理、中国能源转型、煤基能源发展、大型综合能源企业转型路径案例分析及综合系统研究的总体内容框架，以“总分总”的逻辑循序渐进、逐步深入（具体见图 1）。

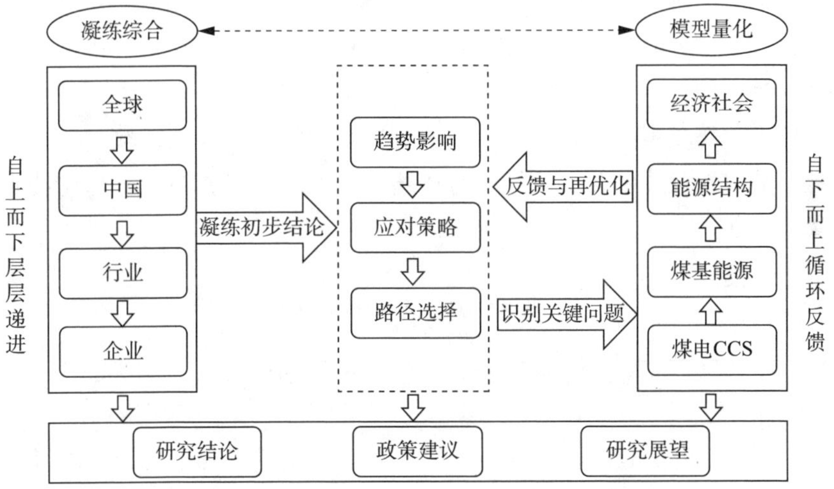

图 1　报告成稿展示与逻辑关系图

研究通过“自上而下”层层递进与“自下而上”循环反馈相结合的方式，对未来我国煤炭低碳转型和能源结构优化进行了系统研究，提出了立足我国能源资源禀赋条件和发展阶段，探索煤基能源低碳化与清洁可再生能源规模化相互协同、相互支撑的中长期能源低碳转型发展现实路径。

总体研究路径如下：首先，系统梳理了国际气候治理及碳减排新趋势，并结合资源—政策—技术—经济等因素量化研究了能源转型的驱动因素及动力机制；其次，基于历史数据总结分析，通过能源三角“安全性—环保性—经济性”战略剖析，探析了我国能源消费规模与结构的时空演变特征和一般规律，识别了影响我国能源消费规模与结构演变的主要因素，分析了煤基能源产业未来发展趋势，重点针对电力系统进行总量、结构和电力流等的优化推演；再次，运用成本竞争力测算方法开发了基于 CCUS 技术的煤炭清洁高效利用决策优化模型，提出了煤基能源清洁高效利用优化方案以及我国煤基能源产业的低碳应对策略；接着，构建了国家能源集团煤电与煤化工行业全流程 CCUS 改造的技术经济评价方法，完成了集团煤基产业实施 CCUS 技术改造的潜力与成本效益分析；最后，评估了以煤电结合 CCUS 技术为代表的煤炭清洁高效利用技术规模化应用的前景及其综合效益，提出煤电结合 CCUS 技术发展情景下我国能源结构优化的现实路径。

就研究创新思路来看，构建了双碳目标下中长尺度电力电量平衡优化模型，推演了至 2060 年煤电保障新型电力系统安全和经济性的产业规模结构；通过 CCUS 工程技术评估模型与宏观能源经济模型及电力仿真模型的耦合链接创新，从全国层面、企业案例等多个层次，首次实现“能源—经济—环境”跨学科模型方法的集成耦合，使宏观经济模型的政策模拟研究具有了微观工程技术和自然科学的基础支撑，研究主要模型方法与技术路线参见图 2。

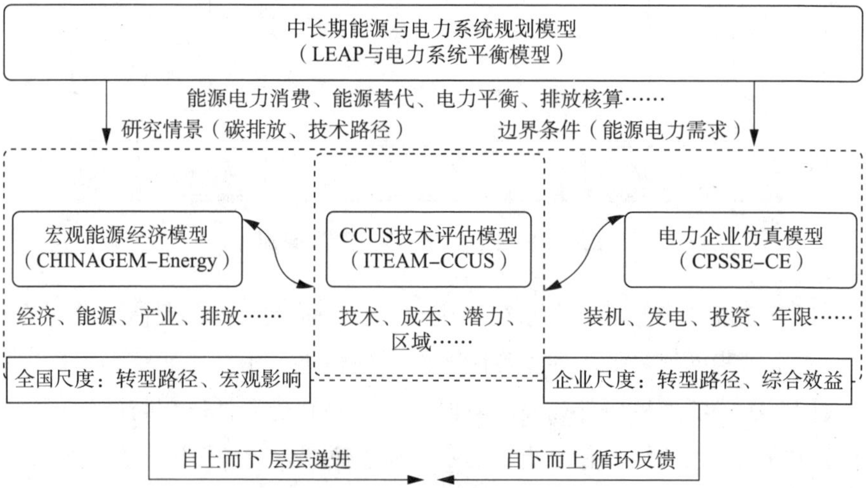

图 2　研究模型方法与技术路线示意图

三、主要研究内容和创新点

（一）构建了中国能源系统预测优化模型

研究重点对我国碳达峰、碳中和目标下的能源系统和电力结构进行了优化与仿真推演，通过自下而上分产业部门的发展前景预测，以及基于资源开发潜力的煤电、风光新能源等多目标超结构优化，提出了确保能源电力系统安全底线的供需平衡方案，识别了未来煤电装机规模和运行特征演变趋势。

研究针对国民经济第一、二、三产业以及居民消费具体门类进行了深入分析，首次系统构建了涵盖国民经济全门类的产业发展预测和用能需求预测模型，通过“自下而上”的方法，提出了未来我国能源电力的需求规模结构，预计 2025 年全社会用电量在 10.0 万亿~10.2 万亿千瓦时，发电电源总装机在 30 亿千瓦左右；2030 年全社会用电量为 12.0 万亿~12.5 万亿千瓦时，发电电源总装机为 39 亿~40 亿千瓦。预计 2060 年全社会用电量为 17.2 万亿~19.7 万亿千瓦时（人均 1.3 万~1.5 万千瓦时，达到当前西方主要发达国家水平），发电电源总装机为 86 亿~97 亿千瓦（具体见图 3）。

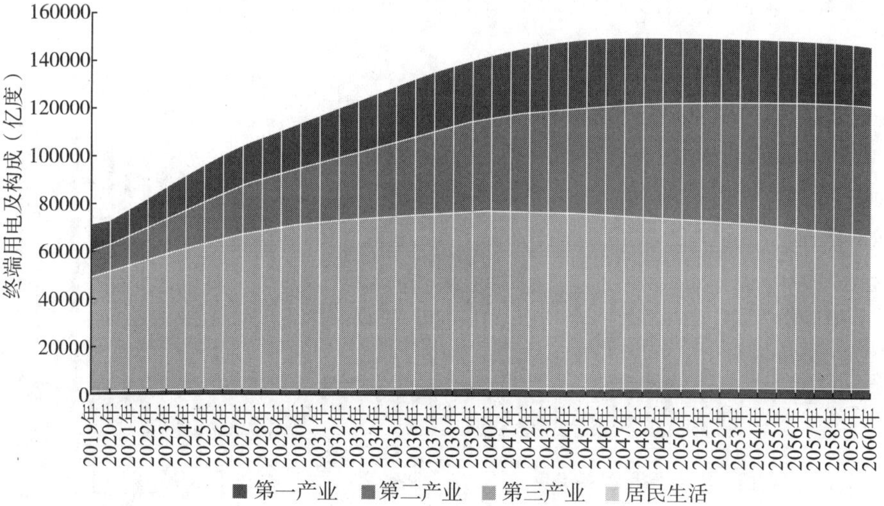

图 3　全社会用电需求结构

在电量需求预测基础上，结合未来新能源比例逐步提高至主体的新型电力系统建设，通过未来产业结构演化下的电力需求负荷分析，以及不同电源结构下的电力出力系统耦合建模，构建了全国电力平衡优化模型，研究评估了未来新型电力系统的总体安全情况。2030 年之前，我国电力系统在负荷高峰时段电力供应总体处于紧平衡状态，负荷高峰的电力保障系数在 1.05 以上；2030—2040 年，我国电力系统在负荷高峰时段将面临严峻考验，负荷高峰的电力保障系数可能降至 1.03 左右；2040 年以后，在保持合理稳定电源的同时，随着储能规模大比例增长，电力系统在负荷高峰时段的安全稳定性总体上可以得到保障。

研究提出在确保电力系统安全保障系数和可靠电源装机比例的前提下，煤电产业在碳达峰、碳中和进程中不同时点的装机规模和布局方案。研究提出，预计 2030 年左右达峰，煤电装机达到峰值约 13.5 亿~14.1 亿千瓦，在 2040 年之前煤电发电小时数保持在 4200 小时以上，主要发挥基荷和调峰的作用；2040 年后随着新型电力系统建设不断深入，煤电发电小时将会有较大幅度降低（2050 年降至 3000 小时左右，2055 年降至 2000 小时左右），在 2060 年煤电装机将降至 8 亿~10 亿千瓦，煤电将主要发挥跨季调峰、应急备用、支撑电网的重要作用（具体见图 4）。总体来看，煤电仍将保留相当规模的装机容量，以满足能源电力供应保障和电力系统平稳灵活运行。在此前提和背景下，煤炭结合 CCUS 技术实现低碳转型发展的技术经济条件与减排潜力是必须给予科学回答的战略性问题。

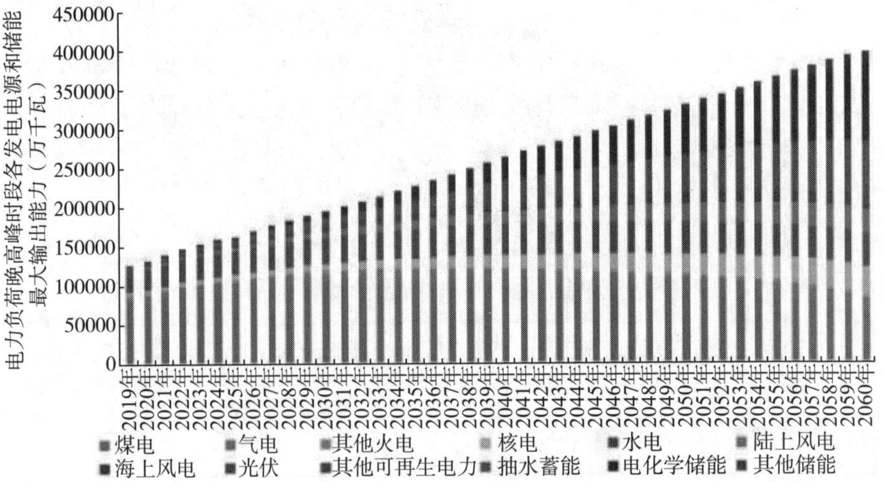

图 4　全国电力供给侧平衡结构

（二）构建基于地理信息系统（GIS）、预可研尺度的中国全流程工程技术经济评估与源汇匹配的 CCUS 技术经济系统评估模型（ITEAM-CCUS）

研究首次针对煤电、钢铁、水泥、煤化工四大耗煤行业实际数据，全面量化评估了我国煤基能源与工业实施 CCUS 的技术可行性、源汇匹配条件、成本曲线、减排潜力及未来可能贡献，系统分析了煤电结合 CCUS 的技术经济条件及其区域差异性特点，并以典型综合能源企业为案例开展了具体应用研究。

针对煤基能源行业特点，首次构建了全流程（捕集、压缩、运输、封存利用等）CCUS 技术经济评估模型（ITEAM-CCUS）（具体见图 5）。我国燃煤电厂、水泥、钢铁及化工四大行业排放量达到 72 亿吨，主要分布在中东部及沿海地区。模型基于工厂尺度的中国燃煤电厂、钢铁、水泥、煤化工 2019 年实际地理位置与排放数据，自底向上利用工程技术评估方法，将煤基行业的工厂定义为二氧化碳排放源（源），适宜的地质利用与封存场地定义为汇，采用二氧化碳强化采油与封存（CO_2-EOR）、二氧化碳强化采水与地质封存（CO_2-EWR）或两者兼容结合的地质封存利用技术，首次全面量化评估了四大耗煤行业实施 CCUS 的源汇匹配条件、减排潜力及成本曲线。从成本曲线可知，平准化成本低于 325 元/吨，对应的减排量为 18.5 亿吨；平准化成本低于 260 元/吨，对应的减排量为 4.4 亿吨；平准化成本增加 65 元/吨，减排潜力增加约 14.1 亿吨。四个行业 CCUS 在平准化成本低于 325 元/吨的减排潜力中煤电的减排潜力最大，占总减排量的 48.1%。

煤电 CCUS 成本具有更加显著的规模效益和成本代表性。综合分析煤电结合 CCUS 的技术经济条件及其区域差异性等特点，以煤电为例，源汇匹配条件更好、更具有成本经济性的电厂分布在西北、华中、华北、东北等地区，初步提出煤电行业未来规模化开展 CCUS 应用的产业集群布局区域和关键时间节点及路径。研究提出了煤电 CCUS 是实现电力系统碳中和的必要技术手段，是我国“规模大、效率高、机组新”的煤电行业低碳转型和可持续发展的关键支撑性技术，预测 2040—2050 年，全国在服役期内的燃煤电厂结合 CCUS 技术年潜在碳减排贡献预计每年可达到 10 亿~20 亿吨。在电力系统完全脱碳的转型期内，煤电 CCUS 累计减排贡献潜力预计可达 200 亿吨以上。

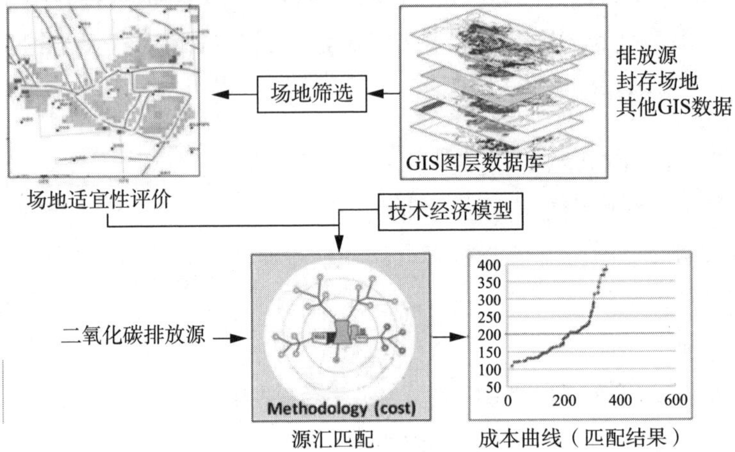

图 5　CCUS 全流程技术经济评估模型框架

进一步，以国家能源集团所属燃煤电厂机组及煤化工厂尺度的实际数据为基础，精细化量化评估了煤电与煤化工企业实施 CCUS 的技术经济与源汇匹配条件，给出了优先 CCUS 项目清单，提出立足企业产业链实际的煤基能源 CCUS 布局优化方案及路线图，并识别出集团具有低成本和优先 CCUS 产业集群化布局发展潜力的区域。国家能源集团产业结构与区域分布具有极好的典型性和代表性（具体见图 6），按 2020 年 CCUS 技术经济水平及仅考虑二氧化碳驱替咸水及封存（CO_2-EWR，既单纯 CCS）的情景（85%捕集率、250 千米匹配距离），集团 2.2 亿千瓦的煤电装机容量中 73%具有实施全流程 CCUS 条件，理论可减排二氧化碳约 5 亿吨/年；其中约占总装机容量 26%的机组具备较低成本机会，减排成本低于 300 元/吨二氧化碳，平均度电成本增幅低于 0.25 元/千瓦时；根据技术进步和成本学习曲线预测，2030 年、2050 年煤电 CCUS 成本在现有基础上可分别下降 13%和 35%。具体见图 7。

（三）构建了国家能源集团电力机组（场站）尺度的电力产业转型路径仿真系统，并实现与 CCUS 技术评估模型评估结果的耦合链接

研究对 2060 年前国家能源集团电力产业清洁低碳转型路径开展了详细的仿真模拟与量化分析，提出了碳中和目标下集团煤基产业低碳化与清洁能源规模化实现优化组合、协同发展的路径。同时，研究以国家能源集团

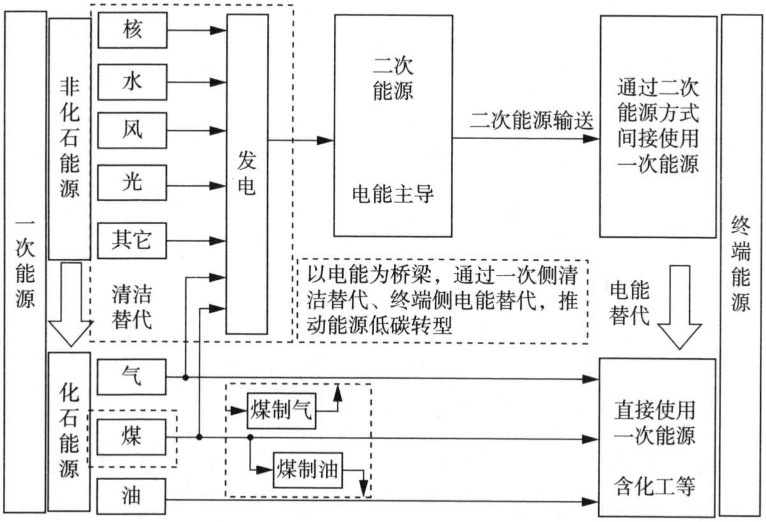

图 6　国家能源集团产业结构分布图

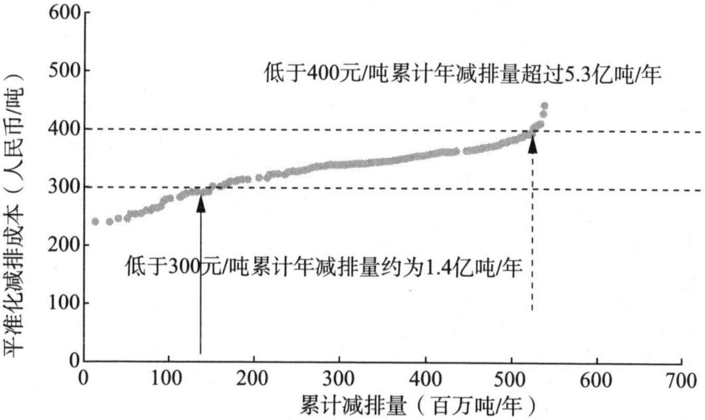

图 7　煤电 CCUS 全流程平准化减排成本

为案例，首次构建了煤电机组、新能源场站尺度的企业级电力产业转型路径仿真系统，并实现与企业尺度 CCUS 技术评估模型评估结果的耦合链接。仿真系统将国家能源集团发电业务分为集团层面、省域层面、电厂层面、机组（场站）层面等 4 个层次。其中，单台发电机为基本组件，按工程经济学方法建立发电机组物理、经济、排放等参数之间的逻辑运算关系，对机组全寿命期的物理过程和资金流状况进行详细建模（具体见图 8），进而模拟在研究周期内单台发电机组（包括现有与规划新建）的发电装机、发电量、耗煤量、碳排放等动态时序轨迹，最终实现企业发电业务整体状况的仿真。单台发电机组全寿命期的主要阶段见图 9。

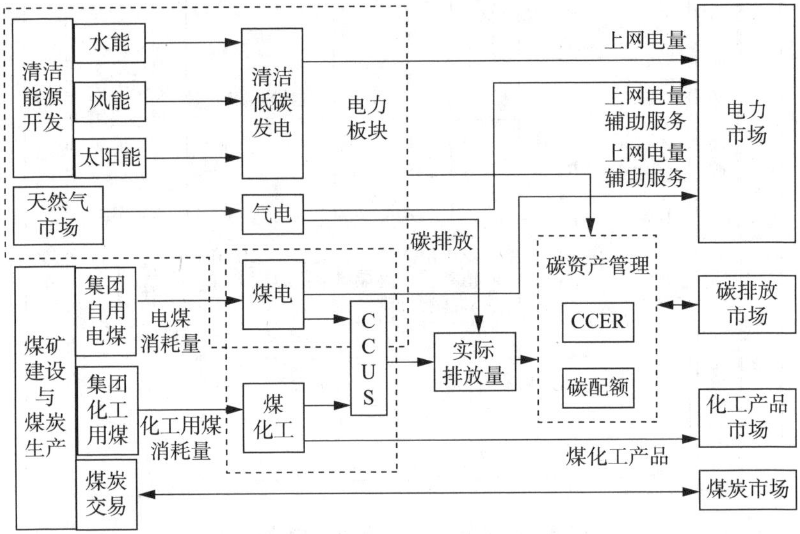

图 8　国家能源集团主要板块间耦合关系

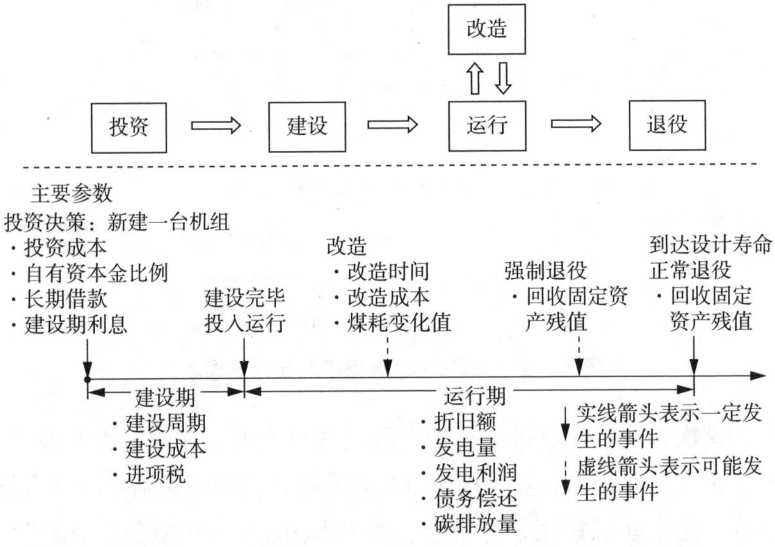

图 9　单台发电机组全寿命期的主要阶段

围绕碳约束条件下国家能源集团主要产业板块转型和战略优化问题，对 2060 年前国家能源集团电力产业清洁低碳转型路径开展了详细的仿真模拟与量化分析，量化评估了转型期内集团传统煤电结合 CCUS 技术与清洁能源规模化发展的减排贡献及发展轨迹（具体见图 10），提出了碳中和目标下国家能源集团煤基产业低碳化与清洁能源规模化实现优化组合、协同发展的路径（具体见图 11）。

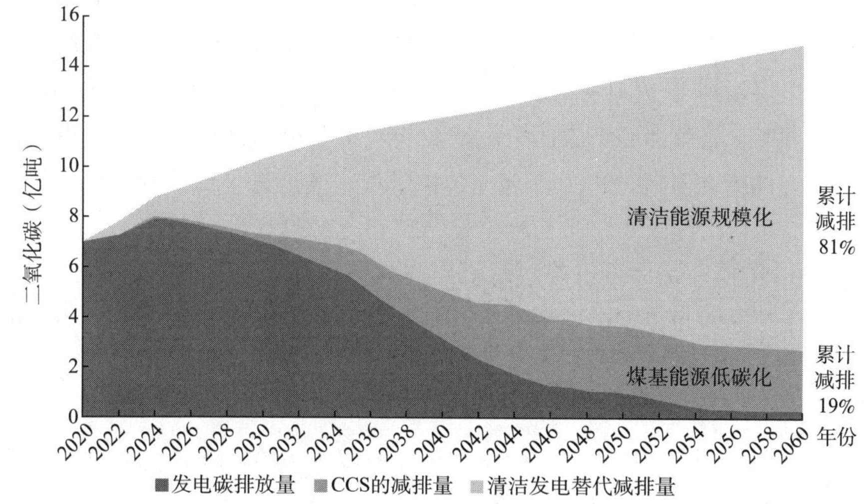

图 10　集团新能源与煤电 CCUS 减排贡献对比

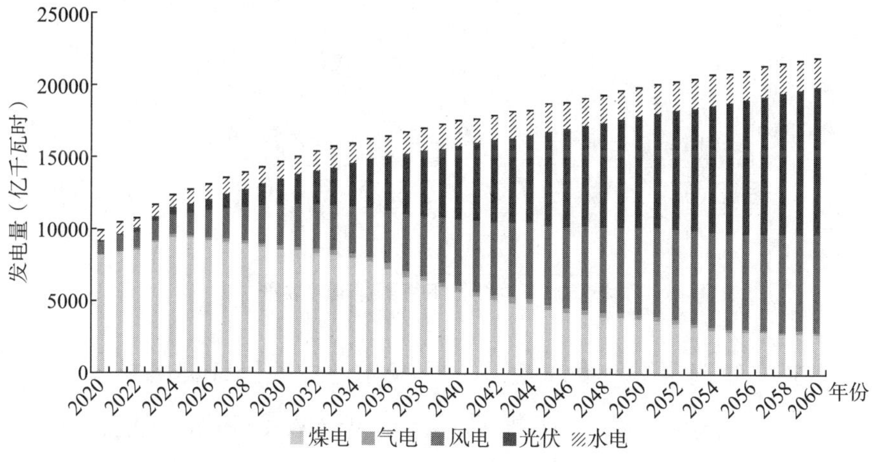

图 11　集团 2020—2060 年装机结构预测

仿真结果表明，煤电 CCS 的规模化发展对兼顾煤炭低碳利用与延长煤电资产使用年限具有重要意义。研究设计了多个情景，推荐路径下，煤电机组利用年限有显著提升，实施 CCS 改造后的煤电机组平均服役年限达 45 年，未实施 CCS 改造机组运行年限则不足 30 年；推荐路径下集团电力产业板块呈现净减排与早减排的降碳效益，2020—2060 年转型期内，相比单纯清洁替代情景下推荐路径累计少排放 10.5 亿吨二氧化碳；煤电 CCS 与新能源耦合发展的推荐路径下，集团“煤电路港航”一体化的产业链运行模式得以持续发挥优势，煤电机组累计多供应电量超过 5 万亿千瓦时，累计多利用煤炭约 19 亿吨标煤，可以实现煤基产业链可持续经营发展和协同创效；同时，推荐路径下集团电力产业板块结构更为优化合理，供电稳定性、安全性更有保障，2060 年风光装机量相比清洁替代情景减少约 2 亿千瓦，同时可保留接近 1 亿千瓦稳定灵活可调度的燃煤发电机组，而清洁替代情景下 2055 年前所有燃煤机组将全部退役。具体见图 12、图 13。并在此基础上，研究提出了国家能源集团兼顾能源安全保供和扩大资产效益的低碳化转型实施路径，对于促进集团新能源与煤基产业链一体化具有重要意义。

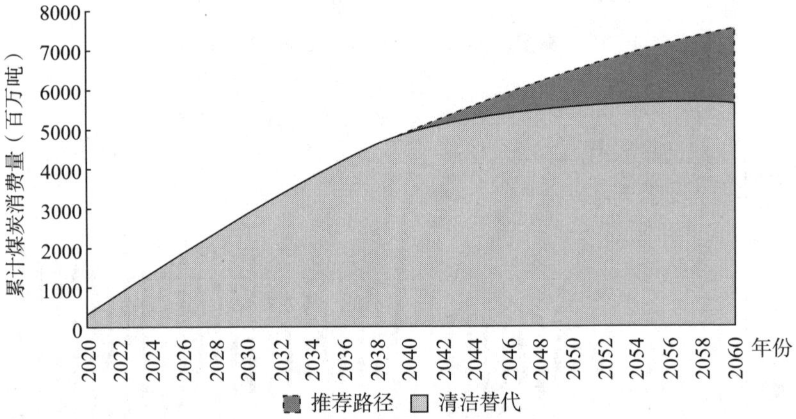

图 12　不同情景下集团煤电耗煤量

（四）实现全国尺度煤电 CCUS 技术评估模型评估结果同中国宏观能源经济 CGE 模型（CHINAGEM-Energy）耦合链接

研究评估了以煤电结合 CCUS 技术为代表的煤炭清洁高效利用技术规模化应用的前景及其综合效益，提出煤电结合 CCUS 技术促进我国煤基能源产业可持续发展的前景及在该情景下我国能源结构优化的路径，进一步量化评价了煤基能源低碳升级对我国实现双碳目标的巨大贡献和战略意义。

为了更细致地描述能源和发电部门的变化对经济社会系统的深刻影

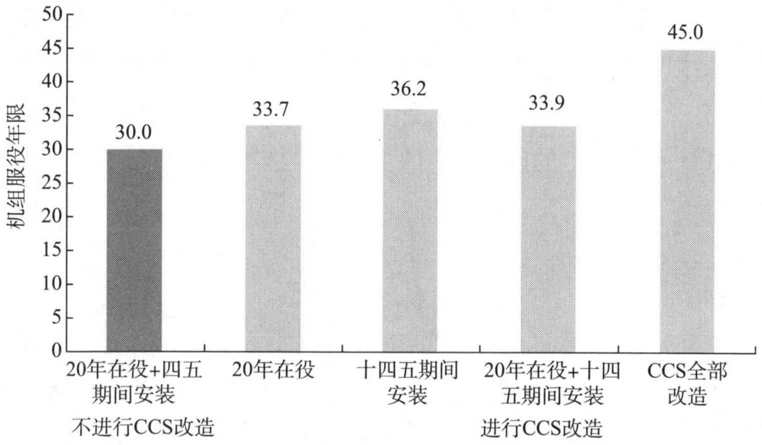

图 13 不同情景下集团煤电服役年限

响，模型又将原始投入产出表数据库中的 149 个部门拆分为 157 种商品和 159 个行业。特别为了细致刻画模拟能源电力行业转型发展路径，模型细分了传统投入产出表中的能源行业部门，由原有的 3 个部门扩展为 13 个行业部门（具体见表 1）。

表 1 能源产业类

2017 年投入产出表能源产业产品分类	细化后的能源产业分类
煤炭	煤炭
石油天然气	石油
	天然气—传统
	天然气—新型
电力	煤电
	气电
电力	水电
	核电
	风电—陆上
	风电—离岸
	光电
	生物质发电
	输配电

考虑到传统的 CGE 模型不允许生产要素和不同类型的能源之间进行投

入替代，研究创建了一个允许生产要素和能源间相互替代的新的能源—要素生产嵌套结构，并通过引入 CGE 模型内生碳价和煤基能源 CCUS 减排成本曲线，最终实现了 CCUS 技术评估模型输出结果同中国宏观能源经济 CGE 模型（CHINAGEM-Energy）的动态内生耦合链接（具体见图 14、图 15）。

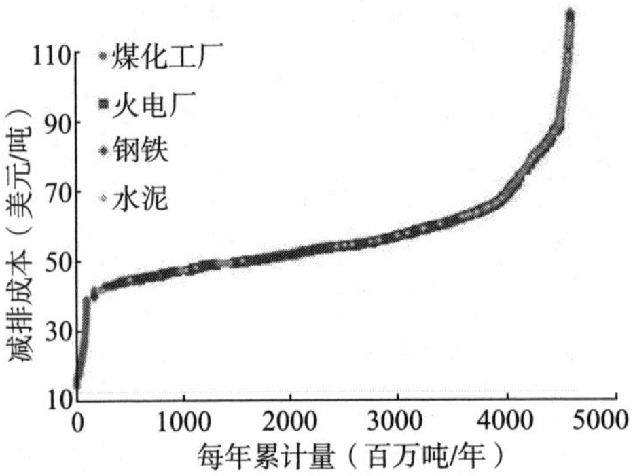

图 14　全国尺度煤电 CCUS 减排成本曲线

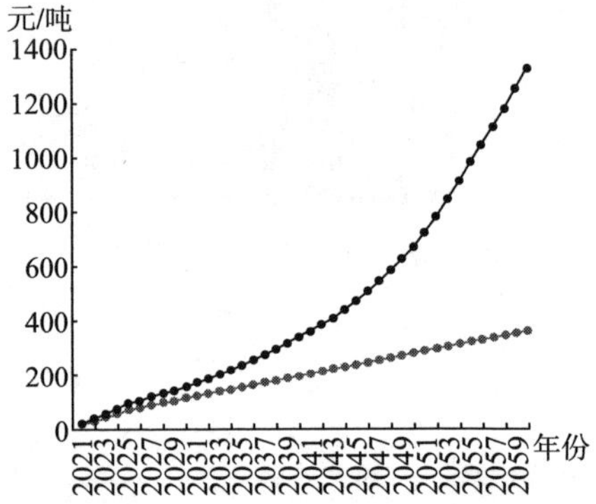

图 15　不同情景下中国碳价格走势

研究设置了 3 个典型路径（情景），从多个维度综合对比有无煤电 CCUS 技术引入的经济、社会、能源转型发展路径及其成本与综合效益等。情景设置及其内涵如下：

情景 1：基准情景，经济社会缓慢转型且不预设强制实现碳中和目标的外生减排约束，稳步推进清洁能源规模化发展的同时适时引入煤电 CCUS 技术，相对宽松的全社会碳排放约束与较低的碳价成本使 CCUS 技术较晚开始大规模部署应用，并在 2060 年后仍保持较高水平，可称之为“稳步发展 CCUS 情景”。

情景 2：碳中和情景，单纯的规模化清洁能源替代，该情景下放弃煤电结合 CCUS 技术，煤基能源被动、快速推出，可称之为“无 CCUS 情景”。

情景 3：碳中和情景，优先发展清洁能源，并引入煤电结合 CCUS 技术作为最终实现碳中和的“兜底”性技术，该情景下煤电 CCUS 技术作为达峰平台期后的碳排放加速下降期的过渡性减排技术，CCUS 技术较早部署并快速发展，之后 CCUS 规模随着优先发展清洁能源及煤电机组的加快退出而快速下降，可称之为“快速发展 CCUS 情景”。

根据模型模拟推演结果，情景 1 在 2040 年之后 CCUS 技术进入规模化部署阶段，年捕集二氧化碳规模逐步提高，到 2060 年，捕集规模达到 10 亿吨以上，累计减排约 99 亿吨；相比而言，情景 3 在 2035 年之后 CCUS

技术开始大规模快速发展，2045 年达到峰值 8 亿吨/年，之后随着新能源持续大规模替代发展、煤电加速退出而使 CCUS 应用规模快速下降至 2060 年的 4 亿吨/年，模拟期内累计减排 121 亿吨二氧化碳（如图 16 所示）；特别值得关注的是，2055 年之后，情景 1 与情景 2（单纯的清洁替代情景）两种路径下的煤电行业净排放量呈现快速趋同的走势，到 2060 年两种情景煤电行业碳排放仅相差 1 亿吨/年，年二氧化碳排放量分别为 8 亿吨和 7 亿吨（如图 17 所示）。

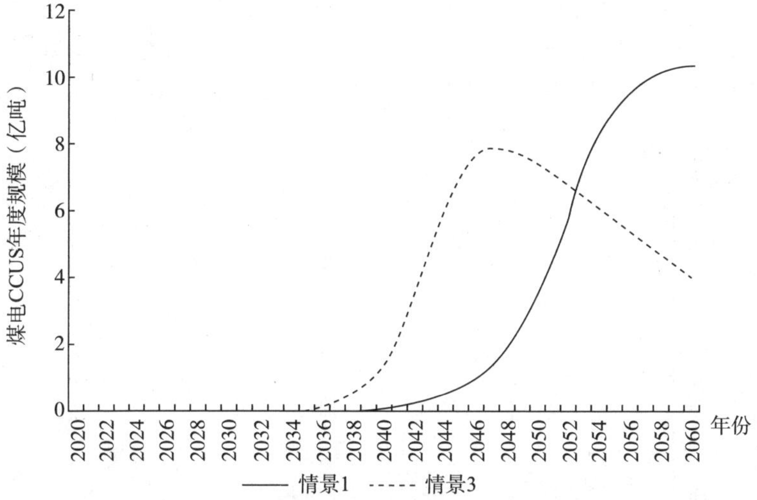

图 16　不同情景 CCUS 应用路径对比

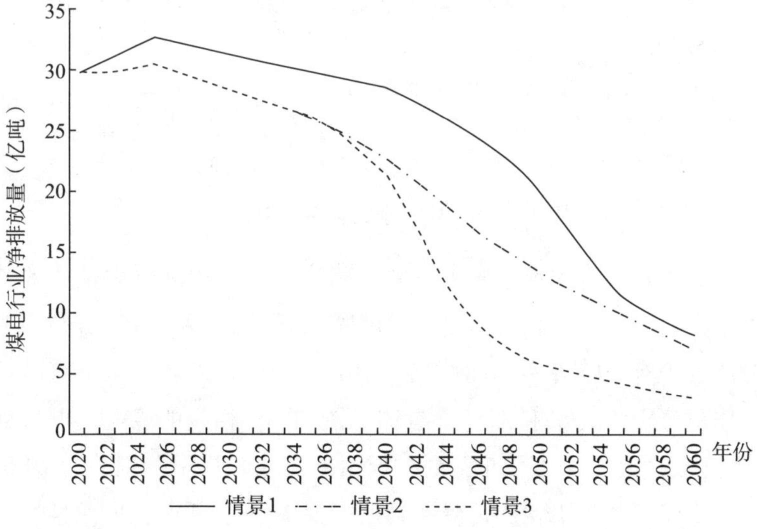

图 17　不同情景 CCUS 累计排放量对比

不同的转型路径选择（情景）下，全社会承受的平均减排成本（碳价水平）具有显著的差异，总体而言，CCUS 技术对全社会减排成本具有显著的抑制或控制作用：强制碳约束与实现碳中和的情景下，2035 年后，情景 3 引入了 CCUS 技术作为减排缓冲，比情景 2 单纯依赖清洁替代的碳价格走势出现分离，平均减排成本约降低 300 元/吨二氧化碳；情景 1 相比情景 2，尽管最终煤电净碳排放量几乎趋同，但碳价格相差 4 倍（具体见图 18），意味着煤电 CCUS 技术规模化应用情景下，以不到 1/4 的全社会减排成本，同样可以接近于实现单纯去煤与清洁能源替代路径下的能源系统碳中和目标；不同 CCUS 发展部署路径之下，经济社会系统减排成本也会有所不同，情景 1 累计 CCUS 实施的成本显著低于情景 3（具体见图 19）。

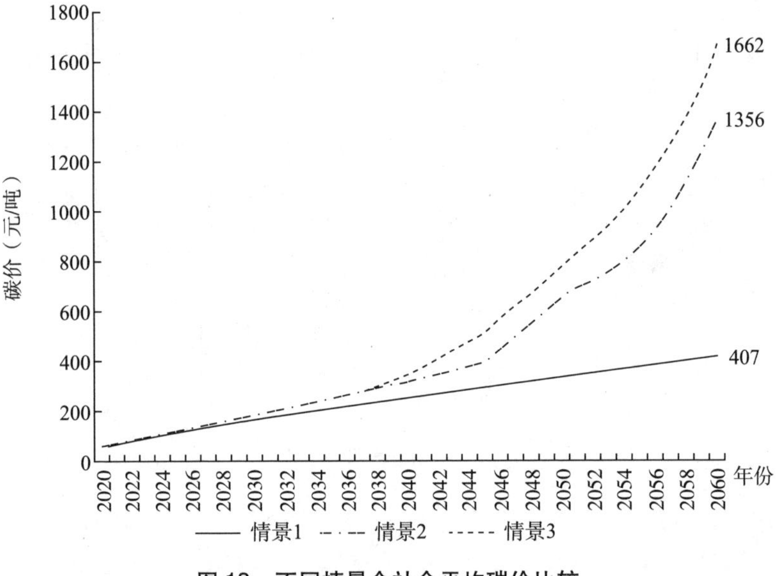

图 18　不同情景全社会平均碳价比较

不同的情景对我国煤电未来发展空间、一次能源和电力生产的结构都带来了很大的影响和变化：情景 1 发展路径下，到 2060 年，煤炭占一次能源消费比重仍有 29%左右，而情景 2 则降至 12%，两种情景下煤电占电力供应的比重分别为 27%和 11%（具体见图 20）；相应的煤电发电量分别为 3. 9 万亿千瓦时和 1. 8 万亿千瓦时，保留的煤电装机量分别约为 10 亿千瓦和 4. 5 亿千瓦，情景 1 相比情景 2 可以减少 27. 3 亿千瓦的间歇性风光发电装机容量（具体见图 21）；情景 1 比情景 2 在转型期内累计煤电发电量增

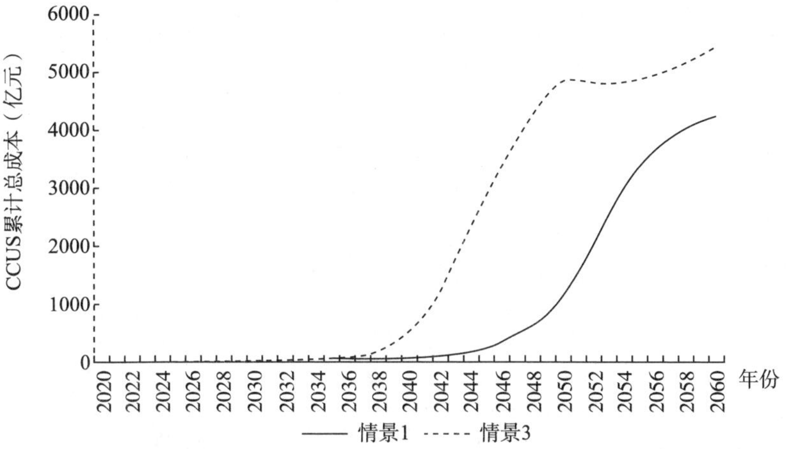

图 19　两种情景 CCUS 累计成本比较

加 54 万亿千瓦时，累计多消费煤炭约 213 亿吨标煤（具体见图 22、图 23）。从能源安全保供和电力系统稳定运行的角度看，情景 1 在煤电结合 CCUS 技术的发展路径下，既可以显著减少煤电部门碳排放量，同时更可以延缓煤电部门退出市场，煤炭、煤电的兜底保障作用也可以得到进一步彰显，煤基能源产运储用产业链和能源基础设施得以更好地持续利用。

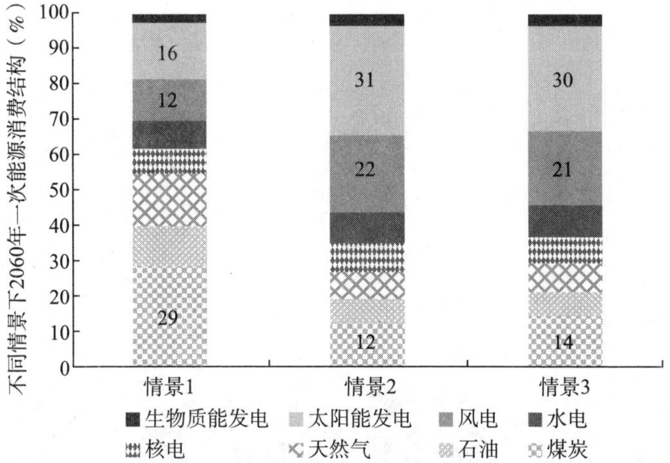

图 20　不同情景一次能源结构

从行业平稳有序发展和经济社会公平稳健转型的角度出发，煤电结合

CCUS 技术的规模化应用在煤基能源产业持续发展和稳定行业就业等方面也体现了综合效益，可以更加平衡协调好经济社会效益与绿色低碳转型等多元目标：在情景 1 发展路径下，煤炭与煤电行业总产值始终维持在较高水平，2060 年相比情景 2 高出一倍，约为 6.3 万亿元；煤电结合 CCUS 规模化应用对减缓煤电与煤炭行业就业人口总数下降也有积极作用，2060 年，两个行业总就业人口数量情景 1 比情景 2 多出 64 万人，对于行业及煤炭资源富集区域的经济社会持续稳定发展可望发挥较大作用（具体见图 24、25）。

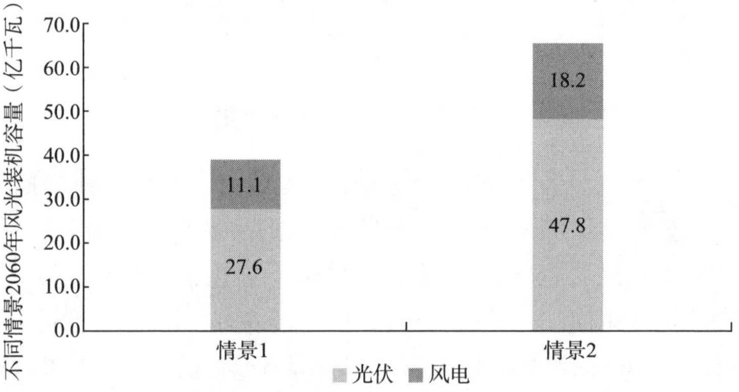

图 21　不同情景 2060 年风光装机量对比

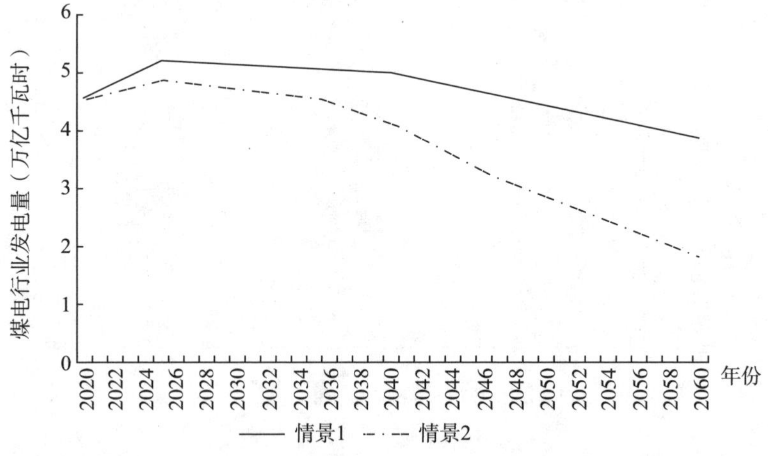

图 22　不同情景煤电各年发电量

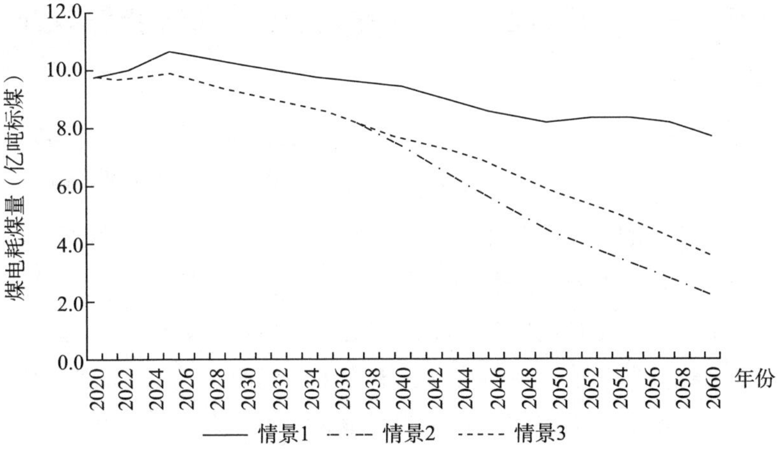

图 23　不同情景煤电行业耗煤量

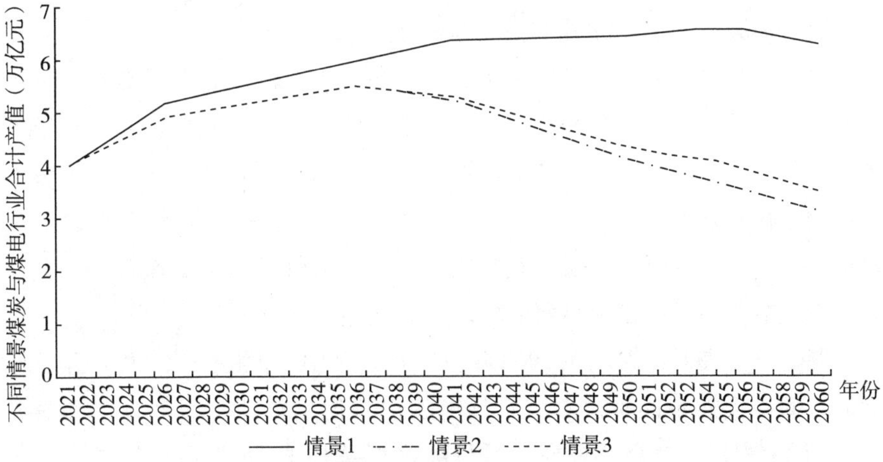

图 24　不同情景煤炭与煤电行业年总产值

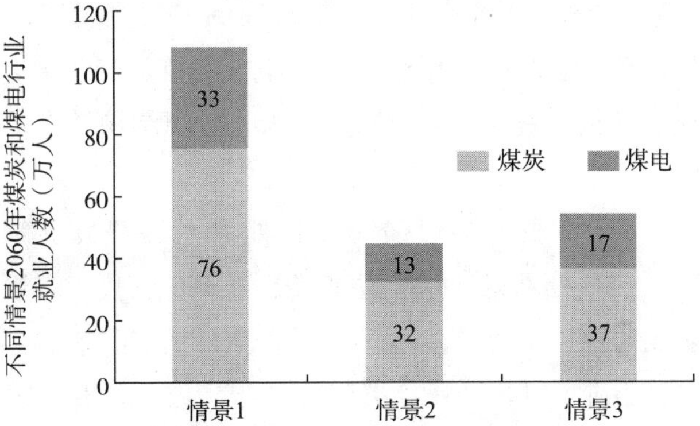

图 25　不同情景煤炭与煤电行业就业人数

（五）研究提出了煤基产业升级和电力行业脱碳是我国双碳目标实现的关键

研究论证了煤基能源结合 CCUS 技术是具有成本效益的可选减排技术路径，基于 CCUS 实施条件与成本的区域异质性特点，综合研判提出了我国转型期内适宜的煤基能源结合 CCUS 的优先和潜在产业集群布局区域。

能源电力发展的出发点和落脚点，应该是满足人民美好生活对电力的需求，即电力的安全稳定供应当作为首要考量目标。煤电运行的安全可靠性，与此目标高度一致。在当前以煤电为主的能源系统到未来构建以新能源为主体的新型电力系统的过程中，煤电将发挥“稳定器”和“缓冲器”作用，特别是随着风光新能源的大规模发展，为新能源让路也成为煤电的重要使命之一，煤电的地位作用逐步发生变化，由电量型电源向容量型电源转变，但第一大电源品种的宝座客观上尚难“拱手让人”，因为“接班人”尚不够成熟。正如习近平总书记强调的：“绿色低碳发展是经济社会发展全面转型的复杂工程和长期任务，能源结构、产业结构调整不可能一蹴而就，更不能脱离实际。如果传统能源逐步退出不是建立在新能源安全可靠的替代基础上，就会对经济发展和社会稳定造成冲击。”在此背景和要求下，如何实现煤炭清洁高效利用，特别是大规模煤电低碳转型是我国能源行业高质量发展必须直面解决的重大战略问题。

课题研究表明，煤炭在 2060 年碳中和进程中，仍将是累计能源消费贡献最大的一次能源品种，占到累计能源消费比例的 34%，累计消费量在 800 吨标准煤以上。合理规划部署与优化布局 CCUS 可以降低能源电力转型带来的风险和成本，为我国经济社会与能源电力系统发展提供更具韧性的转型路径。碳达峰碳中和目标对煤炭行业的发展提出了新的要求，但“双碳”并不是简单的“去煤化”，基于 CCUS 的煤基产业优化升级能够为新能源和储能规模化发展赢得缓冲期，在未来能源结构转变中发挥关键支撑作用。

研究发现，CCUS 技术可以显著促进能源系统降低碳排放，2035—2060 年，煤电 CCUS 技术累计减排贡献将超过 100 亿吨二氧化碳；能源金三角地区及新疆等煤炭资源富集地区兼具了更好的 CCUS 实施条件，可以采用建设区域跨行业 CCUS 产业集群的发展布局方式，发挥规模经济和集聚经济效益，更好地控制和降低 CCUS 的额外增加成本，实现低成本减碳、供能。从产业与宏观经济层面来看，CCUS 技术引入可以扩大煤基能源消费空间、促进产业更加平稳及持续发展，减少由于碳排放约束对经济社会系统的冲击；支撑构建煤炭与新能源优化组合与协同耦合发展的新型能源电力系统，更加协调平衡好“低碳—经济—安全”的能源三角关系。

四、主要研究结论和展望

当前，我国煤基能源产业结合 CCUS 已达到技术条件要求，且规模化应用也逐渐拥有经济可行性。总的来说，CCUS 技术与煤基能源体系呈现出相互契合、协同互补的耦合发展态势，是未来保障国家能源安全和双碳目标实现的重要途径之一。此外，“碳达峰、碳中和”目标愿景将加快煤炭由燃料向燃料与原料并举的转型步伐，煤炭的原料属性将不断得到增强。在此背景下，煤电结合 CCUS 的大规模应用，既可以稳定煤炭开采产业的投资预期，有效促进转型期内煤炭市场供需平衡，也可以为煤化工高端化、多元化、低碳化发展赢得战略机遇期，进而推动煤炭行业平稳运行和持续健康发展。

综合研判认为，CCUS 不仅是目前实现化石能源低碳化利用的唯一技术选择，也是保持电力系统灵活性的主要技术手段，中长期看 CCUS 技术或将成为决定未来煤基能源产业发展空间、影响未来能源电力系统转型路径方向的重要因素，同时对钢铁、水泥、煤化工等煤基能源产业优化发展与选择具有成本效益的减碳路径提供了有益参考。

课题组核心成员： 孙宝东　蒋文化　王雪莲　李瑞峰　倪　炜
毛亚林　姜大霖　王　雷　李　杨　吴　璘
编辑： 常　燕　罗　娅

化工绿色发展指数及企业评价研究

中国中化控股有限责任公司
中国化工信息中心

石油和化工行业作为国民经济的重要支柱行业，行业关联度高，产品覆盖面广，对稳定经济增长、改善人民生活、保障国防安全具有重要作用。近年来，我国石油化工行业绿色发展取得积极成效，清洁油品、低毒低残留农药等绿色石化产品在行业中的比重持续提升，清洁、绿色生产工艺应用逐步扩大，化工园区建设有序推进，但仍存在产能结构过剩、自主创新能力不强、行业布局不合理等问题。2020 年以来，新冠肺炎疫情加剧了人类对全球经济可持续发展的关注，全球区域性环保政策密集出台，发达国家不断提高绿色壁垒，逐步限制高排放、高环境风险产品的生产与使用，对我国石油和化工行业企业参与国际竞争提出了更大挑战。我国石油和化工行业企业需尽快转变传统的发展模式，将“绿色”与企业经济发展相结合，推行可持续发展，增强绿色竞争力。要推动企业绿色变革，前提条件是要全面了解和掌握企业的绿色发展现状，以及绿色发展能力水平，因此，研究设计一套科学、系统、客观，且适用于我国石油和化工行业企业的绿色发展指数评价模型，意义重大。

本报告探索提出的石油和化工行业企业绿色发展指数模型，以及利用该指数模型开展的行业企业绿色发展能力评价研究工作，旨在达成如下目的：

一是服务政府监管机构。通过对我国石油和化工行业企业绿色发展能力的评价，帮助相关部门更加及时、充分、全面的了解行业企业绿色表现，从而制定精准的行动方案或措施，引导石油和化工行业企业绿色发展，同时，也有助于对行业绿色发展问题的监控和预警，识别潜在风险。

二是服务行业企业。通过开展石油和化工行业企业绿色指数的比较研究，指出企业在绿色发展过程中切实需要改变或者有待改善的着力点，为行业企业绿色发展战略的制定提供有效的决策参考。

一、石油和化工行业绿色发展指数模型介绍

（一）绿色发展评价模型

通过研究和总结国内外绿色可持续发展相关理论与企业绿色发展评价实践经验，结合石油和化工行业领域企业生产经营发展的特点，在遵循科学性、系统性、目标性、简明性和可操作性等基本原则下，本报告研究团队研究、设计并提出了一套用于评价石油和化工行业企业绿色发展能力水平的指数模型体系。

该模型体系设置绿色管理指数、绿色生产指数、绿色增长指数三个次级指数，旨在从行动、生产、业绩三方面综合评价企业的绿色发展。从次级指数开始往下依次为一级指标和二级指标，重点关注具有石油和化工行业特征的因素，如能源资源、污染物排放、设施设备等，综合选取定性与定量指标，搭建了一套全面、立体、科学的石油和化工行业企业绿色发展评价指数模型。具体指标体系如图 1 所示。

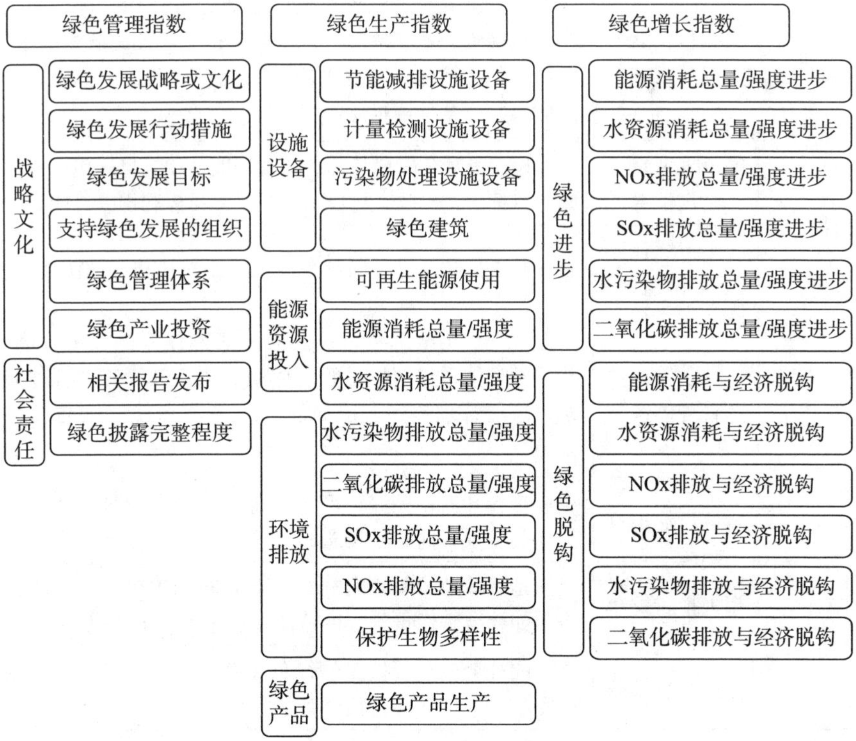

图 1　石油和化工行业企业绿色发展评价指数模型指标体系

（二）绿色管理指数

绿色管理指数重点关注石油和化工行业企业的绿色发展背景及战略，考察企业所处的竞争环境及企业的发展战略，确定企业是否具有明确的绿色发展意识、理念、意向、部署和行动。战略上，企业应该有一个明确、可行、连贯的绿色发展战略，且能真实反映其市场定位、资源效率和局限性；目标上，企业应拥有被企业内部所有人认可的、明确的绿色发展目标；管理上，企业应设置有效、完整的组织部门来管理绿色生产经营活动，且对相关决策有充分的控制权。

绿色管理指数包含2个一级指标，分别为战略文化和社会责任，向下包括8个二级指标，具体指标及描述如表1所示。

表1　绿色管理指数指标及说明

一级指标	二级指标	说明
战略文化	绿色发展战略或文化	企业是否将绿色写入发展战略或企业文化，用以确定企业是否有明确的绿色发展理念
	绿色发展行动措施	企业是否制定符合绿色发展的企业经营行动措施，相关措施包括资源减少措施、用水效率措施、能源效率措施、可持续包装措施、绿色供应链措施、降低排放措施、员工健康与安全保障措施等
	绿色发展目标制定情况	企业设定的绿色发展目标的完整程度，相关目标包括资源减少目标、用水效率目标、能源效率目标和排放目标等
	支持绿色发展的组织	企业是否建立旨在支持绿色发展的组织机构和团队
	绿色发展管理体系	企业建立、实施满足绿色发展的管理体系的完善程度，相关管理体系包括质量管理体系、职业健康安全管理体系、环境管理体系、能源管理体系和环境风险防控体系等
	绿色产业投资	企业是否开展相关绿色产业的投资，用以衡量企业在支持绿色发展方面的投资意愿
社会责任	相关报告发布	企业是否单独编制并向社会公众发布相关绿色发展的报告，如社会责任报告、可持续发展报告或ESG报告等
	绿色信息披露	企业向社会公众所披露的绿色相关信息的完整程度，用以衡量企业信息披露社会责任的履行情况

（三）绿色生产指数

石油和化工行业是重要的制造行业，生产情况是行业企业经营的重要内容。绿色生产指数重点关注企业在生产制造系统和流程上的绿色表现。根据企业生产加工环节和流程，企业应对生产加工生命周期全过程进行管控。从基础设施上看，企业生产应配置符合绿色要求、支持节能减排的设施设备。从生产投入上看，企业在生产过程中应做到能源资源投入的节约化、低碳化。从产出上看，企业应在提供绿色生态产品的同时，最小化对外界环境的污染物排放和碳排放，保持对生态环境的友好性。

绿色生产指数从以上几个要点出发，设置了 4 个一级指标，分别为设施设备、能源资源投入、环境排放和绿色产品，系统性考察企业在生产方面的基础设施支撑、生产制造系统输入和输出两端的绿色表现。向下包括了 19 个二级指标，具体指标及描述如表 2 所示。

表 2　绿色生产指数指标及说明

一级指标	二级指标	说明
设施设备	节能减排设施设备	企业是否配置旨在降低能源与资源消耗，减少污染物排放的专用和通用设施设备
	计量检测设施设备	企业是否配备、使用和管理能源、水以及其他资源的计量器具和装置
	污染物处理设施设备	企业是否投入并正常运行适宜的污染物处理设备，以确保其污染物排放达到相关法律法规及标准要求
	绿色建筑	企业是否建设并使用符合相关标准的绿色建筑
能源资源投入	可再生能源使用	企业是否在经营或生产过程中采用绿色低碳的可再生能源
	能源消耗总量	企业在经营或生产过程中所有经营活动包括办公、生产、运输等产生的综合能耗
	能源消耗强度	企业每百万美元营业收入所消耗的综合能耗
	水资源消耗总量	企业在经营或生产过程中所有经营活动包括办公、生产、运输等产生的综合水耗
	水资源消耗强度	企业每百万美元营业收入所消耗的综合水耗

续表

一级指标	二级指标	说明
环境排放	NOx 排放总量	企业在经营或生产过程中所有经营活动包括办公、生产、运输等向外界排放的 NOx 总量
	NOx 排放强度	企业每百万美元营业收入所排放的 NOx 数量
	SOx 排放总量	企业在经营或生产过程中所有经营活动包括办公、生产、运输等向外界排放的 SOx 总量
	SOx 排放强度	企业每百万美元营业收入所排放的 SOx 数量
	水污染物排放总量	企业在经营或生产过程中所有经营活动包括办公、生产、运输等向外界排放的水污染物总量
	水污染物排放强度	企业每百万美元营业收入所排放的水污染物数量
	二氧化碳排放总量	企业在经营或生产过程中所有经营活动包括办公、生产、运输等向外界排放的二氧化碳总量
	二氧化碳排放强度	企业每百万美元营业收入所排放的二氧化碳数量
	保护生物多样性	企业在经营或生产活动中是否存在减少生物多样性影响的行为
绿色产品	绿色产品生产	企业所生产的产品中是否有为权威机构认证的绿色生态产品

（四）绿色增长指数

绿色增长指数重点考察石油和化工行业企业在发展过程中兼顾环境生态和经营业绩的综合表现，一方面关注企业致力于提高绿色绩效表现的情况，另一方面强调业绩与环境的协调发展，注重业绩和环境双赢的社会效果。

绿色增长指数共设置了 2 个一级指标，分别为绿色进步和绿色脱钩，既考虑了环境表现也考虑了业绩表现。绿色进步重点考察企业在能源消耗、水资源消耗、污染物排放和碳排放等方面的进步情况。绿色脱钩考察以上几个维度与业绩增长的脱钩程度。绿色增长指数向下包括了 18 个二级指标，具体指标及说明如表 3 所示。

表 3　绿色增长指数指标及说明

一级指标	二级指标	说明
绿色进步	能源消耗总量进步	企业当期能源消耗总量较前期能源消耗总量的变化情况
	能源消耗强度进步	企业当期能源消耗强度较前期能源消耗强度的变化情况
	水资源消耗总量进步	企业当期水资源消耗总量较前期水资源消耗总量的变化情况
	水资源消耗强度进步	企业当期水资源消耗强度较前期水资源消耗强度的变化情况
	NOx 排放总量进步	企业当期 NOx 排放总量较前期 NOx 排放总量的变化情况
	NOx 排放强度进步	企业当期 NOx 排放强度较前期 NOx 排放强度的变化情况
	SOx 排放总量进步	企业当期 SOx 排放总量较前期 SOx 排放总量的变化情况
	SOx 排放强度进步	企业当期 SOx 排放强度较前期 SOx 排放强度的变化情况
	水污染物排放总量进步	企业当期水污染物排放总量较前期水污染物排放总量的变化情况
	水污染物排放强度进步	企业当期水污染物排放强度较前期水污染物排放强度的变化情况
	二氧化碳排放总量进步	企业当期二氧化碳排放总量较前期二氧化碳排放总量的变化情况
	二氧化碳排放强度进步	企业当期二氧化碳排放强度较前期二氧化碳排放强度的变化情况
绿色脱钩	能源消耗绿色脱钩	企业当期与前期能源消耗变化情况与业绩表现指标变化情况的对比程度
	水资源消耗绿色脱钩	企业当期与前期水资源消耗变化情况与业绩表现指标变化情况的对比程度
	NOx 排放绿色脱钩	企业当期与前期 NOx 排放变化情况与业绩表现指标变化情况的对比程度
	SOx 排放绿色脱钩	企业当期与前期 SOx 排放变化情况与业绩表现指标变化情况的对比程度
	水污染物排放绿色脱钩	企业当期与前期水污染物排放变化情况与业绩表现指标变化情况的对比程度
	二氧化碳排放绿色脱钩	企业当期与前期二氧化碳排放变化情况与业绩表现指标变化情况的对比程度

（五）绿色发展指数的测算

1. 指标数据获取

本研究提出的石油和化工行业企业绿色发展指数模型，在指标遴选过程中已充分考虑指标数据的可获取性及评价的可操作性，各项指标数据均来自企业官网、年报、社会责任报告、可持续发展报告等企业公开数据。对于部分指标存在无法直接获取或缺失的情况，本报告采用相关数据计算（如能耗采用用电量、用煤量等数据进行能量转换计算）、同类型相似规模企业数据赋值、平均值赋值、取上一年度数据等方式进行补齐。

考虑到评价结果的时效性，本报告指标数据的年份基准为2020年，即报告中所采用的相关定性及定量数据均为2020年度企业公开发布的数据。

2. 指标处理

本研究所构建的石油和化工行业企业绿色发展评价指数模型既包含定性指标，又包含定量指标，需要将定性指标定量化、定量指标无量纲处理。同时，部分定量指标需要利用原始数据进一步计算，再进行标准化处理。具体的数据计算与处理方法如下。

（1）定性指标量化处理。

定性指标的量化处理主要采用0-1赋值的处理方式，各指标的处理方式如表4所示。

表4　定性指标的处理方法说明

指标	处理方式
绿色发展战略或文化	企业如将绿色写入发展战略或企业文化中，赋值为1；否则为0
绿色发展行动措施制定情况	企业资源减少措施、用水效率措施、能源效率措施、可持续包装措施、绿色供应链措施、降低排放措施、员工健康与安全保障措施等7个行动措施的制定情况，制定0个为0，制定7个为1分，其余按制定行动措施数量在0~1范围内线性赋值
绿色发展目标制定情况	企业资源减少目标、用水效率目标、能源效率目标和排放目标等4个目标制定情况，制定0个为0，制定4个为1分，其余按制定目标数量在0~1范围内线性赋值
支持绿色发展的组织	企业如建立旨在支持绿色发展的组织机构和团队，赋值为1；否则为0

续表

指标	处理方式
绿色发展管理体系	企业质量管理体系、职业健康安全管理体系、环境管理体系、能源管理体系和环境风险防控体系等 5 个管理体系建立情况，建设 0 个为 0，建设 5 个为 1 分，其余按管理体系数量在 0~1 范围内线性赋值
绿色产业投资	企业如有开展相关绿色产业的投资，赋值为 1；否则为 0
相关报告发布	企业如有单独编制并向社会公众发布相关绿色发展的报告，赋值为 1；否则为 0
节能减排设施设备	企业如有配置旨在降低能源与资源消耗，减少污染物排放的专用和通用设施设备，赋值为 1；否则为 0
计量检测设施设备	企业如有配备、使用和管理能源、水以及其他资源的计量器具和装置，赋值为 1；否则为 0
污染物处理设施设备	企业如有投入并正常运行适宜的污染物处理设备，以确保其污染物排放达到相关法律法规及标准要求，赋值为 1；否则为 0
绿色建筑	企业如有建设并使用符合相关标准的绿色建筑，赋值为 1；否则为 0
可再生能源使用	企业如在经营或生产过程中采用绿色低碳的可再生能源，赋值为 1；否则为 0
保护生物多样性	企业在经营或生产活动中如存在减少生物多样性影响的行为，赋值为 1；否则为 0
绿色产品生产	企业所生产的产品中如有为权威机构认证的绿色生态产品，赋值为 1；否则为 0

（2）计算指标的计算方法。

本研究所构建的石油和化工行业企业绿色发展评价指数模型中包含的计算指标，需要利用原始数据计算得到，相关指标的计算方法如表 5 所示。

表 5 计算指标的计算方法说明

指标	计算方法
能源消耗强度	统计期内能源消耗总量/统计期内企业营业总额，值越低越好
水资源消耗强度	统计期内水资源消耗总量/统计期内企业营业总额，值越低越好
NOx 排放强度	统计期内 NOx 排放总量/统计期内企业营业总额，值越低越好
SOx 排放强度	统计期内 SOx 排放总量/统计期内企业营业总额，值越低越好

续表

指标	计算方法
水污染物排放强度	统计期内水污染物排放总量/统计期内企业营业总额，值越低越好
二氧化碳排放强度	统计期内二氧化碳排放总量/统计期内企业营业总额，值越低越好
能源消耗总量进步	能源消耗总量增长率=当期能源消耗总量/前期能源消耗总量-1，值越低越好
能源消耗强度进步	能源消耗强度增长率=当期能源消耗强度/前期能源消耗强度-1，值越低越好
水资源消耗总量进步	水资源消耗总量增长率=当期水资源消耗总量/前期水资源消耗总量-1，值越低越好
水资源消耗强度进步	水资源消耗强度增长率=当期水资源消耗强度/前期水资源消耗强度-1，值越低越好
NOx 排放总量进步	NOx 排放总量增长率=当期 NOx 排放总量/前期 NOx 排放总量-1，值越低越好
NOx 排放强度进步	NOx 排放强度增长率=当期 NOx 排放强度/前期 NOx 排放强度-1，值越低越好
SOx 排放总量进步	SOx 排放总量增长率=当期 SOx 排放总量/前期 SOx 排放总量-1，值越低越好
SOx 排放强度进步	SOx 排放强度增长率=当期 SOx 排放强度/前期 SOx 排放强度-1，值越低越好
水污染物排放总量进步	水污染物排放总量增长率=当期水污染物排放总量/前期水污染物排放总量-1，值越低越好
水污染物排放强度进步	水污染物排放强度增长率=当期水污染物排放强度/前期水污染物排放强度-1，值越低越好
二氧化碳排放总量进步	二氧化碳排放总量增长率=当期二氧化碳排放总量/前期二氧化碳排放总量-1，值越低越好
二氧化碳排放强度进步	二氧化碳排放强度增长率=当期二氧化碳排放强度/前期二氧化碳排放强度-1，值越低越好
能源消耗绿色脱钩	能源消耗总量增长率/营业总额增长率
水资源消耗绿色脱钩	水资源消耗总量增长率/营业总额增长率

续表

指标	计算方法
NOx 排放绿色脱钩	NOx 排放总量增长率/营业总额增长率
SOx 排放绿色脱钩	SOx 排放总量增长率/营业总额增长率
水污染物排放绿色脱钩	水污染物排放总量增长率/营业总额增长率
二氧化碳排放绿色脱钩	二氧化碳排放总量增长率/营业总额增长率

针对绿色脱钩指标，引入 Tapio 脱钩指数理论方法，其中分子为绿色表现变化指标 ΔE，分母为业绩表现变化指标 ΔY，两者的比值即为脱钩指数 e，可为正数也可为负数，每种计算结果均有两种情况，需要分开讨论，具体如表 6 所示。

表 6　绿色脱钩指标解释

指标解释	数值含义
$\Delta E<0$，$\Delta Y>0$，$e<0$	绝对脱钩
$\Delta E>0$，$\Delta Y>0$，$0\leqslant e<0.8$	相对脱钩
$\Delta E>0$，$\Delta Y>0$，$0.8\leqslant e<1.2$	增长连结
$\Delta E>0$，$\Delta Y>0$，$e\geqslant 1.2$	扩长负脱钩
$\Delta E<0$，$\Delta Y<0$，$e\geqslant 1.2$	衰退脱钩
$\Delta E<0$，$\Delta Y<0$，$0.8\leqslant e<1.2$	衰退连结
$\Delta E<0$，$\Delta Y<0$，$0\leqslant e<0.8$	弱负脱钩
$\Delta E>0$，$\Delta Y<0$，$e<0$	强负脱钩

（3）指标数据的标准化。

标准化结果需符合逻辑性、客观性原则。本研究针对定性指标，直接采用打分赋值的方法进行无量纲处理，对于定量指标则主要采用离差标准化的方式进行无量纲处理，所采取的离差标准化为 0~1 标准化，将原始数据进行线性变换，使结果落到［0，1］区间，分数越高表示表现越好。转换函数如下：

$$x^{*}=1-\left|\frac{x-x_{\text{适宜值}}}{\max-\min}\right|$$

其中，x^{*} 为将 x 进行标准化后的值，$x_{\text{适宜值}}$ 为对应表现最好的指标值，max 为样本数据的最大值，min 为样本数据的最小值。对定量指标进行标准化的关键在于找到 $x_{\text{适宜值}}$。在样本范围内，数值与适宜值越近，得分越高。

3. 指标赋权

指标权重指每个评价指标在指数体系中所占的比重，体现其在整个指标体系中的重要程度。如上文所述，本研究中指标模型的一级指标实际仅为二级指标的归纳，因此，为了保证评价的客观性，暂不对各一级指标的重要程度进行评价判断，而是直接采用平均赋权法，对三个次级指数直接进行平均赋权处理，然后再向下对二级指标进行平均赋权处理，以生成具体指标的权重，如表 7 所示。

表 7　绿色发展指数指标体系权重

次级指数	一级指标	二级指标	权重
绿色管理指数（权重 0.333）	战略文化	绿色发展战略或文化	0.0417
		绿色发展行动措施制定情况	0.0417
		绿色发展目标制定情况	0.0417
		支持绿色发展的组织	0.0417
		绿色发展管理体系	0.0417
		绿色产业投资	0.0417
	社会责任	相关报告发布	0.0417
		绿色信息披露	0.0417
绿色生产指数（权重 0.333）	设施设备	节能减排设施设备	0.0175
		计量检测设施设备	0.0175
		污染物处理设施设备	0.0175
		绿色建筑	0.0175

续表

次级指数	一级指标	二级指标	权重
绿色生产指数（权重 0.333）	能源资源投入	可再生能源使用	0.0175
		能源消耗总量	0.0175
		能源消耗强度	0.0175
		水资源消耗总量	0.0175
		水资源消耗强度	0.0175
	环境排放	NOx 排放总量	0.0175
		NOx 排放强度	0.0175
		SOx 排放总量	0.0175
		SOx 排放强度	0.0175
		水污染物排放总量	0.0175
		水污染物排放强度	0.0175
		二氧化碳排放总量	0.0175
		二氧化碳排放强度	0.0175
		保护生物多样性	0.0175
	绿色产品	绿色产品生产	0.0175
绿色增长指数（权重 0.333）	绿色进步	能源消耗总量进步	0.0185
		能源消耗强度进步	0.0185
		水资源消耗总量进步	0.0185
		水资源消耗强度进步	0.0185
		NOx 排放总量进步	0.0185
		NOx 排放强度进步	0.0185
		SOx 排放总量进步	0.0185
		SOx 排放强度进步	0.0185
		水污染物排放总量进步	0.0185
		水污染物排放强度进步	0.0185
		二氧化碳排放总量进步	0.0185
		二氧化碳排放强度进步	0.0185

续表

次级指数	一级指标	二级指标	权重
绿色增长指数（权重 0.333）	绿色脱钩	能源消耗绿色脱钩	0.0185
		水资源消耗绿色脱钩	0.0185
		NOx 排放绿色脱钩	0.0185
		SOx 排放绿色脱钩	0.0185
		水污染物排放绿色脱钩	0.0185
		二氧化碳排放绿色脱钩	0.0185

4. 评价企业选取

综合考虑评估数据的可获得性、完整性和代表性，本研究选取了 20 家环境及生产数据披露相对完善的石油和化工行业上市企业，作为绿色发展指数的评价对象，具体如表 8 所示。

本报告针对石油和化工行业企业绿色发展指数的评价计算，仅围绕上市公司主体，不涉及相关集团公司层面。

表 8　20 家石油和化工行业上市企业清单

序号	企业名称	市值（亿美元）	2020 年营收（亿美元）
1	中国石油天然气股份有限公司	1599.63	2963.73
2	中国石油化工股份有限公司	797.53	3227.56
3	中国神华能源股份有限公司	632.36	357.49
4	万华化学集团股份有限公司	509.10	112.54
5	中国海洋石油有限公司	462.86	238.12
6	云南恩捷新材料股份有限公司	410.35	6.56
7	江西赣锋锂业股份有限公司	350.46	8.47
8	荣盛石化股份有限公司	302.40	164.39
9	恒力石化股份有限公司	292.61	233.52
10	天齐锂业股份有限公司	238.25	4.96
11	宁夏宝丰能源集团股份有限公司	189.61	24.41
12	龙佰集团股份有限公司	115.63	21.71

续表

序号	企业名称	市值（亿美元）	2020 年营收（亿美元）
13	新奥天然气股份有限公司	84.07	135.02
14	云南云天化股份有限公司	81.47	79.86
15	浙江龙盛集团股份有限公司	72.83	23.92
16	浙江巨化股份有限公司	71.35	24.60
17	中国石化上海石油化工股份有限公司	59.84	114.49
18	三棵树涂料股份有限公司	59.27	12.57
19	山东东岳化工有限公司	54.91	15.39
20	江苏扬农化工股份有限公司	53.21	15.07

5. 指数计算与评价

各项评价指标及数据经标准化和赋权处理后，通过对单项指标得分进行加权计算，得出各企业三个次级指数的得分，以及绿色发展指数总得分，在此基础上，再采用星级评定的方式对各企业绿色发展的能力水平进行等级评定，具体的星级评定方法如表 9 所示。

表 9　企业绿色发展星级评定方法

绿色发展指数得分	绿色星级评定	绿色发展表现
80<得分≤100	★★★★★	优秀
75<得分≤80	★★★★	良好
70<得分≤75	★★★	较好
65<得分≤70	★★	一般
得分≤65	★	有待提升

按照本研究所述石油和化工行业企业绿色发展指数评价模型的总体思路和指数评价的实施流程，对所选取的 20 家中国石油和化工行业上市企业的绿色发展指数进行计算，并根据企业绿色发展指数得分情况，对企业的绿色发展表现进行星级评定，结果如表 10 所示。

表10　绿色发展各指数评价结果

排名	企业名称	绿色管理指数	绿色生产指数	绿色增长指数	绿色发展指数
1	江西赣锋锂业股份有限公司	80.3	91.5	74.3	82.0
2	中国神华能源股份有限公司	95.9	69.6	78.0	81.2
3	中国石化上海石油化工股份有限公司	75.0	94.7	67.0	78.9
4	龙佰集团股份有限公司	87.5	73.6	73.9	78.4
5	万华化学集团股份有限公司	77.3	75.7	74.9	76.0
6	中国石油化工股份有限公司	96.9	71.6	57.5	75.3
7	宁夏宝丰能源集团股份有限公司	85.9	74.4	64.2	74.8
8	浙江巨化股份有限公司	68.4	77.6	75.7	73.9
9	山东东岳化工有限公司	70.9	84.8	62.1	72.6
10	中国石油天然气股份有限公司	92.8	63.5	60.4	72.2
11	新奥天然气股份有限公司	64.8	81.3	67.5	71.2
12	云南恩捷新材料股份有限公司	69.4	81.8	56.4	69.2
13	三棵树涂料股份有限公司	54.8	78.9	72.3	68.7
14	荣盛石化股份有限公司	60.8	77.0	62.8	66.8
15	天齐锂业股份有限公司	64.8	81.3	51.9	66.0
16	江苏扬农化工股份有限公司	47.2	73.2	74.0	64.8
17	浙江龙盛集团股份有限公司	59.2	76.3	57.3	64.2
18	恒力石化股份有限公司	54.1	69.4	64.5	62.6
19	中国海洋石油有限公司	73.4	83.2	29.9	62.2
20	云南云天化股份有限公司	50.6	86.5	47.5	61.6

注：指数得分根据上市公司披露数据计算，并不代表上市公司未披露的但影响指数得分的情况。

企业绿色发展各指数排名及评级结果如表11所示。

表11　绿色发展各指数排名及评级结果

企业名称	绿色发展指数排名	绿色管理指数排名	绿色生产指数排名	绿色增长指数排名	绿色发展星级评定
江西赣锋锂业股份有限公司	1	6	2	4	★★★★★
中国神华能源股份有限公司	2	2	18	1	★★★★★
中国石化上海石油化工股份有限公司	3	8	1	9	★★★★
龙佰集团股份有限公司	4	4	15	6	★★★★
万华化学集团股份有限公司	5	7	13	3	★★★★
中国石油化工股份有限公司	6	1	17	15	★★★
宁夏宝丰能源集团股份有限公司	7	5	14	11	★★★
浙江巨化股份有限公司	8	12	10	2	★★★
山东东岳化工有限公司	9	10	4	13	★★★
中国石油天然气股份有限公司	10	3	20	14	★★★
新奥天然气股份有限公司	11	13	7	8	★★★
云南恩捷新材料股份有限公司	12	11	6	17	★★
三棵树涂料股份有限公司	13	17	9	7	★★
荣盛石化股份有限公司	14	15	11	12	★★
天齐锂业股份有限公司	15	13	8	18	★★
江苏扬农化工股份有限公司	16	20	16	5	★
浙江龙盛集团股份有限公司	17	16	12	16	★
恒力石化股份有限公司	18	18	19	10	★
中国海洋石油有限公司	19	9	5	20	★
云南云天化股份有限公司	20	19	3	19	★

二、石油和化工行业企业绿色发展指数评价分析

（一）绿色发展指数整体分析

从20家上市企业绿色发展评价指数的整体得分表现可以看出，绿色发展指数的平均得分为71.1分，最高得分为82.0分，最低为61.6分，总体绿色发展表现良好，企业间差距相对较小。从三个次级指数的得分分布看，各企业绿色管理指数与绿色增长指数的得分波动性较大，反映各企业

在相应方面的绿色发展表现差距相对较大。具体分析见图2。

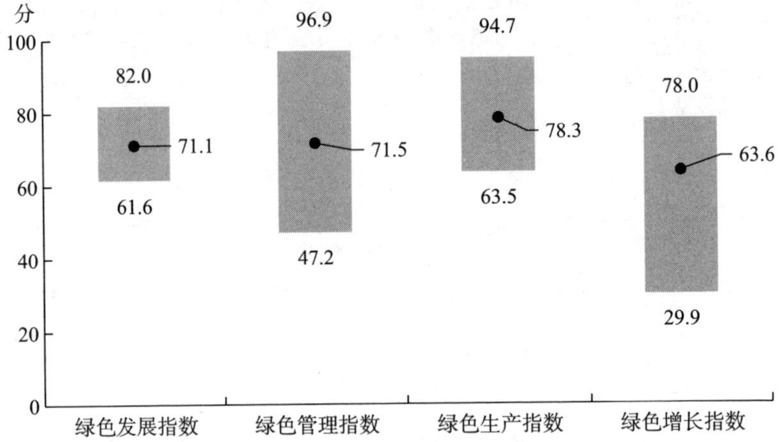

图2 企业绿色发展指数得分情况

注：圆点标记为指数平均得分，柱状图上方为该指数最高得分，下方为最低得分。

在绿色发展表现星级评定方面，江西赣锋锂业股份有限公司（以下简称赣锋锂业）和中国神华能源股份有限公司（以下简称神华能源）表现优秀，绿色发展表现被评定为五星。包括江苏扬农化工股份有限公司、浙江龙盛集团股份有限公司在内的5家企业绿色发展表现被评定为一星，绿色发展表现有待提升。此外，绿色发展表现被认定为四星的企业有3家，三星的有6家，二星的有4家。总体上，绿色发展表现良好及以上的企业共有5家，占25%；绿色发展表现一般或有待提升的企业共有9家，占45%。具体情况见图3。

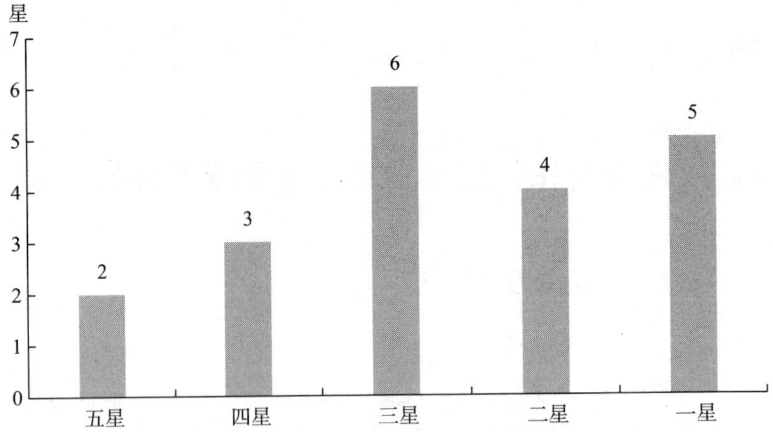

图3 企业绿色发展指数星级分布情况

（二）绿色管理指数分析

从绿色管理指数整体得分情况看，20家被评价企业绿色管理指数的平均得分为71.5分，最高得分为96.9分，最低得分为47.2分，标准差为14.6，各企业绿色管理指数得分的离散程度较高。从绿色管理指数得分的分布情况看，超过80分的有6家，其中有3家高于90分。但与此同时，小于60分的亦有5家，其中1家小于50分。此外，与平均水平比较，共有11家被评价企业的绿色管理得分低于平均得分，另有9家企业得分高于平均得分。具体情况见图4。

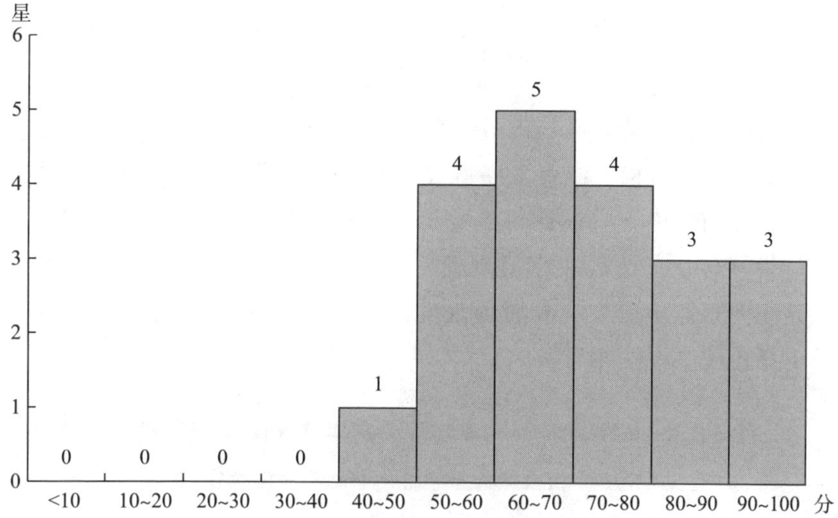

图4　绿色管理指数得分分布情况

从绿色管理指数的一级指标看，战略文化指标平均得分为67.0分（按百分制换算），显著低于社会责任指标的平均得分。同时，在战略文化指标方面，仅有40%的被评价企业的得分超过平均分，而在社会责任指标方面这一比例为55%。总结来说，所选取的评价对象基本属于行业内规模较大的企业，在绿色信息披露和披露的完整程度上表现总体相对较好。在战略文化、发展目标、管理体系等绿色理念践行方面表现仍有待提高。具体情况见图5。

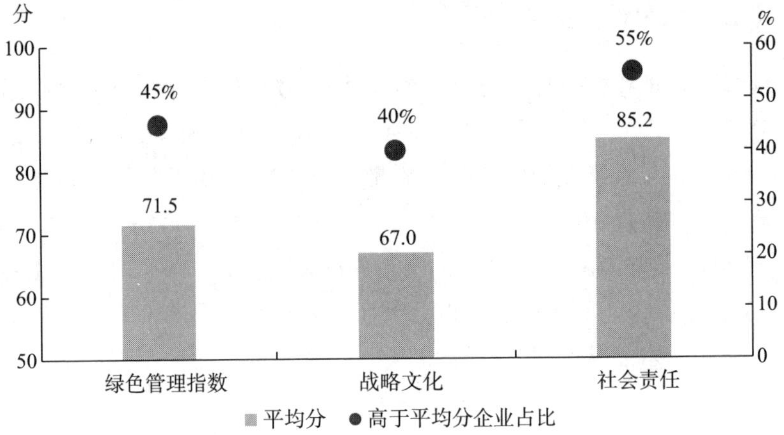

图5　绿色管理指数分指标表现情况

本研究选取了营业额与市值两个业绩指标来衡量被评价企业的企业规模，并探寻企业规模与绿色发展指数表现的关联性。图6显示了不同营业额、不同市值规模下，被评价企业绿色管理指数的得分差异。结果显示，企业规模（包括营业额和市值规模）越大，绿色管理指数的表现相对越好。这主要得益于更大规模的企业具备更加完善的管理制度和组织机构，承担的绿色发展责任相对较大。

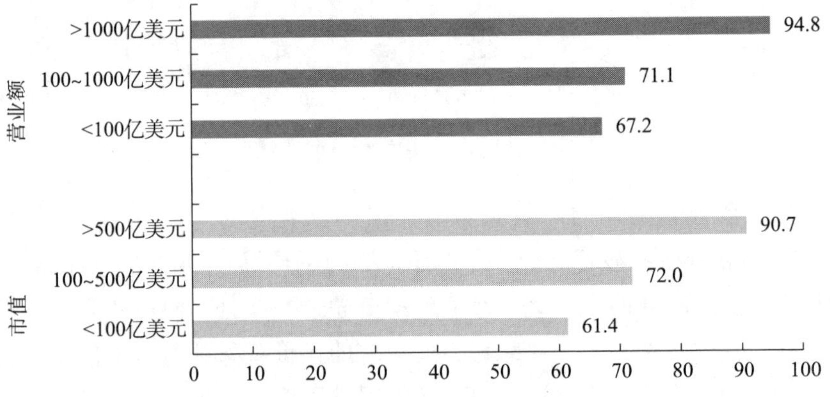

图6　不同规模企业绿色管理指数表现情况

（三）绿色生产指数分析

从绿色生产指数整体得分情况看，20家被评价企业绿色生产指数的平均得分为78.3分，最高得分为94.7分，最低得分为63.5分，标准差为

7.4，各企业绿色生产指数得分的离散程度较绿色管理指数得分低。从绿色生产指数得分的分布情况看，超过 80 分的有 8 家，其中有 2 家高于 90 分。同时不存在小于 60 分的被评价企业。被评价企业绿色生产指数的得分主要集中在 70~80 得分段。与平均水平比较，共有 11 家被评价企业的绿色生产得分低于平均得分，超过半数，另有 9 家企业得分高于平均得分。具体情况见图 7。

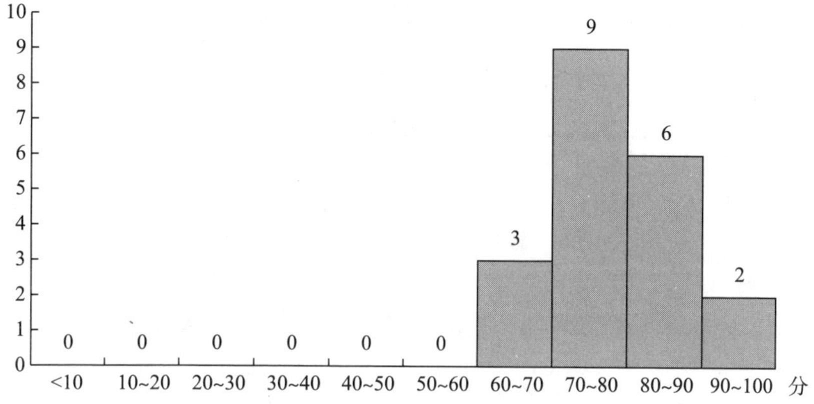

图 7　绿色生产指数得分分布情况

从绿色生产指数的一级指标看，环境排放指标平均得分最高，为 82.2 分（按百分制换算），并且有 60%的被评价企业的得分超过指标平均得分，表明对生态环境的排放物表现尚可。能源资源投入指标平均得分排名第二，为 76.6 分；有 55%的被评价企业的得分超过指标平均得分，表现低于其他三项指标。设施设备指标平均得分为 72.6 分，尽管平均得分并不突出，但有 80%的被评价企业指标得分超过平均分，显示了各企业在符合绿色发展的设施设备投入方面表现良好。此外，在所有被评价企业中，有 12 家企业所生产的产品包含绿色生态产品。总体看，对于上市企业来说，基本有能力配置并使用符合绿色环保的设施设备，而在能源资源排放、环境排放、绿色产品等方面表现存在一定差异。具体情况见图 8。

图 9 显示了不同营业额、不同市值规模下，被评价企业绿色生产指数的得分差异。结果显示，企业规模（包括营业额和市值规模）越小，绿色生产指数的表现相对越好。总体来说，生产规模更大的企业，能源资源消耗量、污染物及碳排放总量更大，对环境的影响更大。

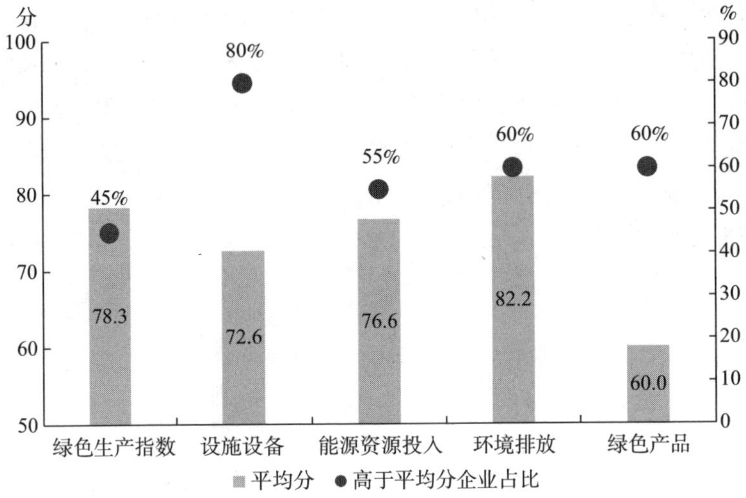

图 8　绿色生产指数分指标表现情况

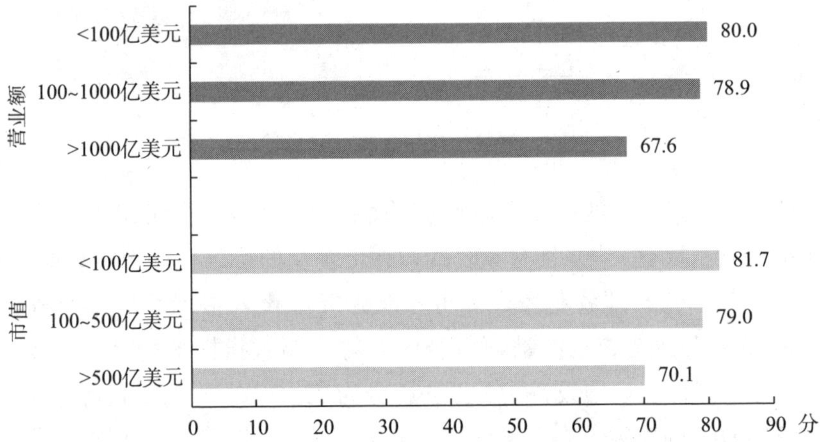

图 9　不同规模企业绿色生产指数表现情况

（四）绿色增长指数分析

从绿色增长指数整体得分情况看，20 家被评价企业绿色增长指数的平均得分为 63.6 分，最高得分为 78.0 分，最低得分为 48.1 分，标准差为 11.4，各企业绿色增长指数得分的离散程度仅次于绿色管理指数得分。从绿色增长指数得分的分布情况看，没有被评价企业超过 80 分；有 14 家被评价企业的得分集中在 60～80 得分段；另有 2 家被评价企业得分低于 50 分，其中 1 家低于 30 分。与平均水平比较，共有 11 家被评价企业的绿色增长得分超过平均得分，超过半数，另有 9 家企业得分低于平均得分。具体情况见图 10。

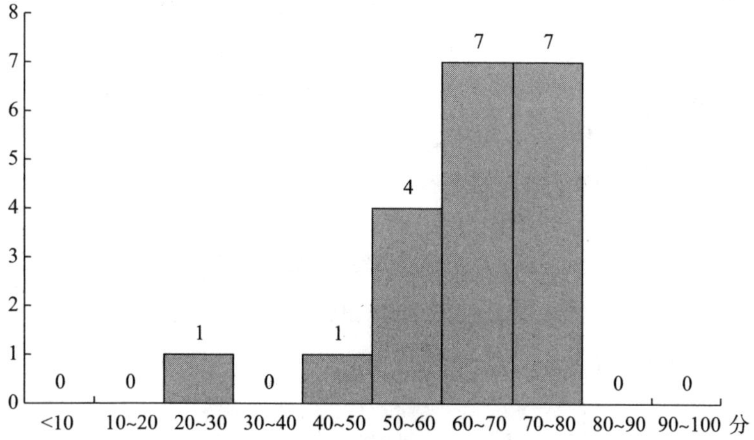

图 10　绿色增长指数得分分布情况

从绿色增长指数的一级指标看，绿色进步指标平均得分为 59.6 分（按百分制换算），并且有 65%的被评价企业的得分超过指标平均得分，这表明绿色进步总体表现尚需提高，但大部分企业在行业中的表现处于平均水平以上。绿色脱钩指标平均得分为 65.7 分，有 60%的被评价企业的得分超过指标平均得分，表现略低于绿色进步指标。总体看，被评价企业在实现绿色增长方面仍存在进步空间，特别是在提高能源资源利用效率、减少污染物和温室气体排放方面不尽如意，同时企业在实现业绩增长与减少生态环境影响双重发展方面也仍待提高。具体情况见图 11。

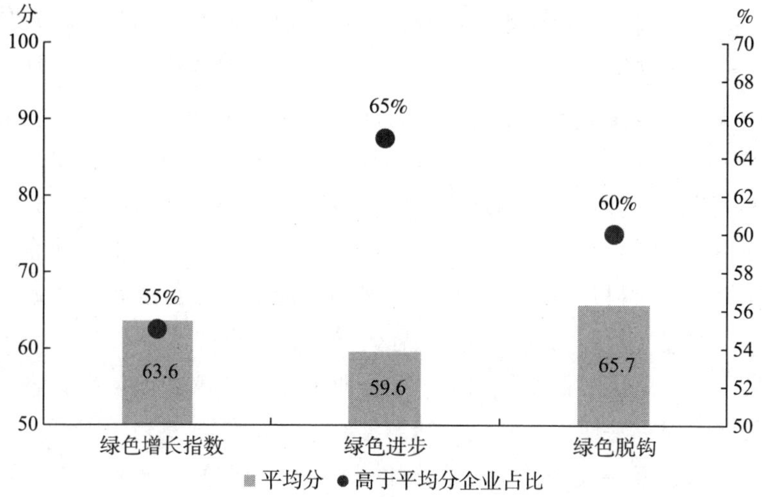

图 11　绿色增长指数分指标表现情况

图12显示了不同营业额、不同市值规模下，被评价企业绿色增长指数的得分差异。结果显示，绿色增长指数受企业市值规模影响相对有限，与营收规模关联性较大，这主要是因为绿色增长指数选取企业营业额作为业绩表现指标。从关联性分析结果看，企业营收规模越小，绿色增长指数的表现相对越好，这表明营收规模较小的企业在实现增长与环保方面更具有灵活性，也更容易推进绿色增长转型。

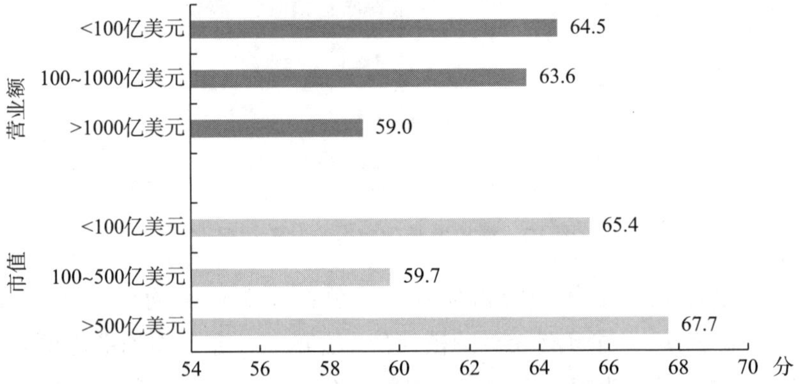

图12　不同规模企业绿色增长指数表现情况

三、石油和化工行业企业绿色发展评价的保障措施与建议

本研究以我国石油和化工行业企业公开的绿色发展相关指标数据为基础，提出了一套绿色发展评价指标体系，并以客观评价为原则，选取了我国石油和化工行业部分上市公司作为研究对象，探索性地对样本企业的绿色发展情况进行了客观、量化评价。在整个研究评价过程中，研究团队也遇到了一些困难阻碍，在结果分析中，也发现了我国石油和化工行业企业存在的一系列共性问题，为了能够有效推动我国石油和化工行业企业绿色发展评价工作顺利开展，更好地助力我国石油和化工行业企业明确绿色发展目标，本报告研究团队以实际问题为导向，提出如下保障措施及建议：

第一，健全我国石油和化工行业企业的绿色发展相关信息披露机制。

研究过程中发现，在搜集指标数据时，大部分石油和化工行业上市企业存在指标数据缺失或不对外披露的问题，造成这个问题的原因可能如下：一是部分企业自身对信息披露的重视程度不够，没有按照要求填报相关指标数据；二是对部分指标的监测不全面，无法得到确切的数据信息；三是奖惩监管机制不完善，没有有效的信息披露激励机制和缺失数据的惩罚管控机制。因此，行业监管部门应当加强对企业尤其是上市企业的监测和监管工作，通过培训和指导，让企业认识到绿色发展的重要性和紧迫性，应当及时全面地对企业绿色发展相关指标进行公布和说明。

第二，加快推动制定我国石油和化工行业企业的绿色发展评价标准。

目前行业内还没有可以明确参照的绿色发展评价核算及认定标准，这导致企业没有参与绿色评价的动力和压力，因此，应尽快组织行业内专家研究构建一套用于认证企业绿色发展水平的评价标准，并将评价的重点放到企业排名上来，坚持定期向社会公众发布行业企业的绿色发展排名，通过排名活动吸引、督促和影响企业积极参与绿色发展评级活动，从而推动企业绿色发展。

第三，我国石油和化工行业企业应加强绿色发展顶层设计规划，明确发展目标。

研究团队在进行我国石油和化工行业上市企业管理指数的测算过程中发现，20 家上市企业均将绿色写入到了企业发展战略或企业文化中，并且也出台了与绿色发展相关的行动措施，然而在绿色发展的目标制定方面，有很大一部分上市企业未详细披露和说明绿色发展的目标，这不利于企业开展绿色行动举措的绩效考核。导致企业绿色发展的驱动力不足。

第四，我国石油和化工行业企业需进一步培育和完善绿色发展的企业文化。

我国石油和化工行业企业要充分意识到盲目追求经济效益所带来的危害，在提升环境意识的基础上将其与经济效益紧密结合在一起，形成具有自身特色的绿色产业。绿色产业的发展需要获得绿色文化的支持，这就要求企业应将绿色文化融入企业文化，以此来调动员工参与绿色建设的积极性。企业应当采取有效措施在内部营造出良好的绿色氛围，并在绿色战略的基础上，提出具有较高可行性的行动计划。

课题组核心成员： 揭玉斌　鲁　瑛　顾　方　蔡志勇　牛倩倩
肖甲宏　蒋招梧　白　杨　李　潇
编辑： 张　宇　杨慧娟　罗　娅

加快构建更加完善的国家矿产资源安全保障体系

中国金属矿业经济研究院

习近平总书记在2021年中央经济工作会议上明确提出，要正确认识和把握初级产品的供给保障，推进资源全面节约、集约、循环利用。战略性金属矿产品作为“工业的粮食”，是一国工业制造业稳定运行的重要保障。一旦“断粮”“断供”，将对经济发展带来不可估量的损失。目前，支撑我国经济发展所必需的战略性金属矿产资源的供应局面已经十分严峻，矿产资源安全问题已迫在眉睫，必须从国家层面加强顶层设计、全面统筹各方面力量，构建从矿业开发、物流运输、金属回收到战略储备的全方位矿产资源安全保障体系。

一、当前我国矿产资源安全保障面临异常严峻挑战

（一）我国战略性金属矿产资源供应面临“三高”难题

随着经济快速发展，我国对金属矿产品需求大幅增加，目前中国的铜、铝、镍、锂、钴、铬、稀土、钨等金属矿产商品的消费量占到全球一半以上，铅、锌、锡、钼等其他多数金属矿产商品的消费量始终保持在世界第一的位置。受到全球矿产资源自然禀赋和全球矿业寡头垄断竞争格局的影响，我国战略性金属矿产资源供应面临着“三高”挑战。

一是对外依存度高。截至2019年底中国主要金属矿产资源的对外依存度几乎全部超过50%，铁、铜、镍等资源的对外依存度均超过85%。二是进口来源国集中度高。2019年，中国62%的进口铜矿来自智利和秘鲁、73%的进口铬矿来自南非、83%的进口铁矿石来自澳大利亚和巴西、96%的红土镍矿进口量来自印尼和菲律宾、几乎100%的进口钴矿来自刚果（金）。三是海外矿业企业垄断度高。海外前十大矿业公司占据了全球70%

的铁矿、75%的铜矿、60%的黄金资源。特别是铁矿石领域，全球几乎所有的优质铁矿资源均被四大铁矿巨头垄断，全球每年近六成的铁矿石产量均由四大铁矿巨头提供，特别是占全球产量1/3的前十大铁矿生产项目均隶属于四大铁矿巨头。

（二）供需角力极度失衡导致我国矿产资源存在安全性和经济性双重问题

与资源供应方面的“三高”特征相对应，我国资源需求方面呈现“小、散、乱”局面，即企业规模小、区域分布分散、行业竞争秩序混乱。这种供应端的“三高”与需求端的“小、散、乱”所形成的角力极度失衡，导致我国虽然是全球最大的金属矿产品消费国，但长期在国际市场上缺乏话语权，只能被迫接受国外矿业企业的定价，矿产资源供应的安全性和经济性面临严峻挑战。这已成为当前我国经济安全的“痛点”。

（三）在以国内大循环为主的新发展格局下我国矿产资源安全形势尤为紧迫

目前全球正在经历前所未有之大变局，尤其是新冠肺炎疫情暴发后，全球金属矿业面临新的发展格局，我国金属矿产资源保障将面临更加被动的局面。一是金属矿产资源全球化合作进入低潮，特别是新冠肺炎疫情导致各国更加重视构建周边矿产资源供应链，以减缓全球供应中断的冲击，区域化或成为未来全球金属矿业合作的主流。二是美国将关键矿产资源作为与中国对抗的重要领域，拉拢伙伴国构建新的矿产联盟。或将导致部分资源国收紧中资的审批、抬高资源项目的价码，部分矿业企业、金融机构减少对华合作，增加我国矿业企业对外合作难度，干扰我国矿业企业正常国际化经营，压缩我国矿产资源行业的发展空间，威胁我国金属矿产安全。

二、我国矿产市场话语权薄弱，需快速改变供需力量对比

当前国外矿业巨头垄断优质矿产资源供应的局面难以在短期内得到快速扭转，而国内金属冶炼的集中度也难以在短期内快速提高。在这种情况下，要想快速改变供需谈判力量的对比，改变以往多头对外、各个被击破

的尴尬局面，我国必须在进口采购环节上大力提升集中度，彻底改变以往内部恶性竞争、无序混乱的局面，其中，对铁矿石混矿码头控制权的争夺是典型案例之一。

（一）铁矿石供需角力失衡导致我国铁矿石话语权尽失

2019 年我国对铁矿石的需求量近 13 亿吨，进口铁矿石达到 10.68 亿吨，对外依存度超过 85%，其中从澳大利亚和巴西两国的进口量占比就达 83%。全球几乎所有的优质铁矿资源均被力拓、必和必拓、淡水河谷、FMG 四大铁矿巨头垄断，我国来自四大巨头的进口量占比超过 75%。相比铁矿石供应的高度集中，我国在铁矿石需求方面呈现企业规模小、区域分布分散、行业竞争秩序混乱局面，导致我国长期在国际市场上缺乏话语权，只能被迫接受国外矿业企业的定价，铁矿石资源供应的安全性和经济性面临严峻挑战，成为当前我国经济的“痛点”。

（二）进口铁矿石混矿业务是对抗行业高度垄断、保留市场话语权的最后阵地

随着中国钢铁工业逐渐向高质量发展，对铁矿石入炉料的需求标准越来越高，对混矿的要求也越来越高，混矿已经成为当前我国钢铁企业生产过程中的一个重要环节。2014 年之后，全球三大铁矿石巨头利用我国港口注重规模、产能分散、竞争激烈的弱点，大举布局港口混配基地及国内现货营销网络。2020 年，全国混矿业务分布在 14 个大型港口的 21 个码头，港口铁矿混矿量在 9400 万吨左右，国外矿业巨头占据 95% 的市场份额。由于这些铁矿石业务港口所在地区的钢铁产量覆盖了全国总产量的 77%，因此国外铁矿石巨头通过控制港口混矿，实现了对周边地区任意一家钢厂的混矿直供，从而完成了对主要钢铁生产区域的全面覆盖，牢牢控制住国内铁矿石供应链。

三、海外资源开发投资总量与成功率不成正比，开发力量亟待整合

进入 21 世纪以来，大量国内企业“走出去”投资并购或绿地开发国外矿产资源，但总体盘点梳理来看，虽然投资总量巨大，但是成功比率极

低。绝大多数企业因“单打独斗”、实力不足难以与国外矿企抗衡，最终项目被迫停滞搁浅或开采成本极高，不仅造成企业资产的重大损失，更导致国家外汇流失与资源的重大浪费。

（一）2000 年至今铁矿石始终是我国海外投资热选

根据相关课题研究统计，截至 2018 年底，中国企业累计海外金属矿产资源投资总额为 1488.85 亿美元，其中投资额累计超过 10 亿美元的商品共 11 种，合计投资额 1456.63 亿美元，占投资总额的 97.8%。在目前可统计的金属矿产资源投资总额中，排名前三位的矿产品为铁矿石、铜和镍及红土镍矿相关产业，三者合计投资额占中国海外投资总额的 82%以上。其中，对铁矿石资源的投资总额达到 457.54 亿美元，占比近 31%，位居所有对外投资金属矿产品种之首。

（二）澳大利亚占据了我国企业海外铁矿投资近七成比例

从投资获取的铁矿资源量上看，截至 2018 年底，我国对外铁矿资源投资获取的资源量近 600 亿吨，储量接近 280 亿吨。从投资地域上看，我国海外铁矿石投资中，大洋洲（实际为澳大利亚）占据了绝大份额。截至 2018 年底，我国对澳大利亚的铁矿资源投资额达到 300.84 亿美元，占我国海外铁矿石投资总额的 75.75%。非洲则集中了 60.3 亿美元的投资，占比 13.18%。这两个地区的投资额合计占中国对外铁矿资源投资总额的 85%以上。

（三）我国海外铁矿投资项目投产率不足二成

从投资项目数上看，截至 2018 年年底，中国对外铁矿石投资项目已清算退出 27 个，尚可计算资源量的共计 47 个，在这 47 个项目中，处于初勘和勘探阶段的项目 18 个、可研和矿权维护项目各 1 个、停产（含待转让）项目 7 个、未开工建设项目 7 个、在建项目 2 个。在产项目只有 11 个，占项目总数的不足 22%。如果将已沉没或计提减值完毕的失败项目计算在内，中国海外铁矿资源投资项目的建成投产率或只略高于 10%，这一数字一定程度说明了中国企业目前海外铁矿投资的现状，即每投资近 10 个项目，才能有 1 个项目建成投产。

（四）对非洲和北美洲的铁矿资源投资仅获数字上的名义矿权

从在产项目上看，11 个在产项目分布在亚洲（3 个），大洋洲（6 个），南美洲（2 个），而占投资额近 15%的非洲和北美洲，尤其是占中国铁矿资源量近六成的非洲，则无一成功在产项目案例，逾 60 亿美元铁矿投资换取的只是数字上的资源。同样，我国对北美洲（主要集中于加拿大）的 5 个铁矿资源投资项目也均未投产，投资损失超 8 亿美元。

四、国内资源自给能力是争夺我国对外话语权的“压舱石”，进一步开发面临诸多深层次问题

新发展格局背景下，充分有效地开发国内金属矿产资源，发挥国内矿山的“压舱石”作用，既是构建战略性金属矿产资源“国内大循环为主”的资源利用体系的重要组成部分，更是解决我国未来有效保障和缓解金属矿业资源紧张局面的关键举措之一。

（一）国内资源的有效开发成为我国战略性矿产资源安全保障体系的“压舱石”

仍然以铁矿石为例，我国铁矿资源贫矿多、富矿少，再加上多年的开采，原矿品位大幅下降、选矿比大幅上升、成品矿产量严重不足。具体来看，2019 年，我国铁矿石原矿品位只有 26.62%，较 2011 年下降近 4 个百分点；选矿比则从 2011 年 2.81 上升至 2019 年的 3.13；铁矿石原矿产量为 8.44 亿吨，实际成品矿产量低于 2.5 亿吨（美国地质调查局估计我国铁矿石成品产量仅有 2.2 亿吨）。虽然国内铁矿石资源根本无法满足我国作为世界第一大钢铁生产国的旺盛需求，但正是这 2 亿多吨的国产铁矿石构成了我国钢铁原料领域的“压舱石”，在关键时刻发挥价格平抑和钢铁企业长流程连续生产过程中“查缺补漏”的重要功能。

（二）目前我国国内金属矿产资源开发存在突出问题

第一，资源开发“小、散、乱”，资源浪费严重。我国矿业开发“小、散、乱”局面十分严重，各企业力量分散，整体竞争力不足。根据自然资源部的材料显示，我国大中型矿山仅占全球矿山的 12%，而小型矿山则占

到近88%。很多优质大矿脉被切分成数十个小矿，甚至在某些地区遍地“鸡窝矿”。

第二，投资“近视”程度高，投资积极性不高。根据国家统计局的数字显示，2013年以来，中国采矿业固定资产投资总体呈逐年下滑趋势，年同比降幅最大接近21%。主要原因是对资源类长期投资缺乏耐心和持续经营的决心，没有认识到资源开发对国民经济持续支撑的重要性，而是将资源开发视为短期投资谋取利益。

第三，国内矿业企业面临严格的环境保护压力。近年来随着生态文明建设的需要以及严格环保红线的要求，一些相对优质资源因接近水源地、农业用地或林业用地而纳入环保红线被限制开发。环保的压力要求我国国内矿产资源开发必须向绿色、环保、高效的方向发展，保资源供应安全与保环境安全的兼顾成为国内金属矿业行业乃至整体采矿业必须面对的问题。

第四，国内矿业企业税赋压力依旧较大。增值税可抵扣项目相对较少是导致矿山企业税赋较高的主要原因，此外，权益金提前征收，各地资源税、土地使用税等标准差异较大，也是矿山企业财务压力增大的原因。

第五，国内矿业企业装备水平、科技水平相对落后。我国国内矿业企业在技术装备、自动化、智能化、无人化应用水平上与国外矿业企业依然存在一定的差距，尤其在尾矿综合治理、绿色矿山建设、废水处理、多金属伴生选矿、低品位资源金属回收方面的技术水平制约国内矿业资源的有效开发。

五、我国“城市矿山”潜力巨大，行业发展仍处于初级阶段

充分开发和利用好“城市矿山”资源、构建战略性金属矿产资源国内大循环利用体系，既是新发展格局的重要组成部分，更是我国未来有效保障和缓解金属矿业资源紧张局面的重要举措之一。

（一）“城市矿山”战略是世界强国进一步占据金属矿产价值链高端的重要举措

“城市矿山”是对废弃资源再生利用规模化发展的形象比喻，指工业

化和城镇化产生和蕴藏于废旧物资中，可循环利用再生资源。20 世纪 90 年代，美国、德国、日本等发达国家都把发展循环经济作为实施可持续发展战略的重要途径，而开发利用“城市矿山”正是发展循环经济的核心内容。发达国家对“城市矿山”的成熟开发与利用不仅实现了对资源的循环利用，避免了参与白热化的资源市场竞争，又在循环利用中不断提高获取有效资源的技术水平，实现对以中国为代表的发展中国家的竞争优势。譬如对废旧金属的提纯技术，美国、德国、日本等发达国家始终占据全球前三甲；而日本则在不产一吨铁矿石的前提下，通过权益矿和废钢铁资源的回收利用成为全球废钢资源的重要出口国和远东区域废钢资源的主要定价国。

（二）我国“城市矿山”发展潜力巨大

我国回收利用产业规模已接近万亿。一国“城市矿山”的规模与其经济发展程度、城市化规模和工业化进程时间等要素密不可分。随着我国经济的快速发展，我国已跃居全球制造业第一大国多年，经过几十年工业发展与沉淀，社会钢铁积蓄量超过百亿吨并且每年增长近十亿吨，有色金属积蓄量超过两亿吨，生活垃圾每年产生四亿吨，电池每年报废上百亿只。随着“城市矿山”可利用资源规模不断攀升，其开发利用也将迎来快速发展的井喷期，为我国构建资源内循环体系带来了重要的发展契机。

我国已经初步形成一批“城市矿山”建设示范项目和再生资源集散地。改革开放以来，东部沿海地区经济的快速发展形成了以北京、上海、广州、深圳为代表的超大型和大型城市集群，带动了以这些城市集群为中心的“城市矿山”的快速成型和发展。目前，我国已初步形成了由东、中、西部 27 省区市总共 49 个示范基地共同组成的城市矿产布局网络。从地域分布上看，全国性再生资源示范基地主要集中在我国东部地区，明显呈现出“东南多、西北少”的特点，这与我国区域经济发展水平不均衡密切相关。

我国资源回收利用产业发展前景广阔。从再生资源利用率来看，我国废钢比、废铜比[①]分别为 18% 和 6%；美国废钢比、废铜比分别为 72% 和 34%；日本废钢比、废铜比分别为 34% 和 35%。比较之下，我国资源利用

① 废铜比定义为直接利用废铜占铜消费比例。

率较低。从国家相关立法和政策支持上看，我国优惠政策尚显稚嫩。从资源回收利用技术上看，我国再生资源回收利用技术水平较发达国家依然存在着一定差距。综合看，我国资源回收利用产业起步晚，但发展迅速，随着国民经济的不断积淀，未来我国回收利用产业发展潜力巨大。

（三）我国再生资源行业缺乏系统性的顶层设计，行业无序竞争严重

一方面，由于我国经济建设时间短，社会积蓄量逐渐产出，“城市矿山”开发又是一项涉及全社会参与的系统工程，不同领域归属不同的主责、主管部门，导致行业监管“政出多门”、缺乏统筹协调的机制，产业链各个环节发展相对割裂，企业发展无章可循。另一方面，我国的再生资源回收行业准入门槛低，行业高度分散，企业数量多、规模小、经营粗放。小作坊式的生产规模导致企业技术落后、自动化程序低、“小、散、乱、污”情况严重，难监管、难处置，资源回收率低和环境二次污染严重。

六、战略物资储备保障应急供应，计划特征与市场经济间矛盾加剧

经过 60 多年的发展，我国物资储备已经建立了独立完整的管理体系，出色地完成了服务国防建设、应对突发事件、维护国家安全的历史使命。但随着我国经济的快速发展，参与国际化竞争程度不断加深，国内产业结构不断优化调整，传统的以“大而全”“内向封闭”“高度计划性”为特征的物资储备体制开始暴露出越来越多的不足，有些管理体制和运行机制已不能适应现代储备调控的要求。

（一）物资储备不能随战略环境、国民经济、产业环境的变化及时动态调整

从法律层面，国家物资储备的规划、计划较刚性，一般不容易调整。尽管我国的《国家物资储备管理规定》等要求国家储备物资的收储、动用、轮换一般应当通过市场化方式进行，但市场化多停留在操作层面。相对而言，我国金属矿产物资储备的市场化程度仍然较低，计划色彩仍较为突出，调整和变动空间较小。

（二）物资储备操作过程中政企不分，管理部门既要行使管理职能，又直接参与市场经营

尽管我国物资储备从改革开放以来一直积极探索市场化运作，但仍存在一定的政企不分等问题。国家粮食和物资储备局既是我国储备物资收储的组织实施和直接管理部门，同时也通过所属的国家物资储备调节中心等进行物资储备的经营管理。作为国家物资储备的管理部门，国家粮食和物资储备局需要考虑的是战略性、安全性问题，而作为国家物资储备的经营管理方则要考虑战略物资的保值增值问题，这样的双重角色在实践中就会有一定的矛盾。

（三）物资储备不能充分融入产业发展体系当中，对产业发展既利用不足又支持不够

一定程度上，物资储备和产业发展都属于国家物资保障的范畴，都关系到国家总体安全。由于国家物资储备作为一种政府主导的行为，长期相对封闭，其与行业内各企业间的合作往往被视为一种单向关系，且仅仅属于商业层面，并没有把企业当作物资储备利益相关方，也没有置身于产业发展进程中对各方面进行统筹与协调，有时甚至还会因物资储备加剧行业和企业的发展压力。

（四）储备管理部门关注点过多，对执行部门的目标要求模糊不清

作为物资储备的上级主管部门，国家发展改革委和财政部之间的分歧往往导致执行部门顾虑重重、束手束脚。对于国家发展改革委来讲，更注重金属矿产物资储备规划、计划的制订和执行；对于财政部来讲，更注重财政资源的利用效率。尽管国家发展改革委、财政部会在规划、计划等方面进行协调，但经常会出现分歧，导致收储计划、动用方案、轮换计划难产甚至被搁置。

（五）物资储备机制不完善，缺乏灵活高效的收储、轮换、动用方法与手段

我国物资储备管理在收储、轮换、动用等方面的机制相对落后，不能适应新时代构建一体化储备体系的需要。在收储方面，简单地把收储当做

买卖，强调战略物资的物理占有和在库状态；在轮换方面，长期以来没有形成动态轮换机制，造成某些储备物资品质下降，其结果是虽然形式上确保了储备物资在库，但实际上储备的效能已经明显不足；在动用方面，目前规定中“应对特别重大、重大突发事件确需的”“宏观调控确需的”等动用条件门槛较高，往往出现某些重点工程上短缺，但因尚未达到条件而不能动用储备物资的情况。

七、构建更加完善的国家战略性金属矿产资源安全保障体系政策建议

（一）关于规范我国港口铁矿石混矿业务的政策建议

1. 强化对港口用地的统一管理

尽快加强对港口资源的管理力度，视港口码头资源为国家重要自然资源，变地方政府自主决策为国家统一审批，从港口用地管理入手，彻底改变各港口内部无序、恶性竞争的现状。从根本上遏制国外矿业巨头在我国的混矿布局扩张。对于已有港口用地，要通过法律形式明确各个港口用地是国家重要的基础性战略性资源，以加强土地综合利用、维护整体资源安全为由，由国家相关部委统一审批管理，禁止租赁形式的码头混矿作业，提高民营和外资投资租赁港口堆场、仓库的门槛，使海外矿业企业失去混库作业的物理操作空间。对于新建港口用地，根据鼓励外商投资的政策，适度允许外资通过参与新建港口码头开展混矿业务，但应严格遵循合作共赢的市场化运作标准，参照最严格的环保标准，要求外资企业必须以合资形式投资参股混矿作业企业。

2. 大幅提高混矿业务的进入门槛

按照党中央关于生态环保的相关精神要求，制定明确的混矿业务管理规定，从混矿作业和原料来源两个方面入手，进一步提升对铁矿石混矿企业的准入要求。在混矿作业方面，大幅提高混矿作业环保技术准入标准，严禁任何低端设备的粗放型混料操作，并统一要求现有港口所有从事混矿作业的企业按照标准限期整改。在混矿原料来源方面，明确对进口铁矿石的品位、杂质含量的限制，禁止高杂质低品位铁矿石的进口。

（二）提高我国海外铁矿供应保障能力的建议

1. 快速提高铁矿石供应能力，带动周边国矿权的开发

为突破海外四大铁矿巨头的高度垄断，继而谋求市场话语权，建议国家给予大力的财政政策帮扶，在年度考核任务还原、投资资金低息或贴息贷款等方面予以帮助，尽快开展鞍钢卡拉拉铁矿、中信中澳铁矿、首钢秘鲁铁矿扩产业务，争取形成新增铁矿石产量5000万吨的目标。

2. 利用邻国外交，加大可研项目投资

建议充分发挥邻国“大国外交”能力，以“电—矿—冶—工—贸”“联合出海”的方式，保障项目开发的稳定进行。同时，建议国家对邻国铁矿项目设立运输专线，保障海外铁矿资源安全、稳定、持续“回国”，运费上给予特殊专项补贴，降低运费对铁矿石产品价格的干扰，从而形成比较价格的竞争优势。

3. 建立中国铁矿石行业发展基金，助力谋求话语权

建议国家相关监督管理部门在严厉打击大宗商品市场的恶意操纵行为的同时，适时建立国家铁矿石行业发展保障基金，密切关注恶意操纵行为并有所作为，继而通过中国“独大”的铁矿石期货市场，结合全球铁矿有效在产资源，谋求话语权。

（三）提升国内资源自给能力的政策建议

1. 尽快建立国家金属矿产资源高质量开发利用标准

从整体产业高质量供给、需求、资源配置、投入产出、循环利用等各环节出发，全方位制定和提高行业准入门槛，并从保障国家资源供给安全的高度出发，建立友好的、可持续发展的法律环境。

2. 创造全方位良好的营商环境

从政府、经济、市场、技术等多层次制定有法可依的运行秩序，保证矿权交易的便利性，促进资源的自由流动。同时，以环保为标准，以绿色为行动指南，以安全为基线，推动国内金属矿业行业的高质量发展。

3. 优化与完善矿产开发行业激励政策

调整国内金属矿产自然资源开发的相关财政、税收政策，出台更加积极的优惠鼓励措施，制定各地区统一的资源税征收标准，调整权益金费率和征收方式，按矿山年实际开采矿量征收税费，对低品位矿和伴生矿产资源综合开发利用的矿山企业调低权益金费率等，鼓励我国环境友好型的大

型金属矿业企业加大对相对优质金属矿产资源的开发利用强度，促进伴生矿、低品位矿、尾矿的资源的综合利用。

4. 尽快出台相关矿山绿色、智能化发展政策

组织成立国家绿色矿山基金，加大国内矿山绿色道路的导引工作，鼓励企业走绿色开发道路，向高质量发展迈进。组织成立国家智慧矿山基金，鼓励国内矿业企业，尤其是大型国有企业加大科研投入，加快科研研发，提高国有矿业企业的科技应用水平。

（四）打造“国家城市矿山”长期发展战略政策建议

1. 提高战略定位，国家主导行业发展

从国家安全的战略视角，提高建设“国家城市矿山”的战略定位，从普通产业上升为国家战略新兴产业，加强国家主导和顶层设计，制定可持续发展的长期策略，加强政策引导，加快形成战略资源“国内大循环”体系。

2. 畅通管理机制，构建循环发展新格局

构建权责统一、管理畅通、“闭合循环”的管理机制，尽快降低我国对国外原生金属矿产资源的依赖程度；将再生资源回收渠道建设纳入新型基础设施建设的重要内容，通过建设生态环保产业园整合现有资源，搭建系统、规范的再生资源回收网络，取代现有散杂乱的回收渠道，规范行业秩序，促进资源循环利用规模化发展。从污染末端治理向资源利用全程控制转变，形成企业内循环、园区产业之间循环、社会大循环等多层次循环体系。

3. 构建系统完善的资源循环立法和行业监管体系

从再生资源产业闭合循环出发，统筹资源循环中的各个环节和各种形态，将矿山开发、环境保护、资源回收利用等环节纳入法律体系，形成一套由总纲领、综合性法律、不同领域专项法构成的完整的法律体系。

4. 通过鼓励性政策，着力培育行业领军企业

通过鼓励性的优惠政策，吸引有经济实力和技术研发能力、对国家和人民负责任的优秀企业，特别是中央企业进入再生资源行业，引领产业升级和技术变革。在不断规范运营的基础上，改变行业不良竞争行为，引导行业通过良性市场竞争机制，创造可持续发展、环境友好的循环产业生态环境，大力扶持优质企业发展，鼓励企业以市场化的手段加强并购重组，提高产业集中度，提高行业整体运营水平，促进再生资源行业健康有序和规模化发展。

（五）金属矿产物资储备与产业链各环节融合发展路径设计

1. 上游企业提升战略物资获取的稳定性与安全性

上游生产企业是物资储备的源头，是获取物资储备的主要市场主体。物资储备与之融合发展的核心目标是支持推动上游企业和上游产业尽快做强做优做大，实现可持续发展。

2. 下游企业增强金属矿产物资储备对国计民生的保障能力

金属矿产物资储备最终落脚点是保证下游物资使用企业的持续稳定生产经营。尽快建立管理部门与下游企业定期沟通机制，在应对重大突发事件或发挥宏观调控作用时，快速确认企业对于物资在品种、规格、质量标准、物流运输等方面的要求，及时匹配下游需求，给予有力的物资保障。

3. 轮换更新企业提高金属矿产物资储备的市场化运作水平

充分发挥企业作用，通过市场化运作完成轮换。根据不同商品的市场特性和储备要求，管理部门可以与储备企业采用“企业代储、国家委托”“企业主导”“国家主导、企业执行”等三种储备方式，同时政府部门做好相关的管理和监督。

4. 仓储服务企业与大型金属矿业贸易公司合作，优化储备配套服务效率与成本

充分发挥物资系统多年形成的储备物流条件和优势，整合目前金属矿产物资储备系统中的相关仓储物流事业单位和企业，成立国储物流总公司，与国有大型金属矿业贸易公司开展市场化合作，提升现有仓储物流服务专业化水平和服务能力，实现物流环节高质量发展。

课题组核心成员：金志峰　崔楠楠　李晓杰　徐天昊
编辑：张　斌　罗　娅

我国金属资源安全形势与保障方式研究

中国金属矿业经济研究院

自改革开放以来，中国用40年的时间完成了世界主要经济国家几百年的工业化发展道路，成为世界第二大经济体。为满足自身经济发展的需求，中国对金属矿产品的需求与日俱增，每年消耗的金属矿产资源占全球总量的50%左右。但受中国国内矿产资源、自然资源禀赋以及长期开发的约束，中国国内金属矿山增产艰难，仅依靠国内金属矿产资源的供给无法满足经济发展的需要。中国金属矿产资源短缺已由个别矿种向全品种发展，只能且必须依靠海外金属矿产资源来保障中国经济的高速发展。

全球矿产资源地质分布的特点决定了一种矿产往往集中分布于少数的几个国家和地区。同时，国外矿业巨头在历经百年以上的发展和企业兼并后，在全球资源配置中占据了绝对的寡头垄断地位，牢牢控制了金属矿产资源市场的定价权和话语权。

2005年之后，为获取经济发展所需的矿产资源，中国企业大举“走出去”进军海外资源市场，但由于对国际市场经验欠缺，前期研究工作不足，对外投资没有形成对外的合力且投资过度集中，运作机制存在严重弊端等众多原因，我国海外矿产资源投资项目的成功率低。与此同时，随着国际地缘政治的紧张，中国海外金属矿产资源的运输通道安全受到威胁，通道安全保障急需加强。这些因素都导致中国金属矿产资源安全保障形势处于非常不利的局面，资源安全受到较大威胁。

为扭转被动局面，实现对国际矿业巨头垄断局面的有效突破，提升中国在全球金属矿产资源领域的话语权，中国五矿建议：首先要制定有效的海外资源开发政策、实施路径和实现方式，盘活存量、放眼增量；其次要建立中国海外金属矿产资源全球集中掌控体系，统一经营中国海外金属矿产资源存量，构建中国海外金属矿产资源企业管理运营平台；最后是要在政府支持下行使全球重要成矿区的中国矿权，并打造国家能力支撑下的全球重要成矿区至中国的安全运输护航能力。

一、中国经济发展离不开海外金属矿产资源的保障

（一）任何国家都不可能依靠自身资源实现快速发展

金属矿产资源是一国经济发展的基础和命脉，世界发达国家在工业化发展过程中均离不开金属矿产资源的支撑和保证。改革开放以来，中国用40年的时间完成了世界主要经济国家几百年的工业化发展道路，成为世界第二大经济体和全球经济发展的引擎，2018年GDP总量超过90万亿元。

纵观工业革命以来的世界经济发展历史，任何时期的超级大国如英国、美国、德国、日本，均无法仅靠自身资源实现经济的快速发展。中国作为当今世界的经济发动机，其经济发展离不开海外金属矿产资源的有效保障，控制和掌握海外金属矿产资源极其重要。

（二）中国经济发展所需的金属矿产资源必须依靠海外资源保障

为满足自身经济发展的需求并带动全球经济的发展，中国对金属矿产品的需求与日俱增。从消费量上看，目前中国每年消耗的金属矿产资源占全球总量的50%左右，其中稀土的消费量高达70%以上，其他列入国家战略金属矿产资源的品种如：铁、铜、铝、锡、镍、钴、钨、锂的消费量均超过40%。具体情况见图1。

作为全球制造中心，中国的钢铁产量占全球产量51%以上，电解铝产量占全球产量65%，铅产量占全球产量44%，钨、锑、稀土、钴、铟、镓等产量占全球产量的70%~90%。在全球金属矿产资源新增需求中，大约有70%~80%由中国贡献。

从中国自身的资源储量上看，受到中国自然资源禀赋的约束，国内金属矿山产量的增长日益艰难，国内供给能力增长乏力，资源短缺程度不断加剧且短缺程度呈现从个别矿种向全品种发展。曾经的优势金属资源锑、稀土在2018年也成为净进口。数据显示，2018年中国国内铁矿石成品矿产量约为2.3亿吨，而同期的铁矿石需求量却超过12.3亿吨，其他如铜、铁、镍、钴等均存在较大缺口。

从对外依存度上看，截至2018年底中国主要战略金属矿产的对外依存度几乎全部超过50%，铁、铜、钴、镍、铬等金属的对外依存度均超过

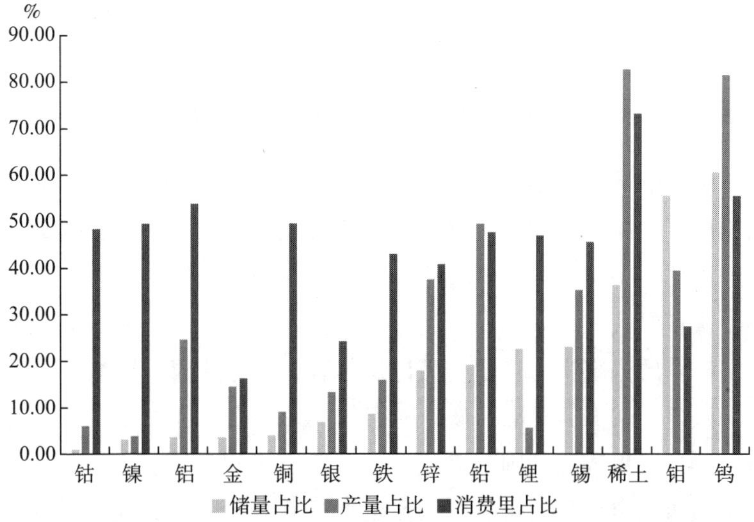

图 1　中国主要战略金属矿产资源储量占比、产量占比、消费量占比情况

数据来源：五矿研究院。

80%，钴和铬的对外依存度几近 100%。随着中国国内矿产资源自然禀赋的下降以及开采成本的持续增加，中国对绝大多数金属矿产资源的对外依存度持续抬升。具体情况见图 2。

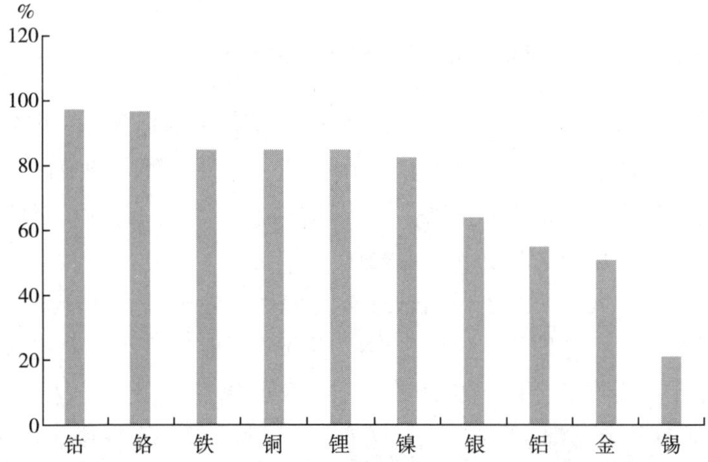

图 2　中国主要战略金属矿产资源对外依存度统计

数据来源：五矿研究院。

因此，作为全球最大的矿产资源生产国、消费国和贸易国，中国仅依靠国内金属矿产资源的供给已无法满足经济发展的需要，只能也必须依靠海外金属矿产资源来保障经济的高速发展。

（三）中国经济发展要求必须加强海外金属矿产资源的掌控能力

随着中国跃居全球第二大经济体，中国与传统发达国家之间的贸易矛盾愈发突出，2018 年发生的中美贸易摩擦就是例证之一。作为全球排名前两位的经济体，中美之间的贸易摩擦将会在未来长时间、多维度的存在。

第二次世界大战结束以来，美国通过资源封锁、美元霸权对有可能威胁其经济安全的国家实施打击，无论是苏联、联邦德国、日本，还是 21 世纪以来的欧盟、OPEC 国家、金砖国家均无一幸免。中国成为全球第二大经济体后，自然也成为美国战略“关注”的首要对象。

由于能源和金属矿业对一国工业生产的重要性，未来美国将采取各种办法来干扰、破坏和切断中国的能源以及金属矿产资源的供应，切断中国工业发展的“粮食”，干扰、破坏、遏制中国经济的发展。因此，切实、有效地掌控海外金属矿产资源对保障中国经济高质量发展至关重要。

二、中国的海外金属矿产资源保障“先天不足”

（一）国外矿业巨头在资源控制上形成寡头垄断

从地质分布上看，一种矿产往往集中分布于世界上少数的几个国家和地区，例如全球铜矿资源就主要集中在智利、秘鲁、澳大利亚等国家，其中仅智利和秘鲁两国铜资源量就占了全球总量的 40%；而每年全球近 70% 的铁矿石产量来自澳大利亚和巴西两国。

同时，国外大型矿业公司通过百年发展和企业兼并，在全球资源配置中占据了绝对的主导地位，全球金属矿产资源行业的寡头垄断格局业已形成。据统计，现阶段全球 70% 的铁矿、80% 的锡矿、75% 的铜矿、60% 的黄金和 60% 的锌产量控制在全球前十大矿业公司手中。淡水河谷（VALE）、必和必拓（BHP）、力拓（RIO TINTO）、FMG 四大铁矿巨头就掌握和控制了全球 50% 的铁矿石产量和 80% 以上的海运贸易量，而嘉能可（GLENCORE）一家就垄断了全球 1/3 以上的钴金属产量。具体情况见图 3。

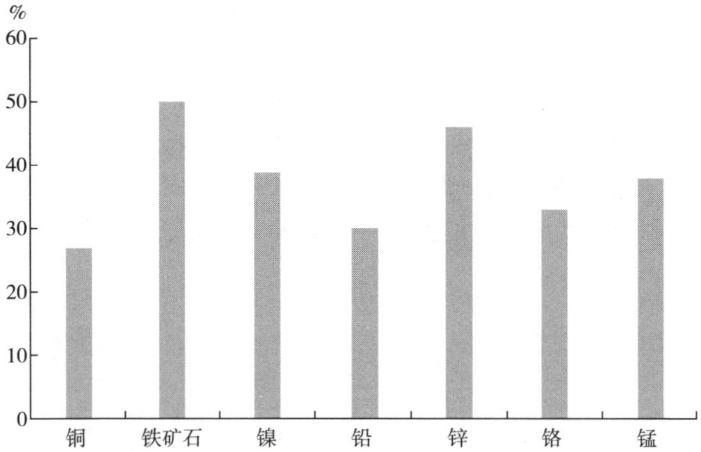

图 3　全球主要金属矿产品 TOP 3 企业产量占比分布

数据来源：五矿研究院。

（二）矿业巨头制定市场规则，全面垄断商品定价权

长期以来，国际矿业巨头牢牢控制了金属矿产资源的销售定价权，制定市场准入、商品期现货交易标准等规则，对期货和现货两个市场的价格进行操纵，大量攫取高额利润。在全球第二大海运量的铁矿石全球定价中，海外四大矿山就以普氏价格指数作为定价依据，而全球铁矿石最大的买家、占全球钢铁产量半数以上的中国只能被迫接受；20 世纪 90 年代，以莱曼兄弟公司为主的金属交易商利用对铜期货市场的操作使得中国铜交易商损失惨重；而在金属矿产资源竞购中，仅 2018 年日本商社组成的财团就两次击败中国企业获得海外优质铜资源，同年在全球最优质的炼焦煤资源获取中，中国企业也败给了以嘉能可为首的企业财团。

可以说，在全球金属矿业资源领域，中国绝大多数时候以被动的价格接受者扮演着“大买主”的角色，在资源掌控上则几乎没有控制力和话语权。

（三）中国海外金属矿产资源禀赋较差

现代工业经济的发展史就是一部资源掠夺史，在经历了第一、第二次世界大战后，世界主要经济体对世界经济格局的两次重新分配后，全球优质金属矿产资源均被少数矿业巨头高度垄断。

以铁矿为例，全球高品位浅表铁矿资源几乎全部掌握在淡水河谷、必和必拓、力拓、FMG 四大矿商手中，平均品位在 55%以上，淡水河谷位于巴西的 S11D 的品位甚至超过了 67%。反观近年来中国获得的海外铁矿资源，平均品位仅为 35%左右而且周边基础设施如交通运输、供水供电等条件极差，开发建设需要大批的配套资金，如中铝几内亚西芒杜铁矿的开发建设就需要 200 亿美元以上的投资。全球四大矿山与我国典型矿山成本对比见图 4。

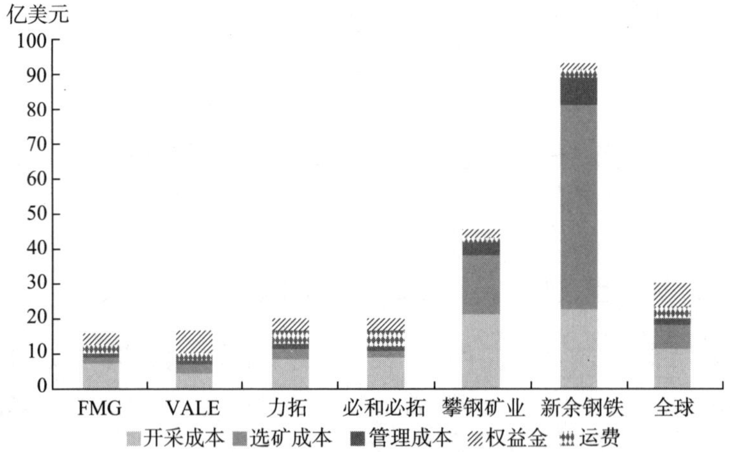

图 4　全球四大矿山与我国典型矿山成本对比

数据来源：五矿研究院。

自然禀赋的先天缺陷叠加高额的项目资源置换成本导致项目产品缺乏市场竞争力，项目抵抗市场价格变动的能力自然不足。

（四）投资国当地的政治、民族偏见加大企业运营风险

随着中国经济的快速发展，中国战略性投资非洲、拉美等地区的矿产资源的规模不断扩大。由于历史原因造成拉美与非洲等地区对殖民主义掠夺有较强的反感，中国企业的投资在某些国家被看作是掠夺资源的“新殖民主义”而受到抵制和诟病。再加上某些中国企业海外项目运行中违反当地习俗、风情的做法，使得中资企业海外项目屡屡受到资源所在国政府、地方社区、工会组织的反对和抗议。在投资国当地的堵路、罢工事件时有发生。这些事件加大了企业在投资国项目运营的风险，使得投资项目无法正常产出，造成生产成本居高不下，一定程度上降低了企业在国际市场上

的竞争能力。

三、中国海外金属矿产资源保障问题众多

2005年之后，在保障国家矿产资源安全责任的驱动下，中国企业大举“走出去”进军海外资源市场时间较短，经验欠缺，虽有成功，但案例稀少，更多的则是失败的教训。

（一）投资运作机制存在严重弊端，导致项目成功率低

据不完全统计，2005年以来中国企业海外投资项目中即使只计算开工和运营的项目，也有约80%的项目在运营后效果远不及预期，后期被迫追加大量资金。还有大量项目被搁置成为“死矿”“呆矿”。如：2005—2015年，我国国内企业参与境外大型铁矿石项目超过30个，合计获取铁矿石权益量超过2亿吨/年，但截至目前实际项目产出量不超过7000万吨/年，且生产成本远高于预期及全球平均水平。以中国最大的钢铁生产商中国宝武集团为例，目前宝武集团约95%的铁矿石依赖进口，每年进口量1亿吨左右，而各种原因导致其在手的12个海外铁矿项目中能正常运营的仅为3个，运营率仅为25%。更多的则如中铝的西芒杜、中信泰富的中澳铁矿、鞍钢集团的澳洲卡拉拉铁矿、山钢集团塞拉利昂唐克里里项目等均成为投资企业的重大资产损失。

（二）投资“一窝蜂”，难以形成对外合力

由于中国国内对矿产资源的需求旺盛，而全球优势资源绝大多数被国外矿业巨头垄断的前提下，中国企业的海外投资呈“一窝蜂”态势，哪里有资源就“蜂拥而至”，对资源所在国（地区）的投资呈现“单兵作战”、各自为政、多头对外，缺乏有效的组织和凝聚在一起的合力，在谈判桌上难以形成强有力的话语权和对资源国形成有效的影响力。这就使得资源国政府、被投资企业或资源业主能够对中国企业实现“各个击破”，牟取超额利润。同时造成了原本就已相对禀赋差、回收周期长、环境风险性高的项目成本被人为“恶意”抬升。项目溢价造成中国企业资金被大量占用，项目推进能力减慢，难以有效、迅速地开展项目工作，资源持续获取能力下降。

（三）出于自身利益的恶意竞争使得国家利益受损

近年来，中资企业在“走出去”过程中，出于对企业自身利益的考虑，出现为竞争投资国某一个项目而多家中资企业互相抬价、恶性竞争的情形，造成原本较低的项目矿权费用远远超过实际价值。有数据显示，在2005—2015年，中资企业为获得铁矿资源共向澳大利亚投资超过200亿美元但只获得了类似卡拉拉、兰伯特角、中西部铁矿这样平均品位35%左右的资源且配套投资成本较高。

企业恶意竞争导致我国的对外投资浪费巨大！同时也充分说明我国企业进行海外投资时，仅从自身利益出发，在“陌生”的国度里相互之间缺少配合、恶意排斥，不但人为抬高了项目成本，造成国家利益损失，而且一定程度上影响了国家形象。

（四）海外项目国际化管理经验不足

中资企业在对海外资源的投资过程中，往往大量派驻海外管理人员、生产人员。这些人员的语言交流能力和国外生活能力、社区融入能力不强。日常行为规范带有浓重的中国习惯，在文化、风俗、语言、生活习惯等方面与当地居民或社区存在较大差异。语言交流的障碍导致中方派驻人员在项目所在国（地区）的文化适应能力不强。由于文化差异引发的投资国社区、人文纠纷时有发生，致使项目人文文化陷入停滞不前的“泥沼”，阻碍了项目进展。

（五）项目前期研究工作不足制约项目的成功推进

通过对我国海外投资失败案例的对比分析，不难发现其中失败的主要原因之一是事前没有对相关投资标的进行细致的研究，缺乏应对突发事件的应急预案，一旦事件突发，身处海外的企业难以应对。虽然这种情况在国内矿业资源开发过程中也时有发生，但毕竟国内的人文、社会环境熟悉，因此并未对企业带来很大冲击。但在海外投资中，环境因素的变化使得不力影响被技术放大，海外项目的开发进度被严重阻滞，更严重的后果则是投资项目的搁浅。

仓促的应付和“拍脑子”决策的做法势必引起“拍大腿”的后悔和“拍屁股走人”的下场。因此，成功的海外矿产资源投资离不开缜密、细致的项目研究，中方投资企业必须具备很强的海外资源研究能力。

（六）投资过度集中导致地缘国家风险系数增加

由于全球自然资源禀赋相对集中，从地质分布上看：全球40%的铜资源集中分布在智利、秘鲁，47%的镍资源分布在澳大利亚、巴西和俄罗斯，58%的铬资源分布在南非、哈萨克斯坦，70%的铁矿石资源分布在澳大利亚和巴西，50%钴资源来自刚果（金）。

由于优质的金属矿产资源已经被国外矿业巨头高度垄断，中国企业海外矿产资源投资的目的国较为集中且目的国一般为较不发达国家，地缘政治风险和国家风险加剧。一旦该国出现政策的不连续，势必严重影响中国企业的投资回收，甚至导致“血本无归”。回顾历史，苏丹政变、印尼反华等多次“国家事故”均使得中资企业的大量投资付之东流，而诸如南非BEE条款、刚果（金）矿权法修改等政策的不连续也使得中资企业的投资大部分搁置。

投资集中在相对发展落后、投资政策不连续的国家（地区），地缘政治和国家风险的威胁级数增长，不利于中国金属矿产资源保障的稳定。

（七）海外金属矿产资源的运输通道安全保障急需加强

资源通道依存度是反映一个国家海外矿产资源供应安全的重要指标之一，一旦某个运输通道出现战争或自然灾害，造成资源的供应中断，会威胁到资源安全，更有可能直接威胁到经济安全和人民正常生活，甚至会威胁到国家安全。

目前，我国的海外资源运输通道主要依靠南海地区、太平洋航线、印度洋—马六甲和陆路通道。据统计，海峡全球80%的运量为海运量，海运通道的安全跃然纸上。从全球海运线上看，加勒比、几内亚、好望角、马六甲、索马里为全球海盗最为猖獗的六条线路。其中，索马里所在的环印度洋海运通道以及进出马六甲海峡的南海通道对我国金属矿产资源安全保障尤为重要。

资料显示，我国境外矿产资源供应过度依赖南海地区和马六甲海峡。我国对南海通道的依存度接近70%。对马六甲海峡的依存度接近50%，每年我国70%的油气资源、71%的未锻轧锰、94%的铬矿、95%的锡矿和98%的钴矿等都要途经马六甲海峡输入我国。

从全球陆地相连的纵向地形图上看，南美洲位于最顶端，非洲、大洋洲位于最底端，南极洲因被冰川覆盖不可见，北冰洋被亚欧大陆和美洲大陆所包围。在纵向地图上我国海外金属矿产资源的主要依赖通道标注发生变化。其中，太平洋航线被拉长，陆路通道没有发生太大变化，但俄罗斯境内的陆路通道安全被提升。印度洋—马六甲通道和南海区域的运输安全重要性凸显。

近年来，美国“亚太再平衡”战略使得南海地区纷争不断，加上海盗猖獗，我国金属矿产资源的主要输入通道安全日益受到挑战。尤其是随着国家“一带一路”倡议的推进，沿线的中东、中亚、非洲等国家的中国矿产权益急需维护；中亚、中东、非洲、拉美既有的战略运输通道基本依赖印度洋—马六甲航线，航道安全急需保障。

综上所述，随着我国经济的发展，我国经济建设对矿产资源、能源的需求要求我国必须加强相关资源运输通道的安全建设。

四、关于中国海外金属矿产资源的开发利用建议

在国际矿业巨头对金属矿产资源的多方位、全面垄断下，中国话语权全面缺失。在中国海外金属矿产资源投资大量“呆矿”在手的被动情况下，如何制定有效的海外资源开发政策、实施路径和实现方式，盘活存量、放眼增量、有效利用在手项目实现对国际矿业巨头垄断的有效突破，提升中国在全球金属矿产资源领域的话语权是必须解决的重大问题。

（一）建立中国海外金属矿产资源全球集中掌控体系

随着综合国力不断增强，中国在国际经济和政治舞台上不断展示自己的国际影响力。为保障我国经济的持续发展，作为国家工业发展的“粮食”，金属矿产资源全球集中控制能力建设的需求日益紧迫。

目前全球金属矿产资源领域正处于两轮繁荣期之间的交替阶段，市场处于相对理性状态。随着我国的“一带一路”倡议铺开，互惠互利、建设“人类命运共同体”的策略有利于我国海外资源战略的开展。但是资源国家对外资企业的投资开发限制也逐渐增大，我国面临的资源获取时间窗口期也正在缩短。

因此，国际矿业形势要求我国必须迅速抓住“窗口期”，加快有效配

置和优化中国海外金属矿产资源的全球控制能力体系建设，冲破现有全球矿业垄断格局和我国矿业资源获取困境，集中掌控已在手的全球金属矿产资源，保障国家经济建设所需的金属矿业资源的供应安全。

快速发展的中国对金属矿产资源的旺盛需求正在改变全球资源经济的供需格局，中国正在成为全球矿业经济的风向标。从这个意义上讲，建立强有力的、集中掌控的全球金属矿产资源体系势在必行。

（二）统一经营中国海外金属矿产资源存量

多年来积蓄的海外金属矿产资源存量，已经造成了投资企业资产的大量减值和国家外汇的损失。如果再不加以有效地利用，势必造成国家大量外汇资源的实际浪费。基于此方面考虑，国家层面的、统一的海外金属矿产资源存量经营策略的制定不可或缺。

通过建立国家层面的金属矿产资源统一经营策略，不仅可以引导中国企业正确“走出去”，更能整合优势力量，统一、有效、高效地开发资源，应对出现的问题和困难，从而保障国家经济发展所需的金属矿产资源的长期、稳定供给。

通过建立国家层面的金属矿产资源统一经营策略，提升我国企业处理投资国当地各种问题的效率，提升中资企业在投资国的谈判权重，保障中资企业利益，改变之前“零散出击、单兵作战”的局面，集中力量办大事。

因此建议：制定相关财政、税收优惠、利税返还等政策和具体措施，按照金属矿产资源分类，纵向延伸，强化细分领域的资源整合优势，鼓励优势互补、股权置换、合资合作、权益开发等方式，促进相关中资企业在资源勘探、矿山建设、资源开采、资源选矿、尾矿处理和资源修复等金属矿业全产业、各链条、各节点上的合作，统一开发、运作、经营海外金属矿产存量资源，力争将存量资源变为在产资源，并谋求向优质资源的转换。

（三）构建中国海外金属矿产资源企业管理运营平台

在国际矿业领域，国际大资本、资源集团控制资源，操纵价格，设置规则障碍，谋取暴利，对我国经济安全运行造成重大影响。相比之下，我国海外资源掌控能力较低，开发力度不够，难以与国际巨头相抗衡，市场话语权缺失。

因此，建议组建以国有资本投资公司为主体代表的、以经营商品为主线的海外金属矿产资源管理运营平台，整合资源，统一规划，统一运作，对海外资源存量实施统一经营和管理，变“单打独斗”为企业战斗群，打造国家金属矿业资本航母（企业联合体），增强中资企业的实力和在局部地区、局部商品上的谈判“筹码”，谋求未来在矿产资源增量获取上的话语权和影响力，代表国家参与金属矿业领域的国际竞争，保障我国经济安全和国家利益，践行国家意志。

（四）在政府支持下行使全球重要成矿区的中国矿权

金属矿产资源是一国经济发展的基础，纵观全球主要的金属矿产资源巨头，背后无一不体现其所在国家的意志。淡水河谷作为巴西国家最大的金属矿产资源企业，通过巴西政府对巴西境内的优质资源进行垄断开发，控制了巴西境内优质铁矿资源40%以上的份额。三井物产、新日铁住金、三菱商事在资源的获取以及全球资源市场操作上无一不体现日本的国家意志。美国、加拿大、澳大利亚等国家也在持续不断地给予其国内矿业公司各项“隐形补贴”以增强企业实力，甚至直接支持其海外矿业投资并通过国家手段排斥国外企业投资本国矿产资源。

因此建议：

必须要在矿产资源的对外投资上充分体现国家力量。

必须建立统一的对外声音，建立统一的对外投资议价体系。

必须整合、集中目前分散的对外投资力量，变分力为合力，拧成一股绳，提高中国金属矿产资源的对外投资集中度。

必须建立全球化运营的国家级金属矿产公司，体现国家意志，在全球重要金属矿产资源成矿区统一行使、运作中国矿权。

将中国国家意志与企业行为密切结合，变企业对政府的能力不足为政府间合作，将国家意志贯彻到企业经济行为中，增进投资国政府与企业间的理解，提升企业处理问题的能力，提高中国在全球金属矿产领域的影响力和话语权。

（五）增强全球重要成矿区矿产至中国的护航能力

长期以来，南海地区、马六甲海峡、太平洋航线和陆上通道是我国矿产资源进口主要依赖的四大通道。尤其是印度洋—南海—线作为我国金属矿产资源的主要输入通道，每年承载的矿产资源进口海运量占全国总量的七成以上，通道依存度高，安全运输风险较大。国家安全和国家经济发展对资源、能源的需求要求我国必须加强通道安全建设。尤其是国家“一带一路”沿线的中东、中亚、非洲等国家的中国权益急需维护，中亚、中东、非洲、拉美既有战略通道安全急需保障。

因此建议，国家应充分总结、复制亚丁湾护航的经验，以印度洋—马六甲—南海一线为重点，发挥国家能力，提高护航能力，保障未来我国重点、重要海外成矿区、矿权区矿产至中国的交通运输通道安全。

课题组核心成员：金志峰　左　更　吴　越　张　珣

编辑：张　斌　罗　娅

面向新发展格局的境外投资咨询评估体系研究

南方电网能源发展研究院有限责任公司

一、绪论

（一）研究背景

自改革开放以来，中国企业对外投资的区域和范围逐渐扩大，近年来境外直接投资发展呈明显跃升趋势。2020年末，我国对外直接投资存量25806.6亿美元，较上年末增加3817.8亿美元，是2002年末存量的86.3倍，占全球外国直接投资流出存量的份额由2002年的0.4%提升至6.6%，排名由第25位攀升至第3位。

近年来，国内企业参与的海外投资项目不断增多，但在投资过程中面临较多风险和难以控制的因素。因为比起国内的投资环境，海外的投资环境有所不同。境外项目的风险管理仍然是国内企业的薄弱环节。

为进一步完善投资决策程序，提高投资决策的科学性和民主性，参照《国家发展改革委投资咨询评估管理办法》，企业重大投资项目在投资审查委员会研究审查、董事会决策之前应开展投资咨询评估，形成“先评估、后决策”的投资决策机制，并通过建立投资决策评估指标体系，为开展投资决策回顾和投资项目阶段性评价、后评价等工作提供标准支撑。为规范一般投资咨询评估的主要内容、评估指标体系以及开展方式，开展本研究。

（二）研究内容

本项目研究内容主要包括三个部分。

1. 投资咨询评估内容

根据不同投资项目特点，研究各类投资项目需要重点评估的内容。根据当前国家监管要求和国有企业发展关注重点，初拟投资咨询评估内容，主要包括：合法合规性评估、决策流程规范性评估、技术可行性评估、经济可行性评估、风险防控评估以及在各分项评估基础上进行的综合评估。

2. 投资咨询评估内容与标准

依托评估内容，进行梳理提炼，研究确定不同投资项目、不同投资阶段的评估指标，并分别研究各指标的评价方法和评价标准，构建投资咨询评估指标体系。

合法合规性评估从政策导向性、合法合规性等方面进行评估。程序规范性从内部决策程序、外部程序规范性等方面进行评估。技术可行性从宏观环境、市场环境、技术先进性进行评估。经济可行性从成本费用、项目估值、投资回报率等方面进行评估。风险防控从政治风险、外交风险、法律风险等方面进行评估。研究各项内容的评估方法与标准后，综合以上各项评估，给出综合评估结论。

3. 投资咨询评估机制

根据投资评估内容和评估指标体系，研究构建一套适合企业境外投资管理要求的投资咨询评估机制，包括工作流程研究、咨询评估单位选择研究、投资咨询评估经费来源研究、咨询评估输入资料研究等。

（三）研究方法和技术路线

通过政策分析、理论分析、案例分析、现状分析，总结境外投资项目的关键要素，提出投资咨询评估内容及重点；根据投资咨询评估的内容，建立不同类型投资项目的投资咨询评估评价指标库，确定评价方法，制定评价标准，构建投资咨询评估指标体系；根据投资咨询评估的内容和指标体系，研究构建一套适合国有企业境外投资管理要求的投资咨询评估机制。本研究技术路线如图 1 所示。

二、新发展格局下境外投资的机遇与挑战

2020 年以来，新冠肺炎疫情蔓延对全球生产生活造成了重大的冲击，经济停摆、生产停滞、供应链中断、全球贸易量大幅萎缩、企业流动性资

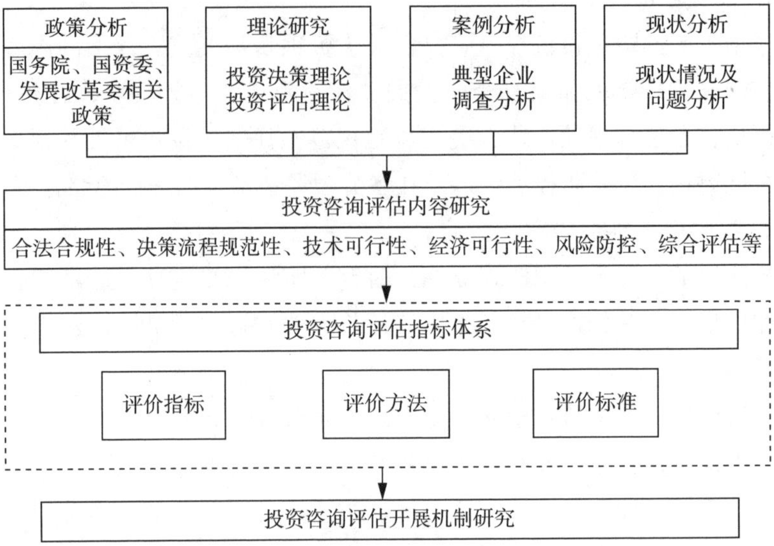

图1　技术路线图

金压力上升。在此历史背景之下，以习近平总书记为核心的党中央科学准确研判国内国际形势发展新变化，审慎作出“加快构建以国内大循环为主体、国内国际双循环相互促进的新发展格局”的重大战略决策，在党的十九届五中全会上被确定为“十四五”时期经济社会发展的指导思想和重要原则。如何理解和认知新发展格局，以更高的发展质量引领未来中国经济的发展，加强顶层设计、抓好机遇、谋划布局，对企业发展具有重要意义。

（一）境外投资的挑战

此次新冠肺炎疫情对各国经济带来重大冲击，全球经济处于停滞甚至衰退的状态，“逆全球化”现象加剧，投资限制性政策逐步收紧。中美贸易摩擦尚未根本解决，为国有企业海外业务增加了不确定性。

疫情的负面影响最先体现在金融行业，股市危机也推动避险情绪上升，市场恐慌情绪指数达到阶段性顶点，投资性行为受到极大抑制。

单边主义和去全球化趋势增强，贸易保护主义抬头，以服务贸易驱动的全球化模式受到极大影响，提高了国际投资不确定性风险，不利于投资企业全球化的进程。

（二）境外投资的机遇

新冠肺炎疫情的发展和蔓延，使得许多国家经济环境低迷，造成企业资产价格下滑，中国企业可以以此为契机，投资并购欧美高科技品牌企业。同时预计一些国家政府势必出台刺激经济增长政策，这不仅大大降低中国企业海外直接投资的门槛，也加大了境内企业海外投资的选择空间。

在全球疫情稳定过后，中国“一带一路”倡议会成为全球基础设施发展的中坚力量，会不断提供更多的资金规模和政策便利，为企业“走出去”保驾护航。广大发展中国家基础设施建设需求旺盛，与我国国有企业的比较优势相契合。

在全球化社会大生产体系中，国民经济对外贸易规模的扩大已使中国经济与世界经济融为一体。因此，在新形势下中国企业开展海外经营时除了考虑外在环境，也要注意内在条件，只有这样才能在开放型世界体系中通过内外循环相互促进，保持企业的可持续发展。

（三）新发展格局下境外投资的应对措施

1. 加强国内外形势研判，提前做好顶层设计

面对新冠肺炎疫情，中国在强调加大“六稳”工作力度的同时提出了“六保”，目的是巩固和增强中国在全球供应链、产业链中的核心地位。对于企业来讲，应该抓住本次疫情机遇，深入研究国内外形势变化，坚持“一带一路”倡议和人类命运共同体的战略思维，审时度势、精心谋划、超前布局，力争主动做好企业对外投资经营顶层设计。

2. 把握战略机遇期内的重大变化，谋求整体利益最大化

新冠肺炎疫情过后全球将进入总需求不足和去杠杆化的过程。一方面，中国作为率先走出疫情的国家必定在全球经济的复苏中起到巨大的拉动作用；另一方面，疫情严重国家会呈现技术并购和基础设施的投资机会，中国企业应该抓住这次全球产业调整的机会，发挥好产业资本杠杆的作用，立足自身优势，突出主业，快速补足短板，寻求能够提升自身技术和市场地位的创造性资产，重点聚焦高端制造等中国企业短板领域，力争抓住此次机会，实现弯道超车，重塑国际投资新格局。

3. 精心准备，制定科学合理的海外经营策略

企业的海外经营环境有新变化的同时，也有新要求。企业应该从长远的海外发展战略进行考虑，制定科学合理的海外布局。要紧跟国家政策方向，做好超前布局工作，充分借鉴历史上两次危机中其他企业的经验和教训，既要大胆把握海外投资发展的良机，又要冷静思考、严防风险，切实提升企业的国际竞争力。

4. 创新对外投资发展模式

建立多元化的投资合作模式，逐步从单一主体到多方合作，从单一模式到多种模式，从绿地投资转向跨国并购，最终形成多元化的投资合作模式。在不同行业、不同产业间探寻合作模式，充分发挥企业自身优势，统筹运用好援助、投资、贸易、技术引进等模式，加速中国“走出去”和东道国资源的“引进来”，鼓励以合资、参股、并购等多种方式开展合作，加强上下游产业合作，打造投资一体化的产业链格局。

三、新发展格局下境外投资的模式

（一）基本概念

绿地投资，又称新建投资，是指跨国公司等投资主体在东道国境内依照东道国的法律创建的部分或全部资产所有权归其所有的企业。新建投资会直接导致东道国生产能力、产出和就业的增长。绿地投资有两种形式：一是建立国际独资企业，其形式有国外分公司，国外子公司和国外避税地公司；二是建立国际合资企业，其形式有股权式合资企业和契约式合资企业。

股权投资，指一国企业为了某种目的，通过一定的渠道和支付手段，将另一国企业的整个资产或足以行使经营控制权的股份收买下来，从而对另一国企业的经营管理实施实际的或完全的控制。

（二）分析比较

绿地投资和股权投资的重要区别在于，股权不增加东道国的生产力，不会发生财富效应性质的资产增值，而绿地投资会对东道国的资产增值直接产生推动作用。两者间的比较可以归纳为表 1。

表 1　绿地投资与股权投资的优劣势比较

类型	优势	劣势
绿地投资	选址较为自由，拥有更多的自主权，可以独立策划项目，有利于跨国公司的经营管理	需要较长的建设周期，缺乏灵活性，不利于跨国公司的快速发展
	较少收到东道国产业保护政策的限制	在创建企业过程中，跨国公司完全承担其风险，不确定性比较大
	可以更大程度地保护自身在技术和管理方面的垄断优势，并利用其技术、管理等方面的优势占领东道国市场	需要自行开拓市场，建立分销渠道，而且需要较长时间来适应当地的各种惯例，改善管理方式
股权投资	可以快速地获取资产，且取得的资产价格往往低于目标公司资产的实际价值	国际会计准则差异、信息不对称以及无形资产评估等问题会导致跨国公司难以准确评估目标企业的真实情况
	可以直接占有被收购企业原有的销售市场并直接利用其销售渠道	跨国并购很有可能遇到东道国的限制或抵制
	可以充分利用适合当地市场的原有的管理制度和人员，从而迅速地适应东道国的投资环境，在东道国占领市场	经营管理方式以及文化背景的差异，可能增加整合成本

研究发现，对于境外投资起步阶段的中国企业而言，其投资一般是定位于发掘新的产品市场，绿地投资的投资方式将更为合适，能够帮助将公司的产品推向新的本地市场。对于在海外市场拥有丰富投资经验的中国企业，股权投资的投资方式是更为合适的，能够帮助公司快速获得规模经济。

四、投资咨询评估指标体系与评估标准

境外投资咨询评估的目的是提高投资决策的科学性和民主性。境外投资咨询评估不同于项目评审，其是对支撑投资决策的关键问题开展评估并出具相应意见，因而其评估内容是高度凝练的。

根据国家监管要求和关注重点，新发展格局背景下境外投资咨询评估内容主要包括：合法合规性评估、决策流程规范性评估、技术可行性评

估、经济可行性评估、风险防控评估以及在各分项评估基础上进行的综合评估，未来可以进行适当的动态调整。

境外投资项目决策咨询评估的指标体系可总结为表2。

表2　境外投资项目决策咨询评估

序号	评估维度	评估指标
1	合法合规	政策导向性 合法合规性 投资负面清单筛查 是否聚焦主责主业 战略相符性
2	程序规范	内部决策程序规范性 外部程序规范性 投资决策材料规范性
3	技术可行性	宏观环境 市场环境 技术先进性
4	经济可行性	成本费用 项目估值 投资回报率 加权平均资本成本（WACC） 融资方案 商誉减值（只针对并购项目） 交易模式（只针对并购项目） 协同效应 标的公司治理结构（只针对并购项目） 分红比例（只针对并购项目）
5	风险防控	政治风险 外交风险 法律风险 担保风险 汇率风险 利率风险 市场风险 财税风险 环境和配套条件风险（只针对绿地项目） 组织管理风险（只针对并购项目）
6	综合评估	综合以上各项评估，给出综合评估结论

以下分别从境外投资项目投资咨询评估的6个维度，对各项评估指标内涵及评估标准或依据进行详细说明。

（一）合法合规

合法合规的评估内容包括：政策导向性、合法合规性、投资负面清单筛查、是否聚焦主责主业、战略相符性。需要评估项目投资是否符合国家政策导向，与企业发展战略是否相符。具体方法上，可以对照投资负面清单进行逐一筛查；核查是否是主业范畴；对照企业发展战略，分析其是否符合相应要求。

评估的具体标准为：符合国家政策导向；不属于《中央企业投资项目负面清单》禁止类项目；原则上不属于《中央企业投资项目负面清单》特别监管类项目；不超过非主业投资比例；符合企业发展战略导向。

（二）程序规范

程序规范的评估内容包括：内部决策程序规范性、外部程序规范性、投资决策材料规范性。需要评估项目决策程序是否满足各项要求。应对照相关管理制度，梳理项目决策流程是否规范，提交的决策材料及深度是否满足要求。

评估的具体标准为：项目的决策流程和提交材料均应满足相关制度要求。

（三）技术可行性

技术可行性的评估内容包括：宏观环境、市场环境、技术先进性。需要评估项目投资面临的外部环境，项目采用的技术水平如何。具体方法上，梳理分析投资项目所面临的宏观环境、市场环境是否有利于项目的实施和运营。参照行业发展现状和发展趋势，客观评估项目采用的技术在行业内属于何种水平。

评估的具体标准为：项目总体处于较为有利的外部环境，没有明显的制约环境。其中绿地项目采用的主要技术应为成熟且较为先进的技术；鉴于股权项目大都已投产，其采用技术为成熟技术且不是明显落后技术即可。

（四）经济可行性

经济可行性的评估内容包括：成本费用、项目估值、投资回报率、加权平均资本成本（WACC）、融资方案、商誉减值（只针对并购项目）、交易模式（只针对并购项目）、协同效应、标的公司治理结构（只针对并购项目）、分红比例（只针对并购项目）。需要复核和评估项目的投资收益和相关影响，包括项目估值、加权平均资本成本、投资回报率等指标以及融资方案、交易模式（只针对并购项目）、商誉减值（只针对并购项目）、协同效应、标的企业治理结构（只针对并购项目）、分红比例（只针对并购项目）等影响。

评估的具体标准为：

项目估值：项目估值结果达到企业的盈利预期或要求；所采用的估值方法适用于该项目具体情况；估值相关参数值处于合理范围；辅助验证的估值方法结果支持同一结论。

加强平价资本成本（WACC）：项目 WACC 不低于企业内部要求；WACC 计算过程中相关计算参数值设置合理。

投资回报率：原则上，项目内部报酬率不低于项目所在国家十年期国债利率，不低于长期贷款利率加 2 个百分点；全投资内部收益率不低于企业内部规定的该国加权平均资本成本标准；参股项目一般年分红能力不低于 10%，年复合增值能力（或投资内部收益率）不低于 15%。

融资方案：融资方案的资金来源可靠，资金提供方信用好、资金实力强；融资成本较低，融资结构合理；融资渠道较为多样，融资方案计划周全。

交易模式（只针对并购项目）：并购方案的持股比例、权益影响、股权交割方式等方面合法合规，风险程度较为稳健，且能够合理避税，符合企业整体利益最大化。

商誉减值（只针对并购项目）：项目不会导致企业商誉的大幅变动，不存在重大的商誉减值风险。

协同效应：项目可以与企业已有业务产生协同效应，提升生产经营效率。

标的企业治理结构（只针对并购项目）：对需要发挥协同效应的项目，企业应具备一定控制权或目标企业经营管理权益。

分红比例（只针对并购项目）：累积分红应覆盖股东资金成本。

（五）风险防控

风险防控的评估内容包括：政治风险、外交风险、法律风险、担保风险、汇率风险、利率风险、市场风险、财税风险、环境和配套条件风险（只针对绿地项目）、组织管理风险（只针对并购项目）。需要复核和评估各类主要风险及防控措施，具体项目重点考察的风险因素因国家地区而有差异。对于西欧、北美洲国家和港澳地区项目，重点考察政治风险、外交风险、法律风险、汇率风险、财税风险，其余国家和地区的项目综合考虑所有风险。

评估的具体标准为：

政治风险：项目所在国国内及地缘政治局势稳定，近年无高风险政治事件，无恐怖主义活动或剧烈社会内部矛盾，政府公信力和廉洁程度较高。

外交风险：项目所在国家对外较为开放，与我国具有合作关系，近年无针对中资企业或华人的社会事件。

法律风险：项目符合所在国家电力行业政策、环境保护规定、外资准入条款、投资范围和股权比例限制等相关法律规定要求，进行了充分的法律尽职调查。

担保风险：优先选择主权信用评级较高的国家或地区，不投资担保风险较大的项目。

汇率风险：项目选择的结算货币汇率水平较为稳定，预期未来汇率波动程度较小。

利率风险：项目所在国利率水平较为稳定，未来可预见的利率波动程度较小。

市场风险：项目所在国家是电力需求稳定的发达国家，或电力需求增速较高的发展中国家，面临的市场风险较低。

财税风险：项目总体税收水平合理，不面临歧视性财税政策，财税风险较低。

环境和配套条件风险（只针对绿地项目）：项目所在国家营商环境较为良好；项目所在地区不是自然灾害频发地区；项目建设运营必须的供水排水、公路铁路、港口码头等基础设施及产业上下游配套完备。

组织管理风险（只针对并购项目）：项目的建设管理团队素质和能力

可以胜任。

（六）综合评估

综合以上各项评估，从合法合规、程序规范、技术可行性、经济可行性、风险防范等角度提出综合评估结论。

五、投资咨询评估机制

参照《国家发展改革委投资咨询评估管理办法》，企业在重大项目投资决策时，应坚持“先评估、后决策”的原则，经投资咨询单位评估，在充分考虑咨询评估意见的基础上做出决策决定，投资咨询评估应纳入企业投资决策程序。

（一）投资决策咨询评估开展流程

一般应在项目建议书或可研等投资前期材料获得审批后，在投资审查委员会的研究审查之前，由投资管理部门委托投资咨询评估单位开展投资决策咨询评估工作；对于少量特别重大且特别紧急的投资项目，可以在开展项目建议书或可研工作的同时，提前介入同步开展投资咨询评估工作，以缩减工作周期，提升咨询评估质量。投资管理部门在投资咨询评估完成后视需要开展对咨询评估质量的评价。常规咨询评估流程如图 2 所示。

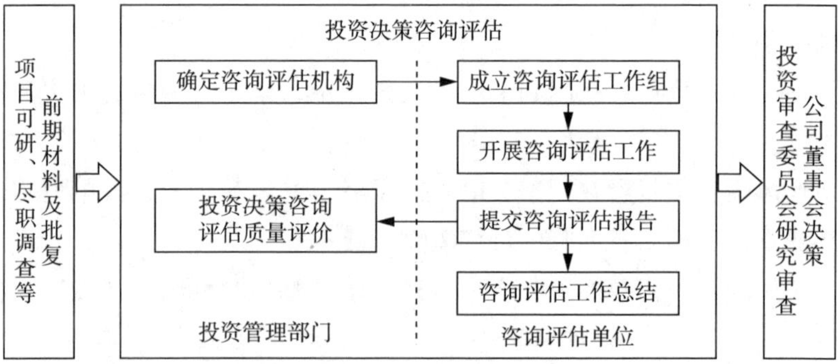

图 2　常规咨询评估流程

对于部分境外绿地项目、境外股权投资等前期工作量大及耗费不菲的项目，在提交投委会审批前需要开展前期决策评估。

（二）咨询评估单位选择

在接受评估任务后，评估机构应当确定项目负责人，成立评估小组，制定评估工作计划，定期反馈评估工作进展，在规定时限内提交评估报告。

建议项目负责人持有咨询工程师（投资）等相关资质。参加评估小组的人员应当熟悉国内和当地行业和企业发展有关政策法规规划、技术标准规范，评估小组应当具有一定数量的本专业中高级技术职称人员。

（三）投资咨询评估经费来源

企业委托的投资咨询评估纳入投资决策程序，为投资决策服务，咨询评估范围、咨询评估机构由企业投资管理部门确定，投资咨询评估费用由项目具体实施单位支付，列入项目前期费用，投资咨询评估工作向投资管理部门负责，成果由投资管理部门管理。

（四）咨询评估输入资料

根据一般企业管理制度，以管制业务固定资产投资项目为例，评估项目应提交的材料包括但不限于：项目投资报告、投资单位决策文件、项目可行性研究报告及评审意见（含风险评估防控分析）、可研批复文件、其它必要材料等。以境外股权投资项目为例，评估项目应提交的材料包括但不限于：尽职调查报告、收购估值报告、商务（含融资）方案、风险防控报告、投资实施方案、主要投资合同项目投资报告等，具体详见表3。

表3　境外投资项目应提交的投资决策材料清单

必备材料					
通用	1	投资决策报告	绿地	7	技术可行研及评审意见
	2.1	法律审查意见	股权	8	估值报告
	2.2	法律尽职调查报告			
		财务与税务尽职调查报告			
	3.1	风险防控报告			
	3.2	风险评估表			
	4	商务（含融资）方案			
	5	投资实施方案			

续表

必备材料					
	6	主要投资合同			
选备材料（参考）					
	6.1	特许经营合同（BOT）		6.5	建设总包合同（EPC）
	6.2	购电协议（PPA）		6.6	土地租赁协议（LLA）
	6.3	政府担保合同（GGU）		6.7	股权收购协议（SSA）
	6.4	外汇制度（FCR）		6.8	合资 SPV 股东协议

投资咨询评估工作开展过程，投资咨询评估工作小组应集思广益，多渠道获取对评估的有益信息，积极参加项目实施单位同投资主管部门汇报会、企业决策前的各职能部门征求意见会等。

（五）咨询评估完成时限

根据国家发展改革委的规定，完成时限一般不超过 30 个工作日，因特殊情况确实难以在规定时限内完成的，应在规定时限到期日的 5 个工作日之前书面提出延长申请，在征得项目单位同意后，可以延长完成时限，但延长的时限不得超过 60 个工作日。考虑到企业提交到投委会的项目，尤其是竞争性项目，都亟待投资决策和推进，投资咨询评估组应尽早介入项目开展工作，尽快提交评估成果。

六、结论与建议

（一）研究结论

1. 本课题研究制定了投资咨询评估内容、指标体系和机制，初步构建了企业投资咨询评估体系

初步构建了包括境内绿地投资、境外股权投资等在内的投资咨询评估体系。研究成果是对投资管理部门固化在制度中的投资咨询评估环节的及时承接，满足了企业在投资咨询评估抓手、流程等方面的需求。

2. 境外投资项目咨询评估应注重评估项目的战略意义、经济可行性和风险防控

与“走出去”相关的国家宏观政策是项目投资决策的重要依据，对境

外投资项目应重视评估其战略意义和价值，如是否是对“一带一路”倡议的响应等。此外，在投资决策环节也应重视项目的经济性评估，确保以合理的资源投入带来最大的产出效益。由于各国的政治环境、社会环境、经济发展水平、货币等诸多方面存在差异，境外投资项目面临着更多元的风险，如政治风险、外交风险、法律风险、财税风险、汇率风险等，因此对境外项目评估也应对其风险防控方面着重开展评估。

（二）研究建议

1. 建议境外投资形成“先评估、后决策”的投资决策机制

新发展格局背景下，境外投资风险增加，为提高投资决策水平，实现高质量对外投资，建议企业境外重大投资项目在投资审查委员会研究审查、董事会决策之前应开展投资咨询评估，形成“先评估、后决策”的投资决策机制。

2. 发挥国内智库力量，提高自主咨询能力

在新发展格局背景下，要强化保密意识，减少对国际咨询机构的依赖；企业对外投资要优先发挥国内智库力量、咨询机构能力，开展咨询评估工作；企业内部智库要提高对外部咨询和中介机构评估成果的判断和验证能力。企业要逐步探索内部智库机构承担对外投资项目尽职调查、可研编制等咨询能力，或与其他企业强强联合，最终实现自主高质量咨询、高质量投资。

3. 对外投资咨询评估要加强合规性评估

在新形势下，国际社会对我国境外投资的防范、审查趋严，反垄断、反倾销、安全审查加剧。合规性不仅关系投资项目是否能顺利实施，也关系到企业海外形象和我国的整体形象。在按照国务院国资委“35 号文”要求的国内合规基础上，投资咨询评估要加强境外合规评估的把关工作，加强法律尽职调查报告、投资合同、投资实施方案、运维方案、风险评估报告的审阅和评估。

4. 对外投资咨询评估要加强经济性评估

加强估值复核评估，采用不同方法进行估值复核，并加强审阅估值模型与商业模型的衔接，避免前后不衔接；推动投资决策评估、投资后评价、投资后运营考核联动，将决策重大事项、提交决策的年度经营预测指标作为重要考核评价参数。

5. 对外投资咨询评估要加强风险评估

国务院国资委“35 号文”要求建立境外投资全过程风险管理体系，引入“四类”股东，第三方出具风险评估报告。风险评估要重点评估风险识别及防范措施是否合理、措施产生费用是否纳入投资估值，并充分提示揭示重大风险。

课题组核心成员：吴鸿亮　刘本杰　胡志广　王　玲　彭道鑫　江雪菲　谢骏骐　梁展鹏　杨安琪　黄哲恒

编辑：张　宇　刘小桐　罗　娅

日韩财团经济模式对我国企业的启示与借鉴研究

中国大唐集团有限公司

国有企业是中国特色社会主义的重要物质基础和政治基础，是我们党执政兴国的重要支柱和依靠力量。如何破解国有企业体制相对僵化之困、打破机制相对落后之弊、解决创新动力相对不足之忧，进一步释放企业发展动力活力，是摆在我们面前的时代课题。考察东亚现代经济发展史，财团经济模式在推动本国实现工业化和现代化进程中居功至伟，也带来很多发展的后遗症，需要进行深刻的改革。日韩财团经济模式为我国经济转型升级、实施国有企业改革、做强做优做大国有资本，提供了现实的参考和历史的借鉴。

一、日韩财团经济模式的历史考察

（一）日本财团的发展及特点

日本财团当初是以资本为纽带、交叉持股生成的企业集团。成员企业之间主要是为了相互间的业务扶持，因而只是松散的联合体，财团本身不具有独立的法人地位。

1. 日本财团的发展历程

第二次世界大战前，日本财团被称为财阀。明治维新后，由于政府扶植而逐步发展起来的具有垄断性质的大型控股公司，三井、三菱、住友、安田“四大财阀”最具实力。第二次世界大战后，美国政府开展反垄断，打击并解散了旧财阀。1951 年，由于冷战的原因，美国又开始扶持垄断资本，使得日本财阀重新组合成长，形成了三井、三菱、住友、芙蓉、第一劝银、三和为代表的六大财团。

2. 日本财团的主要特征

主银行制度。主银行制度是企业与银行之间通过长期交易形成的一种惯例。在企业所有的融资交易额度中，主银行的融资额最大，这是主银行制度的显著特征，主银行一般也是企业的大股东。

相互持股制度。财团的成员企业之间实行交叉持股，这种持股关系使各成员企业之间的资本联系密切，也是财团赖以存在的重要基础。

人事派遣制度。财团进行人事互派，以加强企业之间的人事结合和相互影响。

（二）韩国财团的发展及特点

20 世纪 60 年代，韩国财团在助推韩国经济腾飞中发挥了巨大的作用。

1. 韩国财团的发展历程

20 世纪 50 年代，韩国民族工商业者通过购买归属财产和美国物质援助，形成早期的财团。随后的 20 多年，政府通过鼓励出口、发展重化工业、支持劳务和运输业发展等一系列经济扶持政策，使得韩国财团快速成长。80 年代初至 1997 年，韩国财团发展迅猛，财团在整个国家经济中处于举足轻重的地位。20 世纪末，韩国前 30 家大财团生产总值占韩国国内工业总产值比率达 70%。当前，韩国财团以三星、LG、SK、现代汽车为代表。

2. 韩国财团的主要特征

韩国财团的发展与政府的倡导政策和扶持发展紧密相关，韩国的发展模式为政府主导型经济体制。

家族式管理。韩国大型财团大都由创始人及其家族成员控制。家族式领导在财团的创业初期表现出很高的凝聚力，随着财团规模不断扩大，家族式领导带来负面影响。

多元化经营。韩国财团形成了产业关联度较低的多元化发展。三星、现代、乐喜、鲜京等企业都经历了较大跨度的多元化扩张阶段，形成了“章鱼爪式”经营特征，致使子公司众多，经营风险加大。

高负债经营。由于财团多依赖负债经营，资产负债率居高不下。亚洲金融危机时，财团资产负债率平均在 300% 以上。高负债导致韩国财团陷入经营困局。

二、日韩财团政商关系及其产业政策

（一）日本财团政商关系及其产业政策

1. 日本财团的政商关系

财团的政治意义在于其“政商”特征，也就是为政府提供货物及服务，并据此与政治人物建立特殊关系而获得高额利润。财团从诞生之日起，就与政治充分联姻，关系密不可分、牢不可破。

20 世纪 20 年代，日本财团掌舵者在政府机构和政党派别中的影响力越来越大。其中，三井和三菱成为日本战前政友会和民政党两个最大政党的政治资金提供者。财团力量不断渗透到政府中，其利益代言人得以进入政府重要部门，开始影响政府政策。

1945 年第二次世界大战后，日本被美国独占，美国政府发表《美国战后初期的对日方针》，提出对财团解体政策。美国政府要求：解除财团家族在政治和经济上的支配力；解散战前具有强大垄断力的持株会社，如三井、三菱和住友等；消除过度集中的经济组织。

冷战开始后，美国对日占领政策随之调整，以对战后同盟扶持替代了对战时敌人改造。朝鲜战争为日本经济发展带来了天赐良机。50 年代中期，日本的工业发展已经和美国的安全需要紧紧地捆绑在一起。旧财团得以复苏，芙蓉、三和和第一劝银新兴财团开始涌现。政商关系作为日本战后政治体制的一项重要遗产而保留下来，商界作为日本保守政治势力的维护者和受益者，不断渗透到日本政治体系的运作中。

2. 日本财团发展中的政策保护

在日本财团的形成和发展过程中，始终与日本政府产业政策息息相关。这些政策为日本经济的发展带来了深远的影响。

一是保护产业发展。保护日本产业免受外国资本的冲击，确保弱小企业在激烈的国际竞争中屹立不倒并于生存夹缝中尽快成长，是 20 世纪五六十年代日本经济实现高速增长的一个重要原因。在所有的日本产业、企业安全且迅速发展的政策和制度体系建构中，财团体制发挥的作用居功至伟。

二是优化产业结构。20 世纪五六十年代，日本经济高速增长的主要动力来自产业结构优化，即部门结构的重化工业化、组织结构的企业规模大型化和生产要素投入的资金技术密集化。日本财团在促进产业结构优化中，发挥了至关重要的作用。

三是促进技术进步。技术进步对日本经济增长的贡献率高达55%，居于世界领先水平。大财团因为拥有较完备、完善的技术开发体系，从而有力地促进了企业集团竞争力和国家整体技术水平的提高。纵观战后日本经济发展，大财团在促进国家技术进步中发挥了不可替代的作用。

（二）韩国财团政商关系及其产业政策

1. 韩国财团的政商关系

韩国财团的政商关系肇始于日本殖民时期，其经验是“与国家建立密切的合作关系有助于事业成功”。20 世纪 50 年代，韩国财团迅速崛起壮大。1961 年，朴正熙政权奉行“经济优先”政策，重点发展关键性工业，考虑到大公司具有的技术、资金、人力和组织上的巨大能力，政府给与税收、金融和贸易政策上的优惠，财团带动韩国经济快速发展。随着五六十年代以轻工业为主转变到八九十年代的以重化工业为主的经济结构调整，韩国财团凭借其超强的政商关系网络，不仅给自身发展带来了强大的政策支持，也催生了掌控韩国经济命脉的“巨无霸”财团。割不断理还乱的政商关系，为韩国社会带来隐患，并导致严重的财团政治问题。

一是形成“巨无霸”财团。财团成为推行产业发展战略的重要力量，其生产活动遍及各行各业，凭借自身的不断投入和创新精神，紧跟世界产业发展潮流，积极推进财团产业结构的高级化、现代化，从而带动整个韩国的产业水平和竞争力跨入世界先进行列。

二是形成了强大的政商关系网。多年来，财团之间、财团与政治精英之间，通过联姻或其他密切关系，形成错综复杂的关系网，将韩国的精英阶层串在一起。

三是财团和韩国社会之间关系紧张。由于财团势力过度膨胀，财富的分配不公和两极分化引起了韩国社会对财团的痛恨和严厉批评。

四是导致严重的财团政治问题。由于扭曲了政企关系，政企之间不是合作关系，而是相互勾结、利用，阻碍了韩国的民主化进程，这也是韩国政界腐败的主要原因。时至今日，韩国特殊的政商关系，不仅使财团“高危”，连政府高官也“人人自危”。

2. 韩国财团发展中的政策保护

在韩国财团形成与发展的过程中，韩国政府的产业政策支持起了重要作用。

一是促使韩国财团成为韩国经济增长的主角。韩国财团在整个国民经济发展中发挥着举足轻重的作用，无论是在经济崛起和高速发展时期还是在当前，都是韩国经济发展的中心力量，在韩国国民经济中的地位越来越重要。

二是促使韩国财团成为经济转型和产业升级的主力。韩国政府根据外向经济发展的需要，各个时期都确定了产业发展方向，并选择大企业作为推行其产业发展战略的重要力量，给予政策倾斜和扶植。

三是驱动民族产业形成具有国际竞争力的工业体系。由于政府积极推动，经过短短的20多年，韩国形成了半导体、造船、电子、信息产业、汽车、钢铁等具备国际竞争优势的民族产业，这也成为韩国经济发展的支柱产业，其成就令世人瞩目。

三、日韩财团的改革

从20世纪90年代开始，财团改革提上日程。日韩两国正在试图改革或改良处于困境中的财团资本主义。但是，对财团的彻底改革是一件非常不容易的事情，绝非一日之功。当前，日韩财团及其所控制的企业集团，公司治理正处于转轨之中。从总体上看，其改革主要转向以股东权益为中心，强调发挥股票市场作用，加强对高级经营者的激励，将董事会的监督权和决策制定、执行权分离，发挥股票市场对经营者监督约束的作用，恢复股东在公司治理结构中的本来地位，由此形成一种有利于日韩财团及其企业集团发展和经济增长的公司治理模式。

（一）实施股权分散化

日本和韩国以相互持股或交叉持股为核心的股权结构与市场机制存在内在的矛盾和冲突，这导致市场监督功能失效，企业内部监督机制匮乏，企业经营效率下降等一系列问题。日本自泡沫经济破灭后，相互持股率呈下降趋势。韩国政府也做出规定，对公司大股东的投票权予以限制，从而限制了企业利用间接控股达到“以小控大”的目的，同时逐渐放宽上市公司外国人的持股比率。

（二）发挥股东治理作用

改革的趋势就是重启股东治理，并以此强化股东大会、董事会的监督职能。股东权利的增强体现在下面几个方面：

限制大股东的支配权，韩国限制财团支配权的措施包括：规范董事职责和行为，调整组织机构，加强监督和限定大股东的投票权限。强化中小股东的权利，降低了股东参与公司治理最少股份的要求，放松了对企业重要经营活动行权的资格条件，促使中小股东发挥更大作用。加强外国机构股东在公司治理中的作用，外国机构投资者在日本大企业集团公司治理中占据越来越重要的地位。

（三）强化董事会独立性

为了提高董事会的独立性和增强董事会经营监督，董事会改革主要有三个方面：

一是导入外部独立董事制度。两国政府都加大了外部董事的引入比例，强化了外部董事的监督职权，利用外部董事的独立性，防止企业高级经理层的内部控制。二是精简董事会。过去日本公司的董事会通常都人数众多，经营决策十分缓慢。针对这一问题，许多日本公司都减少了董事会的人数。三是监督职能和决策执行的分离。为解决董事会在决策、监督和执行方面的职责不清问题，日本公司开始采用执行官制度。董事会制定战略决策，由公司执行官来执行，同时董事会对执行官进行监督。

（四）推进金融机构改革

一是强化银行监督职能。金融危机后，日本取消官本位金融制度，实行金融自由化、民营化，取消在贷款、融资等方面给予大企业的优惠政策等，促使金融机构对财团公司发挥更大的监督作用。二是非银行金融机构（如养老基金与保险公司）逐渐成为大型财团的控股者。当然，非银行金融机构的监控作用也随之水涨船高。三是引进代理机制。韩国金融机构借鉴德国经验，通过代理机制代表中小股东与其他的大股东进行谈判来保护中小股东权益。

（五）减少政府干预

政府和企业的紧密关系是日韩财团集团治理的特点。政府旨在通过法律法规的制定与实施，实现公司的相机治理和柔性治理。政府通过立法减少对企业内部和外部干预，强化市场机制在治理中的作用。

四、对我国企业发展的启示与借鉴

日韩财团经济模式产生、发展并推动本国经济快速增长的事实，无可争辩地告诉世人，日韩财团作为政府在经济领域“类国企”的商业角色，为本国经济发展、社会发展和人民福祉增进发挥了巨大作用。日韩财团经济模式的典型经验可以归结为：契合国情的赶超型经济政策、积极有效的政府主导作用、财团“类国企”的主力军角色、以银行为代表的金融支持、利用后发优势对发展路径的理性甄别与选择。当然，日韩财团发展到今天，也带来很多发展的后遗症，需要进行深刻的改革。当然，任何事物都具有两面性，当日韩两国实现了经济现代化，就面临着如何有效引导和驾驭经济力量，如何更好地发展私营经济，以实现经济的包容性增长和可持续发展。经济增长是重要的，经济增长的目标、手段、过程和结果等同样重要。

（一）对我国企业发展的启示

1. 日韩财团经济模式实质上是一种“类国企”模式

日韩财团虽然在产权属性上表现为私有性质，但是纵观两国财团发展史，其产生发展过程更多依赖于政府政策的强力支持，包括经济、金融、财政、税收、法律和人事等各种包罗万象的扶持和优惠政策。日韩财团经济模式的“类国企”角色，也体现在政府对财团发展的定位以及财团在本国经济腾飞中所起的作用方面。历史实践证明，财团实质上是本国经济领域的“国家队”，绝非市场大潮中自由搏击的“获胜者”，换句话说，前者为因，后者为果。

2. 赶超型经济就是确保政府发挥更多更高效的指导作用

赶超型经济发展政策是发展中国家为赶超发达国家，实行的以谋取国内生产总值迅速增长为目标的发展战略，其主要特征是重视工业并以外延式增长为主要目的。赶超型经济应当也必须由政府实施，因而在赶超型经济发展过程中，处处闪现政府的身影，时时施加政策的作用，政府与企业过从甚密，因为它们实际上构成了赶超经济发展的一体两面。这是赶超型经济发展规律使然，与国家社会制度性质并无本质关联。

3. 财团模式确保了“后发优势”效应的最大发挥

日韩作为后起工业国家，学习借鉴西方先进国家发展的成功经验，汲取失败教训，结合自身实际，没有照抄照搬，而是选择有别于发达国家的经济和工业发展模式，实现“后发优势”。由于后发者先天拥有的“搭便车效应”和“学习效应”，政府积极主导经济发展，倾向于将有限的资源和要素进行集中优化配置，从而积极扶持本国财团在短短几十年内快速发展壮大起来，并在国民经济中占据重要地位。

4. 财团导致国民财富分配不公

日韩借助财团发展了本国经济，实现了国家工业现代化和经济全球化。但是，随着财团的持续做大，国民财富也随之快速集中到极少数企业家手中，从而造成国民财富分配不公，导致社会两极分化。其藕断丝连的政商关系，负面影响还远远没有消除。我国主要倚仗国有经济助力国民经济增长和社会进步，追求共同富裕的做法极大优越于财团模式，当然，这也是社会主义制度的本质决定的。

（二）对我国企业发展的借鉴

1. 妥善处理好政府和企业的关系

政府应合理把握自己在国有企业集团尤其是中央企业集团发展中的角色定位，要从管企业转变为管资本，将自己打造成为公平公正、有效竞争的良好营商环境的创造者。政府要改变将财政、银行、税收、价格、关税、出口等优惠政策向国有企业集团倾斜的做法，而转向为所有企业提供相同的条件和服务，提供公平竞争机会，促使资源通过竞争向经营好的企业集中。

2. 鼓励各类企业间交叉持股以制衡内部人控制倾向

交叉持股又称相互持股，是指作为法人的企业互相进行投资、互持股份，最终形成一种“你中有我、我中有你”的股权结构。实施不同领域、不同层级、不同所有制企业间交叉持股的意义在于：其一，突破所有制的天然障碍，可以推动央企与地方国企之间、国有企业与其他所有制企业之间的混合所有制改革。其二，促进形成战略联盟，通过资本的融合，实现国内国际市场的协调，解决经济资源分散、无序竞争和恶性竞争问题；通过管理、技术、市场、资金等方面密切合作，取长补短、相互学习，产生协同效应。其三，切实提高公司治理能力。国有企业因为产权性质产生的所有者缺位，容易滋生“弱所有者、强管理者”的内部人控制现象。通过企业间交叉持股，引入职业化外部董事进入企业董事会。这些外部董事，其身份往往就是持股企业的高管人员，因而具有良好的职业素养、丰富的工作经历、资深的行业背景、恪尽职守的责任担当，可以制约企业“一股独大”现象并纠正企业内部人控制倾向。

3. 推进国有企业市场化管理机制

国有企业在融入社会主义市场经济、完全实现市场在资源配置中发挥决定性作用方面尚有差距。当务之急就是实施三项制度改革，真正解决“能上不能下、有进没有出、只多不能少”的问题。以干部能上能下机制，彻底打破“铁交椅”；全面建立国企干部能上能下机制，打破国企干部选拔的传统行政级别界限和“阶梯式”选拔任用模式，建立能力、业绩导向的市场化干部选拔任用机制，能者上、平者让、庸者下。以员工能进能出机制，彻底打破“铁饭碗”；打破体制内、体制外束缚和行政级别限制，按照用人需求与能力素质匹配原则，建立真正的市场化用工机制。“英雄不问出处”，对于企业急需的关键岗位和核心技术人才，要大力延揽引进重用。以收入能增能减机制，打破“大锅饭”；改变传统平均式的薪酬分配机制，建立与绩效和贡献相挂钩、短期激励与长期激励相结合的薪酬分配机制，薪酬根据绩效动态调整、动态考核，确保干部员工时刻保持干事创业热情。实施三项制度改革，一切靠能力、业绩、贡献说话，才能解决国有企业人浮于事、机构臃肿、管理成本高、工作效率低下等顽疾。

4. 建立契约化的经理人机制

由于长期的体制惯性，国企高管形成了约定俗成的路径依赖，导致身份亦官亦商、收入待遇就高不就低的“两头占”现象。应当在国有企业特别是中央企业集团公司层面，尽快建立经营管理者“市场化聘用、契约化管理”的职业经理人制度，对国企高管实施聘任制和经营目标责任制管理，即实现其身份的市场化和管理的契约化。严格任期管理和目标考核，将考核结果作为经营管理者培养、使用、奖惩的重要依据。在法定授权范围内，经理层充分发挥自主性，彻底激发其干事创业活力，既有助于涵养企业家精神，同时又形成以上率下的示范效应，切实推动国有企业市场化经营机制的全面建立。

5. 构建规范化公司治理机制

推动董事会“实权化”。实现国资管理以管资本为主的功能真正落地，关键是建设规范的董事会。必须将发展战略、重大投资决策、企业薪酬分配等权力下放给董事会，使其成为企业实体性决策机构。董事会的构成以外部董事为主，以保证科学独立决策。推进外部董事“职业化”。彻底摒弃退休人员“安置”模式，构建一支真正懂得企业经营管理的科学、专业、高素质的外部董事队伍。要明确外部董事的岗位职责、任职标准、约束条件和工作要求，以不低于甚至高于高管团队的标准选优配强外部董事。实现党组织融入公司治理的“规范化”。党组织作为公司治理的主体之一，清晰界定与不同利益相关者的权责边界，明确自身治理责任、决策程序、行权方式、工作内容，切实发挥好“把管促”作用，进一步提升国有企业治理能力和治理水平。

此外，国有企业尤其是中央企业要遏制多元化投资的冲动，聚焦主业和主责工作，实施“瘦身健体”，加快处置冗余资产和无效资产，优化企业资本结构，重点降低资产负债率，严格控制企业经营风险，努力打造企业核心竞争力和可持续发展能力。

课题组核心成员：李云峰　董志霞　苏延芬　叶　龙

编辑：罗靓艺　罗　娅

境外总承包项目供应链安全的分析及对策

中国五环工程有限公司

随着世纪疫情、大国博弈持续发酵，全球产业链和供应链安全稳定受到极大威胁。我国推动共建“一带一路”高质量发展，许多中国企业境外总承包项目合同额所占比例大幅提升，许多中国企业境外业务和项目合同额超过国内的业务和项目合同额。承接境外总承包项目的安全风险比国内项目更大。为了顺利实现境外总承包项目保质量、保进度、有利润并风险可控的目标，有必要对境外总承包项目“供应链安全”进行分析并提出相应对策。

一、境外总承包项目供应链安全定义的提出

工程建设项目供应链还没有一个统一、标准的定义，参考以前的相关研究，并考虑本课题研究对象为境外 EPC 总承包（中国企业作为项目总承包商）项目供应链，本课题提出境外总承包项目供应链的定义。本课题研究的主要内容是境外 EPC 总承包（以化工建设项目为例）项目供应链安全，过去没有进行系统研究和定义，这里首次提出了境外总承包项目供应链安全的定义。

本课题以更有利于保障项目供应链安全为目的，将项目投标、项目合同谈判和签署等项目供应链前端，以及项目质保期和后期服务等项目供应链末端加入了境外项目供应链，提出了境外总承包项目供应链的定义。加入前端的意义是为保障项目供应链执行阶段服务，是打造项目供应链安全的基础和基石；加入末端的意义是为持续保障项目供应链安全服务，是为中国资源供应链和中国承包商打造在全球供应链中的信用度和美誉度，让客户满意，为中国供应链更多更好地加入全球供应链服务。

境外总承包项目供应链定义为：以满足境外业主（项目合同）对项目

的要求为目标，以总承包商为核心建立的，通过对总承包项目全过程中物流、信息流、人流和资金流的控制，从项目投标、项目中标、项目合同谈判和签署，至项目策划、项目设计、项目采购、项目施工、项目验收交付以及质保期和后续服务等的项目全过程中，将所有的供应商、分包商、服务商、咨询工程师（工程项目顾问公司）、业主等连成一个整体的网链结构。

境外项目供应链安全定义为：以总承包商为核心企业主体，从境外项目投标、项目中标、项目合同谈判和签署，至项目策划、项目设计、项目采购（包含制造、催交和检验、进出口、物流和清关、仓储等）、项目施工（含安装和调式、机械竣工等）、项目验收交付（包含开车、性能考核、项目完工等）以及质保期和后续服务等的项目全过程，以及项目全过程的物流、资金流、信息流和人流等方面的安全。使项目全过程和项目全过程的物流、资金流、信息流和人流等方面，以及境外项目供应链其他重大利益（如项目收款等）相对处于没有危险和不受内外威胁状态，以及持续保障安全的能力。

二、境外总承包项目供应链安全的案例分析

通过对境外项目供应链全过程关键环节中的典型案例，以及世纪疫情、中美贸易战、中印冲突等新的安全风险严重威胁项目供应链安全的典型案例进行分析研究，提供解决方案。

（一）政治形势和政治关系

国际国内政治形势和国家间政治关系对境外总承包项目供应链的安全稳定和项目执行起到决定性作用。以突尼斯“茉莉花革命”事件为例，2010 年 12 月 17 日，在突尼斯失业严重和外部势力的干涉下，突尼斯爆发“茉莉花革命”，整个政治局势和社会局势非常动荡，处于无政府状态，这种颜色革命蔓延并快速造成整个中东和北非地区的政治动荡，并影响到五环公司 EPC 总承包的突尼斯磷酸项目。颜色革命发生后，社会罢工和动荡，突尼斯磷酸项目现场也受到当地人的冲击。突尼斯处于戒严状态，国际物流中断，国际航班取消，项目工作人员也只能在住宿营地进行自保。突尼斯这种动荡的局势大致持续了半年时间。在此期间，五环公司项目供

应链的物流和人流中断，项目供应链安全受到严重威胁。突尼斯局势缓和之后，由于中非政治关系友好，突尼斯政府和人民对中国企业和人民没有恶意，项目领导与突尼斯业主进行充分的协商、谈判，双方达成工期索赔和费用索赔共识。良好的政治关系对公司项目执行和供应链安全是非常重要的。经过项目团队的共同努力，突尼斯项目供应链安全尽管受到了威胁，但整体上还是得到了保证。突尼斯磷酸项目最终完成了性能考核和业主的验收，取得了突尼斯业主和五环公司项目双方都受益和满意的结果。

印度政府于2019年12月12日通过了《公民身份法案》（修正案）。莫迪政府造成了政治危机，激化了教派纷争，印度全国开始大规模示威游行。2019年12月初，五环公司一批专业人员在印度进行印度总承包化肥项目工厂调查。到了2020年1月中旬，印度工厂不愿意接待了，认为人员安全风险很大。公司的调查人员不得不中止调查，提前回国。

政治形势和政治关系对境外总承包项目供应链安全稳定起到决定性作用。如果政治形势严峻和政治关系不正常，项目供应链安全稳定必然难以保障。

为了解决这些问题，五环公司在项目供应链的前端即在项目投标阶段，加强了对项目国家的政治形势和政治关系状况的分析和评估，之后再决定项目是否投标；在项目供应链的中端即项目执行阶段，加强对项目国家的政治形势和政治关系对项目执行和项目供应链安全威胁的针对性分析，研究项目进一步的执行策略和具体行动。

（二）新冠肺炎疫情

受2020年以来新冠肺炎疫情的冲击，产业链和供应链的中断严重破坏了全球供应链的安全稳定，威胁到了境外总承包项目的供应链安全和项目执行。新冠肺炎疫情是境外总承包项目供应链安全面临的新安全风险，严重威胁到了供应链安全，将这些案例作为重点进行单独分析研究是非常必要的。

1. 对项目国际物流的影响

俄罗斯项目合成氨专利商2021年6月份通知五环公司：由专利商供货的五台重大件设备已经完工，要求与公司合作的物流公司在意大利的三个港口装船。由于港口分散，加上疫情导致人力、运力紧张，全球大宗散货贸易量加大，国际物流费暴涨，没有合适的重吊船接货，难以及时发运设备。通过五环公司和合作物流公司的友好协商和合作，设备直到 2021 年 9 月份才装船发运。

2. 对项目关键设备的影响

2020 年新冠肺炎疫情对各个国家的供货商都产生了不同程度的影响。印度项目合成氨专利商在 2020 年 4 月份向五环公司提出由于意大利疫情严重，希望将原来准备在意大利生产的合成氨专利设备转移到印度生产。

五环公司结合疫情发展、供应商情况、国际物流情况、属地化、业主意愿和利益等因素对供应商的选择进行了评估。最后拟在意大利生产的专利设备转移到了印度生产。从执行情况来看，虽然制造进度也受到印度疫情暴发的影响，但从意大利转移到印度生产规避了国际物流供应链中断和费用暴涨的风险。

3. 导致境外总承包项目终止

2020 年上半年，五环公司境外总承包项目在采购阶段遭遇新冠肺炎疫情全球大暴发，业主通知公司暂停项目执行，之后又发出了项目终止函。

五环公司加强同业主、供应商的协调和合作，历经三个月与业主、各供应商顺利完成了项目合同、全部采购合同的终止和结算工作，维护了项目合作伙伴之间的良好关系，保持了继续合作的可能。

面对疫情，五环公司作为承包商是项目供应链的核心企业，加强与项目供应链相关方的协调和合作，从供应链最优目标出发寻求最佳资源整合，让供应链整体利益最大并能分享利益，同时将项目供应链维持在基本的安全稳定状态。

（三）中美贸易战

2018 年以来美国发起的中美贸易战和美国贸易保护主义持续严重威胁我国供应链安全。中美贸易战叠加中美竞争是目前中国最大的挑战，是世界热点问题，是境外总承包项目供应链安全面临的新安全风险，我们要特别关注境外总承包项目供应链安全。对中美贸易战对项目供应链安全的威胁进行单独分析研究是非常必要的。

某低温储罐总承包项目的低温泵由美国工厂供货，项目合格厂商名单中的供应商全部来自美国。中美贸易摩擦在 2018 年逐步升级，两国政府多次对来自对方国家的产品加征关税，该合同下货物的关税由 2018 年 8 月签订时的 8%上涨至交货时的 28%。2020 年 6 月，项目现场需要厂商派遣技术人员进行现场安装和调试服务，但中美航班断航、签证不办，导致服务人员无法来到现场。

中美贸易战导致供应链的不稳定性，严重影响境外总承包项目的供应链安全。五环公司从供应链安全考虑，将在境外总承包项目中慎重选用美国的资源，防止被“卡脖子”。

（四）中印冲突

2020 年 6 月以来的中印边境冲突，对中国企业进入印度承接工程总承包项目造成巨大障碍，威胁了印度总承包项目供应链安全。中国企业参与的印度总承包项目较多，从以前项目执行情况来看问题也非常突出。中印冲突是中国面临的严重挑战，是中国和印度的热点问题，对中印冲突和对抗对项目供应链安全威胁进行单独分析研究是必要的。

中印互为重要邻国，但近年来中印关系发展并不如意。2020 年 6 月中印边境爆发严重冲突之后，印度政府以“国家安全”为由，一方面扩充军备，另一方面出台对华歧视性经济政策，对中国产品和投资进入印度进行限制，企图建立“去中国化”的本土产业链供应链，对华经济脱钩。印度政府 7 月 23 日出台了所谓从与印度陆地边境接壤国采购的相关法规，限制中国企业参与关键领域的投标，以及从中国采购产品、设备和分包服务。

境外总承包项目投标或项目执行时，作为总承包商务必重视项目所在国的法律、规定等对项目执行的影响。如印度这种歧视性限制政策、对中国的制裁，破坏了项目执行的基础，严重威胁到项目供应链安全稳定。中印是世界上人口最多的两个大国，经济体量大，经济交往互补性强，中印产业链供应链相互脱钩是不现实的。总承包项目与中国资源脱钩，要保证供应链安全稳定是难以做到的，这种做法也会极大威胁到供应链安全。

（五）项目技术来源

项目技术来源是项目供应链安全的重要保障。供应链安全不仅包括灵活强韧、能迅速恢复的供应链，更需要提高供应链自主可控程度，从源头降低供应链安全风险。项目技术作为境外总承包项目供应链安全保证的最重要源头之一，应该尽力做到项目技术来源自主可控，项目核心工艺技术自主可控。

五环公司 EPC 总承包的突尼斯磷酸项目，其中的磷酸浓缩装置和低位闪冷工序、尾气洗涤工序采用公司自有专利技术。突尼斯磷酸装置在投料试车之后的3个月内，顺利通过性能考核验收，突尼斯项目获得了“全国化工行业境外优质工程奖”和“全国工程勘察设计行业工程总承包银钥匙奖”。

五环公司EPC总承包的印尼PJA磷酸项目首次采用了公司自主开发的半水—二水湿法磷酸装置技术，该技术打破了国外在半水—二水湿法磷酸的技术垄断，形成了自主知识产权的生产工艺。公司对技术和装备非常熟悉，完全自主可控，保证了磷酸项目供应链安全稳定和项目的顺利完工。印尼PJA磷酸项目以及随后总承包的印尼PKG磷酸项目分别荣获“全国化学工业境外优质工程奖”和“全国工程勘察设计行业海外工程经典项目”。

目前，境外业主和机构对中国工程技术、标准和装备的接纳程度还是不高，欧美等发达国家的工程技术、标准和装备在境外总承包项目成为境外业主和机构的首选。如中国的煤气化装置技术、合成氨装置技术和尿素装置技术，在境外项目中难以看到应用。这势必对境外总承包项目的设计、采购、施工和验收的实施造成困难，项目供应链安全顺畅难以从技术基础、技术来源上做到自主可控。

为了解决这些问题，五环公司在项目供应链的前端即项目投标、项目合同谈判和签署阶段就积极推广应用中国工程技术、标准和装备。对于项目业主要求采用欧美等发达国家的项目技术，五环公司本着与技术提供商和业主合作的态度，积极消化和利用项目技术，为项目提供高质量的设计服务。

（六）项目属地化资源利用

企业应高度重视项目所在国的联合体、合作伙伴和业主等属地化资源，争取在境外总承包项目中能用尽量用，这是确保境外项目供应链安全稳定和项目成功的最重要的基础和保障。项目属地化资源能为企业境外项目供应链安全稳定和项目成功作出巨大贡献。

1. 项目所在国联合体资源

五环公司突尼斯项目在项目投标阶段和当地一家具备设备制造和现场施工能力的知名公司组成了联合体，进行项目投标和项目执行。五环公司利用了联合体公司当地的人力资源、施工装备以及社会资源，同时还为当地减轻了就业压力，减少了突尼斯当地人对项目现场的冲击，有助于突尼斯项目供应链的安全稳定。

境外投标是否需要邀请当地公司组成联合体，以及是否有当地份额要求，部分国家是有法律规定的。五环公司印尼 PJA 磷酸项目的投标和执行是由联合体完成的，而后续第二个印尼磷酸项目业主在招标时，没有规定境外投标商需寻找当地联合体，可以独立进行投标。但第二个项目执行过程中，因为项目是非联合体承包的而受到了印尼政府部门的审计调查。

作为总承包商来讲，应重视联合体资源的利用，并加强对当地法规的了解和提前策划，规避联合体和当地份额的风险。

2. 项目所在国合作伙伴资源

境外总承包项目的顺利执行和供应链安全稳定，都需要项目所在国合作伙伴提供支持和服务。下面选取两个项目的合作伙伴案例来说明其重要性。

（1）突尼斯项目。

突尼斯项目利用了当地的电信电气设计资源。该项目的电气、电信详细设计工作由突尼斯当地一家公司完成。该公司还为采购工作提供帮助，如帮助寻找和考察当地电信供应商、消防供应资源。在电信设备的采购合同谈判中，还主动为采购合同技术提供帮助。突尼斯项目设计和设备都是采用的国际标准或欧洲标准，这些电信设备和消防设备要从中国采购具有较大难度。突尼斯设计合作伙伴为项目的资源供应提供了有力支持，保证了突尼斯项目供应链安全稳定，为突尼斯项目的成功在设计和供货方面作出了贡献。

（2）印度项目。

五环公司在 2020 年就提前聘用了印度检验、仓储人员，并与印度三方检验公司签署了检验服务合同。2021 年 4 月初，印度新冠肺炎疫情开始暴发，在印度没有五环公司人员。在疫情期间印度的检验人员和三方检验公司人员全面负责检验协调和工厂见证检验工作，印度仓储人员全面负责现场卸货、保管等具体工作。

印度合作伙伴在疫情严重的情况下坚持工作，保证了项目检验、物流和仓储工作的顺利进行，确保了物流和人流没有因疫情完全中断，为保证印度项目供应链安全稳定提供了有力支撑。

3. 项目承包商和业主合作

项目总承包商和业主合作关系的好坏直接关系到项目成败，项目总承包商要依据总承包合同条款，以有利于项目执行，主动识别并管理好业主的期望，加强与业主的合作，确保项目目标的顺利实现。本研究在此分享境外项目进口货物收货人以及进口税的缴纳案例。

（1）印尼项目。

印尼 PJA 磷酸项目合同明确规定了进口税的缴纳由业主负责，进口清关的具体操作由五环公司负责。项目首次开工会明确了进口货物收货人是业主，并进一步要求业主缴纳进口税的时限为两个工作日内，业主答应了五环公司的要求。五环公司以业主的名义进行清关，业主积极配合清关和进口税的缴纳。项目业主和承包商通力合作，特别是在进口清关环节的合作，对双方都是有利的，对项目供应链安全稳定起到积极作用。

（2）俄罗斯项目。

在俄罗斯项目投标和合同谈判期间，五环公司明确要求进口货物的清关办理和进口税由业主承担和缴纳，并由业主作为进口货物的收货人，但业主要求由承包商负责按贸易术语 DDP 交货到现场，并要求进口税包含在项目合同总价之中。本项目俄罗斯业主有进口清关的经验和实力，俄罗斯进口税也是变动的，按五环公司的要求来做应该是对双方有利的。经过项目投标团队的诚心说服，业主最终同意作为进口收货人，负责进口清关工作和缴纳进口税。

目前，俄罗斯项目当地清关和内陆运输实施顺畅，业主在项目现场办理清关手续，五环公司在进口港不用清关直接把货物运到现场，不滞港，物流连贯，保证了项目供应链安全稳定。

对境外总承包项目的联合体、供应商以及分包商等属地化伙伴资源的争取在境外项目中能用尽量用。加强与项目业主合作，如要求业主做项目进口货物收货人以及在进口清关、进口税的缴纳等方面提供支持和帮助。

（七）中国资源利用

中国资源的利用为境外项目供应链安全稳定提供了强有力的保障。中国供应商和中国资源为境外项目供应链安全稳定和项目成功作出了巨大贡献。

突尼斯总承包项目所需的玻璃钢设备，业主不想使用中国供应商，想使用在突尼斯的供应商。尽管项目合同供应商名单中有一家中国知名的供应商，但该供应商企业名称在项目合同签署之后做了工商变更，采购合同提交业主后，业主就以名称不符为由，不同意使用中国供应商。五环公司与供应商一起对供应商名称变更作了说明，请工商局做了英文的工商变更说明，就供应商名称的变化还做了外事公正，可业主还要求提供进一步证明。继续提交了中国外交部证明和突尼斯驻中国大使馆证明。历时 3 个月，业主最后同意使用中国供应商。这些设备最大直径达 5 米，高度达 35 米，该供应商提供了设备供货，同时提供了现场组装安装服务。这些中国设备完工周期短、质量好，综合价格也比突尼斯的供应商便宜，中国供应商的生产能力和综合实力远比突尼斯供应商强大。中国供应商还提供了专业的现场服务。中国供应商技术工人在非洲现场吃苦耐劳，完满完成了现场组装安装任务。

中国供应商保证了突尼斯项目玻璃钢设备的供应，为突尼斯项目供应链安全稳定提供了强有力的支撑。

为了充分利用中国资源，五环公司在项目供应链的前端和中端，积极进行中国资源的应用推广，向项目业主争取中国资源在境外项目中能用尽量用。

（八）“卡脖子”技术及设备

境外总承包项目的业主对中国技术、标准和装备的接纳程度不高。中国有成熟的合成氨装置、尿素装置、煤气化装置的关键技术和关键设备，但都难以在境外总承包项目中得到应用。境外项目的关键技术和关键设备被发达国家专利商垄断，这些技术和设备变成了“卡脖子”技术和设备。项目关键技术和关键设备被项目境外专利商垄断，是指强制承包商从境外专利商处购买项目关键技术，关键设备由境外专利商直接供货或从其指定的境外制造商采购，承包商基本上没有议价、采购合同条款谈判的权力，专利商的风险和承包商的风险不对称。这样势必对境外总承包项目的实施造成困难，较难保证项目供应链安全顺畅。几年前，关键设备没有这样的强制买卖，现在基本上强制承包商从工艺提供商处购买项目关键工艺设备。

关键设备或技术还受到美国等的出口管制及制裁的影响。有些境外项目需要的关键技术和设备，境外发达国家的供应商不卖或承包商（或业主）不能买。

境外项目基本上用的是国际标准或发达国家的标准，难以用到中国标准。

为了解决这些问题，五环公司历来重视“卡脖子”技术和设备问题，并力争做到国产替代；不断开发“卡脖子”技术和设备，加大在境外总承包项目中的应用。

（九）项目关键设备供应链安全

项目关键设备供应链安全是保障项目供应链安全的重要支撑。印度某项目气化炉设备是项目最核心最关键的设备，其设计要求、制造要求和现场组装要求极高。该关键设备供应链安全风险极大，并对项目供应链安全稳定起到决定性作用。项目合同认可的合格厂商主要是中国和印度的。

实施采购创新举措，确保关键设备供应链安全。在供应商选择评审时，五环公司特别做了该关键设备供应链安全分析对比，首次将供应商提供关键设备全过程供应链安全的优势作为选择供应商的重要因素。该关键设备供应链安全分析主要考虑了以下方面：

一是项目所在国的政策要求。印度政府及作为国有企业的业主强力推行“印度制造”的政策要求，该项目要求印度当地份额应大于50%。选择印度供应商具有满足“印度制造”政策和当地份额的优势。

二是解决设备现场组装难题。该关键设备是超大型复杂设备，需要分段制造、现场组焊。工厂制造将分为14段进行，运输到项目现场，再在现场进行组装、焊接、检测，现场劳工、协调、沟通的工作将非常巨大。非印度供应商存在现场劳工、现场施工装备和协调等方面的困难和风险，而选择印度供应商，这方面的困难和风险较小。

三是解决物流畅通问题。选择印度供应商，只有内陆运输，并由供应商自己负责，承包商无物流压力；选择非印度供应商，五环公司需负责从工厂运到印度项目现场的物流工作，超大型设备的国际物流和印度内陆运输的难度非常大。

经过关键设备供应链安全分析对比后，五环最终选择了印度当地供应商。在后期的采购合同执行过程中，遇到了中印边境冲突，中印关系恶化后，印度政府出台了一系列遏制中国制造的政策，再加上新冠肺炎疫情在全球暴发，跨国物流和人员流动均受到了相当大的限制，国际物流费用暴涨。选择印度供应商规避了上述风险。目前，气化炉设备在印度工厂制造顺利，保证了项目的顺利实施。

对于境外项目关键设备，特别是需大量项目现场组装、焊接、安装等工作和服务的设备，选择供应商需实施创新举措，除了考虑设备的综合采购成本外，承包商需把能提供项目关键设备全过程供应链安全的优势作为选择供应商的重要因素。

（十）现场安装和调试质量

境外项目供应链安全是保障供应链全过程的安全，包括项目供应链末端的安装和调试的质量和安全。提高项目安装和调试的质量，是保障项目供应链安全稳定的最重要措施。境外某项目反应槽搅拌器安装是先将电机和减速机拆开，吊装就位，最后组装并做调试。做单机试车时，连接皮带一连几天不停断裂。安装人员、五环公司员工、厂家员工一起查找问题，发现安装中精度没有达到技术要求，经过大家一起努力解决了此问题。

为了保证安装和调试安全，在采购合同中明确供应商提供安装、操作和维护手册等资料要求，现场安装时严格按手册以及相关图纸、技术标准等要求进行安装和调式，加强安装和调试过程中质量的监督和检查。

（十一）售后服务质量

提高售后服务的质量和及时性，有利于保证项目供应链安全稳定。巴基斯坦项目吊车供应商是一家中国老牌国有企业，吊车使用几年后（项目合同质保期已过），业主希望五环公司找供应商提供吊车梁部件图纸用于维修。此时这家国企面临改制和破产清算，迟迟不能提供图纸，影响了业主设备的安全维护。电梯供应商因担心安全不能得到保证，技术服务人员迟迟不能到巴基斯坦现场指导安装，导致电梯安装进度拖延。

总承包商不仅要为境外项目供应链提供优质设备，还要提供优质服务。在质保期之内要提供服务，质保期之后也应提供高质量的服务。

（十二）供应链安全管理实施成效

1. 经济成效

自2008年以来，五环公司加快步伐走向国际市场，国际经营呈现较快增长势头。近十多年来，国际合同额、国际营收、国际利润均超过了国内合同额、国内营收、国内利润（2020年以来受新冠肺炎疫情影响年份除外）。

2. 管理成效

五环公司是中国对外工程承包商的排头兵，境外项目实施的出色表现赢得了项目业主和业界的一致好评。十多年来，公司在亚洲、非洲等地区成功实施了一批有影响力的重点项目，如突尼斯磷酸项目、巴基斯坦化肥项目、印尼磷酸项目、越南金瓯化肥项目、越南北氮改扩建项目、埃及磷肥项目、印尼合成氨和尿素项目等，以及正在执行的印度化肥项目、俄罗斯化肥项目等。五环公司实施的境外总承包项目到目前为止总体上均保证了项目供应链安全以及项目的验收交付，并荣获多项国家和省部级奖项。

三、总结与展望

（一）研究成果

本课题提出了境外项目供应链、境外项目供应链安全的两个定义。为后续在境外项目供应链及供应链安全领域做深入系统研究打下了基础。

本课题提供了境外项目供应链全过程关键环节中的案例，以及新冠肺炎疫情、中美贸易战、中印冲突等新的安全风险严重威胁项目供应链安全的案例，并就案例进行了分析研究，提供了解决方案。

这些案例是五环公司境外总承包项目中实际发生的，对其进行的分析和提供的解决方案对中国企业实施境外项目具有重要的借鉴和指导意义。

本课题分层面提出了境外项目供应链安全建设的对策建议，必将推进我国境外项目市场开拓和项目供应链安全建设，为国家经济安全、“一带一路”建设和人类命运共同体服务作出贡献。

（二）理论贡献

本课题以更有利于保障境外项目供应链安全为目的，将项目投标、项目售后服务等纳入境外项目供应链，提出了境外总承包项目供应链的定义。

本课题首次创新性地提出了境外总承包项目供应链安全的定义。为课题研究及后续项目供应链安全领域的深入系统研究打下了基础。

（三）对策建议

境外总承包项目供应链安全建设是一个系统性工程：要坚持系统思维，抓住关键环节；要统筹发展和安全，守住安全底线；要增强项目供应链自主可控能力；要科技赋能加强供应链数字化建设；要重视属地化资源和中国资源的利用；要实施项目供应链全过程安全管理；需要国家、国务院国资委、高端智库以及行业协会等的支持；需要国家相关法律和制度的支持等。经过对研究背景、境外项目供应链安全发展现状及相关概念，以及案例的分析研究，本课题提出国家（政府）层面和企业（承包商）层面的境外项目供应链安全建设的对策建议。

1. 国家层面的对策建议

（1）建议将境外总承包项目供应链安全建设作为供应链安全国家战略的重要组成部分考虑。发挥央企智库和大型央企的作用，对境外总承包项目供应链安全课题继续进行深入研究。发挥央企智库和大型央企在供应链安全建设方面的积极引领作用，建立境外总承包项目供应链安全信息共享服务平台，将项目经验总结、典型案例分析以及研究报告等信息进行共享，提供相关咨询服务，扩大交流和合作。构建国家供应链风险预警系统，应对重大国际供应链安全风险。

（2）建议国家继续积极扩大开放合作水平，促进《区域全面经济伙伴关系协定》（RCEP）在伙伴国家的落实，积极推进加入《全面与进步跨太平洋伙伴关系协定》（CPTPP）。互利共赢的区域贸易协定，有利于区域经济一体化和境外项目供应链安全稳定，可增加互信和避免一些贸易壁垒的干扰。

（3）建议修法立法助力供应链安全建设。对于印度政府发布歧视性限制政策，以及项目工艺技术提供商强制买卖工艺设备等类似问题，建议修订《中华人民共和国反外国制裁法》和《中华人民共和国反垄断法》，或增加法律释义，或增加办法，以便总承包商能够从法律层面找到对策依据。

（4）建议相关主管部门继续加强中外标准的交流合作，开展重要标准的比对分析，推进中外标准互认，加大中国标准和国际标准的兼容。

2. 企业层面的对策建议

（1）建议企业加强境外总承包项目供应链安全建设，积极参加“供应链创新与应用”试点，积极推广试点与示范工作经验。

（2）把安全风险化解在源头、防控在前端。对于境外大型复杂的总承包项目，特别是第一次进入的国家，建议承包商在项目投标阶段对项目供应链安全风险进行分析和评估。

（3）利用新技术助力项目供应链安全建设。建议企业借助物联网、大数据、人工智能等新技术建立数智化供应链平台。加强供应链安全建设，有条件的话可建立境外项目供应链安全风险分析和预警平台，提高安全风险的动态监测和实时预警能力。

（4）重视政治形势和外交关系对项目供应链安全的影响。建议承包商在项目投标阶段，加强对项目国家的政治形势和外交关系的状况和发展趋势进行分析和评估，决定项目是否投标或投标策略；在项目执行阶段，对项目国家的政治形势和外交关系对项目执行和项目供应链安全的威胁进行针对性分析，研究项目进一步执行的策略和具体行动。

（5）加强后疫情时代的供应链安全建设。加强供应链资源和信息的协调共享。承包商作为项目供应链的核心企业，加强与项目供应链相关方的沟通和合作，共度难关。

（6）建议建立多产地供应链来源（包含非美国来源），同时对美国产品力争做到国产替代，以应对中美贸易战等给项目实施带来的影响。

（7）鉴于中印冲突方面的案例研究，建议承包商提高境外项目的合同意识、法律意识和合规意识，提升境外项目风险管控能力和保障能力。境外重大项目配备专职法务人员，完善境外重大项目和重要业务法务人员全程参与制度；聘请属地化的律师事务所进行法律咨询工作。当境外项目出现重大突发事件时，开展属地化法律咨询和邀请专职律师介入，开展项目安全评估并形成应对方案。中国企业参与印度总承包项目较多，从以前项目执行情况来看问题也非常突出，建议相关企业、行业或智库加强分析和研究。

（8）建议承包商努力加大中国项目技术在境外总承包项目中的推广和应用，在项目供应链的前端即项目投标、项目合同谈判和签署阶段积极推广应用中国项目技术。

（9）鉴于项目属地化资源利用方面的案例研究，建议承包商积极应用项目属地化资源，争取在境外项目中能用尽量用。

（10）建议承包商积极推广应用中国资源，争取在境外项目中能用尽量用。

（11）建议承包商和相关利益方推进科技创新，重视“卡脖子”技术和设备问题，把“卡脖子”问题作为科技创新和技术开发的课题方向，力争做到国产替代。

（12）建议承包商把项目关键设备供应链安全作为项目供应链安全的最重要的保障来考虑，并对境外项目大型关键设备进行供应链安全分析。

（13）建议中国承包商提高对境外项目供应链末端即项目质保期和后期服务的重视，加大服务力度。

（四）研究展望

本课题采用的研究方法主要是案例分析法，案例选取主要来自中国五环公司执行的境外总承包项目。五环公司境外总承包项目主要是在化工建设行业，难以覆盖全部建筑行业的境外总承包项目；五环公司的案例主要是 EPC 总承包项目，其他类型境外项目如“投建营一体化”项目等未涉及。本课题对数字化供应链、绿色低碳供应链等涉及少，且案例分析法有其局限性。

对未来供应链发展的建议是加强供应链数字化建设，以及供应链绿色低碳转型，助力境外总承包项目供应链安全建设。本课题可结合供应链数字化建设、绿色低碳转型等做进一步的理论研究和数智化供应链安全平台建设。

课题组核心成员：杨先锋　贾　可　黄　斌　滕　霖　涂　杨
倪　蓓　李强国　陈　清　钱文森
编辑：李秋扬　罗　娅

如何防范企业可能出现的债务违约风险研究

中信改革发展研究基金会
中国国新控股有限责任公司

本研究报告在考察我国企业整体债务水平的基础上，重点以国有企业，特别是中央国有企业为重点，研究企业债务问题的现状、存在的主要问题，以及原因分析。在此基础上，提出相应的政策建议，供有关领导部门参考。

一、国有企业债务问题基本背景

相对于其他类型的企业而言，国有企业的债务问题，成因较为复杂，既有现阶段宏观经济运行和企业管理的问题，也有历史的原因和国有企业管理体制等多种因素。

（一）国有企业在国家宏观债务率中的角色

在宏观债务率方面，中国社会科学院《中国国家资产负债表 2020》指出，2020 年我国宏观债务率从 2019 年末的 246. 5%攀升至 270. 1%，四个季度的增幅分别为 13. 9 个、7. 2 个、3. 6 个和-1. 1 个百分点。债务率增幅逐季回落，四季度已呈现去杠杆态势。在“去杠杆”政策的作用下，中国企业部门债务率从 2017 年一季度的 160. 4%下降到 2019 年年底的 151. 3%，三年间下降了 9. 1 个百分点。在存量债务结构中，国有企业债务以及地方政府债务是“大头”，是债务处置的重点。在非金融企业部门，国有企业债务占比达六成到七成。国有企业债务占企业部门债务的比重从 2015 年年初的 57%上升至 2018 年年底的 67%。

（二）国企改革战略

目前，我国国有企业改革与发展，也处于战略调整的关键阶段。《中共中央关于制定国民经济和社会发展第十四个五年规划和二〇三五年远景目标的建议》提出，深化国资国企改革，做强做优做大国有资本和国有企业。加快国有经济布局优化和结构调整，发挥国有经济战略支撑作用。加快完善中国特色现代企业制度，深化国有企业混合所有制改革。健全管资本为主的国有资产监管体制，深化国有资本投资、运营公司改革。推进能源、铁路、电信、公用事业等行业竞争性环节市场化改革。因此，深化国有企业改革，做强做大国有资本，加快国有经济布局优化和结构调整，都需要降低国有企业的经营风险。

（三）治理金融业风险

在目前诸多金融风险点中，国有企业的债务问题，也是构成金融体系系统性金融风险的重要因素。如国有企业发生大规模的银行贷款、债券及其他债务违约，推高了银行等金融机构的不良资产率，并对一些金融机构的稳健运营产生威胁，甚至产生“大而不能倒”的现象，形成系统性金融风险。因此，研究国有企业债务问题，也是治理金融业风险的重要内容。

（四）治理政府隐性债务风险

治理地方政府隐性债务风险，是我国当前经济社会发展中的重要任务之一。地方政府投融资平台企业债务，是地方政府隐性债务的主要载体。因而研究国有企业的债务问题，也包括地方政府投融资平台企业的债务，降低国有企业资产负债，降低债务的基本思路、路径和相关对策，也对降低地方政府投融资平台债务、治理地方政府隐性债务风险，具有重要参考价值。

二、国有企业债务现状及数据比较分析

（一）总体情况

从国有企业整体债务来看，据财政部统计，2020 年，中央企业资产总

额 94.0 万亿元、负债总额 62.5 万亿元、国有资本权益 19.6 万亿元，平均资产负债率 66.5%。2020 年，地方国有企业资产总额 174.5 万亿元、负债总额 109.0 万亿元、国有资本权益 56.4 万亿元，平均资产负债率 62.4%。汇总中央和地方情况，2020 年，全国国有企业资产总额 268.5 万亿元、负债总额 171.5 万亿元、国有资本权益 76.0 万亿元，资产负债率为 63.9%。

从各个年度国有企业资产负债率的变化来看，国有企业债务得到初步控制。1998—2018 年国有企业的资产负债率如表 1 所示。

表 1　1998—2018 年国有企业资产负债率　　单位：亿元

年份	资产总额	负债总额	资产负债率（%）
1998	134780	84409	62.6
1999	145288	91475	62.9
2000	160068	102092	63.7
2001	166710	105273	63.1
2002	180219	113676	63.1
2003	199710	128719	64.5
2004	215602	138839	64.4
2005	242560	155173	64.0
2006	277308	179294	64.7
2007	347068	202473	58.3
2008	416219	250008	60.1
2009	514137	315417	61.3
2010	640214	406043	63.4
2011	759082	486091	64.0
2012	894890	575135	64.3
2013	1040947	670975	64.5
2014	1184715	765956	64.7
2015	1406832	924417	65.7
2016	1549142	1015215	65.5
2017	1835207	1184611	64.5
2018	2103651	1350366	64.2

资料来源：李杨、张晓晶等著，《中国国家资产负债表 2020》，中国社会科学出版社 2021 年版。

统计数据显示，2020 年 11 月永煤事件发生以来，地方国企违约数量和规模均有所上升，截至目前，共有 8 家地方国有企业发生违约。从目前债券市场来看，地方国企债券无论在数量，还是金额，都在整个非金融企业债券市场中居于重要地位，地方国企债务违约将影响整个市场投资者信心，具有潜在的系统性风险隐患。目前尚未发生国务院国资委所属 96 家央企债券违约的情况，已出现其他类型央企违约的案例。

Wind 数据显示，截至 2021 年 8 月，信用债市场共有 5648 家企业的债券余额共计 519129.38 亿元。其中，516 家中央国有企业的债券余额为 177057.36 亿元，占债券余额比例的 34.11%；4177 家地方国有企业的债券余额为 272983.30 亿元，占债券余额比例的 52.58%；955 家其他性质企业的债券余额为 69088.72 亿元，占债券余额比例的 13.31%。具体情况见图 1。

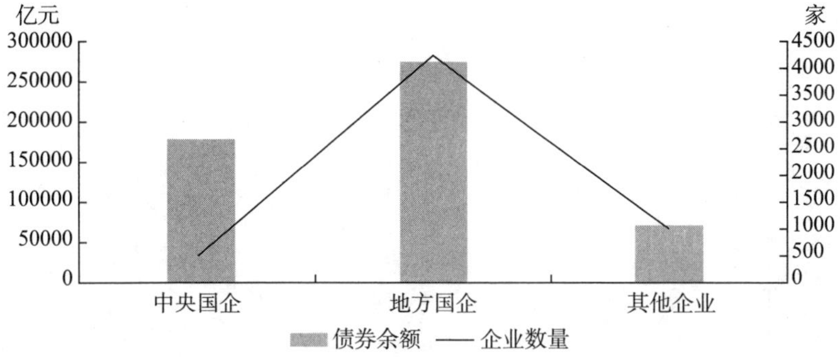

图 1　中央与地方国企债券余额情况

数据来源：Wind，大公国际整理。

（二）上市国有企业的资产负债情况

再从上市国有企业来看，其整体资产负债率变化基本平稳，2020 年同比略有上升，同时 H 股的资产负债率普遍高于 A 股的资产负债率；从行业来看，金融、房地产、信息技术、公用事业的资产负债率排位较前，发债的中央国企中资产负债率超过 64.00%的企业占比较多。

1. 中央国有企业上市企业资产负债总体情况

中央国有企业是当企业实控人为国务院国资委、中央国有企业、中央国家机关时，企业所有制属性归类为中央国有企业。截至 2021 年 8 月，中央国有企业在 A 股和 H 股上市公司共 580 家，其中 51 家央企同时在 A 股和 H 股上市。A 股上市央企 406 家，占比 70.00%；H 股上市央企 172 家，占比 29.66%；H 股停牌或退市央企 2 家，占比 0.34%。从上市央企的情况来看，近三年平均资产负债率为 52.42%，变化基本平稳，2020 年同比略有上升 0.61%。其中，H 股央企的资产负债率要比 A 股央企的资产负债率高 10%~13%，H 股央企资产负债率超过 64.00%的比例也比 A 股央企高。A 股央企负债率变化较为稳定，H 股央企负债率连续三年上升。

第一，整体来看，2020 年上市央企资产负债率同比有所上升。2018—2020 年央企平均资产负债率分别为 52.20%、52.22%和 52.83%，资产负债率变化基本平稳，2020 年资产负债率同比略有上升 0.61%。同时，整体来看有 165 家央企三年平均资产负债率超过 64.00%，占比 31.30%。2020 年与 2019 年相比，有 278 家上市央企的资产负债率同比有所上升，占比 52.75%。具体变化情况见图 2。

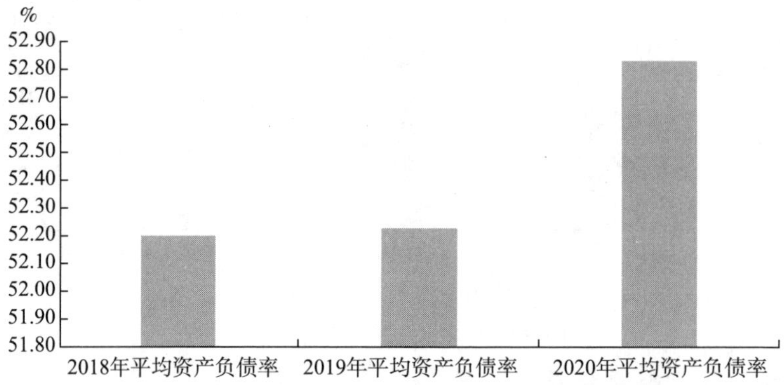

图 2 中央国有企业上市公司资产负债率变化情况

数数据来源：Wind，大公国际整理。

第二，A 股上市央企资产负债率变化基本平稳，2020 年同比有微幅上升。406 家 A 股央企，2018—2020 年平均资产负债率分别为 50.49%、50.10%和 50.17%，资产负债率变化基本平稳，2020 年同比略微增加 0.07%。同时，有 120 家 A 股央企三年平均资产负债率超过 64.00%，占比 29.56%。2020 年与 2019 年相比，有 213 家 A 股央企的资产负债率同比有所上升，占比 52.46%，资产负债率上升企业超过一半。具体见图 3。

第三，H 股央企资产负债率要高于 A 股央企水平，并呈现逐年上升趋势。172 家 H 股上市央企，2018—2020 年平均资产负债率分别为 60.98%、

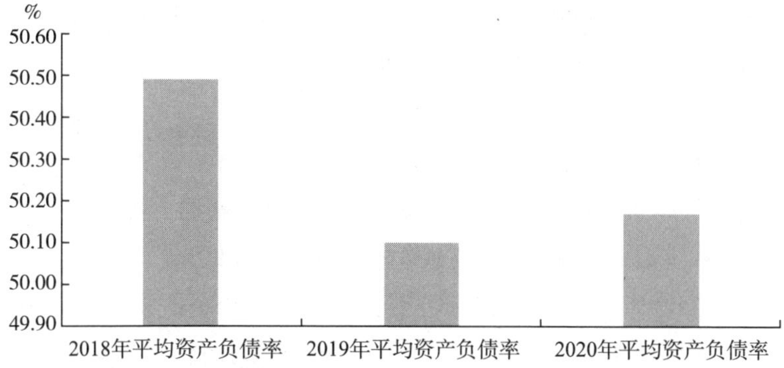

图 3　中央国有企业 A 股上市公司资产负债率变化情况

数数据来源：Wind，大公国际整理。

61.81%和 63.36%，可以看出，H 股央企的资产负债率要比 A 股的资产负债率高 10%~13%，并呈现逐年上升趋势。同时，有 79 家 H 股央企的三年平均资产负债率超过 64.00%，占比 45.93%，H 股比例要高于 A 股 16.37%。2020 年与 2019 年相比，有 85 家 H 股央企的资产负债率同比有所上升，占比 49.42%，资产负债率上升企业比例低于 A 股 3.04%。具体见图 4。

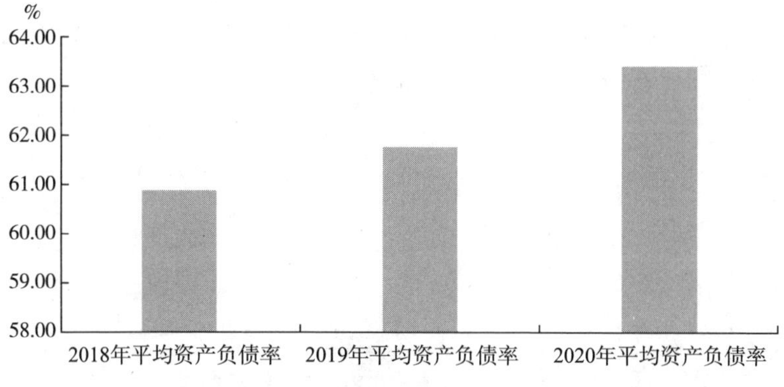

图 4　中央国有企业 H 股上市公司资产负债率变化情况

数数据来源：Wind，大公国际整理。

发债中央国企的平均资产负债率为 68.37%，明显高于上市中央国企的资产负债率。截至 2021 年 8 月，中央国企中有债券余额的企业数量为 516 家，2018—2020 年的平均资产负债率为 68.37%，比同期上市央企的平均资产负债率 52.42%要高 15.95%，反映出发债中央国企的负债水平较高。其中，资产负债率高于 64.00%的央企数量为 341 家，占比 66.08%。

剔除一级行业为金融的发债央企后，资产负债率仍有 66.46%。

2. 地方上市企业资产负债的总体情况

地方国有企业是当企业实控人为地方国资委、地方政府、地方国有企业时，企业所有制属性归类为地方国有的企业。截至 2021 年 8 月，地方国有企业在 A 股和 H 股上市公司共 980 家，其中 44 家地方国企同时在 A 股和 H 股上市。A 股上市地方国企 830 家，占比 84.69%；H 股上市地方国企 150 家，占比 15.31%。与央企上市相比，地方国企更多是在 A 股上市，H 股上市比例要比央企低。从上市地方国企的情况来看，近三年资产负债率为 52.90%，变化基本平稳，2020 年同比略有上升 0.69%。其中，H 股地方国企的资产负债率要比 A 股地方国企的资产负债率高 8%~10%，H 股地方国企资产负债率超过 64.00% 的比例同样比 A 股地方国企高。另外，地方国企无论是 A 股还是 H 股，近三年平均资产负债率均呈上升趋势，2020 年有超过一半以上的 A 股地方国有企业资产负债率有所上升。

第一，整体来看，2020 年上市地方国企资产负债率同比有所上升。2018—2020 年上市地方国企平均资产负债率分别为 52.21%、52.91% 和 53.60%，呈逐年上升的趋势，2020 年资产负债率同比略有上升 0.69%。同时，整体来看，有 314 家上市地方国企三年平均资产负债率超过 64.00%，占比 31.20%。2020 年与 2019 年相比，有 513 家上市地方国企的资产负债率同比有所上升，占比 54.81%。具体见图 5。

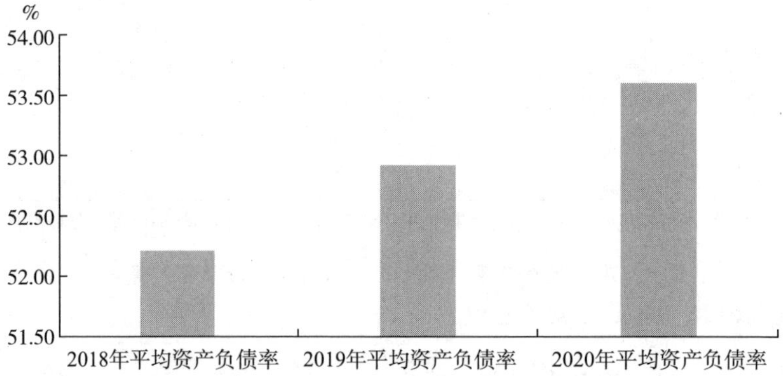

图 5　地方国有企业上市公司资产负债率变化情况

数据来源：Wind，大公国际整理。

第二，A 股上市地方国企资产负债率变化基本平稳，2020 年同比有微幅上升。830 家 A 股上市地方国企，2018—2020 年平均资产负债率分别为

50.94%、51.42%和51.97%，资产负债率变化基本平稳，2020年同比略微增加0.55%。同时，有244家A股上市地方国企三年平均资产负债率超过64.00%，占比29.40%。2020年与2019年相比，有460家A股上市地方国企的资产负债率同比有所上升，占比55.42%，资产负债率上升企业超过一半。具体见图6。

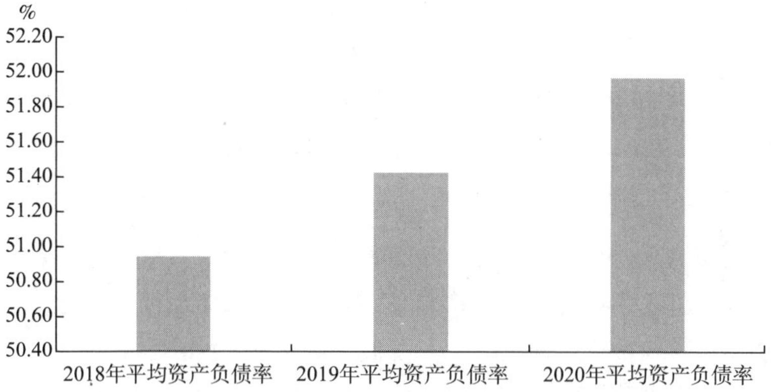

图6　地方国有企业A股上市公司资产负债率变化情况

数据来源：Wind，大公国际整理。

第三，H股上市地方国企资产负债率要高于A股上市地方国企水平，并呈现逐年上升趋势。150家H股上市地方国企，2018—2020年平均资产负债率分别为59.28%、61.17%和62.75%，可以看出，H股上市地方国企的资产负债率要比A股的资产负债率高8%~10%，并呈现逐年上升趋势。同时，有70家H股上市地方国企的三年平均资产负债率超过64.00%，占比46.67%，H股比例要高于A股17.27%。2020年与2019年相比，有71家H股上市地方国企的资产负债率同比有所上升，占比47.33%，资产负债率上升企业比例低于A股8.09%。具体见图7。

发债地方国企的平均资产负债率为56.62%，略高于上市地方国企的资产负债率。截至2021年8月，地方国企中有债券余额的企业数量为4177家，2018—2020年的平均资产负债率为56.63%，比同期上市地方国企的平均资产负债率52.90%高3.73%。其中，资产负债率高于64.00%的发债地方国企数量为1360家，占比32.56%。同时，从企业数量也可以看出，地方国企的发债企业数量要远远高于上市地方国企，大约为4.46倍。

3. 上市国有企业资产负债率的行业特征

上市中央国企中，有3个行业的平均资产负债率高于64.00%，分别

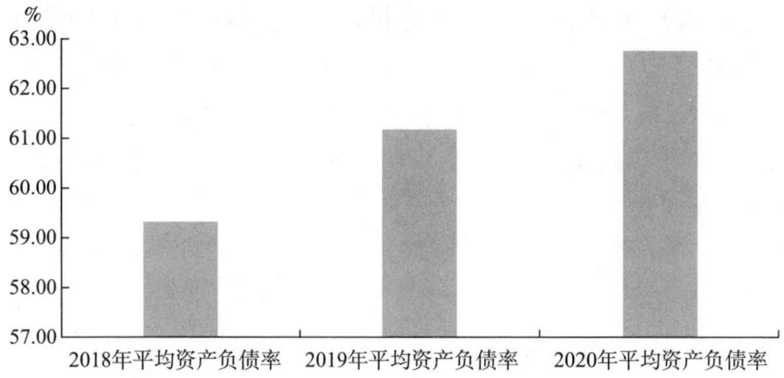

图7　地方国有企业H股上市公司资产负债率变化情况

数据来源：Wind，大公国际整理。

为日常消费（74.64%）、金融（73.43%）和房地产（66.10%）。有3个行业中占比超过一半的企业资产负债率超过64.00%，行业占比分别为金融（占比77.27%）、房地产（占比66.67%）和公用事业（占比53.85%）。具体见表2。

表2　上市央企行业资产负债率分布情况

Wind 一级行业	上市央企数量	行业平均资产负债率（%）	资产负债率大于64%的企业数量	行业占比（%）
日常消费	16	74.64	1	6.25%
金融	44	73.43	34	77.27%
房地产	27	66.10	18	66.67%
公用事业	39	63.79	21	53.85%
工业	154	54.21	57	37.01%
能源	21	46.64	4	19.05%
可选消费	48	43.88	6	12.50%
材料	78	42.81	12	15.38%
信息技术	72	42.31	10	13.89%
医疗保健	20	39.91	2	10.00%
电信服务	8	38.86	0	0.00%

数据来源：Wind，大公国际整理。

上市地方国企中，有 3 个行业的平均资产负债率高于 64.00%，分别为金融（77.93%）、房地产（64.84%）和公用事业（56.28%）。有 2 个行业中占比超过一半的企业资产负债率超过 64.00%，行业占比分别为金融（占比 86.96%）和房地产（占比 51.56%）。具体见表 3。

表 3　上市地方国企行业资产负债率分布情况

Wind 一级行业	上市央企数量	行业平均资产 负债率（%）	资产负债率大于 64%的企业数量	行业占比 （%）
金融	69	77.93	60	86.96%
房地产	64	64.84	33	51.56%
公用事业	71	56.28	23	32.39%
工业	248	53.93	83	33.47%
能源	31	52.00	8	25.81%
材料	127	48.78	30	23.62%
可选消费	147	45.35	28	19.05%
信息技术	69	44.66	10	14.49%
日常消费	63	44.58	11	17.46%
医疗保健	47	39.88	6	12.77%

数据来源：Wind，大公国际整理。

发债中央国企中，有 6 个行业的平均资产负债率高于 64.00%，分别为信息技术（106.62%）、金融（74.11%）、房地产（71.36%）、公用事业（66.05%）、工业（65.65%）和可选消费（64.29%）。有 8 个行业中占比超过一半的企业资产负债率超过 64.00%，行业占比分别为金融（占比 80.62%）、房地产（占比 79.17%）、公用事业（占比 66.67%）、工业（占比 65.96%）、医疗保健（占比 60.00%）、材料（占比 54.00%）、可选消费（占比 52.94%）和信息技术（占比 50.00%）。具体见表 4。

表 4　发债中央国企行业资产负债率分布情况

Wind 一级行业	上市央企数量	行业平均资产 负债率（%）	资产负债率大于 64%的企业数量	行业占比 （%）
信息技术	18	106.62	9	50.00%
金融	129	74.11	104	80.62%

续表

Wind 一级行业	上市央企数量	行业平均资产负债率（%）	资产负债率大于64%的企业数量	行业占比（%）
房地产	24	71.36	19	79.17%
公用事业	63	66.05	42	66.67%
工业	188	65.65	124	65.96%
可选消费	17	64.29	9	52.94%
医疗保健	5	60.09	3	60.00%
材料	50	60.00	27	54.00%
能源	15	59.18	4	26.67%
日常消费	4	51.88	0	0.00%

数据来源：Wind，大公国际整理。

发债地方国企中，只有1个行业的平均资产负债率高于64.00%，为金融行业（70.25%）。有3个行业中占比超过一半的企业资产负债率超过64.00%，行业占比分别为金融（占比67.43%）、能源（占比57.81%）、房地产（占比51.10%）。具体见表5。

表5　发债地方国企行业资产负债率分布情况

Wind 一级行业	上市央企数量	行业平均资产负债率（%）	资产负债率大于64%的企业数量	行业占比（%）
金融	525	70.25	354	67.43%
能源	64	63.96	37	57.81%
房地产	182	60.98	93	51.10%
材料	101	60.60	48	47.52%
公用事业	195	56.93	72	36.92%
医疗保健	18	56.91	6	33.33%
可选消费	154	55.70	49	31.82%
信息技术	22	54.53	6	27.27%
日常消费	40	54.11	12	30.00%
工业	2876	53.64	683	23.75%

数据来源：Wind，大公国际整理。

4. 上市国有企业资产负债率的地域特征

上市中央国企中，平均资产负债率排名前五的地区是广西壮族自治区（64.70%）、天津（62.07%）、香港特别行政区（60.69%）、新疆维吾尔自治区（59.95%）、河南省（57.20%）。资产负债率超过64%的企业占比排名前五的地区是新疆维吾尔自治区（占比55.56%）、广西壮族自治区（占比50.00%）、黑龙江省（占比50.00%）、上海（占比43.24%）、天津（占比41.67%）。具体见表6。

表6　上市央企区域资产负债率情况

省份	上市央企数量	上市央企平均资产负债率（%）	资产负债率超64%的企业数量
广西壮族自治区	2	64.70	1
天津	12	62.07	5
香港特别行政区	66	60.69	22
新疆维吾尔自治区	9	59.95	5
河南省	10	57.20	3
辽宁省	10	56.50	3
上海	37	56.22	16
黑龙江省	10	55.68	5
重庆	10	55.63	4
北京	139	54.12	50
广东省	45	53.04	15
安徽省	14	53.00	4
吉林省	6	52.47	2
湖南省	14	52.06	5
云南省	9	50.51	3
陕西省	9	49.82	3
湖北省	20	49.04	3
贵州省	8	48.92	2

数据来源：Wind，大公国际整理。

上市地方国企中，平均资产负债率排名前五的地区是青海省(71.30%)、山西省（65.25%)、云南省（60.76%)、香港特别行政区(60.76%)、河南省（60.63%)。资产负债率超过64%的企业占比排名前五的地区为：青海省（占比75.00%)、河南省（占比54.55%)、山西省(占比52.38%)、黑龙江省（占比50.00%)、香港特别行政区（占比45.83%)。具体见表7。

表7　上市地方国企区域资产负债率情况

省份	上市地方国企数量	上市地方国企平均资产负债率（%）	资产负债率超64%的企业数量
青海省	4	71.30	3
山西省	21	65.25	11
云南省	15	60.76	6
香港特别行政区	48	60.76	22
河南省	22	60.63	12
贵州省	8	58.23	3
湖北省	18	58.18	5
北京	66	56.30	27
辽宁省	16	55.63	6
天津	20	54.88	7
重庆	16	54.27	5
福建省	38	53.87	13
上海	82	53.20	29
内蒙古自治区	2	53.02	0
河北省	18	52.88	5
广西壮族自治区	18	52.88	5
江西省	16	51.97	4
四川省	35	51.95	10

数据来源：Wind，大公国际整理。

发债中央国企中，平均资产负债率排名前五的地区是天津（107.08%）、宁夏回族自治区（82.14%）、黑龙江省（82.00%）、陕西省（77.74%）、安徽省（77.34%）。具体见表8。

表8　发债央企区域资产负债率情况

省份	发债央企数量	发债央企平均资产负债率（%）	资产负债率超64%的企业数量
天津	24	107.08	19
宁夏回族自治区	2	82.14	2
黑龙江省	2	82.00	2
陕西省	4	77.74	4
安徽省	4	77.34	4
甘肃省	2	76.29	2
湖南省	8	75.53	7
新疆维吾尔自治区	8	75.04	6
青海省	1	73.74	1
四川省	11	73.06	10
上海	51	72.37	39
福建省	9	71.42	7
重庆	6	71.36	4
广东省	54	68.16	38
贵州省	5	67.69	4
山东省	11	66.44	7
吉林省	3	66.24	2

数据来源：Wind，大公国际整理。

发债地方国企中，平均资产负债率排名前五的地区是青海省（78.87%）、西藏自治区（71.90%）、山西省（67.32%）、北京（65.70%）、河北省（64.57%）。具体见表9。

表 9 发债地方国企区域资产负债率情况

省份	发债地方国企数量	发债地方国企平均资产负债率（%）	资产负债率超64%的企业数量
青海省	12	78.87	10
西藏自治区	5	71.90	4
山西省	69	67.32	48
北京	108	65.70	72
河北省	70	64.57	36
天津	65	62.89	34
陕西省	96	61.92	51
香港特别行政区	4	61.22	2
海南省	16	61.18	8
广西壮族自治区	81	60.37	31
福建省	140	59.22	50
黑龙江省	17	58.88	6
新疆维吾尔自治区	66	58.71	25
浙江省	522	58.18	165
甘肃省	33	58.07	13
湖北省	166	57.97	56
上海	124	57.96	52

数据来源：Wind，大公国际整理。

6. 上市国有企业资产负债率和国内 500 强企业的比较

与国内 500 强企业相比，500 强企业的资产负债率要普遍高于中央企业的资产负债率。其中，8 个行业的资产负债率高于央企，分别为材料、电信服务、房地产、工业、金融、可选消费、能源、信息技术和医疗保健；2 个行业的资产负债率低于央企，分别为公用事业和日常消费。以房地产行业为例，2020 年中国 500 强房企的资产负债率均值为 80.31%，中央企业房地产的平均资产负债率为 67.11%，地方国有企业的平均资产负债率为 62.91%。

7. 上市国有企业资产负债率和世界500强的比较

与世界500强企业相比，通过现有数据分析，2020年世界500强企业的平均资产负债率为70.21%，2020年我国入围世界500强的135家企业中，国有企业95家。近5年来，我国上榜企业中国有企业基本保持在88家左右。从负债情况来看，中央国有企业的资产负债率为75.42%、地方国有企业为70.69%、我国进入500强的国企资产负债率高于平均水平。

8. 上市国有企业资产负债率和国内上市私营企业的比较

从资产负债率均值来看，上市央企的资产负债率均值为50.32%、上市地方国企的资产负债率均值为52.01%、民营企业的资产负债率均值为46.07%，国有企业的资产负债率明显高于民营企业。从资产和负债占比情况来看，三者比较，只有上市中央企业的资产占比低于负债占比，具体为央企资产占比为59%，负债占比为61%，负债占比要高于资产占比，说明中央企业的负债金额对市场影响更大，债务问题更为突出。具体见图8。

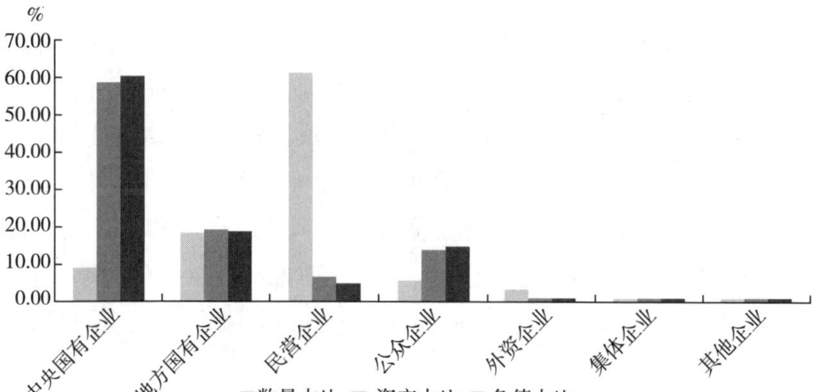

图8 截至2021年10月沪深A股上市企业数量、资产、负债占比情况

数据来源：Wind，大公国际整理。

三、国有企业降低负债率的主要措施

近年来，我国逐步清理、整顿和治理经济运行中的各类风险点，其中，努力降低国有企业资产负债率，是治理财政金融风险的重要内容。

（一）2016 年以来降低企业资产负债率的基本政策措施

针对我国企业在国家宏观债务率中的比例，以及变化趋势，国务院及各级地方政府主要采取了以下措施：积极推进企业兼并重组；完善现代企业制度强化自我约束；多措并举盘活企业存量资产；多方式优化企业债务结构；有序开展市场化银行债权转股权；依法依规实施企业破产；积极发展股权融资；营造良好的市场与政策环境；加强国有企业资产负债约束。

（二）中央企业降低企业负债率的措施

措施主要包括：调整优化投资结构，优化内部资源配置，切实转变过度依赖举债投资的观念；深化供给侧结构性改革，"处僵治困"，化解过剩产能；开展市场化债转股和混合所有制改革；加强金融风险、债券风险、债务风险防控，坚决守住不发生重大风险的底线；全面加强高风险业务管控；增股融资、债转股增加资本、提高效益增加资本积累。

（三）地方国有企业降低负债率的措施

在河南永煤等地方国企违约事件引起市场较大震动后，国务院国资委对地方国有企业债务问题及时提出了指导意见，帮助地方国有企业加强债务管理，防范债务风险：完善债务风险监测预警机制，精准识别高风险企业；分类管控资产负债率，保持合理债务水平；开展债券全生命周期管理，重点防控债券违约；依法处置债券违约风险，严禁恶意逃废债行为；规范债务资金用途，确保投入主业实业；全面推动国企深化改革，有效增强抗风险能力；发挥监管合力，完善国有企业债务风险管控工作体系。

四、国有企业债务风险存在的主要问题及原因分析

前文已概括了国有企业资产负债的基本状况。在此基础上，还需要进一步归纳存在的主要问题，并深入分析其原因。

（一）国有企业债务风险存在的主要问题

1. 部分行业和地区的国有企业资产负债率高于平均水平风险较大

如前所述，通过近年来的持续努力，我国国有企业整体的资产负债率

降低已达到预期目标，进入一个较为安全的区间，但我国国有企业数量大，具体到特定的行业、地域，以及相应的企业，形势仍不容乐观，不能掉以轻心。

2. 发行债券的国有企业资产负债高于平均水平风险较大

从数据上看，发债中央国企中，有6个行业的平均资产负债率高于64.00%，分别为信息技术（106.62%）、金融（74.11%）、房地产（71.36%）、公用事业（66.05%）、工业（65.65%）和可选消费（64.29%）。

3. 在香港上市的国有企业资产负债水平高于A股上市的国有企业

H股央企资产负债率要高于A股央企水平，并呈现逐年上升趋势。172家H股上市央企，2018—2020年平均资产负债率分别为60.98%、61.81%和63.36%，可以看出，H股央企的资产负债率要比A股的资产负债率高10%~13%，并呈现逐年上升趋势。同时，H股上市地方国企资产负债率要高于A股上市地方国企水平，并呈现逐年上升趋势。150家H股上市地方国企，2018—2020年平均资产负债率分别为59.28%、61.17%和62.75%，可以看出，H股上市地方国企的资产负债率要比A股的资产负债率高8%~10%，并呈现逐年上升趋势。因而需要关注在香港上市国有企业的债务风险。

4. 我国进入世界500强的国企资产负债率高于平均水平

从数据来看，2020年世界500强企业的平均资产负债率为70.21%，2020年我国入围世界500强的135家企业中，国有企业95家。近5年来，我国上榜企业中国有企业基本保持在88家左右。从负债情况来看，中央国有企业的资产负债率为75.42%、地方国有企业为70.69%，我国进入500强的国企资产负债率高于平均水平。这说明我国国有企业负债经营的特征较为明显。

5. 国有企业经营决策导致的债务问题突出

近年来，在国有企业经营过程中，管理层决策失误也是导致企业债务激增，甚至债务违约，甚至走向破产倒闭困境的重要原因。主要体现在：企业多元化经营，主营业务不突出，债务增速过快；企业参与PPP等现阶段高风险项目，债务违约风险大。目前国有企业占据PPP市场的70%以上份额；部分企业存在表外隐性债务风险问题，如理财产品、预收款、资产证券化产品；部分企业存在相互担保、拖欠等隐性债务问题。

6. 政府政策性业务导致债务增加

地方政府投融资平台的债务，主要是在执行政府相关政策性业务中形成的，如城市基础设施建设、更新改造、拆迁等。有些地方国企成为第二财政；在“一带一路”倡议实施过程中，部分发展中国家政局动荡，主权信用风险较大，因而国有企业参与“一带一路”项目投资债务风险较大等。

7. 我国国有企业资产管理制度存在缺陷

在计划经济时期，国有企业固定资产投资和流动资金供给渠道，是由财政一家供给还是财政、银行双口供给，一直存在争论。改革开放后经过了“拨改贷”、“贷改投”、现代企业制度改革改制，但如何补充国有企业资本金的问题一直没有明确规定。财政部 2008 年编制的国有资本经营预算支出项目中，有资本金注入，但支出金额有限。这样的支出状况，对现存庞大的国有企业存量而言，杯水车薪，企业只能面向市场筹措资金，负债经营，资产负债水平居高不下。

（二）国有企业债务风险问题的原因

国有企业债务风险问题由来已久，成因较为复杂，既有客观原因，又有主观原因，主要体现在以下几方面：国内外市场环境的变化；政府宏观管理的因素；企业自身经营管理的原因；对企业的考核、管理的问题。

五、“十四五”时期国有企业债务违约风险防范的策略选择

根据上述目前国有企业资产负债的现状及问题，课题组认为，“十四五”时期国有企业债务违约风险防范的策略选择的重点，主要有以下几方面。

（一）指导国有企业控制资产负债水平，实施稳健经营战略，履行特定使命

国务院国资委、财政部等主管部门可根据“十四五”时期我国 GDP 预计增长 4%~5%，美国等西方国家在贸易、科技等方面围堵我国发展常态化的国内外市场环境，在宏观上指导国有企业控制资产负债率水平，大

致以60%~70%为合理区间，分行业、分层次管控，建立国有企业资产负债管理目录，除个别确实可以达到快速发展的产业和企业外，整体实施稳健经营战略，降低国有企业债务风险，维护国家财政金融体系稳定，发挥国有经济战略支撑作用，推动国有经济进一步聚焦战略安全、产业引领、国计民生、公共服务等功能，调整盘活存量资产，优化增量资本配置，向关系国家安全、国民经济命脉的重要行业集中，向提供公共服务、应急能力建设和公益性等关系国计民生的重要行业集中，向前瞻性战略性新兴产业集中。促进国有资产保值增值，推动国有资本做强做优做大，培育具有全球竞争力的世界一流企业。使国有企业成为党和政府治国理政的重要政策工具。

（二）分级建立国有企业债务风险实时监控网络，完善预警指导机制

在国务院国资委的统一指导下，根据我国现行国有资产管理体制，依托现有电子政务、金财工程、财政、财务大数据成果，建立中央、省及地级市（州）三级国有企业资产负债率实时监控网络，每天提供国有企业资产负债状况的信息，为各级领导决策服务。考虑到目前国有企业内部层级较多，实施监控的范围可主要包括集团总公司、一级独立子公司及控股子公司、上市公司、二级独立子公司及控股子公司。各级国资委根据资产负债率水平的不同，设置债务危机预警、债务风险严重预警、债务风险中度预警、债务风险提示预警等级别，分级分类指导国有企业债务管理，合理控制资产负债率，实现稳健经营，保持国有经济的健康发展。

（三）建立分级临时救助机制，帮助企业渡过暂时难关

建议根据现行国有资产管理体制，在中央、省、市三级政府财政国有资本经营预算中，参照各级国资委所辖国有企业资产负债水平，以及国有企业上缴财政利润的情况，在支出科目中设置“国有企业债务临时救助支出”项目，建立“国有企业债务临时救助专项资金”，用于救助债务还本付息遇到困难的国有企业，防止企业发生实质性债务违约，维护国有企业市场信誉。

（四）关注目前特定行业和区域国有企业的债务风险，实施重点引导

在整体把控国企债务风险的同时，对金融、房地产、建筑等重点行业给予必要的关注，以解决这些特定行业企业负债存在的问题，带动国有企

业整体债务风险水平的降低。同时，从区域来看，新疆维吾尔自治区、广西壮族自治区、青海省、云南省、山西省、河南省等省区，资产负债率较高的上市国有企业较多。各级国资委可对上述省区内的上市国企债务风险给予特别关注，以防产生地域性风险和系统性风险相互交织的情况，进一步加剧国企债务风险防范的难度。

（五）重点控制发债国有企业的债务风险，维护国有企业市场信誉

建立国有企业债券债务风险监测、预警制度，指导债务风险较高的企业及时采取措施，调度资金，保证按期还本付息，防止债务违约，维护央企市场信誉。同时，必要时可使用国有企业债务临时救助专项资金，救助出现债务偿还有困难的企业，降低企业因债务违约而破产清算的情况。

（六）关注香港上市国有企业的债务风险，维护香港的国际金融中心地位

鉴于香港上市国有企业资产负债水平高于 A 股上市国有企业的情况，各级国资委在监管国有企业债务风险时，将香港上市国有企业资产负债率作为一个单独的监测点，对债务风险较高的企业及时给予指导、预警和救助，防止出现债务违约和企业信用等级受损，既维护国有企业权益，也有利于维护香港金融市场的稳定和繁荣，保持香港国际金融中心的地位，促进香港经济社会的进一步发展。

（七）完善国有企业资本金补充制度，建立化解债务风险的长效机制

第一，通过各级政府一般公共预算，增加国有企业资本金注入。第二，指导国有企业开展资产重组，资产负债率较低的企业，兼并一些资产负债率较高的同类企业，以从整体上降低企业的资产负债率，降低企业面临的债务风险和还本付息的压力。第三，鼓励企业挖掘内部潜力，增加资本金积累。

课题组核心成员：温来成　吕柏乐　应海峰　徐黎明　周　雯
涂文婕　王若讷　呼延玉瑾　贺志强
编辑：黄映嘉　罗　娅

后　记

党的十八大以来，以习近平同志为核心的党中央高度重视新型智库建设，强调建设中国特色新型智库是党中央立足党和国家事业全局作出的重要部署，并就建设中国特色新型智库、建立健全决策咨询制度作出一系列重要论述和指示，为新型智库建设指明了方向、提供了根本遵循。中央企业智库作为中央企业治理体系的重要组成部分和中央企业软实力的重要体现，已成为建设中国特色新型智库的重要一环，是推动企业科学决策、引领产业行业发展、服务党和国家重大战略的重要力量。

党的二十大报告指出，十九大以来的五年，是极不寻常、极不平凡的五年。面对世界百年未有之大变局，全球政治经济格局深度调整，新冠肺炎疫情等“黑天鹅”“灰犀牛”事件频发，企业经营环境的复杂性和不确定性前所未有，迫切需要中国特色新型智库提供科学咨询，支撑重大战略决策，为助力中国式现代化建设提供更多“软实力”支撑。

2019 年，我们遴选了中央企业智库联盟 2018 年重点课题优秀研究成果，汇编形成《中央企业改革发展研究——中央企业智库联盟重点课题研究成果集（2018）》出版。为持续发挥中央企业智库联盟研究优势，自 2019 年以来，我们广泛汇聚中央企业智库研究能力，组织开展了一系列国资国企领域的重点课题研究，形成了一批高质量的研究成果。2022 年，我们启动了 2019—2021 年度重点课题成果评选活动，经多轮评审和沟通，选出 28 项优秀课题研究成果。联盟编辑部与课题组积极沟通，对优秀课题研究成果进行提炼完善，最终形成课题成果出版稿，汇编成本书出版。

本书由国务院国资委研究中心党委书记、主任衣学东，中央企业智库联盟秘书长、中国五矿集团公司中国金属矿业经济研究院院长金志峰总体统筹，联盟秘书处黄吉海、贾尽裴等同志具体审核，联盟编辑部张宇、李兴、常燕、刘强、邢珺等 33 名编辑共同参与，中核战略规划研究总院、北京航天情报与信息研究所、中国兵器工业集团人才研究中心、中国电科发展战略研究中心、中国石油集团经济技术研究院、中国石化集团经济技术研究院有限公司、国网能源研究院有限公司、南方电网能源发展研究院有限责任公司、中国大唐集团有限公司、中国长江三峡集团有限公司、国能经济技术研究院有限责任公司、中国电信股份有限公司研究院、中国联合网络通信有限公司研究院、中国移动通信有限公司研究院、中国东方电气集团有限公司、鞍钢集团有限公司经济发展研究院、中国宝武钢铁集团有限公司、中国铝业集团有限公司经济研究院、中国远洋海运集团有限公司、中国航空集团有限公司、中国中化集团经济技术研究中心、中国化工信息中心有限公司、中国金属矿业经济研究院、中国建筑股份有限公司、华润宏观经济与政策研究院、华润化学材料科技股份有限公司、中国旅游集团有限公司研究院、中节能生态产品发展研究中心、中机生产力促进中心有限公司、中国中钢集团有限公司、中国化学工程集团有限公司、中国五环工程有限公司、中国建材集团有限公司、中国中车集团有限公司、中国交通建设集团有限公司、中国华信邮电科技有限公司、电力规划设计总院、中国物流集团有限公司、中国国新控股有限责任公司、中国国检测试控股集团股份有限公司、中信改革发展研究基金会、上海诺基亚贝尔股份有限公司、北京纵横五洲管理咨询有限公司等40余家联盟成员单位有关研究人员执笔编著完成。

本书在形成过程中，受到了国务院国资委有关领导的殷切关注和高度重视，得到了国务院国资委各厅局、中央企业智库联盟成员单位、各课题组领导专家以及国资委研究中心同事们的宝贵建议，获得了中国经济出版社相关领导和编辑们的全力支持，在此表示衷心感谢！本书部分研究课题尚属阶段性研究成果，难免有疏漏、不足之处，诚请广大读者批评指正。

中央企业智库联盟秘书处
2022 年 12 月

鸣　谢

丁　伟	丁红丹	丁　洁	丁　晨	于浩男	于　猛	才　华
马要耀	马　骁	马　莉	马朝晖	仇维佳	孔德泰	文　武
方奇凤	方　领	毛亚林	毛艳丽	牛　欣	牛倩倩	牛振华
王　丹	王东波	王龙丰	王光耀	王兴志	王　华	王向刚
王　宇	王　庆	王庆国	王　臣	王庚柱	王明华	王　波
王　炜	王金明	王金霞	王　姣	王　玲	王若讷	王晓丹
王海侠	王艳红	王　茜	王　钰	王悠子	王维斌	王雪莲
王　强	王新华	王新宇	王　营	王　雷	王　静	从鹏伟
东　玲	付青青	代金林	令文君	冯士超	冯　平	冯向梅
冯君淑	冯　时	冯昕欣	卢江水	卢健飞	叶　龙	叶　瑛
司艳杰	宁奕芸	左　更	左新强	田　华	田　红	田　钢
白　杨	白培军	白雪亮	石书德	石洪宇	邓彦伶	仲利华
任仲林	任宏伟	任　钊	伍维波	伏瑞龙	刑继东	刘小桐
刘　云	刘　从	刘世宇	刘　平	刘本杰	刘永刚	刘玉颖
刘会纳	刘　宇	刘安栋	刘成云	刘　竹	刘红光	刘丽娜
刘志文	刘志远	刘　达	刘国英	刘诗颖	刘　进	刘宣佑
刘轶男	刘浩杰	刘理峰	刘　强	刘掌权	刘　斌	刘　粮
刘德辉	刘慧波	刘　蕾	刘　巍	向征艰	吕双林	吕建中
吕柏乐	孙乃达	孙李淳	孙宝东	孙明辉	孙健程	孙瑞瑞
孙燕一	巩保欣	庄皇伟	曲余玲	朱一方	朱文浩	朱发根
朱　平	朱永娟	朱玉辉	朱　伟	朱吉茂	朱志军	朱　奕
朱　英	朱虹波	朱浩骏	朱荣徽	朱舜楠	朱　瑞	朱颖超
朱德成	江　帆	江雪菲	汤广瑞	艾宝林	许定胜	许越超
许精策	许　燕	边文博	闫　卉	闫　勇	闫晓卿	闫浩春
何广前	何　昉	何耿生	何　琬	余小林	余天玮	余　皎
吴天慧	吴宝英	吴松泉	吴进军	吴洲洋	吴唯涤	吴鸾莺

吴鸿亮　吴　越　吴　潇　吴　遥　吴　璘　吴　疆　宋卫东
宋玉坤　宋　华　宋海云　宋琛琛　应海峰　张卫忠　张广开
张文俊　张　宁　张　兴　张　军　张冰石　张　华　张　地
张　宇　张　庆　张　园　张　宏　张秀强　张佳颖　张佼阳
张　坤　张　幸　张　明　张　昕　张松臣　张治国　张　玥
张经华　张　雨　张　勇　张建国　张若驰　张　倩　张振兴
张晓萱　张海军　张　珣　张笑峰　张健佳　张健赟　张　晗
张　晨　张焕芝　张　硕　张　谛　张　雪　张博尧　张　媛
张　斌　张　琛　张皓洁　张舒涵　张新圣　张鹏程　张鹏辉
张增勇　张瑾华　李　三　李于达　李　丹　李丹升　李云峰
李东艳　李巧明　李永康　李立委　李全生　李　兴　李　尧
李成仁　李成志　李有华　李志杰　李　杨　李　沛　李　阳
李　岩　李昀霏　李　欣　李欣欣　李俊亨　李　响　李秋扬
李秋杨　李　哲　李晓冬　李晓光　李晓杰　李浩澜　李　涛
李啸龙　李　培　李　捷　李强国　李　晶　李晶莹　李　然
李琳斐　李　源　李瑞峰　李鹏飞　李　潇　李　睿　李燕妮
杜　伟　杜晶晶　杨一楠　杨于驰　杨先锋　杨军梅　杨安琪
杨　威　杨春伟　杨　虹　杨　素　杨祥璐　杨喜良　杨新林
杨　瑛　杨　綦　杨慧娟　杨燕青　杨　巍　沈　周　狄　飞
肖汉雄　肖甲宏　肖　谦　邢　相　邢　娜　邢继东　邢　珺
阮文婧　卓　越　单洪青　周一帆　周　丰　周令君　周志勇
周　杰　周武平　周焕生　周　雯　呼延玉瑾　孟凡斌
孟　柳　孟培林　孟祥萌　孟　维　孟维烜　官龙涛　尚晓贺
居　超　岳远渠　岳跃振　易学睿　林　垚　林晓斌　林高平
林蔚颖　欧阳力胜　武　维　祁　辉　祁　蹟　罗少东
罗亚敏　罗　勇　罗　娅　罗炼铎　苏延芬　邱昱博　邱茂鑫
邱　晓　邵　冲　邵　邦　邹哲贤　邹儒懿　金戈鸣　金志峰
金铁铮　金渊明　陆亚晨　陈仕俊　陈　伟　陈泽兴　陈俊全
陈　政　陈春武　陈　洋　陈珊珊　陈顺和　陈　挺　陈晓辉
陈　晖　陈　浩　陈海军　陈　清　陈　琦　陈瑞峰　陈　鹏
侯　亮　侯海云　侯跃丹　姜大霖　姜艳艳　宫敬升　柯文婕
柯　彦　段利秋　胡广君　胡云鹏　胡冬冬　胡　丽　胡志广

胡　勇	胡　涛	胡　勤	胡　源	胡麒牧	英帝超	范孟华
茅益明	费华伟	贺志强	赵　坤	赵宝国	赵　昱	赵秋莉
赵　铮	赵　晶	赵超凡	赵　雯	赵　蔷	郑玉恒	郑宏军
郑欣宜	郑洪涛	郑海峰	郑　甜	饶建业	倪依琳	倪　炜
倪　蓓	党　灿	唐占海	唐玉立	唐志强	夏利宇	夏　欣
夏振来	夏淑貌	夏　超	徐卫卫	徐云飞	徐天昊	徐东杰
徐　刚	徐余庆	徐　杨	徐沈智	徐　杰	徐英新	徐莲子
徐铭辰	徐晶钰	徐黎明	晁逢春	柴高峰	殷冬青	涂文婕
涂　杨	祝传林	秦　镜	聂立功	聂军刚	聂金峰	茹丽洁
袁康龙	谈　捷	贾　可	贾京坤	贾淯方	逄锦福	郝　强
钱文森	钱　蒙	顾　方	高　山	高　丹	高　宁	高军彦
高国伟	高柯娇	高振宇	高　彬	高　翔	崔楠楠	常　燕
常　疆	康　飞	戚建强	曹　毅	梁　宇	梁　兵	梁展鹏
梁　霄	郭依琳	郭学敏	郭彦江	郭寅昌	银温泉	陶　怡
陶　勇	龚一莼	龚和平	龚金双	彭天铎	彭吕斌	彭玮麟
彭道鑫	揭玉斌	景　馨	温来成	焦　炬	程一步	程佳旭
程腊春	童小松	舒　豪	谢金涛	谢骏骐	韩　晶	韩一杰
韩明宇	韩晓磊	韩新阳	鲁　刚	鲁　强	鲁　瑛	黄立高
黄　阳	黄　凯	黄炎伟	黄俊灵	黄映嘉	黄哲恒	黄　峭
黄　清	黄媛媛	黄　斌	黄　豫	简　练	董志霞	董晓明
蒋文化	蒋宇晨	蒋　宏	蒋招梧	蒋　峰	解欣洁	雷　成
雷　兵	雷海粟	鲍玉芳	鲍丽山	廖建辉	熊金武	翟利峰
臧雪静	谭立忠	谭向国	滕　霖	潘旭东	蔡文静	蔡志勇
蔡味东	蔡国庆	蔡　斌	滕　霖	霍中和	戴宝华	戴家权
薛晓冰	魏　凡	魏　宁	魏　哲			